四庫存目

三式匯刊③

奇門大全秘纂

［清］湖海居士◎撰

郑同◎校阅

华龄出版社

HUALING PRESS

责任编辑：薛　治

责任印制：李未圻

图书在版编目（CIP）数据

四库存目三式汇刊. 3 ／（清）湖海居士撰；郑同点

校. —— 北京：华龄出版社，2019. 12

ISBN 978－7－5169－1538－7

Ⅰ . ①四… Ⅱ . ①湖… ②郑… Ⅲ . ①《四库全书》

—图书目录 Ⅳ . ①Z833

中国版本图书馆 CIP 数据核字（2020）第 004567 号

书　　名：四库存目三式汇刊（三）：奇门大全秘纂

作　　者：（清）湖海居士撰　郑同点校

出 版 人：胡福君

出版发行：华龄出版社

地　　址：北京市东城区安定门外大街甲 57 号　邮　　编：100011

电　　话：(010) 58122246　　　　　　传　　真：(010) 84049572

网　　址：http://www.hualingpress.com

印　　刷：九洲财鑫印刷有限公司

版　　次：2020 年 5 月第 1 版　2020 年 5 月第 1 次印刷

开　　本：710×1020　1/16　　　　　印　　张：27.5

字　　数：448 千字　　　　　　　　　印　　数：1～6000

定　　价：68.00 元

# 序

　　夫奇门者，阴阳之正理也。掌中一局，巧夺造化之机，数千年来，各抒臆见，不无错讹。迨池本理解钓叟一歌，而习是道者遂以此为归，无复别寻根源。及潜心较阅，芒种大雪置闰之非，甲戊庚奇添入之谬，种种臆见，古失其真，即本理所解，亦未尽是也。况赵晋以前，太公、子房所读何书？本理以前，王璋、杨渭所技何籍？不止一歌一解明其。抱朴子云："奇门有二十卷，今人未能于《钓叟歌》外见奇门只字，只于歌中谬加穿凿以为新奇，何异邪说充塞仁义乎？若执本理解注一歌，谓遁甲之义已尽，诚坐井观天，奚能精究是道哉！"余悟抱朴子之定，搜罗先贤，其三十年来，笥中聚积，号曰"奇门大全秘纂"，均非世俗臆见之书，遇事演占，按断剖疑，无不响应如神。暇中捡较而两说相衡，从其验者；两验相系，採验之尤者，录成一帙。后世同志之士，阅此当知余穷以是道欤！

**湖海居士述**

# 御定奇门大全秘纂卷首

## 各项起手例

### 三　奇

乙奇主贵，丙月奇主富，丁星奇主福。

### 八门直使

休<sub>吉</sub>，生<sub>吉</sub>，伤<sub>相</sub>，杜<sub>隐</sub>，景<sub>策</sub>，死<sub>丧</sub>，惊<sub>讼</sub>，开<sub>吉</sub>。

### 四劫杀

春未，夏戌，秋丑，冬辰。

### 三奇受制

乙奇辛，丙奇壬，丁奇癸。

### 六仪受制

甲子未，甲戌丑未，甲申庚戌，甲午午，甲辰辰，甲寅寅巳申。

1

# 九星入墓

水土巽，木坤，火乾，金艮。

# 天辅时

甲己日时干遁得己，谓之天辅时。乙庚丙辛丁壬戊癸日，时干遁得甲，谓之天辅时也。宜散讼宥罪。

# 三奇说

乙奇原是太阳精，才到中天万国明。太岁将军三煞位，尽皆拱揖远相迎。
六丙月奇是太阴，万国九州普照临。诸曜罗睺并血刃，总皆降伏不能侵。
丁奇原是众星王，任是邪魔不敢当。阴府官符并太岁，金神七煞尽消降。

# 九星宜忌

天蓬直符宜出行，大利安逋筑池坑。婚娶修营并市贾，求谋祭祀亦皆亨。
天芮土宿莫用工，宜于交友并崇师。交易婚姻及争讼，出行祭祀亦非宜。
天冲木星宜用刑，灾殃冷心报威声。若言婚娶行商贾，凡所施为百不成。
天辅时宜百事奇，祀修设教道兴隆。再利主人想出入，摧苦将朽振威名。
天禽土心金宿亦相宜，最利治病及求医。举心用事除凶恶，远杀播名岂一隅。
天柱金星莫用行，只宜守静与藏形。出行牛马皆摧折，凡事施为总不停。
天任土宿事事宜，通财庆贺谒高明。求财商贾皆安吉，运用求谋百事成。
天英火宿好事宜，远行安乐作饮娱。若出拜谒非宜利，马折车推难用之。

# 八门九星

乾心开兑柱惊艮任生离英景　　上元男起坎，中元巽，下元兑。

中禽死

巽辅杜震冲伤坤芮死坎蓬休　　上元女起离，中元乾，下元巽。

男顺女逆，每宫起一中，零年亦男顺女逆逐宫行，遇谋星为行年，既得直年星，即移入中宫，随顺逆飞布九宫，以定吉凶。

天蓬星，旺小儿，进生炁物。天芮星，杀宅母，主苍毒。天冲星，杀孕妇，小口生灾。天辅星，杀宅长媳、长女、小口。天禽星，杀宅母小口。天心星，旺长子，进金银，生贵子，旺小口。天任星，旺诸子孙，进财，生贵子。天柱星，杀长男，见血光、官事。天英星，损宅长，见火灾、血光等事。

# 奇门便用口诀

凡修方则用生门在所修之方，死门在神坐之处。

凡安葬则用死门值坐山，生门值向，宜用禽辅蓬柱星吉。

凡行丧则从死门出。

凡战斗则背生击死吉。

凡捕盗渔猎俱用死门出，凡索债寻苍谒酒，从景门出吉。

凡杜绝鬼祟，须用休门。杜门吉。

凡出行嫁娶，须于奇门遍处出入，则使玉女侍卫，获福无量。

凡修造兴工动土，须于奇门到处起手，用工架马，则凶神恶煞远避千里。

凡造葬起工，主人先临奇门上，居立彼土地，不得正眼而视。虽犯凶神恶煞，转祸成福。

凡开休生三门，百事宜。

# 出入门活法

凡出入门，各从所宜之事而求向之各临其方上出。如门路不通，但于厅堂中画一图，取定门向路道，各横阔或六尺，或八尺，就于图内吉方上出绕，从有门处出，去六十步，不宜回头，大吉。歌曰："若求利市往生方，捕猎须知死户亡。若是远行开户吉，休门只好见公王。捕盗逢惊须合得，杜门有事可逃藏。索债但从伤上去，思量食物景门良。"

## 甲乙丙丁四吉时诀

甲乙直时为贵龙喜神，丙丁直时为印绶喜神，此四时大吉。戊己直时为勾陈神，庚辛壬癸直时为天地反覆，则种花不活，接木不成，百事皆凶矣。

## 年月日时奇诀

年月日时奇易使，但从本节起甲子。寻取当年太岁君，岁君停宫遁五虎。行遇天干乙丙丁，便是三奇到方所。太岁停宫数遁头，要寻月建何方游。月建本日就得甲己符头，即正受也。本月节先到而甲己在后者，此则节先奇后来也。

## 超接法例

天干仍起遁乙丙丁奇，遇奇由"更将月建遁来轮，寻取日家何日辰。日辰处使日干遁，寻取三奇乙丙丁。要知时属何干支，日干遁甲寻见之"。见之仍用时干遁乙丙丁，遇三奇仍外阴阳二至，顺逆而行。

其法依前八节上起甲子，如冬至后顺行、夏至后逆行九宫，寻取本年太岁泊在何宫，就本宫以本年太岁天干五虎遁，去逢乙丙丁到处，即三奇也。

假如庚午年辛巳月戊子日癸亥时，作乾山巽向带亥巳三分，用立夏节，巽宫起甲子顺飞，寻庚午在中宫，乙庚起戊寅中，乙卯乾，庚辰兑，辛巳艮，壬午离，癸未坎，甲申坤，乙酉震，丙戌巽，丁亥中，此即年之三奇，专取丙奇到向为妙。又和辛巳月使，将年遁头戊寅，从太岁所泊之中宫逐一数去，寻见辛巳为头艮，却以月建天干遁庚寅，于艮上数去，则辛卯离，壬辰坎，癸巳坤，甲午震，乙未巽，丙申中，丁酉乾，此月之三奇也。专取乙奇到向，丁奇到方。又如戊子日，只就月建所泊之艮上，以月建所遁庚寅数去，到震，遇戊子，就震上遁甲寅，巽得乙卯，中得丙辰，乾得丁乙，此日三奇也。专取乙奇到向，丁奇到方。又如癸亥时，只就本日所泊之震宫，以戊子遁头，甲寅累上数去，复遇癸亥于震宫，就将癸亥遁甲寅起震，乙卯巽，丙辰中，丁乙乾，此时家之三奇也。

## 八门宜用值八卦诗

**坎**休门临所便为奇，大宜将士出兵时。献贡进书从此出，所为事上尽堪宜。

**乾**开门临去事事通，凡有出入必成功。斯门烜赫堪宜用，亦可行兵播远风。

**艮**生门临处最堪宜，谋为求财事事荣。入出经营皆逐意，回兵封赠赐金银。

**震**伤门出入有凶伤，吉事忧疑见血光。此道只宜游捕猎，出行谋望见凶危。

**巽**杜门出入气象新，如行此道失东西。只宜斩草除凶恶，余事谋为莫用功。

**离**景门出入亦宜良，上章捧表出共方。此门别事皆宜用，破阵之时力最强。

**坤**死门死气将何用，若此行路身难存。八门值此凶尤甚，只宜捕猎送冥魂。

**兑**惊门出入必无安，发意行时仔细看。若有奸人谋意事，须教捕猎不为难。

## 遁甲捷径歌

冬至甲子坎宫顺，立春之节起于艮。春分震上细寻求，立夏时当遁起巽。
夏至甲子逆离行，立秋临来起自坤。秋分惟向兑宫觅，立冬乃以乾为尊。
一炁统三天地则，五日一元古今经。子午卯酉居甲乙，超接闰正妙通灵。

八方须有八门名，九宫犹然号九星。六仪系自戊至癸，三奇即是乙丙丁。
阳遁顺仪奇逆布，阴遁逆仪奇顺行。九星逢甲为直符，八门直使自分明。
直符常遣加时干，直使常随逆顺奔。奇门入墓皆为迫，若克下宫为障隔。
庚仪徒尔加门奇，六甲击刑凶莫测。造葬皆宜向上生，修方死位安神明。
奏讼出行游三吉，师捕渔猎出死门。嫁娶奇门无量福，征伐对奇与坐生。
官庶若能明此诀，掌握玄机万事亨。

## 太岁一星诗

太岁一星祸难防，诸煞凶危不可当。但把三元自推数，犯之家下有重丧。
太岁一星谁不知，逐年之内有凶期。每月运方行至妙，更无定准及常仪。
只如上元甲子年，一白来宫布九天。子得六宫重得白，再来离上不堪言。
吊官推月审凶期，常忌太岁又相随。只如一白居离上，二月推来艮把之。
祸期灾害终非小，家常临之子弟衰。

## 五行妙断

五行太岁复如何，定主重丧起祸戈。金水淫乱中房祸，杀妻损长害尤多。
不出一载二年外，决主重丧及病疴。金水太岁准生灾，水土瘟瘟的主忧。
水木失财并自缢，水木相伤蛇犬悲。水火刑伤事可哀，火金难产事伤胎。
火土疾病于天死，更嫌水火损婴孩。木木风生伤杀死，木金囚死不离牢。
木土折伤异发背，木神为害迅如刀。金金夭折多凶暴，金土沉疴并发颠。
土土有瞎及哑疾，五行发病迅如雷。凭君更用吊宫变，凶吉悠然在眼前。

# 目 录

## 御定奇门大全秘纂卷二十 …………………………………… 143

### 风后通明钤 ……………………………………………………… 143

# 御定奇门大全秘纂卷一

## 九法八门

### 第一法

详明气候运行于何卦何宫，辨论符元正受于何起何接，认气必然确用，奇门方得不暇。

### 第二法

用满局奇门，布九宫纳仪，申之灵选换符蛇神九星之用，生克制化以决主客之雌雄。

### 第三法

用太公移宫布门，参布二五之则。

### 第四法

审击刑入墓得使。

### 第五法

查九星格宫，时令得失，门宫刑迫。

1

## 第六法

推符使两家谁否谁泰，以定克应。

## 第七法

从宫从星，别详主客，动移合时令言之。

## 第八法

看日时两干与符使星门、本数三合，查其克应方位时辰。

## 第九法

遵玄女中宫纳甲，飞隶甲丁，布置六戊，以解凶魔，以破罗网，动八门克应，天门地户，运筹作事。

## 先锋门

谓时日先见之机，与天地气运生合刑格何如，符使气运生合向背何如，主客干支生克制化又何如，三者互参，以互动取用时，可得其来情之妙。

## 发端门

谓系何甲发用，加详于孟季仲之理；又系何亲出头，须辨于上下之殊，则知其事之新旧与占之上下。

## 值事门

谓用符于何卦何宫，果合乎气运与元局；或亲或疏，则知乎远近情性，事业究此而得之矣。

## 移易门

谓其加临两宫，或财来取鬼，鬼化为财，临鬼加子而得救，加劫临子徒伤神，则此中之界绍，其情景可玩索而得焉。

## 归计门

言其飞临之宫生克制化若何，而飞宫之神又飞何宫，果与本符应照各别，结局何如。

## 变体门

看本符系何宫，次飞值何宫，细考变胎脱体，又看三元生合制克。如本宫三合有合神继住，付以本体论。如飞宫之合三有神合住成局，则以飞宫论。此变胎脱体之义也，宜加详焉。凡合神在三方天盘者，其事速。在地盘者，其事迟。在天盘作合而受地盘克制者，凡事空好无益。在地盘作合而受天盘克制者，凡事必破后方成。

## 直使门

直使乃符之分守，具其五行之质，以参赞天乙之作用。故直符巡隶于东南，则直使监察于西北，顺逆相加，遥为互应。凡同乎本宫，有辨伏莫测之险。加乎对宫，有刑克冲射之虑。奇公生合，抑何求而不得？囚漫死废同，直罗网而难施。至于刑和义迫，已载全书；而空陷孤缺，另有确论。故有守门而不足奇，迫门而不足虑。其他门之灾变，又当以时令分论而推，所贵乎神而明之也。

# 九星门

九星者，贪、狼、巨、禄、文、廉、武、破、左辅、右弼。九星之袖，分隶九州。其在天之五行与分宫之五形，各有不同，非得心传，岂能窥其堂奥？五行之气，在天成星，在地成形，其映照于八方者，盖其气之所注也。必须观察时令，审魁罡之错综；理会乾元，通九星之复化，运筹以定门户，蹑斗以召奇仪，玉女旬神，分别布置，纳音运气，本宫旋贯，就中消息，先后一天，是以得时得位，上应乎风云，下应乎人事。故避难而用戊，征召而用丁，解凶镇煞，岁星同征，神乎奇门九星。

# 奇门吉凶格解德断玄机

直符加丙龙返首，凡事欢欣当得手。加丙直符鸟跌穴，经云有为事已遂。
只嫌刑格悖伏飞，库墓交来偏失利。又忌荧白与孤虚，休废悖迫害须忌。
劝君就里细推详，吉课藏凶理甚秘。生门丙奇临戊仪，经云天遁实为奇。
用兵与师称大利。直符九天百事宜。开门乙奇临九地，经云地遁始为美。
安于成立此中求，九地从来奸诈休。休门丁奇遇太阴，经云人遁此为真。
直符生宫图利谋，婚姻经营总称心。生门丙奇遇九天，神通行法最为先。
开乙生丁合九地，艮宫鬼遁偷营利。休门乙奇合坎宫，龙遁雨水师偏雄。
休门乙奇合艮辛，虎遁招尉威令行。三吉乙合辛在震，云遁之格最为贵。
三吉合乙在巽宫，风遁逢之最为神。三奇合景会九天，天假之格不须言。
丁己癸合杜门临，三门之宫地假云。六壬合景临九天，人假之格有区分。
丁己癸合伤门临，三隐之宫神假真。五假之格何所用，同前五遁究原因。
若开三隐何者是，太阴六合九地寻。三奇三吉临太阴，真诈之格不虚陈。
三奇三吉临九地，重诈之格君须记。三奇三吉临六合，休诈之格不须说。
三诈之格果非常，捕猎营谋事事昌。

凡杜景死惊伤合奇仪，乙丙丁乙壬癸下逢四吉、九天、九地、太阴、六合，各取其宜，随事用之可也。至于三奇得使，门之最良；玉女守门，利在阴和；三胜之宫，百战百捷；天辅之时，有罪逢赦。天三门利举事之秋，地四户为私出之路。亡私之门，出行即喜；奇门总照，百事欢忻；天马之下，有难可避。三吉之宫逢吉位，百事称奇。既明贵格，当究凶神。乙加辛而龙走则身燋残，辛加乙而虎狂则财虚耗。蛇夭矫而作动惊虚，雀投江而文书有失。伏干格庚临日干，出遗财物。飞干格干临六庚，战主败亡。庚临直符伏宫格，失盗难护。直符加庚飞宫格，追盗无存。大格庚加六癸，小格庚加六壬。刑格庚加六己，悖格丙临日干。庚加岁月皆为格，庚临时干己同推。丙为悖兮庚为格，癸到时干天罗张，壬到时干地罗遮，其余吉凶等格，须精详为妙。

# 三盘入墓

若地盘三奇入墓为主，事则暗昧，欲为不为，进退狐疑不决，而自心反覆。

天盘三奇入墓者为客，事有乖张，遇而不遇，好事退避，当图失意，明中暗投。天地六仪若入墓，与三奇同断。

如天地二盘三奇六仪虽临于墓宫，合吉凶等格，分主客各有吉凶。若奇临干墓宫，得日时相生，又不可以凶言之。

# 六仪击刑

如甲庚加于巽坤，甲申加于巽艮，此谓无恩之刑，以下犯上，臣欺君，兵泄机，父母师长生忧。

甲戌加于坤，为恃势之刑，或贪酒色失机，或争功失意，同类参商。

甲子加于卯宫，为无理之刑，上人心变，谋夺其权，被人暗算。

又如甲午加甲午、甲辰加甲辰，为自刑，或谋事错乱不决。

# 淮阴侯奇门秘诀歌

阴阳玄奥最难穷，一千八十算来踪。符使变化无尽极，统领奇仪历九宫。
地道安然星宫定，六十时中节局移。天道无休常转运，符使之宫顺逆飞。

阳遁符一飞二黑，阴遁符九逆艮驰。比如九星飞九宫，九星顺逆不相同。

此时阳星为直符，蓬任冲辅止天英。此时阴星为直符，英禽柱心至天蓬。

上芮冲辅禽顺行，英任柱心俱逆去。年月日时循环转，九星更换逐宫移。

返覆二吟符使位，亦有他宫反覆推。十时飞遍还原位，星同年月天下易。

八门专主飞何处，阴顺阳逆九宫飞。若遇开门为直使，休生伤杜景死惊。

直使丁时归本位，有时超五理当知。符禽俱居中原位，斯时用法夺天机。

符使于中分顺逆，遇将飞宫开闭虚。天上符宫阳加坎，天上符中阳加离。

凶门恶宿逢生旺，奇仪得令尽施为。吉内藏凶有吉星，主客之时用最奇。

主得景门奇仪旺，营谋战讼凯歌回。客逢生旺来伤主，利客先施主受亏。

门宫合卦此时宫，爻中造化论六神。君圣臣贤兼子孝，妻奴俾妾内外亲。

生旺贵戚诸美庆，受制外人恶类推。贤能贵贱成离难，父子兄财官鬼详。

国泰丰年岁干见，公侯伯宰月干推。省府州县日干耀，人民时干考天真。

要知天道阴晴雨，交节日时局中明。要知贤主传朝位，登基时日局中推。

要知出师收胜归，安营发马遁格推。要知官品推升职，到任时日决何如。

要知安营仓府库，胜负贤能改造时。要知生涯有利息，出入求谋遇吉时。

要知年月有兴败，太岁局中格局明。要知四季有吉凶，立春立夏立秋冬。

要知日月有得失，二十四节论交节。要知日月有灾详，六甲旬中看生伤。

要知旺相生合吉，休囚克应忌中央。要知生平休废事，禽生时日局中推。

同生富贵修短事，再察父母得子时。十二宫分坐向格，二十八宿定方舆。

大运九九审造化，吉凶成败格推详。阳遁符逢为初九，九九天芮三九冲。

四九辅星禽五九，六九天心七九柱。八九天任九九英，符加一九终九九。

九九星终又换符，蓬符运管八十一。八十二丙管如初，阳遁蓬芮星顺换。

阴遁逢英星更逆，符加时干为初运。九星顺逆换符头，美运之中期有恶。

恶运之中美不期，许多成败皆藏格。万事皆色一色知，逐年月日时用事。

此事干支始用神，假如甲子为时始。甲子就为用事神，乙丑轮二壬申九。

十时年月癸酉同，六十花甲终癸丑。六十一数起用神，重用甲子六十一。

千年万载一同明，用事之神何所使。诸神各宿定根基，贵人螣蛇日上定。

青龙明堂又建除，立符天曹并月将。以上四起在时日，奇门各宿分宫位，
道格玄微莫乱传。

# 御定奇门大全秘纂卷二

## 总发例

### 总发天机

　　盖三奇八门六仪九星八卦九宫五行之所属，不过赖五行生旺克相、制害刑冲、胎绝养死、贵禄空亡、乘生陷旺之理，人能触类引伸，则三才万物之道，盖乌可他求哉！

　　如天盘地盘，加九星奇仪八门属金，加于地盘诸星属木，此谓金克木，谓之客来伤主，战利为客，行兵先放烽炮呐喊，士卒精强，百战百胜。凡求谋请益交易等事，败破忧惊，宅舍暗昧，遭逢小人贼盗，惟行人即至。若金旺木衰，其凶尤甚；金衰，凶稍可。如何盘诸星属金，或衰墓死绝之时加于本宫，乃无气之金，而不能伤木。在生旺之时则木星为吉，若木在衰墓死绝之宫，而凶终不能免。

　　如天盘木加于地盘火星，是为木能生火，为客生主，战利为主，一切谋为，皆如心志。如有重木临生旺之宫，此为贪生之木，反厌火光，火渐自灭。若木临退气之宫，或木少火旺，而能枯木生火，木利主兵，宜暗计征讨，百事大吉。

　　如天盘土加地盘金，亦主遇客生，若系土旺或重土，虽则金生，而被土埋藏，必有伏兵埋伏，或贤士英雄失志，或忠烈高才受屈。

　　如天盘木加地盘金，乃主伤其客，宜偃旗息鼓，禁声而散为胜。凡谋多

7

被破耗，有始无终，惟求名显达，官事得理，出行亦吉。

如天盘金加地盘土，乃主生客，宜扬威耀武，征兵奏凯，客兵大胜。凡谋为始终营碌，耗散费力后可安妥。

如天盘地盘九星奇仪门宫五行一样比和，如金临金、火临火之类。若逢生旺之时，由我为主客，诸事吉庆，军兵奏凯。若临墓衰之时，诸事宜迟，宜埋伏暗动，利为主客。若在墓衰死绝之时，遇日干相生，谓之绝处逢生，迟后为吉。若在死墓之时，又被本日时冲克，为之无气受伤，绝灭生意，终不利也。若诸生皆旺相之时，或被冲克制害，终不为凶。如诸星在旺相又逢生者，为喜上加喜；在绝墓受克者，忧上加忧。衰墓逢生旺而好渐来，若旺而受克，美景将退。

如地盘生天盘，乃我生者子孙，凡事先难。如父母养育，欲子女常怀爱惜之心，待子成人，有望好日新，永远吉庆。为主者宜施恩布德，选将求贤，凡事谋为克己。若合吉格，主好事。如遇蓬休壬癸，主酒筵、湖海水面交易，或水灾虚惊。逢任生芮死，主田土山冈坟茔老母少男喜庆灾厄之费。各条款在前详言之。

如天盘克地盘，是克我者为官鬼，大利为客。凡事只宜守旧，不可强为，反遭破财，有始无终，谓之克我者囚也。

如地盘克天盘，乃我克者为财，行兵利主，若求官求名、官讼捕猎皆吉。以下之事，不利于后，成之终反覆不久，谓之我克者亦囚也。

如天盘生地盘，是生我者为父母，战为主大胜。凡事求谋干谒，婚姻商贾，谋为茔宅等事，大吉，不可妄为，敬谨而行，永远吉庆，谓之生我者旺也。

## 临机变用

人为万物之灵，感通诸事之应，在我一时之动静，取其人物器物，以推兵家胜负，人生得失，物之成就。于出师发马动众、安营立寨，或诸事得失离合，或物品所得之日为始，逐日推查，利以何日交锋得胜，何日时贼来何方，何日时利埋伏何处，何日时奏凯成就。欲知人事穷通寿夭，取本命年月日时布演，而妻财子孙预可先知。凡物之破败暂久，以所得之日时，或如一

8

见之时日，或取物之长短方圆，按五行之所属，配合遁时，而物器之凶吉可预知之。

如军中营中，有一闻一见，或遇移倒斜落金鼓等项，或听言语善恶，或见其气数日，或器物破损，或遇兽鸟从何方去来，或听鸟兽声音群只，或风从何方来，或雷震水声动响几声，在于何处，但一闻一见怪异等事，但可为吉凶之兆。或听人言语几字几声，如遇一字一物一声一点鸟兽为子时，二为丑，三为寅，至十二时。如数十三，又自子至亥再余，仍再以子起。如甲子乙卯遁起甲时数有十三，数第二次为丙子，三次四次如戊子庚子壬子之类也。如数多，用五子尽，再用乙丑乙丑丁丑，千时万时，皆仿此也。此时若定，以当时符使飞布，遁演九星八门，详诸格遁局及大运日时，一切前后尽可知矣。

# 五行生克

五行者，有生中克。如金生水，水盛则金没；水生木，木盛则水阻；木生火，火盛木为炭；土生金，金盛土衰；火生土，土盛则火蔽。又五行有克中生，如木克土，土原则喜木克，是为季耸山林。土克水，水盛喜土克，是为樽节提防。水克火，火盛喜水克，是为既济成功。火克金，金盛喜火克，是为煅炼成器。金克木，木盛喜金克，是为断削成器。水下火上木左金右土中，以位言也。水黑火赤木青金白土黄，以色言也。水曲火炎木直金图土方，以形言也。水阔火燥木敷金炼土溽，以性言也。水咸火苦木酸金辛土甘，以味言也。故在天则火为日，水为雨，① 木为风，土为云，金为雷；在地则火为火，水为河，木为林，土为山，金为石；在人则火为心，水为肾，木为肝，金为肺；又金为皮，火为血，水为骨，木为金。人但知火能克金，不知其遇旺令则金中有火，火欲克金而受反克，此②生中克，克中生，变化无穷，不可不审也。

如土生金，土遇旺令，则生之不竭，如土相时，未离父母之胎，则中土

① "雨"字原阙，据《奇门法窍》改正。
② 此，原作"比中"，据《奇门法窍》改正。

尚存火气，不特不能生金，金且受制。如金生水，金逢旺令，则生水无宜，如金相时，则金中尚存土气，不但不能生水，水且反受其制。木水火皆然，此中秘诀，不可不知。

# 奇门心传

星门之符使，不分主客，皆为我用。所看主星之下飞门，主星之下流宫。主星克门，可以攻城破阵；飞门克主星，徒劳无功而损折兵将。主门克流星，可以坚备固守而致贼降；流宫克主门，必致割地丧土而失城疆。如我生彼而我衰，则彼或逃；如彼生我而我旺，则彼必投顺。衰旺只以时令言之，且主星看天煞诸曜，主门看地煞诸曜吉凶，而已可立见其验。即如星克门，先吉后凶；倘被克，我大将被擒，断不出此要略也。直符天盘上有一干，乃主星之傍也。使得地盘上有一支，乃流宫之则也。两边合配少，纳音妙，而上下可配者配之，否则配以主星之下，流宫地支乃成。如不成，当配以使门天盘之干地盘之支，乃成三奇到门，妙绝。譬之君臣在内，有大将守门边，若犯墓则三奇受制，自顾不暇，焉能制人？如天盘三奇墓制支不制宫，地下三奇墓制支又制宫。

# 八　诈

九天到门宜揭宫，九地到门宜立营。玄武到门宜防奸，劫煞太阴到门宜招降。私亲白虎到门宜备敌，兵冲煞腾蛇到门宜防虚诈惊恐。八诈之内，惟九天九地六合太阴为吉，余皆大凶。然我生门不被克不妨，如被克凶。

# 九星吉凶

**天蓬**即天乙，主十六神，知水旱兵马灾旱。一白，属坎。值此星，宜安抚边境，修葺城池；将兵春夏吉，秋冬凶。加九宫，利为客。秋冬月壬子癸亥日临战，有黑云气从北方来大捷。加八宫二宫，四季月辰戌丑未日有黄云从西南东北方来，为主吉。此星嫁娶移徙修造出行商贾皆吉少凶多。

**天任**即太阴，主天下阴德周赈之事。八白，上主艮，旺于春。值此星，请兵谒将求财嫁娶入官皆吉，移徙不利。加一宫，四季月戊土日有黄云东北方来，为客大吉。加三宫，木日有青云从东南方来，为主大吉。加四宫同。

**天冲**即轩辕，以文昌三宫同占。碧水，属震，旺于春分后。值此星，将兵春夏大胜，秋冬无功。不宜嫁娶入官移徙。加八宫利客，六七宫利主。云气同前类推。

**天英**即天乙，主战阵。九紫，属火离，旺于夏。值此星，宜出行嫁娶。若行兵移徙商贾俱不利。加六七宫利为客，加三四宫利为主。云气同前推。

**天芮**即摄提，主甲兵灾。二黑土，属坤，旺于孟秋。值此星，宜受道，嫁娶移徙修造不利。用兵加一宫利为客，加三宫利为主。

**天禽**即天将，主后宫。五黄中央土，寄坤，旺于四季。值此星，宜赏功封爵，将兵四时吉，百事无忌。吉同天芮。

**天柱**即咸池，主建二十四气，七赤金，属兑，旺于秋。值此星，宜屯兵自守隐藏，用兵士卒败亡，不利移徙入官商贾，宜婚姻。加三宫四宫利为客，加九宫利为主。

**天心**即青龙，为寿、心，亦主兵。六白金，属乾，旺于秋冬。值此星，宜治病嫁娶入官行商修造。主客吉凶同天柱。

天心平隐宜坚固，须知天芮士卒亡。天辅远凶近则吉，天柱军马近为伤。
天英将兵用无益，以上五星凶莫当。总然三奇合门户，立应将危难见怆。
天冲扬威万里行，天禽雄猛敌万军。倾心机密他须败，报道天任大战赢。
蓬任冲辅属阳位，英禽柱心是阴乡。禽星子午阳星属，落于阳位性同方。

# 三奇喜怒

乙奇到坎吉，到坤凶到，震巽大吉，到乾大凶，到兑凶，到艮吉，到离大吉。

丙奇到坎大凶，到坤大吉，到震大吉，到巽吉到乾大凶，到兑大凶，到艮大吉，到离除子午二时不宜遽用其余时大吉。

丁奇到坎凶到坤大吉，到巽中吉，到乾大忌入戌，到兑大吉，到艮大凶，到离乘旺太炎不常凶。

11

## 三奇贵人升殿

乙奇到震宫，为贵人升乙卯之殿，大吉。

丙奇到离宫，为贵人升丙午之殿，大吉。

丁奇到兑宫，为贵人升丁酉之殿，大吉。

## 三奇秘诀

三奇亦有不相同，甲午门使丁到，此时虽曰三奇在，吉里藏凶仔细推。甲寅乃癸仪，丁奇到乃癸见丁，不拘使符，总为不算。主星不受克者，无大害。克凶，甲子乙奇不得力，甲辰丙奇不得力。假如时加六乙，莫作六乙概论。看出何方是妙诠，使门之上既分明，符头何得不分明，不将此处玄机辨，得了一半少一半。

又如六门六壬，其间生中克、克中生，活变无穷，故曰"玄机"。即如乙奇在地下生子，午旺于寅，病于子，墓于戌，绝于酉。时加六乙，亦有吉有不吉，不可概论。使门之上既分明，乃主门上之一干也。何宫何得不相同，乃符下之一干也。各当考其生旺克衰。倘门上之干符宫之干俱得地，乃为全美，不然是得半吉。前云"六乙木为何方木，木分四季，理取荣枯"，此之谓也。

# 御定奇门大全秘纂卷三

## 奇门三盘辨

奇门三盘天地人三才，故占吉凶者，着重九星。九星者，天盘也，以吉凶由天定故也。凡占星克门吉，门克星凶也。

出行趋避，首重八门。八门，人盘也，吉凶由自取也。凡门克宫者吉，宫克门者凶。杆架修造，首重九宫，九宫即地盘也。因事皆由地而起者，故门生宫吉，宫生门亦吉，不宜相克者，须善推之。

《传》曰："奇门既分三盘，上下盘内俱有一明干，上下相对一照，成格不成格显然可知。惟主星之下、飞门之内暗藏一干，若隐若视，变化无穷，古今来无识者。"假如飞门既生主星，而飞门内勿有庚到，外面虽美而中蹭蹬。又如飞门既克主星，而飞门内勿有奇到，百事外面果凶，而内中有人暗获。《经》曰"若有若无，若隐若见"，飞干之谓也矣。

问：奇门有天地人三盘，主星主门既然飞去，主宫独不取可用乎？曰：三盘当均为取用。又问：星门乃本时日干一支，主客将何取义？曰：主宫支干之父母也，何谓不可用？即如主星冲动，行人心欲速来，而遇主门入墓，其人必心欲动而身不能出门。主宫看例皆仿此。凡占行人，必以作事之冲动处为的，果然静逢冲则动，动逢冲则破，旺相逢冲则发则散，不可不知。

即如杜门到乾，乃本库在未，逢击刑则墓开，逢支相冲亦墓开，秘之。然而有说焉。曰库房四隅，若辰戌丑未日及辰戌丑未时，而星门犯墓者，乃为直墓，虽冲亦不开。然又有日墓时墓宫墓，如本时正干支乃戊子，而直符轮到乾宫，乾宫乃戊地也，亦云入墓。又云直时之墓。余仿此。

欲知姓氏，须看纳音，不能尽知，须从宫商角徵羽而辨之乃可。盖百其人则百其姓，焉能尽晓？故知五音，即可知了然。或宫音人羽音人纳音，即甲子乙丑海中金。此中之秘，略述一二。即如清晨起一数，有人来否，起看

13

杜门，而支干入墓者不问，主门入墓不问，遇刑击不问，天网四张五不遇不问，否则即加时加六乙，阳日为贵人，阴日为九流，甲日为阳，乙日为阴，阴阳仿此而推。然后干支配合，以纳音配合五音，则贵人之姓了然可知。又须知直使上辨其方位，九星亦要辨其方位。如主门从六来，即从金上断之，万无一失。然金遇旺相时令旺相方位，金字之形即现，否则即隐，须于笔画方圆曲直处辨之可也。又加时加六乙，则六乙木为何妨，木从此而春而夏而秋而冬分四季，理取荣枯，厥道无遗。且而春夏发生之木，知为得时之贵人，肥大之贵人，而秋冬为枯落之木，知其为失时之贵人，弱瘦之贵人。僧道不特辨姓氏，乃辨容貌服色也。其来人方位，从干上发迹，使门落处是也。然来人于使门上断之，而我欲出门，又干符宫上断之。如天盘上有一活干支，地盘上亦有一活干支，上下支干乃因时所至，活变无穷。天盘干支一时一易，地盘干支一局一易，以一时合一局，则又变通无穷矣，较八卦又复活动矣。盖八卦亘古不变，地盘干支则一千八十局，如子到二宫，乃土生金，而金以纳音方知。来人货物数目多少，于六为水，二七为火，三八为木，四九为金，五十为土之例是也。旺相十百千级，旺至数万，原由乎人。万千百十，皆由人推之，不可定泥也。《传》曰"以来人方位起直符"，此说其实不通，莫若以来人所立方位定本身生克为妙。譬如符使是休门天蓬，而来人位在坤方，乃土克水，凡百不利。若立见兑方，乃金生水也，凡百大吉。即如主星主门破飞流所克乃大吉，而本人所立方位是相生，的便有救不放，然飞流为重，而方位次之。又可以本人立方位配十二天将，便知来意，从上时看，后一人从下时看，亦不易之理。假如一人起二数，就一数可看也，符使分看可。又一法曰：假如有人来问数，何能悉知其来向？不如堂中值椅十二把，左右各六，皆写十二辰，左一写子，右上一写亥，子作坎亥作乾之类，只辨上下四隅，然后配以十二天将，便知来人之意耳。

右人　　　离坤兑乾

南 午 未 申 酉 戌 亥 北

巳 辰 卯 寅 丑 子

左人　　　巽震艮坎

假如本时内有人起数，于符使内既断以吉凶；即于本时又有人起数，即以本人所立之方配，看有无奇有门无门受迫受制否，十二天将有吉无吉否，

14

彼此合看，万万不一。倘数得凶，看来方有奇可解，无奇不可解；有门可解，无门不可解，庚到亦然。即一人至数百人皆然。又如二人数同一，先一人既断其吉凶，后一人重使门看，亦一时变权之理。两人适当二人交接之间，除先一人断之后一人。

# 空　亡

有日旬空亡，有时旬空亡，十干截路空亡，惟出行最忌截路空亡。凡吉事遇空则吉事不成，凶事遇空则凶亦不成，乍病遇空则却，久病遇空则死。如日时遇空，逢太岁则却，久病遇月建则空，本人年命亦可正时空，而本人之方位亦可填实。大约日奇重日旬空亡，而时重时旬空亡。《传》曰：使门有奇到为大吉。如太岁是乙巳，而乙奇下之支适逢乙巳月建是丙午，而丙奇下支适逢丙午为宫者，得此数必得天子特恩荣荐拔，庶人得此数必有贵人扶助，有意外之吉庆，凡事谋为如意。丁奇亦仿此。故不拘其旬空，益乙己丙丁为游宫太岁游宫月建故也。若数内遇有庚到而其支适遇太岁月建，其倍之凶也。

## 甲符元神秘论

问：所云直符宫何？曰：犹府县之有衙门也，乃空位也。或天蓬天任诸星到宫，即如云某州县官之姓名，然均可直之，勿问前甲与星符，兹星又与宫符，故曰直符宫。凡占天则星为天，占地则星为地，占君臣事物则星为君臣事物，无不符合矣。又云：直符者，亦其合众星众门无不符合，故曰直符。如主星是天蓬休门，论谈甲子直符，不可拘以甲为木。甲固木也，轮到天蓬，即以水合，当作水相论；到天芮，即与土合，当作土相论。余星可类推。如到天蓬甲为水相，流飞虽有庚到，此生我者也，于我何害？如到天任甲为土相，流飞虽有庚到，亦生我者也，在我不过盗气论。到天冲甲为木相，流飞若有庚到，乃克我者也，我方受害，病必死，战必败，所以贵乎遁也。若我克彼，虽木中即有火性，庚遇火即退，尚不至于死战。到天英，甲为火相，流飞即有庚到，比我克者也，于我何损？到天柱天心，甲为金相，流飞若有庚到，乃彼此是金，须常看我之助者我之坐以定吉。彼坐乾兑，我胜。我坐乾兑，彼坐离艮，我受克于景英，彼亦自先受克，宜乎吉凶相半。然究竟主星门被他克之，故彼胜。我坐乾兑，彼坐震巽，我胜；我坐乾兑，彼坐蓬休，在我虽是退气，来兑我是父母，亦我胜。我坐乾兑，彼坐芮任，我虽受生，未免我是子孙，亦为彼胜。惟求财问疾，我受我吉，此天地未泄之秘，在人心会而得之，方可语斯道也。不然执甲木庚金克制之说而毫无变化，则奇门之术亦甚穷矣。诀曰：我坐水星门，忽六庚加临，无是父母，未免有顽器之上人。我坐土星门，忽六庚加临，终不为肖之子孙。我坐金星门，忽六庚加临，终见为阋墙之弟兄。我坐居旺令，不足为害；我处休囚，不免衰逆。更当以主星流飞之生克合看，而吉凶了然矣。倘坐生火木二门，一为我克，一为克我，不必再赘。故曰："庚之为害，犹星家之为勃也。有勃之为恩，有勃之为难。"然总为不妨。

# 甲庚论断

庚为七数之仇，与甲对宫而相处，甲所恃以无恐者，赖有三奇，且九符宫有庚出行以避之，使门有庚居家可以避之，惟甲申直符动静皆凶，得三奇到可解。然三奇有墓制盛衰不一，统一岁而言之，乙旺于春，丙丁旺于夏；统一日而言之，乙旺于昼，丙旺于夜，丁昼夜皆旺，而尤旺于星夜，故曰"惟丁奇最灵"。统八方而言之，乙旺于卯，制于酉，墓于戌；丁旺于乙，制于子，墓于丑，三奇同一救而衰墓旺不一，不可不知。即庚亦然，得令于秋，生于巽，旺于兑，墓于艮，均之制申而衰旺制墓各异。然主星天盘内有庚，为不共之仇，为杀身之患，凶不可解。飞门人盘内有庚，敌自外来，猝然而至，可以来，可以去。流宫地盘下有庚，居家凶，出外稍宽。使门天盘上有庚，出外凶，居家稍宽。不问军国俗事，犯之俱凶。假如年奇占岁，令天盘有庚，必虽旱而灾瘟至。人盘有庚，必兵刃不止。地盘有庚，必山崩地陷，水决石冲。按所落方位配宫以分野，则何地受害，彰彰可见。然庚到凶，奇到吉，可知六庚固能为害，若飞到火宫火门或墓，自顾不暇，焉害人乎？逢火盛则金化为水，非为尽去，可无害也。三奇固吉，遇墓制或年非旺令，坐非旺地，虽吉无力，何能泽被苍生？故曰"神而明之，在乎其用"。

# 甲庚行兵进取论

甲庚为不共之仇，故甲为主，庚为敌。即如本时占胜负，符使上共断其大概之吉凶。到奇到门，又当审其余宫六庚之所落，六庚临符所败道也，焉复望其进兵？

假如本星六庚飞出为飞门而丁克，知其必丧师。辰主六庚，本门飞出为流宫，丙丁所克，知其必倾巢覆。六宫被克则城可破，门被克则路可截，星被克则师可擒，胜负存亡，了然胸中。如我欲进师，虚实未暗，又当悉六庚之所在。若六庚落坎宫，遇一里或十里，或北方水边，必有埋伏。如落在震宫，八里三十里正东林木中，必有埋伏。如在巽宫，必林木丛中有埋伏。离宫，正南九里十九里，必有骑兵火攻埋伏冲突。坤宫旷野，兑宫溪泽，乾宫防高冈峻岭。倘庚遇旺方旺令，敌必勇多。如落旬空墓囚，更遇三奇加临者，不在论中。以上不言门而言星者，以星为将故也。

# 御定奇门大全秘纂卷四

## 十支星门条分晰辨

问：本数星门受克而干居旺地，是有始无终凶中有救乎？曰：然哉，君可语数，指出玄机来。北有池，南有台，阴阳妙理贵心裁，炼得三般真气候，风云呼吸取诸怀。语毕无辞君莫厌，我将永别上天台。

又问：本干宜居旺地，倘庚加时干，数所最忌，宜衰不宜旺，日干兴，本身宜旺不宜衰。

假如有人问病，于符使上断其大概之吉凶，复于本正时日看本年阴阳，或起长生轮去，病到何宫，宫中有奇否，有庚否，得门否，宫外受制否，不落旬空否，一一看之，前断之验。

又：人问婚姻，宜看冠带宫。冠带俱成，人之理也，占婚姻必看此宫。问初进之功名宜看临官，迁移宜看帝旺，谋食求禄补廪觅食看宜养宫，产育寿考宜看长生，若配以十二天将，更得其精微。又曰四干之下，各带一支，看其冲合地盘两干之下，各坐一支，看其墓旺，墓旺所以验吉凶，冲合所以验动静。凡事未发而遇冲则动，既发而遇冲则散。事未起而遇合则静，既起而遇合则成。然当与星门合看，不可以执定。

假如正时是乙卯时，乙禄在卯，坐专禄，乃为大美。若坐坎宫，乃乙木之病乡，其坐病乡，其体必强旺，比如壮人尚可持撑。若正时之乙亥，乃乙木之死地，又坐坎宫，则本身久已无气，病必死，战必败，谋事必不成。或又如正时是乙酉，本乙木之绝地，若坐到离宫，是绝处逢生，病药而瘥，战阵而后胜，谋事久而后成。若正时是乙卯，又坐到寅卯辰乙午未申诸宫，方为得地，最吉。假如正时是丙戌时，墓干丙戌入墓，干若坐到巽宫，其下地支乃壬辰，辰戌一冲，墓库以开，又为冠带之乡，作事先难后易，日久乃成。然又当主飞流合看，方毫厘不差。以上只指乙丙言也，余干可以类推也。

18

又问：乙遇辛，丁遇癸，冲坏即成凶格，独壬见丙何为不成凶格？曰：此皆诸书之误也。盖丁见癸即死门，癸见丁即符宫也，无使门也。若宫吉门吉，稍见相冲，不为人害；宫凶门凶，见之大凶。更丁见癸在直门则我吉，盖奇在我者也。癸见丁在使门彼吉，盖奇在人者也。秘之。又问：玉女守门，此奇在人，又何为吉格？曰：守扉不过阴私和合，当因时而断之。

又问：诈吉门吉奇到，如时加六庚六辛六壬，可以出门否？《传》曰："六辛六壬，有奇可出。时加六庚，虽有奇亦不可出。"

又问：逃难藏身，使门既吉，符门或庚到，可以出门否？曰：逃难本身已有难矣，故可出。如平居无事，则断不可出矣。又问：使门不可出，可以出符宫否？《传》曰："临阵可背，出门则不可。倘本星受制，则背亦不背。"当秘记之。

又曰：出三奇为吉，以发兵时言也。背天罡，宜月建游都等法，以临阵而言也。各用有准。

问：数既占矣，三奇不到，死门禁何日，奇到出奇，不然问向天上而去，逢中六步，郊外六丈是也。又问：与众共是乎？抑独自出乎？曰：庭中自出，郊外同出。《经》曰："凡动作行为，得三奇到方，不拘年月禁忌，恶煞退避，化凶为吉。"

《传》曰：地下三奇避八卦，即"庚丁墓丑、乙丙墓戌"之类是也。

《传》曰：支煞看使门，干煞看符宫。干为天煞，支为地煞，凶多吉少。倘所到之煞甚凶，得三奇在地下，与诸煞同处，诸煞远避，亦无灾害。如三奇在天上，忽然加临，诸煞起而后退。

问：四隅每一宫有二支落位，如使门落在艮宫，不看丑宫地煞，还看寅宫地煞，抑两宫俱看。

《传》曰：本时支属阳则看阳宫，属阴只看阴宫。故《经》曰：阳与阳化，阴与阴化。如杜门一到兑宫是流，主门被流宫所克，问行人，似乎不来，然杜蓬克则开，遇金旺必到。

《传》曰：如生门土也，死门亦土也，同而用异，一生气，一死气也，则所以异也。如杜门伤门皆木也，而用亦异也。杜则重而伤反轻，杜则闭而不出，伤则受而可救。

如兑金伤克问病，主刀疮箭刃，或刺脓血，或肝病之类。乾金克伤门，或石压，或登高而坠，或伤寒之类，遇水旺金衰不妨，[①] 金旺木衰、金衰木旺必死。金克杜门，或腹胀，或骨硬，或隔食，或便闭。逢木衰金旺，则吐血痢疾之症。木旺金衰，虽重不妨。八门由此类推也。

问：五行首重衰旺，三月建辰应土旺，又三月乃清明节，系卯木司令应木旺，果否？

《传》曰：依奇门则木旺，依节气则土旺，二者宜并用。如生门宜符则木不能克土，伤门直符则木又不能克土，盖二旺因乎直符，万不易也。

又曰：若遇乎杜门，必视其如何日，微有所别。人问：死门生门均一土也，衰旺还同否？曰：生旺春夏，死旺秋冬。

又问：禽芮奇而衰旺同否？曰：天禽虽寄西南，实居中宫，无分阴阳，遇辰戌丑未月皆旺矣。

问：人有病，生死未判，还看生宫与死宫否？曰：少平看生宫，老年看死宫，有奇到宫不迫为吉。

问：沐浴者何谓也？曰：沐浴者，欲发未发，机将露也。

问：何以为绝？曰：绝看甚多。绝者生气尽无，订交遇绝则财尽而疏，婚姻遇绝则情反而逆，触类而通，何求不可？且此中更有妙处，符宫之干为主，使门之干为客，胎旺同推。

问：帝旺何义？曰：假如婚姻遇帝旺，在男得体而成吉，则女亦强良而助家。阴干得之而应女，阳干得之而应男，落空则为假婚姻，遇空亡成非正道，定以野合私通。

问：养字其意何居？曰：养字包广甚多，求谋活计皆可固此通彼，非举一而诸类不通耳。

假如问本干坐落之宫既得旺地，而本干府库之支乃是衰绝，吉凶取用如何？曰：支干十有二弃取，符使加临如联珠。逢帝旺绝虽难用，只看坐宫，不看支干。须知来意应其方，不用符使因其余，举将出兵逢帝旺，指挥妙算，暴乱能除。若逢衰绝，片甲不回君莫哀。星奇即得干绝逢，有始无终真奇哉！

问：天蓬星利于亥子月，春夏将兵不利。倘春夏月直符是天蓬，而飞门是景门，乃水克火，可以用兵乎？曰：蓬虽能克景，总无力耳。又问：蓬子

---

① 妨，底本均作"放"，据上下文改正。

时子日何如？曰：稍差胜，符使须分先后而断。符吉主应先吉，门凶主应先凶。符重门轻，以数言也。门重符轻，以出兵时言也。若星门并吉而格未吉，吉中有凶。星门俱凶而格最吉，凶中有吉也。符为父，使为母，符受克则父亡，使受克则母亡。又符为本身使为子，生克同类推之。又符为天，使为地，符为君，使为臣，亦类推。流星主门，属土主增田产，属金主增财帛，属木主增房宅，属火主增文章，属水主增秀士。

问：八诈一盘，缘何把十二天将折去几位？又把九天九地贵人直符插入，是何所见乎？

《传》曰：十二天将所以配十二支也，八诈所以配八宫也。问曰：假如星门直符诈得白虎，可无妨否？曰：有害，其中吉凶，当随八诈配以六壬所落宫位断。又曰：伤门直符诈九天可有害否？曰：最吉。九天九地，则天地于我无不大其覆载，有何不吉？

又曰：攸为吉，攸为凶，攸为我用，攸为彼用，人不知，神莫测，天地莫能窥其微，乃谓之诈。盖八诈之中，惟九天九地太阴六合为吉，余皆凶也。然诈凶而星吉，奇到者不妨。又一等，诈虽凶而我星门克彼者亦不妨。彼不居旺令者，亦不妨。如不得门又逢凶诈，克于星门，乃莫大之凶耳。

假如我坐天任生门，诈得玄武，宜防小人盗贼。然观其土能克水，虽有一小人不足为害。我主进旺令反者得囚死者稍畏之。星门克生得地者吉。又八诈之生克，须以我生门同敌之门宫合看矣。

## 八诈八属

直符　白虎　太阴属金　九天属金　九地勾陈属土　六合玄武属水　螣蛇朱雀属火

# 御定奇门大全秘纂卷五

## 星门衰旺主客帮身论

假如主星是天蓬，主门是休门，而天蓬时值休废，以本身作弱论，或主门上飞星得天心，此弱中带生，水出有源，不可仍作弱论，问病得内治之功，问行军得内助之力。又如蓬芮得力旺相，本身应强论。主门上飞星是天任，此旺中带冠，承受其制，不以强论，问病有内损之忧，问阵有内间之防。如主星是天蓬，飞门是生门，飞门直废囚而下坐火宫，此弱中带生，土本日厚；生门值旺相而下坐木宫，此旺中带克，土气日薄，此中被克，皆属于彼乃被身帮身，由此而推，时令之衰旺，得帮身而更活焉。

## 星门主客生客论

假如主星天蓬克景星，我兵宜自北而攻正南，水陆并进，将须羽音人，黑旗甲，排水营，攻必大捷。天英克惊门，我兵宜从正南攻正西，用火攻利，骑将须徵音人，红旗甲，排火阵以攻之，必胜。凡九星八门生克，准比推之。如主星天蓬被死门克，敌必自西南而攻正北，我战应败，须急选商音将，白旗甲，埋西以泄其气；又将徵音将，红旂甲，埋南以挫其威，自统大军，青旂甲，依东角列木阵以御之，更遣角音将为先锋，必捷。

## 日干时支论

时干克日干，乃贱犯贵、幼犯长之义，犯此大凶。惟甲日庚时，尤甚当审衰旺。日旺时衰，虽克无妨。时旺日衰，一克不救矣。克凶生吉，《经》曰"时干入墓不可救"，然惟丙戌时为墓，到巽宫则墓开；丁丑时到坤宫墓开，己丑时亦然。壬辰时到乾宫则墓开，癸未时到艮宫则墓开。又天盘遇六仪击刑，其墓亦开。又丙戌时遇辰月日时则墓开，则随事之大小而取裁之。但我星门受克入墓者不救，虽墓开亦不救。时克日干必遭殃，日克时干必有伤。

22

# 三奇保应

第朔旦之期，诸家神煞悉皆拱手朝迎三奇，故迁葬立宅得三奇，子孙发福倍常。

工官得奇，必获君宠。开山立穴得奇，必发功名。将兵得奇必奏凯，婚姻得奇育贵子。

《经》曰：凡动作营为，得奇到方三吉奇到宫，不拘年月禁忌，飞天毒火，九艮七煞空亡，一切凶神，尽皆拱手而退，化凶为吉，受福无穷。

《传》曰：地下三奇避八卦，天上三奇勿克制。盖天上三奇日月星，何有克制？地下三奇避八卦，即丁丙墓戌乙墓丑之类。

假如某月日欲立宅兴工，屋坐子朝午，即以日奇门排一数，看有三奇到坎，乃为吉期。又以时奇门排一数，看本时有三奇到坎者为吉辰。倘日吉时不吉，时吉日不吉，亦不用。必三奇三吉八诈吉一同到坎者，方为全美。或主门飞门吉诈不得吉者次之。坐子朝午，系坎宅开休为吉，生门非吉，以土克水故也。凡迎取杆葬，论坐不论向，准比而推。

诀曰：出行宜门克宫、宫生门者吉，惟行军不宜宫生门。动作嫁娶，宫生门生则大吉，相克者得吉门亦不吉。

《经》曰：杆葬得奇门，无地亦吉。婚姻得奇门，有难可免。大凡修造日干贵子宅主年命相生，不宜刑冲，要诀也。

凡遇三奇升殿，吉不可言。得主星吉门到者更吉，飞门吉者次之。数中有配年之法，配亦吉，不配亦吉，不必拘执。如奇到宫，或书符持咒镇之更吉。凡动土兴工，冲犯太岁，于三奇轮到之期，各书符一道，则诸煞远退。以桃板书符永镇之，更妙。须日奇到宅，书符时奇到宅悬挂。

。凡修房论方修灶，论灶向坐，皆可用灶以烧火，人坐处为主，修灶日支以与主妇年命相生者为吉。

《传》曰：凡杆葬日支与祭主生年相冲者凶，相刑者不论，相合者最吉。水盘之分金纳音，与化命之纳音，相生者吉，相克者凶，比和者吉。此配年命之法也，秘之。盖杆葬选择甚难二尺合，惟奇门到者无忌矣。地下之奇到，忽天上之三奇亦到，以其忽然加临，不拘天上地下到者皆吉。

# 释 义

遁甲者何？天干凡十，甲为之何者？统领诸干，其所畏者独庚金耳。攻须遁匿其甲，勿使庚克。然乙为甲妹，可以配之，使其情有的牵。丙丁为甲男女，可以制之，使其势不得肆，故以乙丙丁为三奇。又十干中，戊己庚辛壬癸乙丙丁皆传，而甲无专位，与六十同处，如甲子布于九宫，起宫为甲子，遁一位为甲戌，又遁一位为甲申之类，皆有遁甲子义。独乙丙丁无与同者，亦三奇之义也。八门者，休生伤杜景死惊开；九星，蓬任冲辅英芮柱心。九星八门在地盘原有定位，如休门天蓬属坎之类，推而参差之道于此可见。惟得三奇吉凶之位，即历家之所谓三奇不必来求，而于动静之处深观其意焉。且又有诸子在天者，右于地盘中互相参考自得。其坐向而指之，顺而逆转，而迎大小吉凶，定无错举，乃万事之符合昭昭在耳目前也，不可不知，惟人自度。

# 凡 例

一、夏至后遁之用局，只在宫上按数，若移入八卦之例，方位之地，不拘阴阳之局，自得其例。

一、九星在九宫之内，次序井然，不混惟于诸星，所至之坐向而配以八卦之向，方位自可了然于意矣。

一、六仪三奇不在外占，只于九宫掌上得之。或顺或逆，次序井然，布成局面，然后定位可知也。

# 口 诀

**先观二至，以分顺逆。**

冬至以三日之时布列局位，六仪三奇定在掌上，夏至之望后按方顺数，则六仪三奇定于目前。

**次观节气，以定三元。**

三元者，上中下三局也。日之所至，是为一候。候之至，以一月之气，一年之气，共为二十四气。法以十干临地向可否为吉凶，如值子午卯酉则为上元，寅申巳亥则为中元，辰戌丑未则为下元，其所向之方，以日期之起例而换其所使之符头。冬至之前五日为上元，九数之分为中元，八数为下元。若其所使定位，则从八宫定八卦，而期道之前后定位得矣。

**次观旬首，以取符使。**

旬首者，用事之时所辖之六位于此见也。看本旬首是何处为乡，何处为时，依其宫而动静之机寓于意计之中，则即其星门之定位，可以于无形之安处而得，其不能移易之理矣。

**直符随时干，**

看所用时干迫在地盘何宫，即以直符移在是宫，却从八卦数之，则三奇之妙临方而吉凶易见，不可于此而外求矣。

**直使随时宫。**

看所用时辰迫在地盘何宫，即以天盘直使移在此宫，亦须从此以定，吉凶之则，八门之方见矣。

**阳遁顺局，**

冬至惊蛰一七四，小寒三八五同推。大寒春分三九六，立春八五二同推。谷雨小满二五八，芒种三六九是庚。清明立夏四一七，雨水九六三为期。

**阴遁逆局。**

夏至白露九三六，小暑八二五重逢。大暑秋分八二三，立秋五六一流同。霜降小雪五八二，大雪二五三相同。处暑排来二九七，立秋露寒三八九。

此为起宫最要之诀，阳载不明，人皆芒然无处下手，今特为辨明。大抵以九宫分管二十四气数，法先认八节所局之卦，如立春艮、春分坎之类。过冬至之后，则顺数节气而逆数吊宫，夏至之后则逆数节气而顺数吊宫。宫之合者，即为三合宫一四七之类也。但遇八节，当寻本位，其挨次数之，庶不差耳。法之甚简，指掌可见矣。

# 天盘九星

蓬任冲辅英禽芮柱，必此九星随时干直符使的而转移也。

# 人盘八门

休生伤杜景死惊开，此八门者，随时宫直符所使之方而即迁也。天地人三位，即于所立之位地以观，其不可上下之门，但以其向即布，而动自无方也。

# 八诈门

此八诈直符加九星直符一同转，及至冬至之后顺行，阳遁夏至之后依数逆行，观其推迁无宫也。

# 地盘图式

巽四

离九

坤二

震三

中五

兑七

艮八

坎一

乾六

地盘内立九星八门原定之位，静布不动，又增入刑制冲墓诸忌，天盘临之，便知趋避。

# 御定奇门大全秘纂卷六

## 超神接气直指

奇门之法，有正授，有超神，有闰奇，有接气。正授之后，超神继之。超神之后，闰奇继之。闰奇之后，接气继之。接气之后，复为正授。符头甲乙正对节气，谓之正授，此后则符头渐渐过节而为超神矣。超至九日及十余日，则当置闰，以其离后节气太远，故必有闰然后可配气候，与历家闰法同。然必在芒种大雪之候，二至之前。其余节气，虽遇超至九日之外，不可至闰也。此法乃闰奇之关①键，万一不悟，②则毫厘千里矣。

甲己符头先到而节未到为超，节气先到而符头未到为接，节气与符头同对为之正授。

凡二至超过九日或十日、十一日即重布芒种大雪三局，为闰奇。超过九日，为置闰，即接以六日。超过十日置闰，即接以五日。超过十一日，即接以四日。超接循环久之，自归于正授。然置闰必以九十日超，何也？一气十五日，对折乃七日半。八日以前得一气之先，不必置。八日以后交九日，居一气之末，故须置闰。然十二三四五日置闰何也？二至超过九日，即用闰法。若夏至超过八日，遇冬至大十日十一日；夏至超过六七日，遇冬至不过八九日，并无十三四五日之理，故诸书所载未详尽也。超法自一至十日为至，接法自六至一日为接，超渐增渐减而二十四气始归于一定。然置闰必在于芒种大雪之后，何也？盖奇以冬夏二至分顺逆，故于二至之前以均匀其气，而他节则无也。其法如五月二十六日癸酉交夏至节，而符头甲子却在十七日先到，十日为期太远，当超一局，故十七日甲子不作夏至上元而作芒种上元也，二

---

① 关，底本作"闰"，据上下文意改。

② 悟，底本作"晤"，据上下文意改。

十二日己巳不作夏至中元而作芒种中元，二十七日甲戌不作夏日气内，亦不作夏至用，必须补足芒种之气至六月廿日戊寅至闰方止，于六月初三日始接夏至迟到之节气，此乃是超十日接五日也。

# 超神例

假令万历己丑年正月初二日庚戌辛巳时用事，系冬至后阳遁顺局，符头系己酉管事，本月初六日交雨水节，上局乃超神也。从九宫起顺布六仪，戊在离，己在坎，庚在坤，辛在震，壬在巽，癸在中；逆布三奇，乙在艮是为任，乙丙在兑是为柱，丙丁在乾是为心，丁地盘艮，兑乾三宫有奇，辛巳时首系甲戌，迫在坎宫，以天蓬为直符，休门为直使；辛巳时干迫在震，以天盘天蓬直符加在地盘震宫顺数。任在巽，是天任星带艮之乙奇到巽。冲在离，辅在坤，英在兑，芮在乾，柱在坎，天柱星带兑之丙奇到坎。心在艮，是天心星带乾之丁奇到艮。三盘奇随天盘旋转而巽坎艮三方矣。辛巳时宫迫在艮，以直使休门加地盘之艮顺数，生在震，伤在巽，杜在离，景在坤，死在乾，惊在乾，开在坎，艮得乙奇，而蓬休门谓休与星合；坎得丙奇，而逢开门，谓门与月合，俱吉。独巽得乙奇而逢伤门，未为全吉。再以八诈门直符随九星直符在震宫顺数，则螣蛇在巽，太阴在离，六合在坤，勾陈在兑，朱雀在乾，九地在坎，九天在艮，坎艮二宫既合奇门而又逢九天九地，为合吉也。天盘加地盘甲戌直符为鸟跌穴，合格。

# 接气置闰例

假如万历己丑年十一月初六庚戌日戊寅时用事，本日符头是酉，当用上局，查十月二十九日癸卯已交大雪节气，从十月二十日甲午为大雪超神上局，二十五交大雪中局，三十日甲辰大雪下局，三局已完。今十一月己酉初五日已后，[①] 仍当作冬至上局，不知符已超节九日，正当置闰，故自初五日己酉至初九日癸酉，不作冬至上局，而为大雪闰奇上局；初十日甲寅至十四日戊午，

---

① 后，原作"复"，从《奇门探索录》改正。

为大雪闰奇中局；十五己未至十九日癸亥，为大雪闰奇下局，直到二十日甲子，方为冬至上局。然十四日已交冬至节，则符在节后五日矣，此所谓接气也。今以初六日庚戌日戊寅时为例演之，是夏至未交冬至，尚用阴遁逆局，由巽四宫起六仪，戊在巽，己在震，庚在坤，辛在坎，壬在离，癸在艮，乙在中寄坤，丙在乾，丁在兑。本时戊寅，其旬首系甲戌，迫在震宫，天冲为直符加巽，辅在离，英在坤。芮在兑，是天芮星带中宫之乙奇到兑。柱在乾，是天柱星带乾之丙奇到坎。蓬在艮，任在震。时宫戊寅迫在艮宫，以直使伤门加艮，杜①在震，景在巽，死在离，景在坤，开在兑，休在乾，生在坎，乙奇到兑，逢开是开与日合，乙奇到兑也。丁奇到乾，逢休门是休与星合。丙奇到坎，逢生门是生与月合。俱吉。然生门属土，临坎宫乃门制宫为迫。

丙庚鼠上往乾行，己癸兔走西畴。丙寅骑马艮山头，乙巳鸡鸣离后。

其法一卦管三日，如甲子、乙丑、丙寅三日于坎宫起休门，丁卯、戊辰、己巳三日于坤宫起休门，只依九宫次序去，中五不用符头，休门既定，然后从八卦定方位也。②

## 释专征择日

直符加时干之时，在执事天乙之游宫是也。然后以直符加时干，谓所用之时干也。如甲子甲戌之类也。以直使临时以所用之时为头，看阴阳顺数之，如庚子时至庚子，辛丑时至辛丑，即如八门的在三奇所照，更有天上之星，知地下之宿，如此则伏吟刑格反吟克旺墓相吉凶可见矣。

天乙直符所临为天网时，时下得癸，不宜举作。君临一二三四五宫，为天网低，走者不远，逃者被获。若临六七八九宫，走者远，逃者被获。

## 释阴阳二遁

禽心之阴阳亦照此遁，但禽在子午位上，又随阴阳定之，此尽善也。又

---

① 杜，底本作"柱"，从《奇门探索录》改正。
② 原文下注：又照冬夏二至定方，分顺逆以用之，方无舛错。此秘诀也，诸书不载，今详录而备用。

与八诈门之直符，随巽逆行，腾蛇在震，太阴在艮，六合在坎，勾陈在乾，朱雀在兑，九地在坤，九天在离，则坎宫有奇入，逢六合正北方大吉。余仿此。

## 八门歌诀

甲戌壬子起坎，丁辛乙休坤卯。庚申戊午震宫求，巽到癸丁辛酉。

阴阳二遁者，谓冬至以后自一至五为阳遁，自五至九为阴遁，故五宫为阴阳同道。冬至后五宫半南为阳遁，半北为阴遁；夏至后五宫半北为阴遁，半南为阳遁。凡直使在五宫之时，利客不利主。

## 释八门所主

开门宜远行征伐，所向道远。休门宜集万事，治兵习业。见贵营造，必在生门。遇伤门，渔猎讨贼。杜门邀遮隐伏诛邪，景门上书选遣突破阵图，死门行诛吊死，惊门捕捉斗讼。

## 释九星吉凶

时下得天辅、天禽、天心为上吉，天任、天冲为次吉，天蓬、天芮为大凶，天柱、天英为次凶。更以五行旺相言之，若大凶之星得旺相，即小凶。若小凶之星旺相及吉门吉星无气，则中平，以意审之。假令冬至后时下得天任吉宿，乘相气为上吉也。或乘死囚，又为中平矣。

## 释九星休旺

九星休旺，谓星旺于我生之月，相于同类月，死于我生月，囚于官鬼月，休于财月。亥子水、寅卯木、巳午火、申酉金、辰戌丑未土，金水木火土相生，金木土水火相克。克我者鬼，我克者财，生我者父母，我生者子孙。

即如天蓬是水星，旺于寅卯月，相于亥子月，死于申酉月，囚于辰戌丑未月，休于巳午月是也。余星类推。若欲远行出门，方向呼星名而出。行六十步，有向大阴中大吉。① 五阳时宜出行。若吉事从吉门，凶事从凶门，若生门宜见贵人，惊门宜掩捕。

## 释三甲合

上局是仲甲，谓甲乙之日夜半生甲子，丙辛之日中甲午是也。此时关格刑德在内，用兵先者败，不宜出入，利于逃亡。

中局孟甲，谓戊癸之日平旦甲寅时，乙庚日日晡时甲申是也。此时阴气在外，利藏兵固守，不宜轻出，利主不利客。

下局季甲，谓丁壬之日日出时甲辰，己日黄昏甲戌是也。此时阳气在外，阴气在内，利动众出师，百事吉，利客不利主。

又六甲之夜半子时，三甲皆合，谓今日是直符若时下甲，名三甲合也。②

## 三奇得使

若得三奇之使，尤良，在六甲之上，自得使之奇。甲戌甲午乙为使，甲子甲申丙为使，甲辰甲寅丁为使。如阳遁三局乙庚之日，人定为亥，此时六乙日奇临九宫甲午，为乙奇得使。

如阴遁三局丙辛之日食辰是壬辰，六乙日奇下临九宫甲午，是为乙奇得使。

如阳遁五局丁壬之日日中为丙午，此时六丙月奇下临乙宫甲子，是为丙

---

① 《奇门遁甲秘笈大全》曰：若欲出行者，所向之方，呼其神之字而行六十步，五转入太阴中，直符阳前二辰为太阴、中阴，后二辰为大阴、中六丁，又为太阴皆是也。呼其神名，谓呼所出门天上所得之星之名字。

② 此段脱漏讹误甚多，《遁甲符应经》作：上局仲甲，谓甲己之日夜半生甲子，丙辛之日日中甲午时是也。此时关格刑德在门，用兵先举者败，不可出入。利以逃亡，主、客并凶。中局孟甲，戊癸之日平旦甲寅，乙庚之日晡时甲申是也。此时阳气在内，阴气在外，利藏兵团守，不宜出师。利主不利客。下局季甲，谓壬之日食时甲辰、甲己之日黄昏甲戌，此时阳气在外，阴气在内，利出行动众，百事吉。利客不利主。又云：壬甲之日夜半之时三甲皆合，谓今日是甲，直符与时皆是甲，故名三甲合。

奇得使。

又如阳遁五局丙辛之日人定为己亥时，此时六丁星奇下临四宫，是为星奇得使。

如阴遁六局乙庚之日鸡鸣为丁丑，此时六丙月奇下临乙宫甲子，是为丙奇得使。

又如阴遁六局乙庚日日中为辛巳，此时六丁星奇下临八宫甲寅，是为星奇得使。

# 御定奇门大全秘纂卷七

## 释三奇之灵

三奇之灵，宜以出行。六乙为日奇，六丙为月奇，六丁为星奇，与善人治事，并开休生三吉门合，则为奇之灵也。三奇与三吉合临，即吉道清宁，此时方可陈兵行师，征伐扬兵，耀武施令，俱吉。又宜求福，安社稷，化人民。

假令冬至下元阳四局戊癸之日日中戊午时，此时戊在四宫，以直符天英加时干六戊，即门合六丁，星奇下临六宫，西北方为吉。

**九天之上六甲子。**

谓六甲为直符，当战斗之时，直符所临之宫，击对冲，无不胜。《经》云"扬兵九天之上"，所以甲为九天之上者，谓阳称象乾二主壬，甲为天道上升，则甲至壬为九，故六甲为九天。以六甲皆称甲子者，支干之长也。①

**九地之下亦癸酉。**

谓六癸酉为九地之下者，《易》称坤之六乙癸，从乙逆数至癸亦九，故六癸谓九地之下。六癸皆称癸酉，九是甲子之终，故逃亡绝迹，宜从六癸之方，避敌亦无人见。以癸酉阴干之中，故谓九地，而言六癸酉也。②

**三奇之灵六丁卯。**

谓六丁为三奇之灵，凡出入行兵战斗，皆从天上六丁所临之方而去，百

---

① 此段脱漏讹误甚多，《遁甲符应经》作：九天之上六甲子，谓六甲为直符。当六甲之时，士众常背直符所临之官，而击其冲，无不胜也。《经》曰：扬兵于九天之上。所以甲为九天之上者，谓《易》称乾纳甲壬。乾为天，天道上升，似壬数至甲，其数九，故六甲为九天之上。所以六甲皆称甲子者，六甲之始，支干之长。举上以明下，故六甲皆称甲子。

② 此段脱漏讹误甚多，《遁甲符应经》作：谓六癸之位，皆称九地之下。凡逃亡绝迹，当以天上六癸所临之方下出入。《易》称坤纳乙癸。又坤为地，地道下降，从乙数癸，亦为九地，故云癸为九地之下，所以六癸者，皆称癸酉，谓是甲子之终癸酉。

事皆吉。故《经》云"能知六丁，出入幽冥，至老不刑。刀须临项，犹安不惊"。六丁者，系六甲之阴，各有名字。丁卯之神字文伯，丁丑之神字文翁，丁亥之神字文公，丁酉之神字文卿，丁未之神字文道，丁巳之神字廷卿。凡用事，六丁出入之时，宜合呼其神之字，当得其庇祐，故云"三奇之神六丁卯"。然时丁卯者，亦举甲子一旬以明前甲子也。

六合之六己巳。

谓六己之位，皆为六合之中，凡阴秘之事，宜从天上所临六己之方而出入。故《经》云"六合为私门，出入无有见者"。故以己巳为六合之中者，谓从甲数至己，六甲为六合，故为六合。六己巳者，亦举甲子一旬之义也。

# 释九天九地太阴六合

九天之上利以扬兵，九地之下利以藏形，太阴六合之中可以逃亡。冬至阳遁，天上直符前二九天，后二九地，前二太阴，前三六合。夏至后阴遁，天上直符前一九天，前二九地，后二太阴，后三六合。

假令阴遁上元一局甲己之日平旦丙寅时，天上直符临八宫，即后一九天临一宫，后二九地临六宫，前二太阴临四宫，前三六合临九宫。

假令阴遁上元九局甲己之日直符平旦临二宫，即前一九天临七宫，前二九地临六宫，后二太阴临四宫，后三六合临三宫。

# 释伏吟

子来临子为伏吟，此时不宜用兵，惟宜敛财货。凡六甲之时，直门符皆是伏吟。

假令冬至上元阳一局甲己之日夜半生甲子，天蓬直符皆临一宫，子时在一宫，休门直使在一宫，一伏吟皆伏吟。

# 释反吟

子来加午为反吟，此时不利举兵动众，惟宜恤民散财。凡门符对冲对比，星皆反吟。

假令冬至上元阳一局，甲己之日鸡鸣为乙丑时，此时六乙在九宫，以天蓬加时干，即是直符反吟。日晡时为壬申时，九宫以直事一宫休门，即是直门反吟。

## 释遁甲择日

遁甲择日，出军征讨、具造百事者，其中有宝日、义日、制日、伐日也。宝日为上吉，谓其日干生支，甲午、乙巳、丙辰、丙戌、丁未、戊申、己酉、庚子、辛亥、壬寅、癸卯。

义日谓次吉，支生干也。甲子、乙亥、丙寅、丁卯、戊午、己巳、庚辰、庚戌、辛未、辛丑、壬申、癸酉。

制日凶，谓上制下、干克支也。甲戌、甲辰、乙未、乙丑、丙申、丁酉、戊子、己丑、庚寅、辛卯、壬午、癸巳。

伐日凶，其下伐上，支克干也。甲申、乙酉、丙子、丁亥、戊寅、己卯、庚午、辛巳、壬辰、壬戌、癸未、癸丑。

## 释遁甲利客

天蓬星水加九宫火利为客，若在秋冬之月，或壬癸亥子日临战，有黑云气从北助战大胜。天心、天柱金加三四宫木，利为客，若夏秋月庚辛申酉日临阵，有白云气从西北来助战胜。天任、天禽、天芮土加一宫水利为客，四季戊巳辰戌丑未日，有黄气云从东北或西南助战胜。天辅、天冲木加二宫木利为客，春冬月甲乙寅卯日有青云气从东南来助战大胜。

## 释遁甲利主

天英星临一宫水利于为主，冬秋月壬癸亥子之日有黑云气从正北助战大胜。天任、天禽、天芮土临三宫木利为主，冬春月甲乙寅卯日有青云气从西南来助战大胜。天辅、天冲木临六七宫金利为主，夏秋月庚辛申酉日有白云气从西来助战大胜。天蓬水加二八宫土利为主，季月戊己辰戌丑未日黄云气从东北或西南助战胜。天柱、天心金加九宫火利为主，春夏月丙丁巳午日有赤云气从南来助战大胜。

# 释门迫

宫制其门则为迫，门制其宫亦为迫。吉门被迫，吉事不成。凶门被迫，则凶尤甚。

假令开门金临在宫水四宫木，休门水临九宫火，生六土临一宫，水景门火临六宫七宫金，此为吉门被迫，则吉事不成。

假令伤门木临二八宫土，死门土临一宫水，惊门金三四宫木，此为凶门被迫，凶灾尤甚。

# 释天遁

天遁者，星门与六丙月奇合，临于六丁之上，为天遁，此时得月精之蔽也。

假令阳遁甲局乙庚之日，日入为己酉时，天心直符，加时干六乙，开门直事加七宫，即生门，与六丙月奇临六丁于一宫，是为阳遁之天遁。

假令立夏下、白露下、寒露上、立冬上，并用阳遁六局，戊癸之日日脯时为庚申时，天蓬为直符，加时干六庚，休门直事加四宫，即生门与六丙月奇临六丁于九宫，是阴遁之天遁。

# 释地遁

地遁者，开门与己日奇合，临于六己之上，为地遁，此时得日精之蔽。

假令冬至上、惊蛰上、清明中、立夏中，并用阳一局，丙辛日日出为辛卯时，天冲为直符，加时干六丙，景门直事，加时干七宫，即开门与六乙日奇合，临六己于八宫，是为遁之地遁。

# 释人遁

人遁者，休门与六丁星奇合，前二太阴，中为人遁，此时得星精所蔽。

假令冬至中、惊蛰中、清明下、立夏下，并用阳遁七局，乙庚日夜半丙子时，天任为直使，加时干六乙，景门直使，加时四宫，即休门与六丁星奇合，后入阴中临六宫，是为阳局之人遁。　凡得三奇之时逢三遁，百事大吉。

# 释三奇入墓

三奇入墓者，乙未时为乙奇入墓，乙为日奇，乙墓在墓，故为日奇入墓。丙戌时为月奇入墓，丙墓在戌，故月奇入墓，丁奇同丙火。

凡遇丙辛之日，日映为乙未，日奇入墓之时，遇乙庚之日黄昏，丙戌是月奇入墓之时也。

《经》所谓三奇入墓者，谓六乙日奇临二宫，六丙月奇临六宫，六丁星奇临六宫，谓之三奇入墓。假令冬至上、惊蛰上、清明中、立夏中，并用阳一局，丁壬之日日映时乙巳，六乙日奇临二宫，为日奇入墓。

凡遇三奇入墓，虽得奇门吉宿，亦不为吉。

# 释六仪击刑

六仪击刑者，为甲子直符时加卯，子刑卯，卯刑子。

甲戌直符加未戌，戌刑未，未刑戌也。

甲申直符加寅，寅刑巳，巳刑申也。

甲午直符加午，午自刑也。

甲辰直符加辰，辰自刑也。

甲寅直符加己，寅刑巳也。

甲子直符临二宫。

甲戌直符临二宫。

甲申直符临八宫。

37

甲午直符临九宫。

甲辰直符临四宫。

甲寅直符临四宫。

假令阳遁一局，甲己之日夜半甲子时，六辛子三宫即是也。

# 御定奇门大全秘纂卷八

## 释太白入荧惑

庚为太白，丙为荧惑。若太白入荧惑，对敌则贼来也。

假令夏至中元阴遁三局，乙庚日平旦戊寅时，庚寅在二宫，以直符天芮加时干于三宫，即六庚下临六丙于二宫，此太白入荧惑也。

## 释荧惑入太白

丙为荧惑，庚为太白。若荧惑入太白，斗贼必退。假令立冬上元阴六局，甲己之日平旦丙寅时，六丙在八宫，以直符天心加时干，即六丙下临庚于四宫，此荧惑入太白也。

## 释青龙返首

六甲加六丙，名青龙返首。凡阴阳二遁，此时可造百事吉。若合奇门，利攻战，出行尤良。

假令冬至上元阳一局，甲己之日平旦丙寅时，此时六甲在一宫，以甲子天蓬直符加时干六丙入宫，此名青龙返首。

## 释飞鸟跌穴

六丙加六甲名跌穴，此时利为百事，起造动作皆佳。

假令中元阳九局，甲己之日辛未时，六丙在七宫，以直符天英加时干六辛于三宫，即六丙临六甲于九宫，此时名飞鸟跌穴。

## 释天乙伏宫格

六庚加直符名天乙伏宫格，此时主客俱不利。

假令下元阴二局，甲己之日壬申时，此时六庚在四宫，以直符天芮加时干六壬于六宫，即六庚下临六戊直符二宫，此名天乙伏宫格。

## 释天乙伏干格

六庚名太白所加为格，若加日干则为伏干格，此格主客不利战斗。

假令小满上元阳五局，甲己之日脯时为壬申，此时六庚在七宫，以直符天禽加时干六壬九宫，即六庚下临六甲日干在二宫。

## 释天乙飞干格

今日之干加六庚为飞干格，此战斗主客两伤。

假令小满上元阳五局，甲己日中庚午时，日干加在五宫寄坤二宫，以直符天禽加时干六庚于七宫，即六甲下临庚，此名飞宫格。

## 释岁格

六庚加今太岁干，名岁格，大凶。

假令立春上元阳五局，岁干在辛，以甲己之日为癸酉时，此时六庚在七宫，直符天禽加六癸一宫，即六甲下临六辛于八宫。

## 释月格

六庚加今月朔日为凶时。

假令立春上元阳八局，月朔干在己，以甲己之日日出为丁卯时，此时以直符天任加六丁，即六庚在二宫下临月朔六己于九宫，此名月格。

## 释日格

六庚加今日干名日格，大凶。

假令小暑下元阴五局，日干在己四宫，甲己之日平旦丙寅时，此时以天禽加时干六丙于七宫，即六庚在三宫下临日干六己于四宫，此名为日格。

## 释时格

六干加时干名为时格，亦伏吟格，此大凶，不可举事用兵。

假令小寒上元阳二局，丙辛日鸡鸣为乙丑时，时六己在三宫，以直符天辅加时干，即六庚下临六己于三宫，此为时格。

## 释大格

六庚加六癸为大格，此时百事凶，谓天上六庚临地下六癸，此时不可举事。

假令以直符天辅加时干六丙在六宫，即六庚下临六癸于八宫，此大格也。

## 释刑格

六庚加六己为刑格，谓天上六庚加地下六己，此时车马破伤，中道而止，士卒逃亡，所行皆凶。

假令大寒上元阳三局，甲己之日平旦丙寅时，此时六庚在五宫寄坤二，以直符天冲加时干六丙，六庚下临己于四宫，为刑格。

## 释白虎猖狂

六辛加六乙名白虎猖狂，此时不可举事。

假令小暑中元阳二局，甲己日壬申时，六辛在八宫，直符天芮加六壬七宫，六辛下临六乙于三宫。

# 释朱雀投江

六甲加六癸名雀入江，百事忌。

假令夏至上元阳三局，甲己日日晡壬申时，六丁在六宫，直符天冲加时干六壬八宫，即六丁下临六癸，名雀投江，在六宫。

# 释螣蛇夭矫

六癸加六丁名螣蛇夭矫，此时不利诸事。

假令冬至下元阳四局，丙辛日戊子时，此时六癸下临六丁于一宫，名螣蛇夭矫。

# 释悖格

六丙加六丁名时悖。悖者，逆也，乱也。六丙临月日时干，直符类同六庚所加之类，凡百事凶，用兵谋为主纪纲紊乱。

假令冬至中元阳七局，丁壬之日日映为丁未时，六丙寄坤二中五，直符天芮加时干，即六丙下临六丁于四宫，此时为悖。

凡遇六丙六庚之宫，以直符加干，此时为悖，最忌举动。

# 释遁甲五阳所利

五阳利以为客，宜举兵耀武以决胜，为时下得甲乙丙丁戊五干，喜神治事，上下百事吉，逃亡不得。

《经》曰：直使之行，一时一易，行阳利为客，故曰得阳者飞而不止。五干存子午之东部，生气也，故利客先。

假令甲己之日夜半甲子时，自子至辰，甲乙丙丁戊是阳五时，利为客，宜先举。

42

# 释遁甲五阳所生

五阳时利为主，宜低旂冲枚，征敌后动，以决胜，为时干之己庚辛壬癸，恶神治事，凡造事皆凶，逃亡可得，宜秘谋筹策，会试祷祈。

《经》曰：直使之行，一行一易，行阴利以为主，故曰得阴者伏而不契。五干在子午之西部，死气也，故利主后动。

假令甲己之日夜半甲子时，自己至酉时，后动，故利主。

# 释知三避五

天道不遂，三五反覆。知三避五，魁然独处。三为生气，五为害气，三为畏，为五，盛于三，衰于五，匹马隻轮无反顾。①

假令冬至上元阳一局，甲己之日，夜半甲子时至平旦为丙寅，此三时为生气。

# 释得威之时

六丙为威，六甲为德，利以为客。宜发号施令，入其国，犬不吠，马不鸣，回车止轮，冲折万里，向兵自灭，藏贼必亡，天兵扶助，贼必惊恐，为客大胜。不利于主，惟固守屯兵以待应。甲戌旬有己卯，甲申旬有戊子，甲午旬有丁酉，甲辰旬有丙午，甲寅旬有乙卯，此玉女守门之时也。

# 释天辅时

天辅之时，有罪无虞。斧钺在前，天犹救护。谓甲己之日，时下得己庚乙丙辛丁壬戊癸也。

---

① 此处不通。可参考《遁甲符应经》："天道不远，三五复返。之三避五，恢然独处。三为生气，故之三也；五为害气，故避五也。三为威，五为武，盛于三，衰于五。匹马双轮，无有反顾。"

假令甲己之日，日中己巳；乙庚之日，日脯甲申；丙辛之日，日中甲午；丁壬之日，日食时甲辰；壬癸之日，平旦寅时；此天辅时，可释讼散罪。

## 释天网四张

天网四张，万物皆伤。此时不宜举事，乃凶。网有高低须知之，时下得癸之神有高低也。

假令天乙在一宫，其神天地一尺，在二宫高二尺，谓天上六癸之下，即天乙所加宫也。若此时，必须匍匐而出，石肩而行，十步外吉。若天网四张，高二尺以下，可消息避之。故准此法用之。

## 释四时所利

春秋之节，煞气潜藏居下，阳气在上，若战斗对敌，利居内。平野之地，冬季煞气居上，阳气在下，若战斗对敌，利居外。丘陵之地，盖乘其气也。

## 释亭亭白奸

亭亭者，天乙之贵人也，背之而击冲大胜。其法以月将加时神后下是。

假令正月登明为将，加午即神后，临未为亭亭所在。又一法：子日在己，丑日在午，顺行十二辰，背之吉。

白奸者，天之奸神，合于巳亥，格于寅申，当合之时俱背之。当合之时，背亭亭向白奸。

法以月法加时寅午戌上见神，是白奸之位，常以寅巳亥四孟。

假令正月登明为月将，加午即登明临子，即白奸在亥，此类推之。

又法：辰日在巳，巳酉丑日在申，背之则吉。

# 御定奇门大全秘纂卷九

### 阳遁一局图

立夏中　清明中　惊蛰上　冬至上

甲己日，甲子时，三甲合，宜惠赏。直符休门居坎东北艮丙，利惟伏吟，己日尤忌。

乙丑时，星反开，休门迫，生门会兑丁，半吉。丙奇合休在坤上，月合西南，符宫皆反吟，西方可行。丙寅时直符开门临艮丙，名青龙反首。丙奇合休一，震火入金，三奇得使，争荧入白，占贼退，行人不来，正东利为百事。

丁卯时，丁生在离，乘九地，名重诈。符杜居兑名相辅，捕捉亦宜。

戊辰时，丁生临兑，会九地，丙景在艮，宜百事，上书选士。吉星伏吟，正南大利。

己巳时，丙开在兑，名天辅，宜散讼罪，利为百事。丁景在巽，宜奏请选士。乙伤在艮，利捕捉渔猎。己日飞干格。

庚午时，乙休在兑下有丁，为玉女守门，宜修造进取。丁伤在坎，名物假，上乘九地，名欢怡，宜求财交易。甲日飞干格。

辛未时，丁休九地居艮丙。乙奇在乾，丙杜在离，利于捕捉。己日伏干格。

壬申时，丁开在巽，会九地，重诈，争门反宫迫。己日飞干格。

癸酉时，坎休丙，加甲名鸟跌穴，争门伏，北方最吉。丁死在坤，九地名神假，宜安营伏猎。

甲戌时，星门伏，虽丙生在艮，非全美。

乙亥时，丁休在坤，门迫，半利。艮宫白入荧，合丙景，敌人行人来。

乙庚日，丙子时，丙开在坤，鸟跌穴，又欢怡，利百事。艮宫甲加丙，会杜门，利合乐驱邪。西南龙反首，吉。

丁丑时，丁一在乾，雀投江，门伏，时干墓，宜修明刑政。

戊寅时，丁开在艮，太白天乙格，丙伤在离，捕捉亦利。

己卯时，丙休临艮宫，符伏门迫，丁死在兑，名玉女守门。利破土，安营，诛邪，渔猎，宿干，皆凶。

庚辰时，门反，直符加庚，又大格。丁开在巽，事急可用。

辛巳时，六合开临兑丁，乃时干禄位，宜上官求谋。丙休在乾，入墓，生坎，宫迫，乙日飞干格。

壬午时，乙生在离，利为百事。丙惊在艮，争符伏反吟，东北方利偷营博戏捕捉。

癸未时，丁休在坎，利百事，门伏，天乙日伏干格。丙杜在巽，为奇合，利兴基驱邪。

甲申时，星门俱伏进天辅，利散讼罪。丙生在艮，名神遁，利法醮。乙景在离，丁惊在兑，利捕捉，渔猎祈祷。

乙酉时，庚加时干，凡事不遂。丁开在坎，急事从之。乙日忌用。

丙戌时，时干墓，不吉。乙休临巽，合真诈。风遁，利祭风行舟。龙走，防损折。

丁亥时，生在兑，丁合直符，丙休在坤，会九天，三吉门下可用。乙杜在坎，宜修炼驱邪伏截。

丙辛日，戊子时，丁休在离，门反，宫伏，兑上虽玉女守门，俱非全吉。

己丑时，乙休在乾，会太阴，名真诈，利为百事。庚加时干，为关格。

庚寅时，丙开在艮，利为百事。丁景在兑，利奏请，争符伏吟，半吉。

辛卯时，乙开在坤，会太阴，真诈，得使。丁生在乾，争是雀入江。丙景在震，飞鸟跌穴。又荧入白，皆非全吉。又大格。

壬辰时，丙生在离，会九天，神遁。乙景在乾，丁惊在艮，时墓，半利。

癸巳时，乙生在艮，合太阴，又虎遁。丙惊在兑，奇星升殿，争天网，奇门伏，半吉。丁杜在巽，利伏截捕捉。

甲午时，星门伏吟，时天辅，利解讼罪。艮宫丙生会九地，又名重诈，俱吉。

乙未时，丙休在震，九地，重诈。丁死六合在乾，名鬼假。荧入白，击刑，雀入江，非急事不用。

丙申时，丁休在离，六合下有乙飞宫，龙反首。丙杜在乾，乙惊在震，皆反吟，忌用。

丁酉时，丙生在离，会九地，重诈，为奇星升殿，百事吉。

戊戌时，乾上生门，庚加癸，大格，忌用。乙杜居艮下，丙合，利捕捉伏截，兴基合乐。

己亥时，丁开六合，会坎宫，休诈，吉。巽上丙加甲，鸟跌穴，在伤门利渔捕。

丁壬日，庚子时，丁休在坤，六合休诈吉，门迫。符加庚，事多阻隔。生兑下丁，为夭矫。开离受制，惟丙杜在坎，利伏截捕捉。

辛丑时，丙艮开门乘九地重诈。时干墓，星伏，半吉。丁景在兑，乙离在伤，可用。

壬寅时，丁生在坎，六合争宫迫，乙开临兑受制，俱半利。丙景在巽，临九地，奇合，奏请选士最宜。

癸卯时，乙休在坎，丁伤在震，丙死在坤，门伏半利，生艮亦可用。

甲辰时，伏吟。幸天辅利散讼罪，丙生在艮，利动作。乙景在离，利干谒。

乙巳时，乙生在巽，为得使。艮开白入荧，丁杜在坤，奇合，利除邪修炼捕捉。

丙午时，艮宫龙返首，合休门，但门迫星反半吉。乙开会九天在坎，宜探敌偷营。丙景在坤，鸟跌穴，宜奏请。兑上玉女守门，破土射猎皆宜。

丁未时，乙生在坤，得使，争奇墓门反，震丙荧入白，雀入江，虎狂，诸事忌。

戊申时，丙死离上，利射猎。丁伤在艮下有丙，壬日为伏干格。

己酉时，乙生在离，丙惊在艮，皆伏吟，利祈祷捕捉。

庚戌时，乙生艮丙门伏，半利。丁杜在巽，宜修炼兴基伏截。壬日飞干格。

辛亥时，丁开在离，奇游禄位，吉。但开门受迫，兑上生丁，可用。

戊癸日，壬子时，丁休在兑吉，争伏吟。丙杜在艮，利修炼伏藏。

癸丑时，丁休在坎，但火入水池，又天网，戊日飞干格。

甲寅时，虽伏吟，是天辅丙生艮合太阴，可用。符开在乾，宜举百事。

乙卯时，丙开在兑，太阴真诈，又玉女守门。丁景在巽，是天假。皆吉。但九宫天网尺高，不宜远行兴师。

丙辰时，丙生在离，争门迫，艮上丁加丙符开，直天网，不利远行动众。

丁巳时，丁休在坤，奇合得使，门迫，开门龙走兑上，蛇矫戊，日干悖。

戊午时，丙生太阴，在震宫，真诈得使，门迫，半利。荧入白，虎狂，雀投江，凡事不利。

己未时，丙生在乾，太阴真诈，鸟跌穴，百事皆利，忌将兵动众。

若被围求出，匍匐向西北冲出。乙景在震，奇游禄位，奏谒远行，亦须网破。

庚申时，丙生会太阴在离，名真诈，利为百事。乙景在乾，利干贵陈言。丁惊在艮墓，不用。

辛酉时，丙生在坤，太阴真诈，符冲门，反吟，仪刑，半利。

壬戌时，丙生会太阴临乾，真诈，争奇星入墓。乙景在震奇，合升殿，求望干谒上书最吉。

癸亥时，伏吟，是天网，不吉，东北生门可行。

## 阳遁二局图

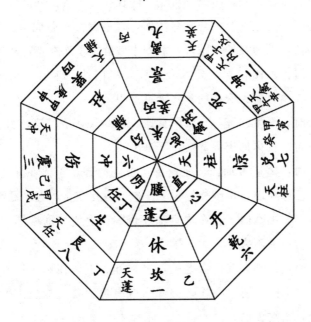

甲己日，甲子时，乙休在坎，六合休诈，出师全胜，百事吉。又龙遁，水战祈雨吉。丁生在艮，丙景在离，九天合天假，宜陈言奏请。

乙丑时，丁开在离，门迫，半吉。乙惊在巽，捕捉博戏，祈祷风雷。

乃宫迫。

丙寅时，乙生在乾，会六合休诈，百事吉。离宫龙返首，争门迫，巽上荧入白，占敌退，行人不来。

丁卯时，门伏星反，丙休在坎，合九天，符生在艮，非急不用。

戊辰时，丁开在震，丙伤在离，合九天，乙惊在坎，北方宜祈祷劫营，争伏吟。

己巳时，丙休在艮，会九天，争门迫，半吉。乙景在坤，奇入墓，开乙在坎，兑上雀投江，文书不利。

庚午时，门反奇墓，艮上死门会丁，玉女守门，合九地，利破土射猎。

辛未时，乙生在坎，六合休诈，争宫迫星伏，半吉。丁伤在艮，丙死在离。

壬申时，乙奇六合开震宫休诈，是奇游禄位，诸事攸宜，争宫迫，福减。丁休在巽，生离亦可用。丙杜在乾，宜伐邪修炼伏截。

癸酉时，乙生艮会六合，名休诈，百事吉。又名虎遁，利入山招抚。争门伏，丙死在坤，跌穴，利安土破营。丁伤在震，利捕捉。

甲戌时，乙休在坎，会六合休诈，星门伏，半吉。艮丁在生入墓，丙景在离，名天假，利陈言干贵谋望。

乙亥时，丙生在震，会太阴真诈，鸟跌穴，争门迫，坎符临开下乙，北方吉。艮休加庚为奇格，不可出兵。

乙庚日，丙子时，离上甲加丙，龙返首，合生门吉。丁休在巽，合九天，亦吉。乙开在震，奇游禄位，争宫迫。丙杜在兑，宜除邪伏截。

丁丑时，无奇门丁杜在坎宜除邪伐凶震上庚加刑格不宜远行巽上荧入白占敌人不来

戊寅时，乙开在巽，会九地，名重诈。丁休在离，贵人升殿，争宫迫。艮上蛇夭矫，在途迷路，占事有惊。兑上加庚，癸大格，求谋不遂，人财失散。

己卯时，乙生在坎，九地重诈，争伏吟宫迫。艮上玉女守门，丁奇入墓，利阴谋私和事。

庚辰时，乙开在艮，九地重诈，丁休在震，为欢怡。皆吉。符生加

50

庚，飞宫格，兵宜不战，追寇不及。离宫白入荧。

辛巳时，丙生在乾，会太阴奇星入墓，半利。兑上庚加癸，大格，远行车马损折，谋为不遂。

壬午时，生门在离，丙惊在艮，合太阴，利祈祷捕捉。兑上雀入江，文书有失。休开无奇。

癸未时，丙休会大阴在坎，虽直诈，门伏星反。乾开庚加壬名小格，出师不利。

甲申时，名天辅，利散讼罪。乙休在坎，名龙遁，利水战祈雨。丁生在艮，九地重诈，争伏吟奇墓。

乙酉时，丙开在艮，虽吉，争庚加时干，丁景在兑，合九地得使，争雀入江，文明不显。

丙戌时，丙生在坤，是天遁，奇合得使，时干入墓，门反不用，庚日尤忌。离上白入荧，占敌人行人来。

丁亥时，丙开在震，宫迫。丁景在乾，合九地，奇得使，但奇格仪刑，又时格，非急事不用。

丙辛日，戊子时，丙休在兑，为贵人升殿，利为百事。乙震合景，奇游禄位，利陈言谋望。

己丑时，丁开在坎，九地会重诈，利为百事。丙伤巽上，鸟跌穴。又荧入白，利捕捉渔猎。占敌人行人不来。

庚寅时，丙开在离，争伏吟门迫，非急不用。乙杜在坎，丁景九地在艮宫，利修炼伐凶。

辛卯时，乙休在震，名得使，利百事。又云遁，宜修仙祈祷。争庚加时干，事有阻。丁生在巽，九地重诈，亦门迫。

壬辰时，时干墓，小格。丙生坎上，又宫迫，不宜用事。丙日尤忌。

癸巳时，丙开虽在乾墓，奇乙杜在巽，利修炼兴基。丁景在离，奇游禄位，利奏请干贵选士。艮上天矫，兑上大格，求谋远行不吉。

甲午时，天辅利散讼罪。乙休在坎六合，名休诈。又龙遁，利为百事，水战尤宜。丙景合离，宜奏请干谒。生丁艮上，是奇墓，不用。

乙未时，时干墓艮上，蛇天矫。兑上大格，坎上虎猖狂，财物虚耗。乙巽会生六合，风遁，休诈，又门迫。

丙申时，丁开在坎，利北方。丙伤在巽，宜捕猎。震上庚加己为刑格，刑狱生忧，托人失信，逃亡莫追，占天主旱，远行有损。

丁酉时，乙休在离，会六合名休诈。丁生在坤，欢怡。丙景在坎，天假。争星门反迫，乾上又小格，不吉。

戊戌时，乙生在坎，六合休诈，争伏吟，非急不用。

己亥时，生门在离，合太阴，利修造入宅。丙惊在艮，宜捕捉渔猎。

丁壬日，庚子时，丁开在乾，奇合得使，争门伏，半吉。符宫加庚，主客不力，不宜干贵谋为。

辛丑时，时干墓伏吟，丙开在离，又门迫，乙杜在坎，利捕捉修炼兴基。

壬寅时，丙休在兑，贵人升殿，利举动出入。飞宫，半吉。

癸卯时，乙生在艮，六合休诈，吉。丁伤在震，利渔猎捕捉。丙死在坤，安坟破土吉。离上白入荧。

甲辰时，名天辅，乙休在坎，六合又龙遁，百事吉，水战求雨亦利。争门伏吟，丁生在艮，又奇墓。

乙巳时，吉门无奇，惟丁杜在震，合太阴，是地假，宜探敌驱邪。离上白入荧。

丙午时，丙开在艮，丁玉女守门，所通远兴造，其方不宜开门破地。丁景在兑，利请谒谋望。

丁未时，丙生在兑，西方吉。又贵人升殿利百事。

戊申时，丙生在震，争门迫。丁惊在乾，名奇合，宜祈祷捕捉。

己酉时，丙生在乾，名鸟跌穴，奇入墓，则福减。艮上蛇，天矫。兑上大格，求谋不成。坎上虎猖狂，主损耗。

庚戌时，乙生在离，星反又飞宫，仪刑，乾上又小格，出师不宜。

辛亥时，吉门无奇，惟丁杜在乾，合太阴，名地假，宜探敌。争门迫门反，非急不用。艮土奇格。

戊癸日，壬子时，吉门无奇，星伏吟，艮丁宫迫，丙离门迫，乙伤在坎，利捕猎。

癸丑时，乙开在乾，名欢怡。丁休在坎，合太阴真诈人遁，利百事。争门伏，震上又刑格，不宜行兵。丙杜在巽，利修炼驱邪。

52

甲辰时，名天辅，坎上乙休会太阴，龙遁。又真诈，争伏吟，半吉。艮上丁生奇墓，丙景离上，利奏请陈言。

乙卯时，丁休在巽，六合休诈，利为百事。乙开在震，名真诈，天遁，奇游禄位，争宫迫，半吉。丙杜在兑，鸟跌穴，利捕捉修炼兴基。癸加干，不利出师。

丙辰时，乙休在兑，太阴真诈，丁生在乾，奇使，天网时，不利动作。

丁巳时，乙生在巽，名奇合，争门迫，天网高，兑上又大格，求谋不遂。

戊午时，乙休在乾，太阴真诈，丁生在坎，六合休诈，宫迫，半吉。丙景在巽，得使，利奏请。荧入白，天网，刑格，出师兵散，谋望不遂。

己未时，乙休在离，太阴真诈，丁生在坤，休诈。皆吉。丙景在坎，宫反门迫，乾上小格，不得远行。

庚申时，丁生在兑，名得使，欢怡，休诈，争天网，雀入江，不利远行。又奇格，丙景在艮，利奏请。

辛酉时，乙伤在乾，会太阴，真诈。丁生在坎，休诈。皆吉。丙景巽上，名得使，宜奏请。惟荧入白，天网，又刑格。

壬戌时，丁休在艮，太阴真诈，人遁，丁生在震，六合休诈。皆吉。争门迫，荧入白，占敌人行人则来。

癸亥时，乙休在坎，合太阴真诈。丁生艮上，休诈，百事吉，争奇墓伏吟。

# 御定奇门大全秘纂卷十

## 阳遁三局图

甲己日，甲子时，丙休在坎，九地重诈，又鬼遁，三甲合，争是伏吟，半利。
丁景在离，奏请选士利。

乙丑时，乙开在坎，会六合休诈，吉。丙伤在巽，其方得捕猎。离
上蛇天矫。

丙寅时，乙休六合在巽，名休诈，又风遁，坎宫龙反首，会死门，
宜诛邪伐凶，破土安茔。丁开在震，合太阴真诈欢怡。兑上宫迫；

半利。坤宫虎猖狂。

丁卯时，丁生在兑，合太阴真诈得使，吉。震上鸟跌穴，在死门，利问丧吊死。乾上龙逃走，防破耗。

戊辰时，乙生在坤，休诈。丁休离上，人遁。皆吉。乃星伏门反。

己巳时，乙开在兑，六合休诈，又天辅，百事吉。丁景在坤，丙伤在艮，利捕猎博戏。

庚午时，丙生在巽，九地重诈门迫，半利。甲日忌用。离上玉女守门。乙景在坎，直符加庚，是飞宫。

辛未时，丙开在坤，九地重诈，利百事。丁杜在艮，地假，探敌匿形。乙景在震，奇游禄位，欢怡，利谋望奏请干谒。

壬申时，丙生在离，九地重诈，百事吉。坎上地假，是宫迫星伏。乙景在艮，祈祷劫营捕捉。

癸酉时，丙开在乾，九地重诈，奇墓门伏，半利。丁杜在巽，名地假，宜探敌伐邪修炼。乙景在离，奏请谋望利。

甲戌时，丙休在坎，丁景在离，非急不用。

乙亥时，丙休在震，得使，凡事利。丁景在兑，奇合，利奏请谒干贵。乙死在乾，捕猎安茔。

乙庚日，丙子时，丙生在坤，门反。乙景宫迫，艮上雀入江，庚日尤忌。坎上龙返首，谋为半吉。

丁丑时，时干墓生符，在离方，半利。丁伤乙杜皆迫。

戊寅时，丙生在乾，奇墓门迫，非急不用。

己卯时，丙开在坎，离丁玉女守门，利阴和私合。

庚辰时，丁生在兑，奇合使吉。开休门迫，又飞宫。乾上龙逃走，财物损耗。

辛巳时，乙开在艮，会太阴真诈，利为百事。丙伤在离，利捕猎取索。丁景在坎，祈祷劫营。

壬午时，丁休在乾上，合腾蛇，主忧滞。乙生在坎，宫迫，半吉。离宫神假，宜祈祷埋坟。蛇夭矫，不利远行。丙景在巽，利干谒。

癸未时，吉门无奇，又门伏不吉，事急从东北生门。乙杜在巽，利捕捉。

甲申时，名天辅，利散讼。丙休在坎，六合休诈，门伏，不利远行。丁景在离，贵贵奏请谋望半利。

乙酉时，吉门无奇，丁伤在离，利取索捕捉。丙坎利劫营博戏。

丙戌时，直符开门在坎，名龙返首，利为谋事。合蛇夭矫，出行不利。丙伤在巽，宜捕捉。丁景在乾，祈祷博戏。

丁亥时，乙休直符在离，丁开在巽，争门反宫迫，非急不用。

丙辛日，戊子时，吉门无奇，雀入江，悖格，纲纪紊乱，政令不行。荧入太白。

己丑时，丁开在震，宫迫，仪刑，辛日奇是入墓。

庚寅时，丙休在坎，丁景在离，九天神假，是伏吟，半利。

辛卯时，丁生在兑，奇合得使，又鬼遁，吉，安茔破土尤宜。

壬辰时，时干墓，小格。虽丁开坤合九天，欢怡，鬼遁，丙日尤忌。丙杜在离，可邀遮修炼。

癸巳时，乙生在艮，虎遁，利入山招抚。合大格，丁坎合休，奇受制。丙景在离，门伏星反，利干谒。

甲午时，名天辅，符开在乾，丙休在坎，丁景在离，俱伏吟，半吉。

乙未时，时干墓，又刑格，虎狂，急事向开门可行。

丙申时，丙开在艮，格合反首，吉。合腾蛇，事阻滞。符景在坎，利劫营捕捉。丁杜在坤，修炼兴基。

丁酉时，开离虽玉女守门，丙休在坤皆门迫，吉事难成。余格雀入江，文书有失。

戊戌时，乙开在坎，九地重诈，吉。又蛇夭矫，占人有忧，出行不利。

己亥时，吉门无奇，星反，事宜西南开门行。

丁壬日，庚子时，乙休在巽，九地重诈，利举动。争是飞宫，不利干贵。风遁，祈祷祭风吉。

辛丑时，时干墓，星伏门反，不吉。急则从西南生门行。

壬寅时，丙生在乾，鸟跌穴，合欢怡，又奇墓，半利。坎上物假，求财交易宴会皆宜。

癸卯时，乙开在乾，九地重诈，欢怡，鬼遁，利举动。合龙逃走，防破耗。癸杜合太阴地假，利修炼捕捉。丙伤在震，丁景在兑，利劫营祈祷。

甲辰时，天辅，宜散讼。丙休在坎，名重诈，争是伏吟仪刑，非急不用。

乙巳时，乙生在离，丁休在巽，又鬼遁，百事吉。坎上神假，利破土修坟。

丙午时，丁休在兑，九地重诈，鬼遁，欢怡，利为百事。乙生在乾，名得使，此遁亦吉，尤宜入山招抚。坎宫龙返首，合伤门，渔猎求财捕捉。

丁未时，丁休在震，九地重诈，丙景在兑，鸟跌穴，利奏请谋望。乙生在巽，九天得使，风遁门迫半利。

戊申时，丁生在坎，九地重诈，乃宫迫星反，半利。丙死在离，宜渔猎破土。乙伤在艮，是宫迫。

己酉时，丙生在坤，太阴真诈，百事吉。丁死艮合九地得使鬼假，利修茔破土。门反，雀投江，文明不显。

庚戌时，乙开在离，争门迫，又飞宫，敌退莫追，防伏兵，不利客。

辛亥时，乙开在兑，吉。癸杜六合在震，名地假，宜匿形藏伏。丁景在坤，利劫营祈祷。

戊癸日，壬子时，丙开在坎，太阴真诈，奇制星伏，半吉。乙景在坤，天假。丁杜在离，地假。奏请匿形捕捉。

癸丑时，丁开在乾，九地重诈。乙休在坤，龙遁，西北俱吉，尤宜水战。丙杜在巽，伏藏捕猎。蛇夭矫，门伏，不宜出行。

甲寅时，天辅丙休在坎，伏吟半利。丁景在离，可用。

乙卯时，丁生在兑，丙死在震，利修茔破土。

丙辰时，坎上龙返首，合生门，百事吉。争宫迫，丙休在乾入墓，丁景在巽，利干贵奏请。乙死在离，宜渔猎。

丁巳时，天网高，门反，蛇夭矫，不利远行。又仪刑冲宫，官休财损。

戊午时，艮宫鸟跌穴，会休门欢怡，利百事。乙杜太阴，名地假，利兴基伏匿。丁景在离，谋望俱吉。

丁未时，丙休在震，符门伏，不吉。癸日尤忌。

庚申时，反吟，天网，坤离虽有奇，非急事不用。

辛酉时，丙休虽在兑，争奇受制，兼天网过人，出行兴师不宜。丁景在震，会六合，干谒谋望利。

壬戌时，天网，休门迫，雀入江，文明不显，诸为不吉。

癸亥时，伏吟，又天网高，急事宜从东北生门、正北休门行。

## 阳遁四局图

立夏上　清明上　惊蛰下　冬至下

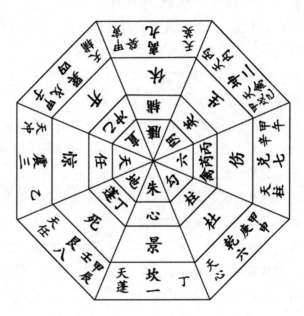

甲己日，甲子时，丁休在火，入水池，玄武加临，又伏吟，非急不用。甲日为三甲合。乙伤在震，奇游禄位，丙死在坤，利射猎破土。

乙丑时，乙开在艮，仪刑，官休财散，非急不用，己日尤忌。

丙寅时，门反宫迫，又大格，荧入白，反覆，主阻隔。无奇门。

丁卯时，丙开在艮，会太阴真诈，争宫迫，乙景在乾，为天假，利干谒奏请。大格，多阻。

戊辰时，丙开在坤，太阴真诈，符刑，主灾。乙景在震，贵人升殿，干谒奏请谋望皆吉。

己巳时，天辅，丁生在震，门迫玄武，防盗失。坤宫龙反首，利干贵求财。荧入白，敌退，行人不来。

庚午时，直符加庚，又飞宫，多有阻。又星反，事急兑上生门行。坎上玉女守门，利捕捉修炼阴谋。丙景在艮，谋望亦吉。龙逃走，兵不利客。甲日克干。

辛未时，虽巽上丁生，争门迫，非急事不用。

壬申时，符形虽丁开在兑，非急事不用。巽上鸟跌穴，合景门，利干贵奏请。白入荧，坤景贼在其下，必获。乙生在坎宫，迫，半利。

癸酉时，丁生在艮，奇格。丙景在兑，其方祈祷伏藏。

甲戌时，乙休在坎，六合，休诈，门伏，半吉。丙死在坤，破土射猎。

乙亥时，符休在艮，大格在震，丁杜在坤，地假，利伏藏捕捉伐凶。

乙庚日，丙子时，坤宫龙返首，合景门，干谒半利。丁开在坎，六合休诈门伏。

丁丑时，时干墓，门反，事急从巽坤行。

戊寅时，丁开在兑，六合休诈，利为百事。

己卯时，乙开在震，名贵人升殿，争星伏宫迫，半利。丁死在坎，六合神假，玉女守门，宜破土安莹。阴和，争宫迫。

庚辰时，名飞宫，又大格，凡事阻。丁伤在震，六合神假，利取索捕捉。乙景在离，谋望亦利。

辛巳时，庚加丁，奇格不吉，丁景得使，艮会六合，利陈言谋望。乙日忌。

壬午时，乙休在兑，名虎遁，招抚利。会元武，防小人。雀入江，虎狂，龙走，财有损。

癸未时，乙开在乾，六合休诈，门伏奇格，乙生虎遁，利入山招抚。

甲申时，天辅利解讼罪。丁休在坎，太阴真诈，乙伤震奇游禄位，丙死在坤，破土修坟。星门伏，半利。

乙酉时，庚加时干，又奇格，丙生在坎，宫迫，非吉。丁景在巽，利干贵陈言。

丙戌时，丙生在巽，临戌名天遁，时干墓，白入荧。乙景坎下，不作龙返首看。

丁亥时，丙生兑上，九地重诈，奇格时格，多阻。

丙辛日，戊子时，丙休在艮，九地重诈，又门迫，雀入江，虎狂龙走，财主损。

己丑时，坤庚加己，时格刑格。兑上丁休兼蛇，主事忧滞。乙伤在坎，求财渔猎。

庚寅时，乙开在震，六合休诈，贵人升殿，宫迫星伏，半利。

辛卯时，门反宫迫门迫，惟乙死在艮，破土渔猎吉。

壬辰时，时干墓，符刑，荧入白，艮上时格大格，凡事阻，官财失。

癸巳时，乙开在乾，六合门伏，离上大格，丙伤在震，索取捕捉。丁死在坤，破土渔猎。

甲午时，名天辅，丁休在坎，会太阴，名真诈，虽伏吟可用。丙死在坤，修坟渔猎。乙伤在震，贵人升殿。

乙未时，星反时墓，又时格虎狂龙走，离上丁生，虽合真诈，非急不用

丙申时，符开在乾，名龙返首。丁生在乾，会太阴，奇入墓。

丁酉时，丁休在震，太阴真诈，人遁，吉。艮上小格，乾上荧入白，事多阻乱。乙伤在离，宜捕捉渔猎。

戊戌时，乙休虽在乾，会白虎又大格，举动多阻。丙杜在震，捕捉伏藏利。

己亥时，生丙虽门，反可用。乙杜在乾，会太阴，地假，利遣探伏形捕捉。门迫半利。

丁壬日，庚子时，丙生在兑，鸟跌穴，奇合神通，是飞宫，多阻滞。

辛丑时，时干墓，星伏不吉，坎上真诈，又门迫，乙杜在震，奇游禄位，利修炼兴基。

壬寅时，丙开在坎，吉。丁伤在巽，会太阴，神假，宜求财交易捕猎。

癸卯时，符刑名损，财失。乙休在坎，龙遁。丙杜在巽，利捕捉。

甲辰时，名天辅，星门俱伏，急事从坎艮方可用。

乙巳时，乙休在巽，风遁，利祈祷行舟。坎上奇格，主事滞。丁景在艮，利劫营祈祷斗讼。

丙午时，坤宫龙返首，会景门，祈祷劫营移文利。艮上鸟跌穴，利渔猎。坎上蛇夭矫，离上雀入江，龙走。

丁未时，门反宫迫，不吉。事急用坤生门可行。

戊申时，符刑伏宫小格，乾上荧入白，占敌人行人不来。

己酉时，直符在艮，丙开鸟跌穴，百事吉。坎上蛇夭矫，占兵有损失。

庚戌时，门反宫迫，又飞宫，坤上白入荧，占敌人行人来。

辛亥时，乙生在乾，名奇合，又直使，凡事吉。离上大格，丁开在坤，丙景在震，利陈言干贵。

戊癸日，壬子时，开休门迫，生上逢辛，不吉。事急从艮坤行。

癸丑时，丙休在坎，门伏奇制，半利。丁杜在巽，宜捕捉。

甲寅时，名天辅，丁休在坎，奇制门伏，乙伤在震，奇游禄位，捉捕渔猎。

乙卯时，丙开在巽，加戊天遁得使，宫迫门反，白入荧，半利。戊日为悖，坎上玉女守门，亦半利。

丙辰时，坤宫龙反首，合景门得使，奏请迎敌破围干贵皆吉。乙伤在巽，宜捕捉取索。

丁巳时，乙休在兑，会九地重诈得使，争星反龙走，动作反覆。离上雀入江，震上虎狂，主客不利。

戊午时，符形天网，官失财损。虽丁休在乾，非急不用。

己未时，虽丁休在艮，奇墓门迫不用，坎上开门可从。乙伤在巽，求财捕捉。丙死在兑，渔猎修茔，癸日不用。

庚申时，天网，又飞宫，非急不用，可行。巽休丁上。

辛酉时，天网过人，荧入白，小格，不吉。急则从震上丁休行。

壬戌时，虽丁休在坤是伏吟门迫，又大格，非吉。

癸亥时，星门伏，天网，不吉。虽丁休在坎，乙伤在震，为奇游禄位，利取索捕捉博戏。丙死在坤，宜修茔渔猎。

# 御定奇门大全秘纂卷十一

## 阳遁五局图

小满上　谷雨上　立春中　小寒下

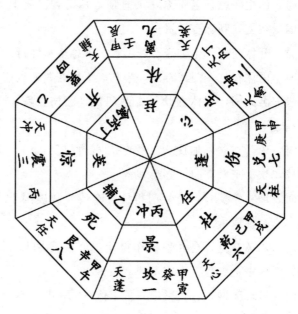

甲己日，甲子时，吉门无奇，事急开门，乾上可用。会太阴，尤利逃亡。丙伤在震，捕捉取索。乙杜在巽，修炼兴基伐凶。伏吟，皆半吉。

乙丑时，乙开在艮，九地重诈，乃龙走、小格，事阻破财。丁生在巽，符迫，半利。丙景在坎，劫营祈祷。

丙寅时，乙开在坎，九地重诈，百事吉。震上龙返首，合生上逢门迫符刑。

丁卯时，丁生在坤，会直符，凡为皆利。争门反星伏，乙开在巽，九地重诈，宫迫，亦半利。

戊辰时，吉门无奇，星伏，不吉。急则从乾。休合太阴，可用。丙杜在震，修炼捕捉。乙景在巽，陈言干贵利。

己巳时，大格，虎狂，凡事阻。伤丙生虽离上会玄武，下受壬克，不吉。

庚午时，吉门无奇，又飞宫刑克门伏，不利。坤死玉女守门，利渔猎破土驱邪。丙杜在巽，宜伏截捕伐。乙离，谋望半吉。

辛未时，丙生在兑，贵人升殿，争荧白互加，事主错乱阻滞。

壬申时，吉门无奇，又伏宫，不吉。乙景在震，可以陈言谋望。丙杜在艮，利伐凶，驱邪不利。惟坤上合玉女守门，利安茔驱邪。丙杜在艮，乙景在震，利陈言干谒。

癸酉时，符休在坎，门伏，坤鸟跌穴，得使，利修茔渔猎。

甲戌时，吉门无奇，伏吟，乾开可用。丁坤九地，名鬼假，利驱邪伐凶破土。

乙亥时，丙开在兑，六合休诈，星反，又荧白交加，主事反覆。乙休在乾，得使，次吉。

乙庚日，丙子时，震上龙返首，合休门，官升财得，吉。庚日忌用。丙杜在坤，利伐凶修炼。乙景奇合兑上，宜干贵。

丁丑时，时干墓，符刑，离上小格，艮上龙逃走，丙杜在坎，利伏匿捕捉。

戊寅时，坤宫符刑，丙开六合在坎，名休诈。丁伤在巽，物假，可求财交易。乙休在艮，门迫龙走，利入山招抚。

己卯时，丁开九地，坤宫重诈，又玉女守门，百事吉。庚日伏干，忌用。生门符乾，吉。丙景在巽，六合，宜陈言冲敌。

庚辰时，丁生在离，九地重诈，奇合得使，鬼遁，吉。兑上飞宫，主滞。乙开在震，云遁，祈祷修炼。虽宫迫，贵人升殿，丙景六合，冲围移文探敌。

辛卯时，门反，坎上大格，不吉。离上休诈，事急可行也。

壬午时，丙生在乾，六合休诈，鸟跌穴，奇墓半吉。巽上奇格夭矫，丁景在震，九地，利干贵陈言。乙伤在坎，利渔猎取索。

癸未时，吉门无奇，又休宫刑格，不宜举事。丙杜六合在巽上，可以伏藏。丁景在兑，宜祈祷。

甲申时，天辅，吉门无奇，急事向坎艮行。丙伤在震，捕捉取索。在巽，修炼用之。伏吟，皆半吉。

乙酉时，时格奇格，阻滞不利。坤上蛇夭矫，占人有忧。丁开在震，又宫迫，急事方从。坤伤癸位会太阴，物假，利求财饮会。

丙戌时，干墓，白入荧，符悖，在震动作不利。丙虽在兑，荧入白，非急不用。

丁亥时，丙开在艮，奇合。乙休在震，云遁，奇游禄位，百事吉。癸死太阴，临乾鬼假，利法醮事。

丙辛日，戊子时，吉门无奇。乙杜在震，宜捕捉修炼。丁死在离，奇合，破土安茔。丁玉女守门，利探敌祈祷。

己丑时，门反奇伏，又刑格，将兵散，占人忧，事急从坤上生门。

庚寅时，开休门迫，生上无奇，又伏宫，不宜举事。辛卯时，乙开在兑，奇合，欢怡事。坎上雀投江，文明不显。

壬辰时，时干墓，小格，虽坎上丙开，不用。乙休在艮，龙走，财物有损。又门迫，合虎遁，可入山招抚。

癸巳时，大格，求谋不遂。巽宫虎狂，财物有伤。丁开虽在乾，非急不用。

甲午时，名天辅，利散讼，吉门无奇，乾开可用。丙伤在震，宜捕捉取索。丁死坤上，利破土修营。门伏，半吉。

乙未时，时干墓，坎上大格，巽上虎狂，求谋不遂。离上奇逢腾蛇，下壬克，非急不用。

丙申时，丁开兑虎，乾上刑格，不吉。震宫龙返首，合杜门，捕捉尤宜。巽丙在景，干贵谋望。

丁酉时，反吟。兑上震上荧白交加，丁虽在坤，玉女守门，惟阴私和合，半利。

戊戌时，星门迫，震白入荧，兑荧入白，事多紊乱，事急坎上开门合太阴可用。乙景乾上，祈祷劫营可用。

己亥时，乙开在艮，太阴真诈，龙遁，利百事。离上小格，多阻。丁生巽上，门迫。

丁壬日，庚子时，门反飞宫，坤上夭矫，举事不利，占人有忧。

辛丑时，时干墓，星伏，虽丁开在坤，丙景在震，非急不用。

壬寅时，乙生在兑，会太阴真诈奇伏，雀入江，不利干谒兴师。

癸卯时，丙生在艮，奇合，鸟跌穴，门伏，坤上奇合格，皆半利。乙伤在巽，合太阴，利求谋捕捉。丁景在离，陈言干贵皆吉。

甲辰时，天辅吉门无奇，事急用乾开。丙伤震，乙杜巽，丁死坤，门伏，惟利捕捉渔猎，伏截修炼，半吉也。

乙巳时，符刑门反，官失财散，凡事皆不利。

丙午时，丙开在坎，九地重诈，吉。惟乾上小格，多有阻滞。震上生门，龙返首，门迫，不全吉。

丁未时，乾上刑格，占事生忧。虽丁休在兑上，逢腾蛇主惊疑。乙伤在坎，六合物假，求财交易捕捉利。

戊申时，丁开虽在兑，争奇格，乾上刑格，非急不用。丙景在巽，宜陈言谋望。乙死在离，名欢怡，修坟破土渔猎皆利。

己酉时，丁开在坎，名得使，雀投江，不吉。丙景在坎，利干谒。乙死在兑，利破土安茔。坎上休门可用，丙伤乙杜，利以修炼捕猎。丁坤死上，破土修炼渔猎。①

庚戌时，丙生在离，九地重诈，鸟跌穴，欢怡，官升财得，举动攸宜。坎上大格，兑上飞宫，求谋不遂。

辛亥时，丁休在震，值腾蛇主事，忧滞。坤上蛇夭矫，符开，在艮吉。乙惊在坎，利劫营祈祷。

戊癸日，壬子时，门迫，不吉，举事不宜。

癸丑时，乙开在乾，名得使，地遁，丁生在艮，吉。兑震荧白交加，事多紊乱，不利举兵。

甲寅时，天辅吉门无奇，又伏吟，事急。②

---

① 郑同注：从"乙巳时"开始至此，原底本错排入戊癸日中，今据上下文意更正。

② 郑同注：以下当有阙文。

乙卯时，乙生在兑，六合休诈，奇合，争飞干，半利。丙休坤上，太阴真诈，门迫。

丙辰时，符休在震，争伏宫大格，天网，丁死在乾，修坟渔猎利。丙伤离上太阴，亦利捕捉。

丁巳时，癸克干，天网，蛇夭矫，符刑，不利举事。

戊午时，吉门无奇，天网，不吉。惟乙杜震上，贵人升殿，丁死在离，奇合，利破土渔猎修炼。

庚申时，吉门无奇，天网高，龙走，艮兑是飞宫，多隔事。惟坎伤鸟跌穴，开门坤上可用。

辛酉时，吉门无奇，天网，乾上刑格，惟乙杜离、丙伤巽，可捕猎取索。

壬戌时，星门俱反，兑震荧白互加，事多乱反覆。

癸亥时，吉门无奇，急则开门。伤杜上可捕捉取索。

## 阳遁六局图

芒春雨大
种分水寒
下中中下

甲己日，甲子时伏吟，乾开可用。伤杜皆利捕捉伏截。

　　乙丑时，丁生在坎，六合休诈，争宫迫，艮上荧入白，半利。乙景
　　在巽，奏请谋望冲突利。

　　丙寅时，乙开在艮，九地重诈，官升则得。巽生龙返回，虽门迫，
　　半利。

　　丁卯时，丙生在兑，利百事。乙杜坎上会九地，利伏藏修炼。

　　戊辰时，丁生在震，六合休诈，门迫，可用。丙伤在巽，捕捉亦宜。

　　己巳时，天辅吉门无奇，事急兑休可用。丙景在震，干贵陈言吉。

　　庚午时，丁生离上，六合休诈，利百事。震上玉女守门，宫迫，半
　　利。乙景在乾，白入荧，飞宫，主紊乱淹滞。

　　辛未时，门反宫迫，又刑格在兑，不利举事将兵。

　　壬午时，乙休会九地在兑，举事攸宜。丁死六合在巽，名鬼假，利
　　修坟渔猎。坤上虎狂，震上奇合。

　　癸酉时，丁休在坎，六合奇使，丙生在艮，亦吉。伏宫，荧入白，
　　多阻滞。乙杜巽上，伏截伐凶。

　　甲戌时，伏吟，吉门无忌，休门可从。丁丙捕捉取索吉。

　　乙亥时，乙生在离，得使，龙走，小格，非急不用。

乙庚日，丙子时，丁生在乾，名得使。乙震天假，宜陈言谋望。巽上龙走，
　　合死门，利破土修茔，驱邪渔猎。兑上宫伏，又刑格，刑狱生忧。

　　丁丑时，时干墓，坤上又奇格，乙开在艮，鬼遁，利吊问安茔。

　　戊寅时，乙开在兑，会九天，名得使。地遁欢怡，利为百事。丁景
　　在巽，利干贵陈言破土。丙死在离，渔猎破土。

　　己卯时，伏吟不利举事，急则从巽上开门。乙生在坤同。

　　庚辰时，[1] 丙生在兑，飞宫，事阻。乙杜在坎，宜捕猎兴基修炼。

　　辛巳时，乙景在巽，名天假，利干贵陈言，谋望破围。丁生在兑，
　　坎宫迫，忌用。

　　壬午时，休生开无奇，坎合直符，可用。丙景在坤，干贵谋望。丁

---

① 郑同注：庚辰，底本作"戊辰"，据上下文更正。

杜在离，修炼捕捉。乙惊在乾，利冲劫驱邪。

癸未时，丁生在兑，是奇格，又门伏离上，龙遁走，非急不用。

甲申时，名天辅，门伏，吉门无奇，杜巽利探听修炼，丁伤在巽上，利捕捉。

乙酉时，吉门无奇，庚加时干，乙惊在艮，丙景在乾，可以陈言。

丙戌时，时干墓，刑格，白入荧，虽乙休在乾，不利举事。

丁亥时，门反，时干格，坤上虎猖狂，虽离上合丙，休天乙格，门迫，忌用。

丙壬日，戊子时，丙休在艮，太阴真诈，然吉内藏凶，好事难成。丁开在坎，名奇合得使，会腾蛇，亦主忧疑。

己丑时，乙休在震，云遁，兑上刑格，[①] 不利举动。丙惊在坎，会太阴，利突敌劫营。

庚寅时，门反星伏，又飞宫，时格，不吉。丙开会太阴在巽宫，可用。

辛卯时，丙休在兑，真诈，利百事。丁开在坤，雀入江，乙伤在坎，利捕猎。

壬辰时，时干小格，虽乙开在离，门迫龙走，不吉。

癸巳时，符刑大格，星反门伏，不吉。虽艮上奇合，乃门迫，丙开在乾，非急忌用。

甲午时，天辅，争伏吟、符宫刑，官财损。乾上开门六合，可用。

乙未时，时干墓，坤上虎狂，虽生门直符，不吉。丁开在巽，可取。

丙申时，巽上龙返首，升官财得，渔猎并宜。丙生在震，神遁天遁，时加丁，百事攸宜。艮上鬼遁，利安茔破土。乙杜在离，修炼伏截利。

丁酉时，景门在震，玉女守门，阴和私谋，利求谋奏请。丁伤在坎，物假，利捕捉渔猎。艮上荧入白，行人不来。

戊戌时，丙开在兑，贵人升殿，百事皆宜。丁景坤上，利劫营探听。

己亥时，丙景在坤，九天天假，利奏请干求。丁杜在离，地假，玉

---

女守门，利修炼。坎上开门可用，巽上白入荧，占敌人行人则来。

丁壬日，庚子时，名飞宫，兑上刑格，不吉。丁景在乾，利陈言谋望。乙开在震，云遁，宜祈祷，生门可取也。

辛丑时，符刑，又时干墓，伏吟，丁休在震，九地重诈，非急不用。

壬寅时，丁生在兑，九地重诈，凡事吉。乙景在艮，利干谒突敌。

癸卯时，吉门无奇，不吉。丙景在离，门合伏，虽天假，非急不用，陈言选士吉。

甲辰时，天辅吉门无奇，又伏吟，急则从三吉门。丁伤丙杜，利修炼藏匿。

乙巳时，吉门无奇，又刑格，坎上丙杜，鸟跌穴，利兴基修炼。丁伤在乾，太阴物假，利渔猎。

丙午时，龙返首，于巽上合生门，官升财得。争符刑门迫，半吉。坤上地假，利探敌。乙景在坎，利伏截。休震玉女守门，可用。

丁未时，丁生离，太阴真诈，百事皆吉。乙景乾上，利奏请冲围。巽上白入荧，占敌人行人则来。

戊申时，开休门迫，生门在兑，虽无奇，可用。乙景在艮，会太阴，利谋望陈言。艮上荧入白，占敌人行人不来。

己酉时，丁生在坎，太阴真诈，宫迫福减。

庚戌时，飞宫震上奇格，坤上虎狂，乙休在兑，奇合，巽丁合太阴，暗合三奇，争门迫。

辛亥时，乙休在艮，门迫忌用。丁死在兑，太阴鬼假，星反半利。

戊癸日，壬子时，星伏门反，不吉。坤上龙遁，又伏吟奇墓。

癸丑时，丙休在坎，鸟跌穴，门伏，兑上刑格，丁奇入墓，乙伤在震，利捕猎。

甲寅时，天辅，伏吟，吉门无奇，丁伤在震，可渔猎取索。巽丙杜上，捕捉伏匿。

乙卯时，星伏门迫，凡事不利。惟乙休在坤，龙遁，急则可用。

丙辰时，吉门无奇，坤上开门，急事可用。巽上龙返首，利渔捕修茔。门迫。

丁巳时，丁休在坎，重诈，乾上丁开，争门伏刑格，占人生忧。

戊午时，吉门无奇，震休可用。丁伤在离，利捕捉。巽上白入荧，占敌行人来。

己未时，吉门无奇，天网高，奇格，不吉。丙伤可捕捉。

庚申时，星门反，又大格飞宫，天网高，求谋不遂，妄动生灾。

辛酉时，吉门无奇，坤上雀投江，不利举事。丙休在震，利捕捉伏截。

壬戌时，吉门无奇，坤上雀入江，文明不显，兵不利。客急则从休门。

癸亥时，伏吟，急事从开门。丁丙二方，利修炼捕捉。余无吉奇。

# 御定奇门大全秘纂卷十二

## 阳遁七局图

立夏下　清明下　惊蛰中　冬至中

甲己日，甲子时，星门俱伏，不宜举事，急则从乾开。丁杜在巽，捕捉伏截，利逃亡西北。

71

乙丑时，丁生在离，利为百事。巽上夭矫，出行忌。坤上小格，坎上龙走，财物有失，非急不用。

丙寅时，坤上龙返首，会开门，官迁财得，是寄宫。乙休兑上，可用。乾上龙走，震宫雀入江，离上荧入白，占敌退。

丁卯时，丙休在震，争艮上刑格，将兵散，退逃招咎。丁惊在坎，利祈祷劫营。乙伤在离，奇合，宜取索渔猎。

戊辰时，乙休在乾，星伏，合蛇，事淹滞。丁巽在景，利干贵陈言。

己巳时，门反，吉门无奇，凡事不吉。

庚午时，震上大格，求谋不遂，离上飞宫，不利干贵求财。巽上玉女守门，利祈祷捕捉。兑生亦吉，甲日忌用。

辛未时，丙奇墓，乾生，坎门迫，宫伏，占人有忧。

壬申时，丁生在震，门伏，吉事不成，雀入江，文书不利。丙杜在离，利捕捉。荧白虎狂，主损伤。

癸酉时，丁开在乾，符刑门伏星反，非急不用。乙杜在巽，可捕捉。

甲戌时，乙开在乾，九地重诈，吉，虽伏吟可用。丁杜在巽，地假，修炼伐邪利。

乙亥时，丙休在巽，震上合大格，求谋不遂。丁艮合太阴，利祈祷。乾上景合符，利求财干贵求谋。

乙庚日，丙子时，坤上龙返首，官迁财得。丁休在乾，太阴真诈，庚日忌。乙景在巽，会九地，干贵奏请野战冲围吉。

丁丑时，时干墓，门反丁生，在坤会太阴，真诈，事急可用。

戊寅时，丁开在坎，太阴真诈，吉。震生在丙，门迫，吉事难成。乙景在离，伏截兴基捕捉。艮上伏宫，占事有忧。

乙卯时，丁生在巽，会太阴真诈，玉女守门，门迫星伏，半利。乙乾会九地，利渔猎修营。

庚辰时，门反飞宫，不利干求，事反覆阻滞。

辛巳时，乙休在兑，九地重诈，利百事，乙日忌用。丁合太阴在震，干望吉。雀入江，文明不显。乾上虎狂，有损失。

壬午时，门迫宫迫，吉门无奇，不吉。

癸未时，乙休在坎，九地重诈，虎遁，利百事，入山招安尤宜。争龙遁走，物有损失。丁景在离，合太阴，利干贵陈言。坤上小格，事有阻滞。巽上夭矫，出行忌。

甲申时，天辅，利散讼罪。乙开在乾，六合休诈，虽伏吟可用。丁杜在巽，合九天，利捕捉除凶修炼。

乙酉时，门反，庚加时干不吉。

丙戌时，时干入墓，白入荧，又悖格，巽上蛇夭矫，出行不利。乙开在坎，休诈，非事急不用。丁杜在离，利捕捉。

丁亥时，乙休在兑六合，利举事。乾上虎狂，损害宜防。丁震会景，天假，利奏请干贵。争雀入江，文明不显。

丙辛日，戊子时，景巽会丁，名玉女守门，利上书谋望。庚加时干，防损伤。坤上奇合，利祈祷。

己丑时，符刑，又刑格，庚加时干，官失财损。乙杜在离六合，利捕捉，伏匿。

庚寅时，伏宫飞干不吉，丁巽乙景，非急不用。

辛卯时，乙生在巽，六合休诈风遁，虽门迫星反，庚加时干，半吉。丁死在乾，利渔猎破土修坟。

壬辰时，时干墓，庚加干，又小格，坎上龙走，巽宫夭矫。皆不吉。

癸巳时，庚加干，大格门伏。开休无奇，丁奇入墓，不吉。

甲午时，天辅，利散讼。虽伏吟，乙开在乾，半吉。杜巽六合，利伏匿捕捉修炼。

乙未时，时干墓，乾上龙走，震宫雀投江，乙巽在兑亦忌。

丙申时，坤宫龙返首，凡事急用。是寄宫，又刑格时格，乙伤在离，射猎利。丁景在坎，劫营祈祷探敌皆宜。

丁酉时，乙开在震，九天云遁，利举事，宫迫半利。丁杜六合地假，利修炼兴基，捕捉伏截。

戊戌时，休开门迫，直符生门在兑，可用。震上大格，不利求谋。

己亥时，乙生在坎，虎遁，得使，宫迫，半利。丁死在离，六合神假，利修茔破土。巽上夭矫，出行不利。

丁壬日，庚子时，丁生乾六合，利举事。星反飞宫，多有反覆。兼符刑，干求忌。

辛丑时，时干墓，星伏，吉门无奇，事急坎上开门可用。丁伤会六合在巽，渔猎捕捉博戏。

壬寅时，门反，又刑格，求谋不遂，离休可用。

癸卯时，乙生艮得使，吉。丁死坤上，六合鬼遁，利修茔破土。门伏半吉，丁日忌用。

甲辰时，天辅，利散讼罪。乙生在艮，宜举事。丁死坤上，地假，伏吟，半利。

己巳时，丁休在坤，门合重诈，门迫，非急不用。乙景在坎，干贵陈言吉。

丙午时，丙开在兑，坤宫是寄宫，占人有忧。乙乾太阴，真诈，百事吉。丁死在巽，九地，玉女守门，利渔猎破土，门迫半吉。

丁未时，符刑，官失财损。震上大格，求人不见，谋事不成。丁生兑宫，非急不用。

戊申时，吉门无奇，巽上夭矫，坤上小格，多有阻滞。乙景在坎太阴，利祈祷探敌。又龙走，壬日尤宜忌。

己酉时，吉门无奇，惟乙伤在巽太阴，宜索渔猎捕捉。丁景在乾，利劫营探听祈祷。

庚戌时，门反，震上雀入江，巽上奇格，离上飞宫，乾宫龙走，凡事不吉。

辛亥时，丁开在兑，九地重诈。皆吉。乙杜在震，贵人升殿，利捕捉藏匿兴基，驱邪修炼。

戊癸日，壬子时，丁休在巽，九地重诈，鬼遁，百事皆吉。乙景在乾，干贵陈言，破敌求谋。星伏，可用。

癸丑时，丁休在兑，坎上鬼遁，乃刑格，求谋不遂。乙景在离太阴，又奇合，利干贵陈言谋望。

甲寅时，天辅，利散讼罪。乙开在乾，利举事。丁杜在巽，宜捕捉修炼。伏吟半利。

乙卯时，艮上刑格，不吉。丁开在坎，会螣蛇，主事忧疑。奇受制，非急不用。乙杜在离，伏截伐凶向之。

丙辰时，五宫龙返首，占事有喜，争是寄宫，乙开在震，宫迫，半吉。

丁巳时，符刑，官失财散，坎上龙走，坤上小格，凡事不吉。

戊午时，星门俱伏，不吉，事急开门可用。

己未时，乙开在兑，利举事，丁杜在巽，奇格，乾上猖狂，震上利捕捉伏匿。

庚辰时，飞宫，又天网，虽乙开在艮，非急不用。

辛酉时，震上大格，又伏宫，占人有忧，举事有阻。坤上虽合奇门，乙入墓乡，不用，事急向乾上生门。

壬戌时，符刑，虽乙开在震，又宫迫，非急不用。

癸亥时，星门俱伏，事急，乾宫可用，丁杜在巽，捕捉伏匿利。

## 阳遁八局图

小满下　谷雨下　立春上　小寒中

甲己日，甲子时，直符伏吟，生艮可用。丁死在坤，利渔猎破土。乙惊兑上同。

乙丑时，丙生在离，九地重诈，利为百事。乙休在兑，风遁，水战祈祷吉。震上宫开门可用。

丙寅时，乾上龙返首，合休门，利百事。丙惊在坤，为奇合，利劫营祈祷博戏。乙死在离，渔猎修茔亦吉。

丁卯时，星门反，离上刑格，事多反覆。坤上玉女是寄宫，巽丙会九地，事急可取。

戊辰时，星伏，吉门无奇。乙死在兑，可破土渔猎。

己巳时，天辅，利散讼。丙休在震，九地重诈，百事皆吉。乙开艮，欢怡，争巽上大格，求谋不遂。

庚午时，飞宫门反，坤上龙走，财物有损。巽丁是寄宫，乾上白入荧，事多紊乱。占敌至，行人来。

辛未时，星反，离上又刑格，吉门无奇。

壬申时，符刑，官失财损，又伏宫，不吉。丁艮虎狂，丙杜坎上，荧入白，占敌退。

癸酉时，生合丙九地临戊，名重诈，鸟跌穴，天遁，万事吉。乙休在坎，名龙遁，利水战祈祷。

甲戌时，丙开在乾，六合休诈，奇墓，非急不用。乙惊在兑太阴，利劫营斗诈。是伏吟，半吉。

乙亥时，门反，震上小格，不吉。惟丙死，艮六合，利渔猎修炼安茔。

乙庚日，丙子时，乾上龙返首，官升财得，占人有喜。会惊门，利冲阵劫营，捕捉祈祷斗讼。乙休在艮，太阴真诈，虎遁，争门迫，丁开在坎，会螣蛇，主淹滞忧疑，半利。丙生在震，九天休诈，巽上大格，求谋不遂。

丁丑时，乙生在乾，太阴真诈，争墓干，丙伤在乾，利渔猎捕捉。荧入白，事多紊乱。又符刑。

戊寅时，离上鸟跌穴，欢怡，占人有喜。合死门，利渔捕破土修坟。乙景在巽，干贵破敌谋望皆吉。

己卯时，星伏，吉门无奇，虽玉女守门，坤上寄宫，不用。

庚辰时，丙休在巽，六合休诈，乙开在震，贵人升殿太阴，真诈，飞宫，刑格，伏宫，行事反覆，利干贵求财，将兵不利。

辛巳时，吉门无奇，虎狂，荧白，诸事不利，占敌退。乙死在乾，可渔猎修坟。丙景在乾，劫营博戏，乙日忌。

壬午时，乙开在离，会太阴，真诈。丙休在坎，坤上门迫，兑宫奇格，非急不用。

癸未时，坤上龙返首，乾上白入荧，门伏，主事紊乱。丙景在兑，劫营探事祈祷可用。

甲申时，天辅，利散讼。星门皆伏，庚加干，不吉。惊兑利劫营捕捉。

乙酉时，乙开在离，九地重诈。丙休在坤，为奇合，争门迫，庚加时干，非急事不用。

丙戌时，时干墓，又悖格，白入荧，不吉。丙休在兑，非急不用。

丁亥时，乙休在巽，九地风遁。丙生在离，神遁，虽庚加时干，可用。

丙辛日，戊子时，吉门无奇，庚加时干，荧入白，不利。丙杜在坎，符刑，可伏截。

己丑时，庚加时干，又刑格，星反，主事滞迟，托人失信。丙景在巽，干贵陈言可用。乙杜九地在震，宜捕捉伏截。

庚寅时，星门伏乾，虽神遁入墓，利。乙伏兑，九地，可选用。巽宫神假，利安茔破土。

辛卯时，庚加时干，吉门无奇。乙伤在巽，宜捕捉渔猎。丙杜在离，伏截修炼。

壬申时，时干入墓，又小格，干伏门反，行为不吉。惟丙死艮上，渔猎破土安茔利。

癸巳时，大格，求谋不遂。虽乙门在兑，九地休诈，非全美，辛日飞干格尤忌。

甲午时，天辅，散讼。星门俱伏，不吉，急则从开门可用。乙惊在兑，劫营博戏利。争会螣蛇，主忧疑滞迟。

乙未时，时干墓，虎狂，丙杜在坎，荧入白，占敌吉。

丙申时，乾上龙返首，合生门，官升财得，百事吉。乙伤在坎，奇合，利捕捉取索渔猎。震上小格，事多阻。

丁酉时，星门俱伏，坤上玉女守门，是寄宫，不取，事急从开。乾乙惊在兑，冲突劫营博戏。

戊戌时，乙休在震，名云遁，利举事。离上合刑格，讬人失信，刑狱生忧，捕逃有害。丙生虽在震，合太阴，又门迫，吉事难成。

己亥时，吉门无奇，乾上白入荧，占敌至，行人来。

丁壬日，庚子时，门反飞，无吉奇。

辛丑时，时干墓，星伏不吉。

壬寅时，时丙离生太阴真诈，百事吉。乙休在巽，龙遁，利祈祷，水战尤吉。坎上癸合死门，九地神假，宜吊问修莹渔猎。

癸卯时，坤宫鸟跌穴，官升财得。会死门，宜除邪诛恶修坟破土渔猎地。乙景在离，干贵陈言谋望。门伏半吉。

甲辰时，天辅利散讼，伏吟，不利行为。惟乙惊兑上，利伏截劫营。

乙巳时，离上刑格，不吉。乙生在震，名欢怡，争星反门迫，非急不用。丙伤在巽，捕捉渔猎可用。

丙午时，乾上龙返首，官升财得。合在景门，奏请干贵谋望破敌皆利。乙休在巽，名龙遁，水战尤宜。丙生离，得使，凡事迪吉。坤上伤门，玉女，利捕捉。

丁未时，吉门无奇，大格，在巽求人不见，谋事不遂。乙景在艮，可用。

戊申时，门反，坤上龙走，财物有损。乾上白入荧，凡事紊乱。占敌至，行人来。

己酉时，小格，在震事多阻隔。虽乙生在坎，奇合宫迫，非急不用。

庚戌时，飞宫不用，惟离宫乙伤，可捕捉取索。

辛亥时，大格，不利求谋。丙巽鸟跌穴，宜陈言破敌选士。

戊癸日，壬子时，星伏无吉奇，急则从离上生门。

癸丑时，乙开在乾，丙休在坎，得使，虽门伏可用。戊日伏干，忌用。白入荧，兑上虎狂，防损伤。

甲寅时，天辅，利散讼，无吉奇，急事生门可用。乙惊在兑，可劫营祈祷，伏宫半吉。

乙丑时，乙开在艮，六合休诈。丙休在震，亦吉。癸日伏干，忌。争大格伏宫，求谋不遂，占事生忧。

丙辰时，星门伏，又刑格，虽巽上鸟跌穴，合开门宫迫，乾上龙返首，合杜门又迫，无急不取。

丁巳时，吉门无奇，又小格，不吉。惟丙景在艮，劫营祈祷可用。

戊午时，丙开在坤，得使可用。争荧白虎狂，防损失。

己未时，丙开在坎，白入荧，乙惊在乾六合，利捕猎。癸日忌用。

庚申时，飞宫开丙被迫，休生无奇，非急不用。

辛酉时，丙开在艮吉，乙景在坎六合，争奇格，劫营祈祷斗讼吉。震上小格，主阻滞。

壬戌时，丙开在兑，贵人升殿，利举事。坤上龙走，乾上白入荧，主财破生忧。

癸亥时，星门俱伏，符刑，天网，主官财损失，凡事不吉。

# 御定奇门大全秘纂卷十三

## 阳遁九局图

芒　春　大
种　分　雨　寒
下　中　水　中
　　　　上

甲己日，甲子时，丁开在乾，六合休诈，乙生在坎，是龙遁。皆吉。符景在离，宜干贵陈言。丙景在兑太阴，伏截探事，争伏吟，半吉。

乙丑时，门反宫迫，虽离上休诈，巽宫真诈，非全美。

丙寅时，丙开在坎，太阴真诈，百事吉。艮上休诈门迫，兑上龙返首，官升财得。合死门，利渔猎破土修茔。

丁卯时，坎上刑格，托人失信，将兵失众，急则用符生。乾上加丁相佐，丁景在震会六合，干贵谋望冲敌皆宜。

戊辰时，丙开在兑，太阴真诈，吉。丁休在乾六合，争星伏，福利减。

己巳时，天辅利散讼，丙生在震，太阴真诈，又奇合，争门迫星反，非急不用。丁伤巽宫名物假，宜求财交易捕猎。

庚午时，丙景在乾太阴，玉女守门，奏请交易阴和事。乃入墓，又飞宫，半吉。震上云遁，利祈祷。甲日忌。

辛未时，符刑官，财损失，不吉。离伤鸟跌穴，会伤门，求财捕猎交易利。坤杜地假，宜伏藏邀截。

壬申时，丁生在兑，六合休诈，举动皆吉。丙休在坤，虽门迫可用。荧入白，离上伏宫，震上虎狂，占事阳损。乙杜在坎，利伏藏捕捉。

癸酉时，丁开在乾，奇墓，非急不用。休坎六合，名休诈，举事攸宜。

甲戌时，乙天在乾，符休在坎，乙艮生上，名虎遁。皆吉。虽伏吟，半利。

乙亥时，吉门无奇，惟丁杜在坎可用，伏截邀遮。兑上白入荧，事多紊乱。震上龙走，财物有伤。

乙庚日，丙子时，兑上龙返首，官迁财得。会景门，宜奏请选士，破敌谋望求财。丙伤在离，利捕捉取索。乙死在乾，渔猎修茔。庚日忌用。巽上小格，有阻。

丁丑时，时干墓，吉门无奇，艮上虎狂，坤上荧入白，不吉。

戊寅时，星反无吉，奇事急，兑上生门可取。

己卯时，丙开在兑，九地重诈，百事吉。丁休在乾，玉女守门，亦利。争是星伏，则福减。

庚寅时，符刑又飞宫，官失财损。虽休兑乙奇，合螣蛇，事必疑滞。

辛巳时，丙坎开，九地，鸟跌穴，凡事皆吉。丁休在艮，门迫，可用。乙伤在巽，捕捉取索渔猎，乙日尤忌。壬午时，门反宫迫刑格，占人有忧，凡事不宜。惟丙死在艮，渔猎破土修营。

癸未时，吉门无奇，急从乾开。丁景在离，利奏请干贵。丙杜在巽，乙惊在兑，捕捉祈祷，门伏半利。

81

甲申时，名天辅，利散讼。丁开在乾，会太阴真诈。乙生在艮，名虎遁，是伏吟，飞宫半吉。

乙酉时，宫反无吉奇，又庚加时干，不吉。又符刑。

丙戌时，时干墓，震上龙走，兑上符悖，白入荧，占敌人退。

丁亥时，丁生在艮，会太阴真诈，奇入墓，非吉。直符在乾，开临丁，为相佐，凡事吉。丙休在坎亦吉。乙杜巽上门伏，捕捉修炼半利。

丙辛日，戊子时，吉门无奇，惟乾上死门合己六合神假，又玉女守门，利安坟修炼破土阴和之事。丁景在兑，利破围冲敌，陈言谋望。乙惊在坎，利劫营祈祷。坤上荧入白，又悖格，艮上虎狂不吉。

己丑时，庚加时干，又刑格，求谋有阻。丁生在震，太阴真诈，丙休门迫，乙杜离上，利伏匿。

庚寅时，吉星门皆反，又伏干伏宫，不吉。

辛卯时，乙开在兑，虽庚加时干，半利，不过小有阻隔。丙景在离，利谋望陈言。丁死在离太阴，宜渔猎破土修茔。

壬辰时，时干墓，符刑小格，庚加时干，虽丙生在离，乙景在乾，非急事不用。

癸巳时，丁开在乾，会太阴，名真诈。乙生在艮，名虎遁。皆吉。乃伏吟，又大格，谋事难成。丙景在兑，利劫营祈祷博戏。

甲午时，天辅利散讼。丁乾开、乙兑生，伏吟半利。

乙未时，干墓，艮上虎狂，坤上荧入白，虽乙生坎，非急不用。丁兑在死，利渔猎破土。

丙申时，丁休在巽，奇合得使，利百事。震上鸟跌穴，兑上龙返首，官升财得。又逢宫迫门迫，则减利。辛日为悖格。

丁酉时，伏宫格。虽乙生在兑，非急不用。乾上玉女守门，门迫，取索捕捉半吉。辛日辛时克干忌。

戊戌时，符刑门反覆。乙开在巽，风遁利祈祷。丁死在艮，利渔猎破土修坟。

己亥时，乙休在乾，利举事。丁景在坤，劫营祈祷。丙死在离，破土安茔皆吉。

丁壬日，庚子时，符加庚，飞宫，坎上合刑格，不利干贵陈言。丙开在艮，丁休在震，非急不用。离上宜捕捉博戏。

　　辛丑时，时干墓，星伏不进。虽丙休在兑，丁生在乾，非急不用。

　　壬寅时，乙开震，名得使；云遁，利举事祈祷；宫迫半利。兑上白入荧，事多紊乱，占敌人行人来。

　　癸卯时，丙生在艮，利举事。乙景在离，九天天假，宜陈言面圣谋望，争门伏半利。坎上刑格，托人失信，逃亡莫追。

　　甲辰时，天辅，利散讼。乙生在艮，会九地重诈。丁开在乾，丙丁在兑，皆吉，劫营祈祷亦宜。伏吟半吉。

　　乙巳时，符刑，官失财散。吉门无奇，惟丙伤在离，可捕捉取索。丁死在乾，渔猎破土皆宜。

　　丙午时，兑上龙返首，官升财得。合伤门，利捕捉，门迫半利。丙艮在死，渔猎破土。坎上刑格，乾上奇迫。

　　丁未时，丁休在巽，得使吉。丙开在震，奇合，乃宫迫，福减。

　　戊申时，丙生在乾，六合，奇入墓。乙景在震，龙走，财物有损。兑上白入荧。

　　己酉时，丁杜在离，修炼兴基。巽上鸟跌穴，官迁财得。会伤门，取索渔猎吉。乙死在兑，射捕安坟破土吉。

　　庚戌时，飞宫，吉门无奇，不利。丙杜在坎六合，可捕捉伏藏。丁艮景门，利陈言干贵。

　　辛亥时，癸伤离，太阴神假，利交易求财。丁景在兑，乙惊在坎，艮上虎狂，坤上荧入白。

戊癸日，壬子时，符刑星伏，官失财散。丙开在兑，六合休诈，贵人升殿。丁休在乾，不吉。

　　癸丑时，丙休在坎，六合，皆门伏，半利。丁生墓艮，乙杜在巽，修炼伏截吉。

　　甲寅时，天辅，利散讼。乙生在艮，吉。丁乾在开太阴，利举事。伏吟，福利减。

　　乙卯时，丙休在震，奇合，利举事。争腾蛇，主淹滞。丁生在巽太阴，门受迫，不吉。离上六合，己伤物假，取索捕捉。乾上玉女守门，利渔猎修茔。

丙辰时，兑上龙返首，官升财得。合死门，利破土修坟驱邪。丁开在坎，太阴真诈，利举事。值天网，出行忌。乙生在震，云遁得使，奇游禄位，门迫龙逃走。

丁巳时，门反蛇夭矫天网。震上风遁，又宫迫。艮上鬼假，奇墓。皆不吉。

戊午时，丁开在兑，太阴真诈，百事吉。丙景在坤，宜劫营祈祷。荧入白，事多舛错。艮上虎狂，防损伤。又天网。

己未时，乙在离生，吉。丁开震太阴，争宫迫，癸日尤忌。

庚申时，飞宫，天网，伏吟，虽丁开在乾真诈，乙生艮合奇门，皆非全美。

辛酉时，丁开在离，又门迫天网，兑上生门合乙，急则从之。

壬戌时，符刑天网，官财失损，凡事阻。乙生在乾，丁开在坤，雀入江，不用。

癸亥时，乙开在乾，太阴真诈，利百事。乙生在艮，丙景在兑，利祈祷劫营博戏。伏吟，福减。

**阳遁刑制图**

**阴遁刑制图**

# 阴遁九局图

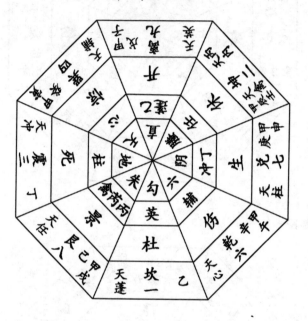

甲己日，甲子时，乙休在坎，龙遁，和集万事。丁伤在震，太阴，利捕捉取索。丙死在坤，渔猎破土修茔。伏吟，半利。

乙丑时，丁生兑，太阴真诈，吉。丙景在艮，干贵面圣、陈言谋望利。争星反，事主紊乱。甲日尤忌。

丙寅时，坤上龙返首，官升财得。会杜门，利捕捉兴基，修炼伐凶。

乙开临己，地遁，百事吉。丙景在兑，九天天假，利破阵冲围，干贵陈言。丁生在巽，太阴真诈，门迫，吉事难成。雀入江，文书有失。坎上虎狂，兑上荧白，占敌退。

丁卯时，符刑，官失财损。虽符丁相佐在震，门迫不吉。丙休在巽，名天假，东南方吉。丁死在坎，会太阴鬼假，利渔猎。宫迫半利。

戊辰时，乙开在坎，吉丁生在震，太阴真诈，门迫星伏，半避五。

己巳时，丁休太阴在乾，真诈人遁，利百事。时天辅，散释尤宜。丙杜在震，利捕捉修炼。巽上大格，求谋不遂。

庚午时，乙景在震，玉女守门，利阴和奏请破围。己死在巽，六合神假，利修茔破土，争门迫。丙生在乾，九天神遁，争奇墓。丁惊在离，欢怡，又逢迫飞宫，不急不用，甲日尤忌。

辛未时，丙开在坎，九天真诈，吉。乙杜离上，六合地假，宜捕捉修茔兴基。丁景在坤，利攻击上官嫁娶。艮上刑格，求谋不遂。

壬申时，门反宫迫，不吉。丁开在巽，太阴真诈，半利。坎上虎狂，兑荧入白。

癸酉时，丁生艮太阴，利举事。丙景在离，鸟跌穴，欢怡天假，官迁财得。乙开在乾，争符刑，龙走夭矫，坤上白入荧，又门伏，福减。

甲戌时，乙休在坎，会蛇，多忧滞。丁伤震上，利捕捉。死丙合坤，宜修营渔猎。星门伏，半吉。

乙亥时，丁景在艮，九天天假，宜陈言谋望。乾上龙走，财主损失，震宫蛇矫，坤上白荧，己日尤忌。

乙庚日，丙子时，坤宫合开，龙返首，百事吉。丁休在兑，丙杜在艮，鸟跌穴，兴基修炼。宫迫，半吉。震上小格，符刑，庚日不用。

丁丑时，时干墓，门反，巽宫雀入江，兑上白入荧，敌退，行人不至。急则东南开门行，避五。

戊寅时，名伏宫，刑格，出行不吉。占天大旱，逃凶不获。乙生在巽，非急不用。

己卯时，乙坎在开合蛇，主事忧滞。丙景在震，玉女守门。星迫门伏，俱半吉。

庚辰时，兑上飞宫，巽上大格，谋事反覆多阻，急则可用坤生。

辛巳时，乙开在兑，奇合，吉。丁生在坎，宫迫。丙景在巽，利上书干贵。乙日忌。

壬申时，乙生在离，利举事。合螣蛇，事多疑滞。丙景在艮，鸟跌穴，欢怡，可用。

癸未时，丁景在离，九天天假，利奏请干贵谋望。乙伤在震，贵人升殿，利渔猎捕捉。丙死在兑，门伏，祈祷，利劫营。

甲申时，天辅，利散讼。乙休在坎，利举事。丁伤在震，取索捕捉。丙死在坤，渔猎修茔。伏吟，半利。

乙酉时，乙生在震，九地重诈云遁，贵人升殿，虽门迫可用。丁杜在离，修炼伏截。直符在坎，伏干，半利。

丙戌时，干墓伏，白入荧，乾上龙走，凡事阻，财物损失。震上投江，乙休在乾，非急不用。避五，庚日忌。

丁亥时，丁休在兑，名欢怡。丙惊在艮，求谋干贵奏请。乙开在离，九地重诈门迫，又庚加时干，震上奇星，反阻滞不免。

丙辛日，戊子时，庚加干，门反不吉。坤上生门可用。

己丑时，符刑，又刑格，庚加时干，官升财损，出行不利。虽乙景在巽，丁惊在坤，非急不用。

庚寅时，伏宫飞宫，庚加干，凡事多阻，利干，伏匿用。丁休震上。

辛卯时，丙休兑上，鸟跌穴，乾上飞干，坎上虎狂，主伤损。巽上雀入江，又荧白，占敌至，行人来。

壬辰时，时干墓，龙走，乾上财物失，震上蛇夭矫，出行不利，占人生忧。飞宫，事阻。丙生在乾，离景，丙日尤忌。

癸巳时，大格门伏，虽丁开在乾，非急不用。丙伤在震，渔猎捕捉。

甲午时，天辅。乙休在乾，龙遁，利祈祷，可逃凶。丁伤在震，伏吟半利。丙死在坤，渔猎修营。

乙未时，时干墓，又飞干，坎上虎猖狂，巽上雀入江，心事有阻。兑上丙休，太阴合真诈，非急不用。

丙申时，坤生丙，龙返首，百事吉。余宫门反门迫，不吉。

丁酉时，乙休在巽，龙返首，震开丁临玉女，凡为吉利，祈祷水战阴和。争艮上刑格，出行斗讼不利。

戊戌时，丁生在乾，名欢怡，利举动。丙景在震，会太阴，利干贵陈言，破围突敌。巽上大格，求谋不利。

己亥时，乙生震，名奇游禄位，云遁，虽门迫可用。乾上鸟跌穴，合惊门，利劫营探事祈祷。

丁壬日，庚子时，飞宫，虽丙开在离，会太阴，真诈门迫。己杜在坎，九地
地假，宜伏兵遁匿。

辛丑时，时干墓，星伏，虽丁休在震，非急不用。乙惊在坎，祈祷
劫营博戏利。

壬寅时，乙开在兑，奇合，利为百事。丁生在坎，宫迫。丙景在巽，
干谋破敌。

癸卯时，丙生在离，会九天天假。乙景在离，真诈。皆吉。丁惊在
兑，祈祷博奕。门伏星反，又震上奇格。

甲辰时，名天辅。乙休在坎，吉。丁伤在震，利捕捉。丙死在坤，
伏吟，半利。

乙巳时，丁坤开休诈，争艮上刑格，半吉。

丙午时，坤宫鸟跌穴，合休门，官财得。争门迫，乙杜在坎，修炼
伏截吉。星伏。

丁未时，丁开在乾，六合，凡事吉。巽上大格，事多阻滞。

戊申时，乙景乾上，为得使，利干求。争巽上大格，阻滞。

己酉时，丁天在兑，六合休诈，百事吉。乙死在离，修坟渔猎。震
上奇格，丁日飞干。

庚戌时，门反飞宫，多阻抑。雀入江，虎上猖狂。乙开巽上，又
宫迫。

辛亥时，乙生在震，云遁，门迫，半利，祈祷。丁杜在离，六合地
假，修炼遁迹利。

戊癸日，壬子时，丁休在震，六合休诈。乙惊在坤，丙杜在震，伏吟。

癸丑时，丙休在坎，生丁在艮，乙杜会太阴在巽，奇伏，天乙飞宫
格在乾，半利。

甲寅时，天辅，又伏吟。丙伤在震，利渔猎取索。乙杜在巽，乙兑
合死门，半利。

乙卯时，伏吟。丙杜在震，丁死在巽，乙开在兑，又入墓，半吉。

丙辰时，吉门无奇，惟丁杜在坎，利捕猎。乙死在震，破土安茔吉。

丁巳时，丙休六合在坎，吉。丁生在艮，时加庚。乙杜在巽，又刑
击，捕猎可用。

戊午时，吉门无奇，丙伤在坤，利捕捉。丁杜在兑，利伏截藏形。

己未时，吉门无奇，丙伤在艮，丁杜在震，非急不可用。

庚申时，乙休在巽六，龙遁，百事皆吉。丁伤在坤，得使可用。兑上飞宫，不利干求。艮上刑格天网，不吉。

辛酉时，星门俱反门迫，不吉。坤生利渔猎。

壬戌时，乙休在震，六合云遁，利举事。丁伤在离，捕捉取索利。

癸亥时，符刑星门俱反，不吉。乙休在坎，六合，虽龙遁，非急不用。

# 御定奇门大全秘纂卷十四

## 阴遁八局图

小雪中　霜降中　立秋下　小暑上

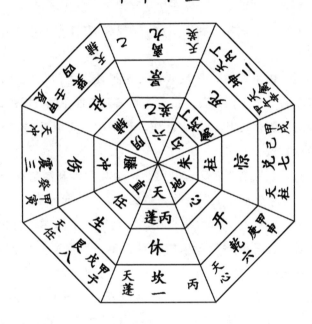

甲己日，甲子时，丙休在坎，利举事。三甲合，尤吉。伏吟，会蛇，不为全美。乙景在离，利干贵陈言。丁死在坤，渔猎破土吉。

乙丑时，丁杜在坎，利伏藏修炼。符开在离，门迫，事急可用。震上大格，有阻。坤上天矫，出行不利。

丙寅时，坎宫龙返首，官[①]迁财得。合伤门，求财捕捉渔猎。丙生在

----

① 郑同注：官字据他本校补。

乾，得使，奇墓，荧入白，占敌退。兑上刑格，刑狱生忧。

丁卯时，星门俱反，巽上小格，不吉。急则离休可用。

戊辰时，符开在艮，星伏可用。乙伤在离，利捕捉渔猎。丙景在坎，祈祷劫营。

己巳时，乙休在艮，虎遁欢怡，争门迫，吉事难成，利入山招安。丙景在坤，谋望干贵，陈言破敌。震上雀入江，文书有失。

庚午时，飞宫门反，不利干贵求财。坤上玉女守门，会生门，利举事。丁开在巽，名奇合，宫迫可用。

辛未时，己杜在震，六合地假，利伏匿修炼。争星反，吉利减。丙死在离，渔猎破土。乙生在坎，宫迫，事急用之。

壬申时，丁景在乾，利干贵陈言破敌。符休在巽，可用。伏宫，有阻滞。

癸酉时，丙生在兑，鸟跌穴，天遁得使，争门伏夭矫，震上符刑，凡事不吉。坎上白入荧，占敌人则来。丁景在兑，祈祷劫营。

甲戌时，丙休在坎，九地重诈，利举事。丁景在坤，利渔猎破土。伏吟则福减。

乙亥时，兑上鸟跌穴，官升财得。会死门，利渔猎破土。己日悖格不用。乙生在震，太阴真诈，争嫌门迫，丁巽可从。

乙庚日，丙子时，乙开在兑，太阴真诈，利百事。丁休在乾会蛇，可取。坎上返首，官升财得。合生门，宜百事。争宫迫，半利。丙杜在震，利渔捕伏兵。

丁丑时，时干墓，乾上荧入白，兑上刑格，虽丁开在离，又门迫。

戊寅时，门反，坤上夭矫，出行不利。震上大格，求谋不遂。巽上开门，乙日忌。

己卯时，丁开在兑，丙生在坎，会九地重诈，虽宫迫，星伏可用。

庚辰时，飞宫不利。丙开在艮，九地，得使。丁景在兑，欢怡，可用。坎上白入荧，占敌人行人来。

辛巳时，兑上刑格，求谋不遂。乾上丙开，奇入墓，荧入白，乙日尤忌。

壬午时，丁开在兑，争门迫，雀入江，乙景在艮太阴，利祈祷斗讼。

癸未时，乙休在坎，太阴真诈，利举事。争门伏星反，丙景在离，利干贵陈言，巽上小格，有阻。

甲申时，天辅利散讼，丙休在坎，利百事。乙景在离，谋望干贵破敌。丁死在坤，太阴神假，利渔猎破土。

乙酉时，丁景在震，得使，宜谋望干贵。雀投江不吉。丙开在坤，寄宫不用。

丙戌时，时干墓，门反，白入荧，不吉。惟丙死在艮，利渔猎。坤上生门，合休诈，急则从之。

丁亥时，丁休在巽，奇合得使，人遁，利百事。乙开在震，六合奇游禄位，休诈，云遁，修炼祈祷，争宫迫，半利。

丙辛日，戊子时，丁生在乾，太阴真诈，利百事。乙休在兑六合，亦吉。坤上玉女守门，会开门，利兴基远行，阴和之事。丙景在震，九天天假，利干贵陈言。艮上符刑，官失财损，不吉。

己丑时，兑上合刑格，乾上荧入白，事主阻滞，占敌不至。乙伤在巽，可捕捉渔猎。丁杜在离，伏截兴基，邪凶可除。坎开亦可。

庚寅时，丁休在坤，乙开在离，虽合休诈人遁，争门迫，非急不用。星伏飞宫，在乾不吉。

辛卯时，乙休在震，六合云遁，利百事。丙景在兑，九天天假，利奏请破敌干贵。丁生在巽，奇合，争门迫，吉事难成。

壬辰时，时干墓，星反，[①] 巽上小格，虽乙生在坎，六合休诈，宫迫。丙死在离，渔猎破土。丙日忌。

癸巳时，开在乾，奇合休诈，吉。丁休在坎，太阴真诈，人遁，争门伏，福减。丙杜在巽，伏截修炼。震上大格，不利远行。坤上夭矫，占人有忧。

甲午时，天辅。丙休在坎，利举事。乙景在离，利干贵陈言。丁死在坤，渔猎修茔。伏吟，半吉。

乙未时，时干墓，兑上刑格，占人生忧。离上虎狂，伤患耗财。丙生在乾，奇墓，符刑不吉。

---

① 底本作“返”，据他本改正。

丙申时，坎上龙返首，官升财得。合杜门，伏截修炼俱宜。震上小格，求谋不成。

丁酉时，坤宫玉女。合死门，利破土安坟。丙休在坎，乙景在离，利干贵陈言。亦伏吟。

戊戌时，丙离生可用。星反，半吉。巽上小格，事有阻。

己亥时，坎上荧入白，占敌人行人来。此时吉门无奇，开上急事可从。

丁壬日，庚子时，飞宫门反无奇，不吉。

辛丑时，时干墓，星伏，丙开在坎，非急事不用。

壬寅时，乙休在震，云遁，利举事，祈祷利。丙景在兑，贵人升殿，利谋望陈言干贵。

癸卯时，门伏离上，合奇格，出行行兵不利。乙生在艮，虎遁，利入山招抚。

甲辰时，天辅丙休在坎，六合休诈，凡事可用。乙景在离，渔猎破土。星伏吟，半吉。

乙巳时，丁开在兑，九地重诈，百事吉。坎上白入荧，占敌人行人来。

丙午时，坎上龙返首，官升财得。合景门，利劫营祈祷斗讼。乙开在兑，会九天鬼遁，百事吉。丁休在震，亦吉。雀投江，文明不显。坤上玉女合杜门，利断奸伏截除邪。

丁未时，乙生在兑，吉。壬符加丁，为龙符，向方吸气，驱邪禳镇最灵。

戊申时，乙生在震，门迫，吉事难成。丁伤在巽，名得使。物假，利捕捉宴会求财。死丙在兑，贵人升殿，渔猎修坟吉。

己酉时，乙生在乾，奇合得使吉。巽上鸟跌穴，官升财得。合死门，宜渔猎破土安茔。丁伤在坎，九地物假，利交易捕索。壬日忌，为悖格。震上大格，坤上夭矫，主伤耗。

庚戌时，丙生在离，六合休诈，利。休诈，争飞宫，又小格，星反宫伏。

辛亥时，门反宫迫，不吉。

戊癸日，壬子时，符刑星伏，不吉，急则从艮宫开门。乙伤在离，宜捕捉渔
　　猎。丙景在坎，劫营祈祷。

　　癸丑时，丙开在乾六合，争奇墓门伏，又荧入白。丁景在离，贵人
　　升殿，利干贵陈言。乙杜在巽，欢怡，利修炼伏截。

　　甲寅时，天辅。丙休在坎，太阴，凡事吉。乙景在离，利干贵奏请。
　　丁死在坤，渔猎破土。戊日忌。

　　乙卯时，符生在离，凡事吉。丁景在乾，不利远行，乃天网，震上
　　鸟跌穴，合开门宫迫，可用。

　　丙辰时，丙休在兑，贵人升殿，太阴真诈吉。坎上龙返首，会伤门，
　　官财渔捕皆吉。乙景在震，奇游禄位欢怡，利奏请干求。

　　丁巳时，丙生在巽，太阴真诈，争门迫。坎上癸加丁，名虎遁，利
　　书符祈雨吉。乙死在乾，修坟渔猎。丁景在坎，利祈祷劫营。震上
　　大格，求谋不遂。

　　戊午时，刑格在兑，天网，不吉。乾上丙休，又荧入白，奇星又墓，
　　乙景在震，利陈言干贵。

　　己未时，星门俱反，宫迫，丁奇入墓，坤生急则可从。

　　庚申时，乾上飞宫，不利。震上雀投江，丙休在坤，真诈，非急
　　不用。

　　辛酉时，丙休在巽，太阴真诈，百事利。乙景在乾，利干贵陈言。
　　艮土大格，不利出行求谋。

　　壬戌时，符刑，坎上白入荧，丙休在艮，太阴真诈，争门迫，丁兑
　　利渔猎破土。

　　癸亥时，丙休在坎，太阴真诈，凡事吉。乙景在离，利干求。丁死
　　在坤，伏吟，修坟破土捕猎利。

## 阴遁七局图

甲己日，甲子时，丁休在坎，九地重诈，乙生在艮，虎遁，百事皆利，入山
招降尤宜。丙景在离太阴，干贵破敌奏请吉。不忌伏吟。

乙丑时，吉门无奇，丁伤在巽宫，乙杜离上，交易捕捉修炼。坎上
天矫，出行忌。

丙寅时，丁开在兑，欢怡。九地重诈，百事吉。乙休在乾得使，亦
吉。丙杜在震，利兴基修炼诛凶邪。离上龙返首，官升财得。合死
门，渔猎破土伐鬼祟。

丁卯时，兑上鸟跌穴。会生门太阴，天遁欢怡，百事吉。丁死在震，
九地神诈，又门迫，巽上龙走，财主破耗。

戊辰时，门反星伏宫迫，不吉。乙死在艮，渔猎破土。

己巳时，天辅，符休在乾，可用。乙杜在震，奇游禄位，兴基修炼。

丙惊在坤，丁伤在艮，暗合三奇，吉。

庚午时，飞宫不吉。丙生在巽，太阴真诈，争门迫。乙景在坎，会丁玉女，利探事劫营祈祷。丁死在乾，九地真诈，埋营渔猎伐鬼祟。甲日忌。

辛未时，乙休在兑，欢怡。丁开在坤，九地亦吉。雀入江，文书有失。

壬申时，符刑，官失在，事多阻。丁生离，合九地重诈，可用。

癸酉时，丁开在乾，九地重诈。乙休在坎，龙遁。皆吉。丙杜在巽，利伏截兴基，争门伏。

甲戌时，乙生艮，名虎遁。丁休在坎，会九地重诈，吉。丙景在离，干贵陈言。又伏吟。

乙亥时，丙休在兑，六合休诈得使，利百事。丁景在震九天，名天假，利奏请干贵，破敌面圣。巽上龙走，财物有损。

乙庚日，丙子时，离宫龙返首，官财得。会休门，利举事。门反宫迫。丁生在坤，为奇使。争雀投江，文书不利。丙死在艮，利渔猎破土，庚日忌。

丁丑时，时干墓。丁休在坎，利祈祷。乙生在艮，捕捉渔猎。

戊寅时，丁生在乾，凡事利。乙伤在坎，捕捉渔猎利。

己卯时，丁开在坎，玉女守门，吉。乙休在艮，九地重诈虎遁，争门迫。

庚辰时，坤上飞宫，艮上猖狂，主伤，凶。丁生在兑，可用。

辛巳时，星反，吉门无奇，事急开门可用。丁伤在离，利捕捉索债。丙景在坎，祈祷劫营，乙日忌。

壬午时，丙休在乾，鸟跌穴，官升财得。六合休诈，虽奇墓，半利。丁景在巽，九天天假，利奏请破敌。乙死在离，安茔修坟渔猎。兑上夭矫，不利远行。

癸未时，符刑不吉。乾乙开九地重诈，非急不用。丙伤在巽，六合求财捕捉。丁景在兑，劫营祈祷。艮上虎狂，伤凶破耗。

甲申时，天辅。丁休在坎，乙生在艮，虎遁。俱吉。是伏吟。丙景在离，干贵陈言。

乙酉时，符刑星反，乙坤墓伏干，丁离在开，非急不用。

丙戌时，时干墓，庚加干，白入荧，不利。乙杜在坎，利伐凶伏截，庚日忌。

丁亥时，己伤在震，九地物假，利交易求财。乙景在离，利干谒陈言。符休在坎，事急可用。门伏，庚加干。

丙辛日，戊子时，乙开在震，云遁，宫迫，半利。坤上荧入白，占敌人行人不来。

己丑时，乾上刑格，托人失信。虽丙开在兑，非急不用。丁杜在震，为奇合得使，利伏截修炼。乙景在巽，争龙走，干求不吉，财物损伤。

庚寅时，门反星伏，飞宫，不利求干贵。

辛卯时，丙生在震，门迫，吉事难成。丁死在兑，渔猎修茔。乙景在乾，利祈祷劫营。艮上猖狂，防伤凶破耗。

壬辰时，时干墓，小格，虽丙开在艮，非急不用。丙日忌。

癸巳时，为大格，星门伏，远行求望不利。虽丁休在坎，蛇武交会不吉。

甲午时，天辅乙生在艮，虎遁真诈。丁休在坎，俱吉。争门伏，丙景在离，利干贵陈言。

乙未时，时干墓，艮上虎狂，有伤凶破耗。乙休在乾太阴，丁开在兑六合，非急不用。丙休在震，伏截除邪。

丙申时，乙休在震，太阴真诈，贵人升殿，云遁，百事攸宜。丁开在艮，六合休诈，又奇墓，半利。离上反首，合伤门，利索取猎捕。符刑，半吉。

丁酉时，乙生在兑，太阴真诈，百事利。丁休在坤，六合门迫，半吉。又雀投江，丙景在艮，天假，利奏请干贵破敌。符杜在坎，修炼伏截吉。

戊戌时，坎上雀入江，文书有失。丁伤在巽，六合天假，利捕捉求财。乙杜在离太阴，利伏截修炼伐邪。

己亥时，乙开在坤，太阴真诈，奇入墓，丙伤在坎，渔猎捕捉。癸杜在艮，九地，利伏截伐凶。

丁壬日，庚子时，乙休在震合太阴，真诈欢怡，是飞宫，求财不利，龙走。丁开在震，六合休诈，争宫迫。

辛丑时，时干墓，门反星伏，不吉。乙死在艮，渔猎破土安坟。

壬寅时，丙生在巽，鸟跌穴，官财得。又神利法醮，奇合门迫，癸伤离，九地物假，利求财捕捉交易。丁死在兑，六合神诈，利渔猎修茔。乙惊在坎会太阴，探敌劫营祈祷斗讼俱吉。

癸卯时，门伏，吉门无奇，急从艮。坎休生门可用，丁伤在震，名奇合得使，宜捕捉渔猎。丙景在兑，九天得使，祈祷劫营吉。乙杜在巽太阴，利伏截探事，争龙走，财损失。

甲辰时，天辅，丁休在坎会太阴，真诈人遁。乙生在艮，鬼遁。皆吉，入山招降尤宜。丙景在离，谋望干贵奏请吉。争是伏吟。

乙巳时，丙休在巽，九地重诈，利为百事。丁乾利干贵奏请。

丙午时，离上龙返首，合惊门，利祈祷劾奸劫营。丙休在兑，重诈，凡事吉。丁景在震，奇合，欢怡，利陈言破敌。巽上龙返首，财物利。会伤门，利阴和。

丁未时，丙休在震，九地重诈，凡事利。壬日悖格，忌坎，为符合，书符应试吉。

戊申时，虽丙生在坎，九地重诈，宫迫，非急不用。丁死在离太阴，宜渔猎修茔。星反，半利。

己酉时，门反，虽丁生在乾，太阴真诈，雀入江。丙死在坎，渔猎破土。

庚戌时，飞宫，不利干贵求财。乙开在离，门迫。震上死门合神假，坎上夭矫。

辛亥时，符刑不吉，虽乙开在震，争宫迫。坎宫死门，虽神假，亦宫迫。

戊癸日，壬子时，丁开在坎，太阴真诈，争门星伏，丙杜在震，伏截修炼。

癸丑时，丙开在乾，九地重诈，争奇墓，半利。乙景在离，干贵陈言，争门伏。丁杜在巽，太阴，利伏截探事。坎上夭矫，不利远行。

甲寅时，天辅，丁休在坎，乙生在艮，虎遁，招抚尤宜。丙景在离，陈言干贵。伏吟，半吉。

乙卯时，丁生在离，凡事吉。丙死在坎，玉女守门，利渔猎修茔。门迫星反，半利。

丙辰时，丁休在乾，吉。乙生在坎，宫迫，半吉。丙景在巽，奇合，利干贵陈言。离上龙返首，合死门，利修坟破土伐凶。

丁巳时，门反宫迫，不吉。巽开坤生，急事可从。符癸加丁虎符，书符禳镇利。

戊午时，乙生在震，云遁，门迫，可用。丙景在坤，鸟跌穴，利奏请谋望。

己未时，丁休在震，奇合。丙兑宫迫，乙生门迫，兼天网，不吉。

庚申时，飞宫天网，不利远行。又伏吟。不利。

辛酉时，符刑艮上，虎狂，虽乙生在乾，丁休在兑，丙景在震，蛇虎并交，非急不用。

壬戌时，乙在兑，合生门吉。丙景在艮，利干贵陈言。坤上雀入江，文明不利。

癸亥时，丁休在坎，乙生在艮，虎遁，入山安抚吉。丙景在离，利干贵陈言。伏吟，福减。

# 御定奇门大全秘纂卷十五

夏至下
白露下
寒露上
立冬上

阴遁六局图

甲己日，甲子时，丙生在艮，九地重诈，凡事吉。丁景在离，利干贵陈言。

乙景在兑，利祈祷劫营。

乙丑时，符休在兑，吉。乙开在坤，奇墓。丙伤在坎，利捕捉索取。

丙寅时，艮上龙返首，官财得，会死门，利破土伐凶修茔。反吟，半利。丙开在巽，又重诈宫迫荧入白也。

丁卯时，乙休在巽，奇合，利百事。又风遁，祈雨行舟水战吉。坎上大格，求谋不遂。

戊辰时，乙休在兑，符合，生门在乾，虽星伏，俱皆可用。

己巳时，天辅，丁生在震，六合休诈，争门迫。乙杜在离，利修炼伏截。艮上荧入白，占敌行人至。

庚午时，丙休在坤，九地，名重诈。离上玉女守门，争门迫，雀投江，蛇夭矫。坎上地假。俱半吉。震上龙走，财物破耗。兑上猖狂，主伤亡。甲日尤忌。又飞宫。辛未符刑，官失财损。乙开在艮，非急不用。丙伤在离，利捕捉索取。丁死在乾，六合神假，利修坟渔猎。

壬申时，乾上鸟跌穴，会休门，官升财得。重诈利百事，争奇墓。丁杜在震，六合地假，利藏形伏截修炼。乙死在离，渔猎修茔。

癸酉时，乙开在乾，丙伤在震，为奇合，捕捉取索。丁死在坤，六合神假得使，利安茔破土渔猎。

甲戌时，丙生在艮，丁景在离，利干贵陈言。乙景在，兑祈祷劫营斗讼，争伏吟，半吉。

乙亥时，直符休门在兑，乙生在乾，俱吉。丁开在坤，是寄宫。丙景在震，奇合，利干贵谋望。离上合奇格，事多阻隔。

乙庚日，丙子时，艮上龙返首，会景门，奏请面圣谋望破敌。坤上鸟跌穴，丁杜在坎，利伏截修炼，雀入江，离上蛇夭矫，出行不利。震上龙走，兑上虎狂，不吉。

丁丑时，时干墓，门伏，丙休在坎，丁杜在巽，修炼伏截。

戊寅时，伏宫刑格，不利干求远行，托人失信。丙休在荧，又荧入白，巽上不急不用。

己卯刑，符星伏，虽乙兑不用，离上玉女守门，合死门，破土渔猎吉。

庚辰时，巽上飞宫，艮上白入荧，门反宫迫，不利干求。乙休离宫，非急不用。

辛巳时，坎上大格，求谋不成。乙伤在巽，捕捉取索，死门兑上，渔猎破土。乙日忌。

壬午时，符刑星伏，官失财损。丙伤艮，乙景兑，天假，非急不用。丁伤离上，宜捕捉。

癸未时，乙生在艮，名虎遁。直符休门在坎，丁开在乾，皆吉。丙景在离，门伏，福减。

甲申时，天辅。丙生艮上，太阴真诈，凡事吉。丁景在离，天假，乙惊在兑，祈祷劫营斗讼，又伏吟。

乙酉时，丁休在乾，吉。丙死在离，渔猎破土可用。伏干，事多阻。

丙戌时，时干墓，伏干，白入荧，丁休在震，艮上符刑，不利。

丁亥时，伏干，休伤死门有奇，皆门迫，虽吉不用。

丙辛日，戊子时，乙生在震，贵人升殿，又虎遁，虽门迫龙走，可用。丁坎雀入江，景会在坤，太阴天假，利干贵陈言。伏干多阻，蛇夭矫占人生忧。

己丑时，庚加干，刑格伏干，远行不利。巽上荧入白，丙日飞干，丁休在兑，乙伤在坎，非急不用。

庚寅时，飞宫伏干，多阻滞，虽丁生在离，丙景在坎，非急不用。

辛卯时，门反宫迫，乙生在艮，坤上奇墓，不用。

壬辰时，时干墓，符悖，荧入白，又小格，虽丁景在兑，乙景在坎，非急不用。

癸巳时，门伏，坎上大格，求谋不遂。艮丁生寄入墓，乙杜在巽，欢怡，修炼伏截。丙景在兑，宜祈祷劫营博戏。

甲午时，天符，丙生在艮，吉。丁景离，乙惊兑，祈祷劫营。

乙未时，时干墓，兑上虎狂，震宫龙走，主伤亡破耗。坎上雀入江，离上夭矫，远行不利。

丙申时，艮上返首，合杜门，伏截兴基。乙开在坤，地遁得使，奇入墓，非急不用。丙伤在坎，捕捉取索交易。

丁酉时，丙生在巽，门迫。丁景在兑，利干贵陈言破敌。直符合伤丁，玉女守门，交易求财会合俱吉。乙景在坎，祈祷劫营，辛日不用。

戊戌时，丙开在兑，直休在乾，吉。乙景在巽，奇合，坎上大格，求谋不遂。

己亥时，门反宫迫，乙死在艮，破土渔猎。坤上生门可用。

丁壬日，庚子时，飞宫，丁休在坤，奇合，九地重诈，争门迫。震上鸟跌穴，会死门，利渔猎修茔。门迫，半吉。离上合奇格，出兵不利，事多阻。

辛丑时，时干墓，星伏，虽丁生在离，会九地，非急不用。丙景在艮，利劫营。

壬寅时，乙休在艮，名龙遁，门受迫。丁景在乾，宜祈祷。丙杜在离，修炼伏截。

癸卯时，符刑，又门伏，白入荧。乾上丙，奇墓。乙景在离，丁在震，宜渔猎破土捕捉。

甲辰时，天辅。丙生在艮，伏吟。丁景在离，利干求。乙惊在兑，宜劫营博戏。

乙巳时，乙景在乾，九天，名天假，奏请面圣，谋望破敌。丙开在震，门迫，非急不用。

丙午时，丙景在坤，鸟跌穴，是寄宫。艮上龙返首，官升财得。合伤门，利捕捉，乃宫迫。丁生在坎，星反，雀入江。乙杜在震，贵人升殿，利伏截兴基。龙逃，急事可用。

丁未时，门返宫迫，虽丁生在乾，奇墓，壬加丁上，书符驱邪。

戊申时，乙开在坎，吉。丙伤在巽，捕捉索取。荧入白，丁死兑上，修茔渔猎利。

己酉时，丙开在艮，吉。乙景在兑，干贵陈言。丁伤在离，捕捉渔猎取索，星伏不忌。

庚寅时，门伏飞宫，不吉。乾上丙开，奇墓，不吉。丁景在离，乙伤在震，取索捕捉利。艮上白入荧，多错乱。又符刑，官失财损。

辛亥时，丙休在兑，为贵人升殿，吉。坎上庚加癸，不利造作求谋。

戊癸日，壬子时，乙生在兑，丙景在艮，利干贵陈言。

癸丑时，乙生在艮，虎遁。丁开在乾，丙景门伏可用。直符休门合坎，亦吉。

104

甲寅时，天辅，丙生在艮，神遁，利行法设醮。直符休门在坎，丁吉在离，利陈言干贵。

乙卯时，乙休在离，合太阴，争门返。丙杜在乾，丁惊在震，捕索尤宜。

丙申时，丙生在震，会九天神遁，利百事。符休在艮，龙返首，利远行出师。丁景在坤，利奏请。

丁巳时，丙开在坤，利。丁伤在坎，得使，利渔猎。乙景在震同。

戊午时，坎上鸟跌穴，官升财得，宫迫，可用。符休在乾，亦吉。丁景在巽，破敌，时天网。

己未时，丙生在坤，贵人升殿，吉。坎上伏宫，天网，大格，不吉。丙生在离，乙景在艮，非急不用。

庚申时，乙惊在艮，会太阴，暗合三奇，吉。丙生在离，九天，名天遁，利百事。丁景在乾，利捕捉。

辛酉时，丙生在巽，会九天。门迫，半利。丁景在兑，乙惊在坎，利劫营破敌。坤上小格，多阻。

壬戌时，丙兑生门，九天神遁，贵人升殿，吉。坎上大格，又伏宫，不利求干造作远行。

癸亥时，丙生在艮，为神遁。丁离景，乙兑惊，虽伏吟可用。

# 阴遁五局图

甲己日，甲子时，乙开在乾，九地重诈，虽伏吟三甲不忌。丙惊在兑，劫营祈祷。乙杜在巽，太阴地假，伏截探听皆吉。

乙丑时，直符生门在乾，万事吉。己日忌用。离上大格，出行修造求谋不利。

丙寅时，兑上龙返首，会生门，百事吉。伤死皆门迫，不利。乙杜在乾，修炼伏截，巽上刑格，出行不利也。

丁卯时，符生在艮，星反门伏，乙杜在巽，修炼伏截。丁死在坤，利渔猎破土。震兑荧白互加，事多错乱，敌人反覆。

丙震时，吉门无奇，事急休巽可用。乙景在乾，虽星伏，亦利干贵陈言谋望。

己巳时，天辅。丁休在乾，吉。直符在巽，利渔猎修坟。乾上龙走，财物有失。艮上小格，事多阻滞。

庚午时，门反宫迫，又奇格，事阻滞。艮上玉女守门，又雀入江，甲日尤忌。

辛未时，乙景在乾，利劫营博戏。丙死在兑，修茔渔猎。己伤在巽，太阴物假，宜求财交易捕猎。

壬申时，乙休在巽，九地云遁奇合，利百事。丙开在艮，丁伤在离，雀入江，半利。

癸酉时，乙休在坎，门迫半利。乙伤在震，物假，利交易求财。坤上鸟跌穴，是寄宫。直符景门在离，破敌奏请。乙景在兑，利劫营。

甲戌时，乙开在乾吉。丙辛在兑，利劫营祈祷斗讼，伏吟福减。艮上合真诈，是奇墓。

乙亥时，直符休门在乾，吉。乙景在巽，利干贵陈言。丁惊在坤，丙杜在震，利劫营祈祷。荧白加争，多阻滞。

乙庚日，丙子时，丙开在艮，吉。乙休在震，兑上龙返首，会景门，奏请面圣破敌谋望尤宜。丁伤在离，物假，利交易取索捕捉。雀入江，不利为客，乙日飞干忌。

丁丑时，时干墓，开休门迫。丁伤在乾，利捕捉。坤上龙走，坎上小格，事多阻。

戊寅时，开在坎，乙休在艮，云遁，争门迫。丁伤巽上，太阴物假，利交易求财。又大格，乾上虎狂，伤亡生忧。

乙卯时，丙休在兑，吉。乙生在震，丁杜在艮，物假，丁临为玉女守门，探事阴和吉。宫星伏，福减。

庚辰时，坤震宫迫，兑上门迫，不用。离生急事可从，又飞宫，乙为悖格。

辛巳时，刑格门反，不利。丁开在巽，太阴真诈欢怡，乙日时干宫迫，尤忌。

壬午时，巽上鸟跌穴，会生门，官升财得。凡事吉门迫，丁景在兑，宜奏请破敌。乙伤在离，捕捉取索。艮上雀投江，文明不显。

癸未时，乙休在坎，龙遁，吉，祈雨水战尤宜。丁伤在震，利捕捉渔猎交易，门伏半利。巽上庚加己，伏宫刑格，不利求财造作。

甲申时，天辅，散讼罪。乙开在乾，丁生在艮，丙惊在兑，争伏吟，半利。

乙酉时，乙生在离，六合休诈，丙休在巽，皆吉。艮上雀投江，乾上奇格，多阻滞。

丙戌时，时干墓，兑震荧白互加，虽丁开在坤，丙景在震，非急不用。

丁亥时，符刑，急事开艮可用。乙景在兑，利陈言破敌。丁惊在坎，奇合刑，利祈祷博戏。

丙辛日，戊子时，震杜乙奇欢怡，伏藏修炼吉。丁死在离，渔猎破土。

己丑时，伏干巽上，刑格，吉门无奇，不吉。

庚寅时，星伏飞宫，不利求干。丙生在兑，非急不用也。

辛卯时，乙开在震，六合云遁欢怡，宫迫半利。丁生在离得使，亦吉。丁生雀入江，文明不显。丙景在艮，利劫斗讼。

壬辰时，时干墓，小格，坤上龙走，事阻耗财，不吉。丙杜在离，丁景在乾，利伏截劫营。

癸巳时，乙生在艮，六合虎遁。丙休在坎，丁杜在巽，修炼伏藏。离上大格，求谋难成。乾上虎狂门伏。

甲午时，天辅乙生在艮，百事吉。丙休在坎，丁杜巽，争伏吟。

乙未时，时干墓，离上大格，求谋不成，出行造作不利。坤上虎狂，虽丁休巽上，不用。

丙申时，兑上龙返首，会开门，百事吉。乙生在坎，九地重诈，宫迫半利。巽上刑格，刑狱生忧。

丁酉时，反吟，门宫迫。丁生在坤为欢怡，可用。乙开在巽，九地，重诈，得使，地遁。丙日飞干，忌。震兑荧互加，事多紊乱。

戊戌时，休生门迫星伏。丁杜在巽，物假。丙死在兑，乙景在乾，利渔猎劫营。

己亥时，丙伤在离，利捕捉取索。丁死在乾，修茔渔猎。坤上龙走，坎上小格，多阻。

丁壬日，庚子时，震上飞宫，不利干求。艮上蛇夭矫，远行不利。乙景在离，丙杜在巽，利斗讼伏截。

辛丑时，时干墓，星伏，虽乾兑有奇，不吉。

壬寅时，丙景在艮，为天假，宜奏请面圣。丁开在离，门迫，雀入江，非急不用。

癸卯时，符刑门迫。丙死在坤，利奏请谋望。乙生在兑，利渔猎破土。艮上奇格，多阻。

甲辰时，天辅乙开在乾，直符休门在坎，虽伏吟可用。丙景在兑，劫营祈祷吉。

乙巳时，门反宫迫，惟丙生在坤，会太阴奇合，可用。

丙午时，兑上龙返首，官升财得。合死门，宜渔猎修茔。艮上休丁玉女，利阴和，乃宫迫福减。

丁未时，丙生在乾，会太阴真诈，奇入墓。丁景在震，天假，利干贵破敌。乙伤在坎，名欢怡得使。丁日飞干不用。艮上龙符，利书符镇方。

戊申时，丁开在兑，吉。丙景在巽，干贵陈言。乙死在离，渔猎修茔。艮上蛇夭矫，占人不吉。

己酉时，符刑，离上雀入江，丙景在艮，非急不用。

庚戌时，坎上鸟跌穴，会死门，利渔猎修茔。丁休在巽亦吉。乙景在艮，利斗讼。震上飞宫，离上又大格。

辛亥时，丙生在巽，真诈门迫，半吉。丁景在坎，九天天假，利谋敌。乙伤在离，利猎。艮上夭矫。

戊癸日，壬子时，丙生在兑，太阴真诈，星伏半吉。

癸丑时，门伏星反，荧白互加，急事生门可用。

甲寅时，天辅，乙开在乾，吉。丙景在兑，伏吟半吉。

乙卯时，丁开在离，六合休诈。争门迫，雀入江，半利。丙景在艮，利干贵。

丙辰时，乙开在艮，吉。丁生在巽，六合。兑上龙遁，合景门，宫迫可用。乾虎狂，离上大格，不利求谋。

丁巳时，丙休在巽，九地重诈，吉。乙生离上欢怡，亦吉。艮癸加丁虎符，向方吸气书符吉。

戊午时，乙开在坎，九地吉。丁生在震，休诈门迫，巽上刑格，不利。

己未时，乙开在兑，吉。丁生六合休诈宫迫。丙景在坤，利祈祷移文。

庚申时，飞宫坤上龙走，惟离宫鸟跌穴，合景门，利祈祷，门迫半利。丁生在乾，六合，利百事。坎上小格，事阻。又天网四张，远行不吉。

辛酉时，乙开在乾，吉。符坤会景，利干贵陈言。巽上庚加己，是刑格。

壬戌时，丁生在坤，六合休诈，吉。乙开在巽，得使，地遁，宫迫，反吟。震坤荧白互加，主事错乱。

癸亥时，星门伏，又天网，虽乙开在乾，得玄武不吉也。

# 御定奇门大全秘纂卷十六

## 阴遁四局图

大雪上　秋分下　处暑中　大暑下

甲己日，甲子时，休生无奇会太阴，六合急事可用。乾门丙奇乘玄武，入奇墓，不吉。丁景在兑，宜斗讼博戏，又伏吟。

乙丑时，丁生在坎宫迫乾上，白入荧，事多阻，占敌行人至。

丙寅时，丁休在震，吉。乾上龙返首，官升财得。合死门，利修营渔猎。艮上大格，远行修造求谋不遂也。

丁卯时，直符生门在兑，艮上雀入江，文明不显。

戊辰时，星伏无奇，丁死在兑，利渔猎修茔除邪。

己巳时，天辅。丁开在坤，丙休在兑，皆吉。震上符刑，离上小格，事多阻。

庚午时，吉门无奇，巽休可用。丙景在艮，兑宫玉女守门，利阴和。杜门迫半利，甲日不用。

辛未时，门反，震上刑格，兑上蛇夭矫，不吉。虽丁开在巽，又宫迫，非急不用。

壬申时，吉门无奇，震休可用。丙景在坎，奇合。丁死在坤，宜渔猎破土。

癸酉时，丁景在离，奇合，利奏请干贵。丙死在坤，荧入白，事多阻，门伏可用。

甲戌时，虽丙开在乾，伏吟，奇墓。丁景在兑，利劫营斗讼。

乙亥时，丙开在震，六合，休诈，宫迫，又雀投江。

乙庚日，丙子时，乾上龙返首，合生门，百事吉。兑上蛇夭矫，占人敌人至。

丁丑时，时干墓，星反。艮上大格，丁休在震，名欢怡。丙巽休诈，得使天遁，非全美。

戊寅时，丁休在乾，吉。丙生在坎，奇合，争宫迫。

己卯时，星伏门反，宫迫，急则开门可用。

庚辰时，符刑，飞宫，不利干求远行。艮上雀入江，事急从生门。

辛巳时，丁生在离，为奇合得使，百事吉。乙日忌。坤上奇逢荧入白，主紊乱。

壬午时，丁开在坎，丙休在艮，会六合，门迫半利。乾上荧入白，多阻滞。

癸未时，丙景在兑，利博戏。丁死在坤，虽门迫半利。

甲申时，天辅。丙开九地奇墓伏吟。丁惊在兑，利劫营。

乙酉时，吉门无奇，急事从休巽。

丙戌时，时干墓，白入荧，乙死在离，六合神假，利渔猎破土。

丁亥时，门反无奇，急则从坤生门。

丙辛日，戊子时，伏干。丙景在坤，荧入白，非急不用。丁杜在离，为奇合，利伏截修炼。兑上玉女守门，宜阴和合。死门渔猎亦宜。

己丑时，震上刑格，兑上夭矫，出行不利。虽丁生在巽，门迫。丙

112

伤在离，利捕捉索取。

庚寅时，飞宫伏干格，不利求谋。虽乾上奇合，又墓。己伤在震，六合物假，利交易捕捉。

辛卯时，伏干，艮上雀入江，急则休门太阴可用。

壬辰时，时干墓，离上小格，虽丙生在兑，九地，非急不用，丙日尤忌。

癸巳时，门伏星反，符刑大格，求谋不遂。丁伤在震，宜捕捉取索。丙杜在巽，可伏截伐凶。

甲午时，天辅。乾上奇入墓，会蛇，伏吟。丁惊在兑，利劫营。

乙未时，时干墓，兑上夭矫，坤上猖狂，财物有损。震上刑格，门反宫迫。丁开在巽，合太阴，非急不用也。

丙申时，生休门迫。开在坎，丁景在坤，利谋望干贵陈言。乾上龙返首，合景门。丙死在兑，渔猎利。

丁酉时，兑上玉女守门，直符休上，吉。丙开在坤，名得使。丙日飞干格，荧入白，事多阻滞。乙伤在坎，九地物假，利捕捉交易。

戊戌时，吉门无奇。丙伤在震，伏截利。事急从开门也。

己亥时，开休迫，西方生门可取。丙景在艮，宜干贵陈言。丁景在坎，地假，探事伏截。乾上白入荧，占敌人行人则来。

丁壬日，庚子时，飞宫，不吉。兑上夭矫，震上刑格。丁休在巽，太阴真诈。丙生在离，举事利。

辛丑时，时干墓，星伏，吉门无奇，休开丁景可用。

壬寅时，符刑星反，艮上大格，不利远行修造求谋。

癸卯时，坎上鸟跌穴，合休门，乾开丁会太阴，百事吉。门伏可用。

甲辰时，天辅。乾上丙入墓，又伏吟。生门会六合，丁伤在兑，利劫营。

乙巳时，丙杜在坎，奇合，利伏截伐凶。合奇格，兵不利客。

丙午时，丙休在震，吉。丁开会九地重诈，奇入墓，雀入江，玉女守门。会景门，干贵私谋利。乾上龙返首，合，利渔猎。

丁未时，吉门无奇。休巽六合，吉。丙景在艮，利斗讼。

戊申时，符刑伏宫，吉门无奇，急则从开。丁景在坎，宜破敌。丙死在兑，渔猎利。壬日忌用。

己酉时，吉门无忌，乾开可用。丙景在坤，利劫营祈祷。丁死在离，九地重诈，修坟渔猎利。

庚戌时，丁生在乾，九地，吉。飞宫，求财干贵不利。丁伤坎上，利取索。丁日伏干格。

辛亥时，丁生在震，九地重诈，门迫星反，非急不用。丙伤在巽，艮上大格，不利造作远行。

戊癸日，壬子时，门反星伏，不吉，事急休离可用。

癸丑时，离上鸟跌穴，合景门，利干求谋望。符生在艮，丁杜在巽，门伏半吉。

甲寅时，名天辅。符生艮上，吉。乾上开休真诈，是伏吟，又奇墓。丁景在兑，利劫营。

乙卯时，星反伏宫，不利干求。又大格，不利求谋远行。生门急事可从。

丙辰时，乾上龙返首，官升财得。合生门，百事吉。开在坤，太阴真诈，荧入白，防多阻隔。

丁巳时，门反宫迫，震上刑格，兑上天矫，坤上龙走，远行不利。急则从休巽。

戊午时，丙开在艮，合太阴真诈，吉。又鸟跌穴，官升财得。丁景在坎，六合，劫营斗讼利。乾上白入荧，占敌人行人来。

己未时，丙开在坎，太阴真诈，奇合，百事吉。丁景在乾。

庚申时，飞宫，又反吟宫迫，巽上虽开不吉。

辛酉时，丙开在兑，太阴真诈，贵人升殿，百事吉。丁坤可斗讼捕捉。离上小格，用兵不利，事多阻隔也。

壬戌时，丙开在震，宫迫。丁癸艮上，雀投江，文明不显。

癸亥时，星门俱伏。乾开真诈，奇入墓，非急不用。

## 阴遁三局图

立冬下　寒露下　白露中　夏至中

甲己日，甲子时，丁开在乾，六合休诈，利百事。乙杜在巽，宜伏截修炼。直符伤门在震，捕捉取索吉，争伏吟。

乙丑时，乙生在离，虎遁，吉。又龙走，乾上夭矫，艮上小格，主人病疫，不宜出兵远行。

丙寅时，乙休在兑，吉。坤上龙返首，官升财得。会开门，是寄宫不用。丁景在巽，名欢怡，利干求。坎上荧入白，飞干，事多阻。

丁卯时，坤上刑格，丁伤在离，利捕捉交易。六合。乙景在坎，利劫营。

戊辰时，丁休在乾，六合休诈，凡事吉。巽上猖狂，有伤耗。

己巳时，丙景在坎，荧入白，庚加干，不吉。丁惊在震，玉女守门，私和捕捉吉。

庚午时，乙景在艮，丙惊在巽，丁休在坤，六合。坎上符宫，天乙飞干格。

辛未时，天网，吉门无奇。丙景在乾，丁惊在艮，六合，非急不用。

壬申时，乙生在震，会九天，吉。丙杜在离，乙死在兑，利安坟捕猎。

癸酉时，丙开在乾，会九天，门伏半吉。丁杜在巽，利伏藏伐凶。

甲戌时，丁开在乾，九地，伏吟，半吉。乙杜在巽，太阴，利探事伏兵。

乙亥时，符休在巽，吉。乙景在艮，利斗讼。兑上大格，求谋不遂。

乙庚日，丙子时，丁休在乾，九地重诈。乙景在离，利陈言。坤宫鸟跌穴，寄宫，又星伏，符刑，吉中有凶。

丁丑时，时干墓，门反宫迫。乙生在坤，奇墓则减利也。

戊寅时，乙开在坎，太阴奇合，百事吉。乙日飞干格，丁杜在离，九地地假，利伏截修炼。坤上伏宫，又刑格。

己卯时，符刑星伏，虽乙生在巽，会太阴风遁，争门迫。乾上玉女守门，阴私和合渔猎。

庚辰时，飞宫，不利干求。庚日为悖，丁伤在震，九地地假，利捕捉求财。乙景在兑，利劫营争讼。

辛巳时，丁休在乾，九地重诈，吉。雀入江，乙日忌。乙景在震，为奇游禄位，利干贵破敌。巽上虎狂，伤亡破耗。

壬午时，开休门迫无奇。伤景宫迫星反，生门六合在兑，符艮，皆非全美。

癸未时，丁休在坎，九地重诈。乙景在离，吉。艮上小格，乾上天矫，出行不吉。

甲申时，天辅，丁开在乾，乙杜在巽，虽伏吟可用。

乙酉时，门反宫迫，不吉。乾上生门可用。符刑，官失财损。

丙戌时，时干墓伏，白入荧。乙坎奇合，欢怡。丁杜在离，可伏截伐凶。

丁亥时，丁休在兑，雀入江。乙景在震，贵人升殿，利奏请面圣。巽上虎猖狂，伤亡破耗。

丙辛日，戊子时，乾宫休门丁临，为玉女守门，利百事，私谋尤吉。

己丑时，坤上刑格伏干，逃亡有忧，远行不利。乙杜在坎，利伏截伐凶。

庚寅时，乙休在巽，风遁，争星伏。丁景在乾，利干贵陈言。坎上飞宫，求财干谋不利。

辛卯时，星伏，虽丁生在巽，又门迫，非急不用。乙死在乾，利猎破土。艮震太阴，六合可用。

壬辰时，时干墓，小格符刑，官失财损，事多阻隔。离上龙走，乾上夭矫，休开皆迫，出行不利，吉事难成。兑上生门，丙日尤忌。

癸巳时，乙生艮上吉。丁杜在巽，六合地假，利伏截匿藏，门伏可用。兑上大格，不利求谋。

甲午时，天辅，丁开在乾，伏吟可用。乙杜在巽，伏截伐凶。

乙未时，时干墓，巽上龙返首，又奇格，不吉。兑上丁生雀入江，非急不用。

丙申时，坤上龙返首，官升财得。奇宫乙伤，离上欢怡，利取索，龙走财耗。癸在乾，神假，利渔猎破土。

丁酉时，乾上玉女守门，会景门，私和谋敌求财。辛日时克干。

戊戌时，休主门迫，开门坎上会太阴，丁景在坤，寄宫不用。兑上大格，求望不遂。

己亥时，丁生在坤，宫迫，非急不用。符景在坎，乙死在离，可渔猎破土。龙逃走，艮上小格，乾上夭矫，出行求谋不遂。

丁壬日，庚子时，飞宫，星反不利求财。虽乙在乾伏宫，失盗难获。

辛丑时，时干墓，符刑，不吉。乙伤在巽，捕捉取索渔猎。

癸卯时，丁生在艮，奇合得使，门伏，奇入墓不用。

甲寅时，天辅，丁开在乾，会太阴真诈，符生在艮，争伏吟。乙杜在巽，宜伏截伐凶。

乙巳时，乙休在乾，九地重诈，丁景在离，奇合，又门迫，非急不用。癸杜在坎，六合，利伏藏修炼。

丙午时，乙生在乾，九地重诈，玉女守门，百事吉。坤上龙返首，合开门寄宫，不利举事。丁巽太阴，会死门神假，利修坟安茔。

丁未时，丁生在坤，太阴门返半吉。乙艮加丁，龙符，求祈雨泽利。兑上大格，不利造作修葺。

戊申时，符休在震，乾上六合神假，利渔猎修茔，夭矫半利。艮上小格，离上龙走，事多阻隔。

己酉时，吉门无奇，震生六合，虽门迫可用。丁伤在巽，太阴物假，利交易求财捕捉。乙景在乾，宜劫营。星反半利。

庚戌时，飞宫门返，不利。乾上奇格，兑上雀入江，巽宫龙走，坤生六合，可用。

辛亥时，乙开在兑，九地重诈，丁杜在震，合太阴地假，伏截伐凶藏形。

戊癸日，壬子时，乙休在巽，九地重诈，风遁，利百事。丁景在乾，太阴，宜奏请破敌。

癸丑时，乙休在坎，九地重诈，又龙遁，利百事，祈祷尤宜。丁景在离，太阴，利干求陈言。癸杜在巽，六合地假，利伏截修炼。门伏，坤上庚加己，占人有忧。

甲寅，天辅，丁开在乾，吉。乙杜在巽，六合地假，利伏藏，伏吟半吉。

乙卯时，乙坎六合，开门利百事。丁杜在离，伏截伐凶。坤上刑格符刑，不吉。

丙辰时，丁开在兑，名欢怡，吉。雀入江，坤上龙返首，巽上龙走，乙杜在巽，利伏藏隐匿。

丁巳时，休开门迫天网，不吉，急则从休上太合可用。乾上符加丁为虎符，利应试。乙开在离宫迫，艮上小格。

戊午时，星门反天网，急事巽开可用。

己未时，丁开在兑欢怡，吉。雀入江，天网，出行不利，癸日尤忌。巽上龙走，须防损耗。

庚申时，飞宫天辅，不利干求。丁开在艮，奇合得使，急，入墓不利。

辛酉时，丁开在坤，吉。兑上大格，不利远行修造。壬戌时，丁开在震宫迫，非急不用。

癸亥时，丁开在乾，吉。乙杜在巽六合，又伏吟，半吉。

# 御定奇门大全秘纂卷十七

## 阴遁二局图

小雪下　霜降下　立秋上　小暑中

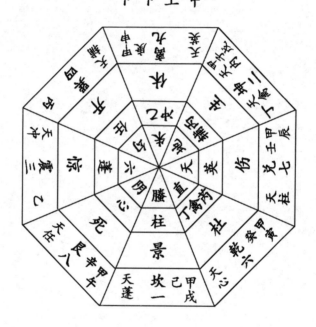

甲己日，甲子时伏吟，吉门无奇，急则从开门。兑上壬会九天神假，利捕捉。

乙伤在艮，丙杜在巽，利伏截取索。

乙丑时，符开在震，宫迫。乙景在乾，利干贵陈言。

丙寅时，巽上龙返首，合景门，官升财得，奏请陈言破敌。乙生在坎，会六合休诈，是宫迫。

丁卯时，丁生在坤，是寄宫，丙开在巽，太阴休诈，星门伏，非急不用。

戊辰时，乙开在震，六合云遁，贵人升殿，门迫可用。符景在坤，利干贵陈言。丙伤在巽，利取索捕捉也。

己巳时，天辅，吉门无奇，震休兑上，贵人升殿，利求谋破敌。乾上大格，不利修造远行。

庚午时，乙休在艮，六合休诈，吉。丙伤在震，利捕捉。坤上玉女守门，利私谋。离上飞宫，巽上龙走，白入荧，事多乘舛。

癸酉时，符开在乾，吉，利干贵陈言破敌。坤上鸟跌穴，官升财得。合死门，利破土修茔渔猎。兑上小格，出兵远行多阻。

甲戌时，吉门无奇，又是伏吟，坎上门伏，乙伤在震，渔猎捕捉修茔。丙杜在巽，利伏截伐凶。

乙亥时，丙生在坤，得使，虽门返，可用。又天遁，利用兵藏形。

乙庚日，丙子时，吉门无奇。坎上开门，六合地诈可用。巽上龙返首，官升财得。会伤门，利捕捉取索。丙死在兑，利渔猎修茔。乾上大格，造作求谋远行皆忌。

丁丑时，时干墓，符刑，财损。虽乙生在乾，九地重诈，丙伤在坎，惟利捕捉取索博戏。

戊寅时，乙休在乾，会九地重诈，乃符刑，官财失。

己卯时，星伏，开休门迫，兑上生门会太阴，事急可用。坤上玉女守门，是寄宫。

庚辰时，星反，飞宫，坎上刑格，不利求干谋望。

辛巳时，符门在艮，吉。乙生在巽，九地，又风遁，门迫，乙日忌。丙伤在离，得使，捕捉取索。荧入白，主乘舛。

壬午时，生门在兑，丙景在离，为奇合，利干求。乙杜在坎，欢怡得使，利伏兵藏形。

癸未时，乙生在艮，九地虎遁，吉。门伏龙走，财物损失。丙伤在震，利捕捉取索。巽上白入荧，占敌行人来。

甲申时，天辅，六合生门在艮，乙伤在震，丙兑，利伏截伐凶，是伏吟。

乙酉时，丙景在震，乙杜在坎，太阴，利探听修炼。震上伏干，奇格，事多阻，出兵不利。

丙戌时，时干墓，虽已开在艮，太阴真诈，又龙走，丙休在震，夭矫，直符加丙，白入荧，庚日尤忌。

丁亥时，乙休在巽，太阴真诈风遁，尤吉。丙生在离，欢怡，又伏悖，半吉。震上虎狂，伤亡生忧。

丙辛日，戊子时，坤上玉女守门，合景门，利干谋。乙伤在巽，利捕捉取索。离上荧入白。

己丑时，乙开在兑，太阴真诈，利举事。坎上伏刑，丙入墓，休门不利，是星反。

庚寅时，飞星反，急则坤上开门可从。乙景在震，奇游禄位，求谋破敌陈言皆利。

辛酉时，丙景开在坎，乙生在乾，会太阴，利劫营斗讼也。

壬辰时，门反宫迫，时干墓，不吉。丙生在坎，非急不用。

癸巳时，门伏乾上，大格，不利求谋造作。丙景在兑，宜劫营斗讼。

甲午时，天辅，又伏吟，急事乾开可从。丙杜在巽，利伏截。乙伤在震，奇游禄位，利取索。

乙未时，时干墓，震上虎狂，离开重诈，又门迫，非急不用。

丙申时，丙开在坤，九地重诈，利百事。巽上龙逃走，会死门，修茔安坟渔猎可用。

丁酉时，星门反，坎上刑格，不利干求。坤上玉女守门寄宫。

戊戌时，星反，坎上刑格，震休六合可用。乙景在兑，利干贵陈言。

己亥时，符刑，开在坎，吉。丙生在震，九地重诈，又门迫。乙休在艮，欢怡得使，又门迫龙走，财物有损。巽上白入荧，事多舛错。

丁壬日，庚子时，门反飞宫，符刑大格，不利举事。

辛丑时，时干墓，星伏，吉门无奇，大格，乾上休门会太阴，可用。乙杜震，丙景巽，均利伏截干贵。

壬寅时，大格，不利干贵谋望。乙景在乾，谋望利，又合天假。

癸卯时，丙生在艮，名鸟跌穴，官升财得，又奇合欢怡。乙休在坎得使，门伏则减利。

甲辰时，天辅，星门伏，急则坎休可用。乙伤在震，贵人升殿，吉。丙杜在巽，伏截亦利。

乙巳时，星反，坎上刑格，不吉。乙离九地地假，利伏藏。

丙午时，乙休在乾，龙遁，百事吉。丙生在坎，六合休诈，又宫迫，巽上龙返首，官升财得。符宫刑，吉中有凶。

丁未时，休门生临符，乙景在坤，利书符。巽宫白入荧，占敌人行人来。

戊申时，门反，巽上荧入白，艮上龙走，不吉，事急坤上生门可用。

己酉时，丁休在乾得使，吉。乙死离上，利渔猎破土。己杜在震，九地地假，宜伏藏修炼，不利求干。丙景在坤，利劫营探听。

庚戌时，丙开在艮，六合休诈，百事利。离上飞宫，不利干贵陈言。乙景在坎，利斗讼。

辛亥时，丙休在兑，六合休诈，又鸟跌穴，欢怡，吉。己死在巽，神假，门迫，乾上大格。

戊癸日，壬子时，丙休在兑，六合休诈，百事吉，又星伏。乙开在震，云遁，贵人升殿，争宫迫。

癸丑时，符开在乾，门伏可用。丙景在巽，宜伏截伐凶。震上猖狂，有忧亡伤耗。

甲寅时，天辅，乃伏吟。符开在乾，吉。乙伤在震，丙杜在巽，利伏截捕捉。

乙卯时，丙休在兑，乾上伏宫，不利干贵求财。

丙辰时，星门反，又刑格，事多阻滞。巽上龙返首，宫迫半吉。争符刑，吉中有凶。

丁巳时，巽休太阴，丙景在艮奇合，皆吉。坤上符癸丁为虎符，利应试，书符最验。

戊午时，丁开在巽，合九天，吉。乙杜在乾，丙死在艮，利破土渔猎。

己未时，符开在坎，吉。乙伤在巽，利取索捕捉。丙杜在离，利伏截。荧入白，癸日尤忌。

庚申时，飞宫，离上符使直天网。丙杜在坎，利伐凶伏截。

辛酉时，符开在艮，生上利客，天网出行不吉。休震利主，利扬兵先举。争门迫，雀入江，兑上小格，坤丙戌日为悖格，忌用。

壬戌时，坎宫迫，乙奇得使，又龙走，兑上天网，合开门可行。破
网法。巽上白入荧，休门在乾可用。

癸亥时，星门俱伏，宜固守，急事从生门，余不吉。乾上天网，
尤凶。

## 阴遁一局图

甲己日，甲子时，符坎吉。甲日为三甲合，尤吉，伏吟不忌。丙伤在震，利
捕捉。丁杜在巽，利伐凶伏截。

乙丑时，门反宫迫，事急符生在坤上可用。

丙寅时，震上龙返首，合生门大吉，但门迫符刑，吉藏凶。丙景在
坤，丁杜在离，伏截修炼。

丁卯时，丙门在坤，九地重诈，丁休在兑，吉。乙伤在坎，宜捕捉
求财。离上刑格，出行不利。

戊辰时，符休在乾，吉。丁景在巽，利奏请。丙杜在震，利伏截修

炼，争星伏。

己巳时，天辅，丙生兑上，九地重诈奇合，利百事。乙景艮上，星伏，事多反覆。

庚午时，丙休在巽，九地玉女守门，吉。丁生在离，亦吉。震上白入荧，主事阻。艮上飞宫，兑上龙走。

辛未时，丁开在艮，奇墓，乙生在巽，休诈虎遁，又门迫。丙景在艮，得使，荧入白，坤上虎狂，破耗生忧。

壬申时，吉门无奇，六合，开门为地遁，丙景在艮，丁死在震，利渔猎破土。

癸酉时，乙伤在震，奇游禄位，利捕捉。丁休在坎，虎遁欢怡，吉。丙开在乾，会九地，争奇迫门伏。

甲戌时，伏吟，吉门无奇。丙伤在震，丁杜在巽，伐凶渔猎捕捉。

己亥时，丁开在离，欢怡，又门迫。己生在兑，龙走震上，荧入白，符刑，不吉。

乙庚日，丙子时，震上龙返首，会休门，百事吉。丁开艮上，奇墓。乙生在巽，风遁，是门迫。丙惊太阴在坎，利劫营祈祷。乾上小格，出师不利，事多阻滞也。

丁丑时，时干墓，坤上龙走，财物损，破耗。符休虽在离，丙惊合太阴，艮上惟利劫营博戏。荧入白，事多阻。

戊寅时，符开在坎，吉。乙休在艮，奇合得使，又门迫，丁惊在乾，利斗讼。丙死在兑，奇格，渔猎吉。

己卯时，星伏，吉门无奇。巽上玉女守门，利阴和。景门可干贵奏请。丙杜在震，利伏截修炼。

庚辰时，飞宫，不利干求。乾上生门合真诈，又墓，非急不用。

辛巳时，丁景在坤，利破敌求谋。离上鸟跌穴，官升财得。合杜门，伏截伐凶修炼。

壬午时，兑上生门合丙，会太阴真诈，门反可用。离上伏宫刑格，不利求谋，刑狱生忧。

癸未时，丁景在离，利干贵陈言。乙惊在兑，丙杜在巽，利伏截。龙走，震上白入荧，又门伏，主破财损耗。

125

甲申时，天辅，门星伏，乾上开门可用。丙伤在震，利捕捉。丁杜巽上，伏截伐凶利。

乙酉时，丙生兑上，奇合，贵人升殿，利百事。乙景艮，名奇合欢怡，奏请谋望破敌。乙日飞干格。

丙戌时，干墓，伏白入荧，兑上虽乙休，又龙走，不吉。惊死亦门迫，不用。

丁亥时，门反，坤上生丁合巽，又寄宫，雀入江。

丙辛日，戊子时，丁休在震，九地鬼假。丙开在艮，九天神遁，得使欢怡，皆吉。荧入白，又悖格，事阻。乙伤在离，利捕捉。坤上虎狂，巽上玉女守门，私和利。

己丑时，乙开在坎吉。丙景在坤，天假，利奏请破敌。丁死兑，合九地，鬼假，利渔猎破土。

庚寅时，飞宫，门反星伏。坤上乙墓，不吉。虽丁开在巽九地，宫迫符刑，官财损失。

辛卯时，丙生在坎，重诈，又宫迫，乾休奇墓，不吉。乙杜在巽，奇游禄位，利修炼兴基。

壬辰时，时干墓，伏干，又小格，虽乙休在巽风遁，丙日忌。

癸巳时，乙生在艮，欢怡虎遁，丁开在乾，九地奇合，吉。门迫星伏，利福减。丙景在兑，贵人升殿，坤上大格，修造远行不利。

甲午时，天辅，伏吟，坎上休门可用。丙伤在震，利取索。丁杜在巽会六合，地假，利伏截探听。

乙未时，时干墓，虽丁生，震又门迫，丙日飞干忌。己伤在巽，太阴物假，利求财捕捉。乙杜在离，利伏截。坤上虎狂，艮上荧白，防损伤。

丙申时，丙开在兑，鸟跌穴欢怡，奇合百事，吉。丁景在乾，六合休诈，亦吉。震上龙返首，合杜门，利伏截修炼兴基。星反，主反复。

丁酉时，休门迫，生上无奇，巽上玉女守门，会景门，利祈祷劫营私谋。

戊戌时，门反宫迫，惟丁生在坤，会六合，休诈可用。

己亥时，丙生临戊在坎，名天遁，得使，虽宫迫可用。乙景在巽，亦利。离上符刑，乾上小格，不利。

丁壬日，庚子时，飞宫，不利求财，休震可用。乙死在壬，乾会太阴，神假，利破土渔猎。丁景在兑，欢怡，利干贵陈言。离上刑格。

辛丑时，时干墓，星伏，不利。乾兑休生可用，丙景利谋望破敌。

壬寅时，丁生在离，六合休诈，贵人升殿，利百事。丙休在坎，吉。符乾，利干求。兑上龙走，震上白入荧，兼虎，主财散。

癸卯时，丙生在艮，乙景在离，利求干谋望。丁伤在震，利捕捉取索。门伏龙走，主财损。

甲辰时，天辅，符开在乾，吉。丙伤震、杜巽，皆利伏截捕捉。

乙巳时，吉门无奇，兑上休门可用。丙伤在坎，宜取索捕捉。乾上伏宫，又小格，不利求谋。

丙午时，丙生在乾，门反可用。震上得使，合惊门，利探听劫营。离上刑格，出行不利。

丁未时，符刑，急事从离生。丁景在乾，奇合，利干贵求财。壬符在巽，临丁，龙符，向方吸气书符。乙惊艮，亦奇合，利祈祷。

戊申时，乙休会太阴，利百事。震上白入荧，龙走财物损。

己酉时，丁开在坎，吉。乙生在震，太阴，又贵人升殿，门迫半利。

庚戌时，飞宫，不利干求。开休迫，兑生可用。

辛亥时，丁休在震，吉。丙开在艮，名得使，又荧入白，乙伤在离，利捕捉。虎上狂在坤，主伤亡。

戊癸日，壬子时，吉门无奇，乾休星伏，丁开巽，丙杜震，利干求伏截。

癸丑时，丙开在坎，乙伤在巽，物假。丁杜在巽，门伏。乾上小格。

甲寅时，天辅，又伏吟，乾开可用。丙伤丁杜，利捕捉伏截。

乙卯时，符开休坤，乙墓可用。巽上玉女守门，丙景亦利干贵。

丙辰时，吉门无奇，震上龙返首，会死门，利渔猎修茔。丁杜在坎，太阴地假，利伏兵探听。

丁巳时，符刑，蛇夭矫，天网，不利远行。符癸加丁，虎符，利书符祈祷。

戊午时，吉门无奇，离上刑格，坎宫天网，巽休可用。

己未时，艮上荧入白，离上天网，不吉。丁杜在震，太阴地假，宜探听伏截。

庚申时，飞宫反吟，不吉。

辛酉时，兑上龙走，震上白入荧，又天网，坎上开门可用。丙震丁杜，利捕捉。

壬戌时，吉门无奇，坤上雀入江，乾上天网，震休可用。丙伤在离，利捕捉。

癸亥时，吉门无奇，伏吟，又天网，丙伤在震，丁杜在巽，可捕捉渔猎。

# 御定奇门大全秘纂卷十八

## 奇门遁甲总论

闰奇闰奇真妙诀，神仙不肯分明说。甲己二日号符头，子午卯酉上元列。
寅申巳亥配中元，辰戌丑未下元节。符遇符兮是正逢，万两黄金莫与说。
节前得符谓之超，节后得符谓之接。惟其隐秘折局诀，口诀置闰真妙绝。
若得折局明折补，须是天边云外客。
三才变化出三元，八卦番成八遁门。直符每逐时干走，直使常随天乙奔。
六仪六甲本同名，三奇只是乙丙丁。阳遁顺仪逆奇布，阴遁逆仪奇顺行。
奇星如合休生开，此是吉门远宜征。百事从之无不利，能穷奇妙即通灵。
更遇直符并直使，兵家得之最为贵。常从此地击其冲，百战百胜君须记。
甲乙丙丁戊为阳，庚辛壬癸己为阴。阳时利举施威德，阴进教君利伏藏。
阳时先动阳为顺，阴时后举有何妨。若识阴阳无不吉，神明暗助利君藏。
龙中伏吟为最凶，天蓬加着地天蓬。天蓬英至天英上，须知即是反明堂。

## 八门宜用歌

休门宜见贵人留，逃难藏身杜上游。觅利求财开上好，① 取索伤门十
倍收。

赌博向生须有得，出猎擒拿死位求。景上出逢酒食会，莫往惊门惹
事忧。②

---

① 生门亦吉。
② 捕盗可用。

# 十干所利

甲为天福，乙为天德，丙为明堂，丁为太阴，戊为天武，

己为地户，庚为天狱，辛为天庭，壬为天牢，癸为天藏。

大将军居青龙，乘天之祐。旌鼓居地户，三军勇悍。士卒居明堂，将勇兵强。

伏兵居太阴，天后之宫可隐匿。军门居天门，大将之衢。小将居地户，承顺天命。

斩断居天狱，理治居天庭，正天位。军粮藏天牢，武具居天藏。天府慎藏。

# 遁奇隐身

时加六甲大吉，时加六乙上吉，时加六丙中吉，时加六丁上中吉，时加六戊上中吉，

时加六己中凶，时加六庚不吉，时加六辛大凶，时加六壬中凶，时加六癸不吉。

吉门有气大吉，无气中平，凶门有吉星三奇亦吉。

# 诸吉格

**龙回首**　甲直符加地盘丙奇。

**鸟跌穴**　丙奇加地盘甲直符。

**天遁**　生门与丙奇临六丁开门与六丙合。

**地遁**　开门与乙奇临己。

**人遁**　休门与丁奇临大阴。

**三奇得使**　乙奇加甲戌午，丙奇加甲子申，丁奇加甲辰寅。

**玉女守门**　天上三奇，下游六仪，守门丁为玉女，会天乙直使之门。

**天三门**　太冲小吉从魁。

**地私门**　六合太阴太常。

**地四户**　除危开定。

**太冲天马**　将支加在用时支，顺行十二逢卯止。卯上之宫天马宫，出行

130

避难宜从此。

**急从神** 直符及天乙所在宫，宜出入此。

**八门旺相** 立春生旺，夏至景旺，立秋死旺，秋分惊旺。春分伤旺，立夏杜旺，立冬开旺，冬至休旺。

**九星旺相** 相于本月，旺于子月，死于父母，休于财月，囚于官鬼月。

**天辅时** 甲己日己巳时，乙庚日甲申时，丙辛日甲午时，丁壬日甲午时，戊癸日甲寅时。凡此时能释罪解讼。

# 诸凶格

**龙逃走** 乙奇遇辛。

**虎猖狂** 辛遇乙奇。

**蛇夭矫** 癸见丁奇。

**雀投江** 丁奇见癸。

**荧入白** 丙奇加庚。

**白入荧** 庚加丙奇。

**岁月日时格** 庚临其干。

**大格** 庚加六癸。

**小格** 庚加六壬。

**刑格** 庚加六己。

**奇格** 庚加三奇。

**飞干格** 日干加庚。

**伏干格** 庚临日士。

**符悖** 丙奇加天乙。

**飞悖** 天乙加丙奇。

**天乙伏宫** 庚加直符。

**天乙飞宫** 直符加庚。

**时墓** 戊戌壬辰兼丙戌，癸未丁丑亦同凶。

**奇墓** 乙奇加二宫及六宫，丙奇加六宫。

**六仪击刑** 甲子午直符三九，甲申辰直符八四，甲戌寅直符二甲。

**五不遇**　时干克日干。

**天网四张**　六癸临时干。

**地网遮**　六壬临时干。

**宫迫**　开门临三四宫，休门临九宫，生门临一宫，伤门临二八宫，景门临六七宫，死门临一宫，惊门临三四宫，杜门临二八宫。

**直符相冲**　如天盘甲子加地盘甲午，或天盘甲午加地盘甲子之类，此为符冲。又如直符在天盘坎加地盘离，亦是。

**伏吟**　星门不动。

**反吟**　星门反对。

**亭亭**　天乙贵人背而击其冲大胜。法以月将加时神后下是。假令正月登明将加午，即神后临未为亭亭，所在又子在巳、丑在午顺行，背之吉。

**白奸**　天之奸人，合于巳亥，格于寅申，当合之时，俱背之；当格之时，背亭亭向白奸。法以月将加时，寅午戌上见神后是白奸位，常以寅申巳亥为四孟。

# 御定奇门大全秘纂卷十九

## 序

切惟黄帝治世，有蚩尤作乱，经年未息，讨兵战于涿鹿之野，五十二阵，胜负未决，偶昼寝，梦黑色神，身长七尺，手挚符受于黄帝，见而随说坛祭，顷刻见神龙负河图出于洛水之上，黄帝因令风后氏画图演集成书，名曰"奇门遁甲"，随依行用，蚩尤由是而败焉。后因五帝之时洪水横流，命大禹治水，得九天玄女亲传九宫八卦之书，又见灵龟背文，绎为九畴，则大水由是而治。因伐尤时创为一千八十局，以分阴阳各五百四十局，风后氏之作也。迨至武王伐纣，姜子牙删为七十二局，应七十二候，一候一局，五日一易，胜于牧野。秦末之时，汉祖将兴，张子房得黄石公真传，遂删为十八局，以分阴阳，冬至后为阳遁九局，至夏至后为阴遁九局，又分顺逆而用奇仪，有霸业定国之理，保身惜命之术。汉末之后，三国鼎立，武候述三奇之例，系留候遗迹，实子房之遗书，传之于今，秘密为宝，不可传之非人矣。

## 风后通明钤

### 灵华秘经

河出图，洛出书。图则以生为序者也，书则以克为序者也。鬼谷王子推书意而作阴符，太乙奇门本此矣。太乙纳乾于一，奇门纳坎于一，俱用文王卦序，一正其图为用，一旁其图为用。太乙旁图用斗星，奇门正图用十甲。旁图则十七，正图则九宫。二者体用不同，而皆体于洛书，而天地人物之情无不尽之矣。然太乙天事多，奇门人事重，而奇门隐甲于不用之用，纳斗罡九星于有用之用，乃以符使之飞行之八九十之间，而造化无不毕露也。

## 程氏济珠玑赋

六甲灵神，藏无妙有，得之则万化生身，握之宇宙在手。常棲六戊兮光炯天门，大道以正兮高厚悠久。乾坤斡旋兮我盗机，三才总持兮身世宜。龙归玄牝兮坎离合，乾元天道兮神之枢。若加六己兮除旧布新，明圣在位兮与物皆春。土德当兴兮凤始鸣，名世佐理兮治道成。坤元赞化兮归于一，地道咸亨兮天下平。入庚金兮干戈现，生机绝兮国将乱。剑气冲兮日之西，太白经遁之验。寇称西霸兮人君醒，阴人交相兮宫中变。申酉年，国纪玷，四十三年借伪昌。木虎兔兮运方转，遁至辛兮刑狱冤。地斯震兮乱将源，金木相交甘雨绝。旱蝗相继丑寅间，西方妖气侵寰宇。斗乱真人有万般，若加壬遁兮洪水流。妖蛟噬人兮万姓忧，鼍龙逆技溺中土。宫姓斯鸣兮德始修，加癸兮国法将亡。崇尚虚无兮民几流荒，伪作天书兮谣谶妖。天雨土木兮卫之邦，人民疾疠兮阳光晦。淫雨常霖兮国兵丧，加丁兮人重文名。有女在位兮治群生，甘露时至兮达明生。阴阳和兮天道行，加丙兮亢阳中龙。德虽亨兮道将穷，祸必发兮木必克。谨身新治兮天禄隆，加乙兮木德昌。卯地真人起建邦，六合一家兮为盛世。敦崇古道兮干戈藏，略言运会兮统隆替。一千八十兮有真义，五十年来兮交接去。岁月日时兮相推致，符与门兮挨次穿。戊与休兮数之根，符始干兮门向支。藏甲虚门兮遁奇去，中宫兮大君之极。八方兮郡国之分，斗星兮各有时至。参以禽兮休咎攸存，洞斯理气兮术进于道。隐居行义兮随时而得其窍妙，惟兹石室所藏兮天地灵文，鬼神呵护兮风雨雷霆。君子奉此兮德成名立，小人有此兮身灭家沦。

## 八门遁法定上中下三局诀

甲己为头君要知，子午卯酉上元奇。寅申巳亥为中局，辰戌丑未下元推。

# 五子遁法

甲己还生甲，乙庚丙作初。丙辛生戊子，丁壬庚子居。戊癸何方起，壬子是真途。

# 八门吉凶诀 各取所用

欲求利市往生方，捕猎须知死路强。若要远行开上去，休门最好见君王。捉贼逢惊须应得，杜门有难急逃藏。取债但从伤门去，景门酒食贵人方。

# 八门所属

开金，休水，生土，伤木，杜木，景火，死土，惊金。

# 又定上中下三局仲孟季

甲子、甲午、乙卯、己酉为四神上元，
甲寅、甲申、己巳、己亥为四孟中元，
甲辰、甲戌、己丑、己未为四季下元。
坎一坤二震三巽四中五乾六兑七艮八离九

# 遁甲遁明钤局起例

遁甲入式从甲己，仲上孟中季下传。超神接气并换局，一一从头细分宜。
五日六十时中用，甲己用仲上局言。甲己临孟为中局，用季之时下局言。
伏吟甲逢甲上是，直符直使亦无偏。直符且要时干取，直使加宫万余年。
甲子常通六戊位，甲戌六己甲申六庚前。甲午六辛甲辰六壬，甲寅六癸问先贤。
九星受甲为直符，直使八门随位迁。天蓬正北休门一，死内西南二位眠。

伤入三宫上天冲，杜巽相辅四宫连。　五禽寄取西南位，乾六开心西北天。

七宫天柱兼惊位，任生八九景英贤。　九星受甲六仪位，乙丙丁是三奇牵。

阳遁顺布六仪位，逆布三奇取上先。　阴局相返六仪逆，更加天地及人元。

冬至为阳一七四，小寒二八五中传。　大寒三九六中布，立春八五二中言。

雨水九六三中取，惊蛰一七四分前。　春分旺在三九六，清明四一七禁烟。

谷雨五二八为局，立夏四一七精专。　五二八中为小满，芒种六三九秋天。

夏至为阴九三六，小暑八二五中传。　大暑布是七一四，立秋二五八相连。

处暑一四七中取，白露九三六为先。　利分上元七一四，寒露六九三无偏。

霜降五八二中取，立冬六九三思贤。　小雪中五八二是，大雪四七一根源。

奇仪九星相推复，莫教错用颠倒颠。　三奇入墓仪刑击，务使凶门不可迁。

胜蛇夭矫雀投江，诸格相加是凶缠。　诗象都来六十四，包尽人间玄更玄。

先从甲己日推连，甲仲相逢作上元。　四孟为中四季下，各随节气辨根源。

## 掌上布局用奇法

且如冬至属阳，谓冬至后阳生，故用阳遁。冬至天元上局，乃阳遁一局，初起于坎一宫，日干是甲己，临子午卯酉为仲，用仲即上元也。上元一局，甲子日半夜生甲子时，历甲乙丙丁戊己庚七个，至日中午时乃得庚午时，此时在甲子旬中阳遁一局，甲子同六戊在坎一宫，以天蓬为直符，休门为直使，于左手寅上起一宫顺行，诀曰："野马跳涧走，逢寅数到狗。一局过一宫，不用亥子丑。"以寅为坎一，卯为坤二，辰为震三，巳为巽四，午为中五，未为乾六，申为兑七，酉为艮八，戌为离九，就寅上顺遁六仪，六戊在寅，六己在卯，六庚在辰，六辛在巳，六壬在午，六癸在未。六甲隐于六仪之下，逆布三奇，则六丁在申，六丙在酉，六乙在戌，时干六庚在辰，乃为三宫。直符以时干取之，则天蓬直符在三宫。直使以时支取之，从一宫寅上起子，谓庚午时属甲子，寅上有甲子，故从寅上起子，卯上丑，辰上寅，巳上卯，午上辰，未上巳，申上见午，乃时支申为兑七，则休门直使在七宫，则地盘以定。却用掌上飞跳九宫为天盘，正北为坎一宫，西南坤二宫，正东为震三宫，东南为巽四宫，中为五宫，飞寄在西南坤上，西北为乾六宫，正西为兑七宫，此则尊大禹之洛书九畴、文王之后天八卦，以直使休门加天盘上七宫，生门在六宫，伤门在一宫，杜门在八宫，景门在三宫，死门在四宫，惊门在九宫，开门在二宫，此八门直使飞布于天盘也。以直符天蓬加时干三宫，天任与六丙临四宫，天冲与六庚临九宫，天辅与六辛在二宫，天英于丁奇临七宫，兑上有休门，是休门合丁奇在正西也。余仿此。

夏至后阴生，用阴遁起九宫，自九而八而七而六而五四三二一也。六仪逆布，三奇顺遁，八门亦逆数也。地盘飞定，则天盘上与符使奇仪亦定而无易矣。同志者详之。

# 九星所属

天芮坤土西南二宫天禽中央土，天柱兑金正西七宫，天心乾金西北六宫，天英离火正南九宫，天禽五中央飞寄坤二，天蓬坎水正北一宫，天辅巽木东南四宫，天冲震木正东三宫，天任艮土东北八宫。

# 九星八门定位

一蓬子上一蓬休，芮死推排第二流。更有伤冲并辅杜，不离三四数为头。禽星四五心开六，柱惊常从七上求。内外任生居八位，九寻英景逐方修。

# 遁甲通明钤局要诀

# 八门应候

**休门三十贵人阴，衣着蓝黄及碧青。**

出此门三十里见阴贵人，或五十里见蛇鼠水物，吉。宜和集万事。休门临九宫，水克火为门迫。

**生门十五逢公吏，官人着皂紫衣巾。**

出此门十五里，逢公吏官人着皂紫衣巾，或六十时见贵人车马，吉。宜上官见贵，百事吉。此门临一宫，土克水，门迫。

**伤门三十争讼起，凶人着皂血光腥**

出此三十里，有争讼出血之人。若竖立埋葬上官出行遭贼，惟宜捕物索债博戏吉。此门临二宫，木克土，门迫，凶。

**杜门二十男女辈，绢皂褐碧相从行。**

此门行二十里，见男女同行，或六十里见恶人，凶。惟宜捕掩逃亡，断奸谋之事。合日奇主烽火，月奇主弓，星奇主雨。女人着青衣，此应三奇也。此门临二八宫，木克土，门迫，凶。

**景门二十惊忧事，绯皂衣人晏会宾。**

此门行二十里有忧惊事，或三十里见赤身人及蛇，七十里有水火失物。惟宜上书献策选士，吉。如起造嫁娶，伤家长及小儿。临六七宫火克金，为门迫，凶。

**死门二十逢疾病，黄皂衣人见逸迤。**

此门行二十里逢着疾病，或五里内见血光，远行不还家。起造嫁娶主老妇亡，新妇死，只宜刑戮吊丧送葬，射猎吉。临一宫，土克水，为门迫，凶。

**惊门三十鸦鹊呼，官状相逢六畜犉。**

此门行三十里见鸦鹊六畜牴触之事，或十里内有损伤、四十里见二人争打反吉，如无主惊恐凶，惟宜博戏捕捉斗讼。临四宫，金克木，为门迫，凶。

**开门二十阴人至，贵人乘马紫衣襟。**

此门行二十里，见贵人着紫衣骑马吉，或四十里见猪马逢酒肉吉。金克木，为门迫，凶。

# 日干克应歌

**日干克应有玄微，一一皆从时位推。六甲贵人端正好，**
甲为天福，阴日青衣妇人应，三年内得天禄。
**六乙僧道九流医。**
乙为天贵，主高贤，阳为贵人，阴为僧道。
**六丙飞龙见赤白，**
丙为天威，行逢骑白马人青衣人应。
**六丁玉女好仪容。**

丁为玉女，阴日女子物色，阳日火器女人，三七内克应。

**六戊旍枪并锣鼓，**

戊为天武，阳日锣鼓，阴日亲友歌乐，一年内得武人财宝。

**六己黄衣并白衣。**

己为明堂，阳日黄衣人，年内得贵人，阴日白衣人，一女一男。

**六庚孝服并兵吏，**

庚为天刑，阳日见兵吏，阴日孝白衣，四十九日贵人文字应。

**六辛禽鸟并鸦飞。**

辛为天禽，主飞禽，阳白衣人，一年得财宝。

**六壬雷霆并雾雨，**

壬为天牢，千里雷霆，阳日皂衣人，阳日白衣人，女抱瓶，七日内进人口。

**六癸孕妇喜欢归。**

癸为天藏，阳日捕鱼人，阳日孕妇，六日内得铜镜。

# 十二支干克应定法

**子时**见女吃物，或担酒食等物。

**丑时**见皂衣人骑马，无马有贵人。

**寅时**见僧道，或公吏人担物。

**卯时**见先生，或皂衣人四人把捧

**辰时**见女人着青衣，或手有物。

**巳时**见鱼子，或赤体人担物。

**午时**见担酒物，或女人相行。

**未时**见女人担果，或担酒物。

**申时**见饮酒人，或送物同行也。

**酉时**见女人说话，或有人同伴也。

**戌时**见男女青服大凶人也。

**亥时**见公讼人把孝服物也。

# 出入时下克应

时加六甲，前开后阖。宜行千里，四海皆纳。

此时行一里，见妇人怀孕抱青黄吉。

时加六乙，诸事皆吉。兴生百倍，所求皆得。

此时路逢君子术吉。

时加六丙，道途清宁。所求皆通，求之大胜。

出逢生气担物吉。

时加六丁，所事康宁。路逢君子，永无祸侵。

行一里见抱物人至。

时加戊，凶神不遇。但行一里，财物无数。

行一里逢犬大吉。

时加六己，清晨不美。所向不吉，欲行且止。

出逢叫唤，必见口舌。

时加六庚，抱木而行。前有凶恶，定虚惊生。

逢着女子皆不吉。

时加六辛，逢着鬼神。所求不遂，横事来侵。

出逢小人，买卖迟滞。

时加六壬，必有凶神。欲求且止，必须害人。

出逢空担，疾病尤深。

时逢六癸，诸事进喜。逢见仕宦，出行无比。

若逢铁器，求财尤利。

# 三奇静应

《经》曰：阳遁顺行前取用，阴遁逆行后取用。

假令阳遁一局日中，甲子直符在三宫，是顺取用，令丙奇在四宫，即月奇到巽，来应时中三奇

在直符位上为时，初前一位为时中，前二位应在时末也。

乾乙日奇到乾，有着黄衣人至，又有缠钱人至。

丙奇到乾，有被绿衣人至，有黑飞禽成双而至，南方产亡，大发。

丁奇到乾，有人执刀斧，不然牵角畜而至，三七日进金银物。

坎日奇到坎，有着皂衣人至，不然有鼓声应之，七日进财，后宅有喜。

月奇到坎，有执杖者，不然有黄鸟西北方来应。六十日进契书，大吉。若东方火惊，大发。

星奇到坎，有人从南方来抱小儿至，更有黑云至，一七日进黑物。若西方有人自吊死，主大发。

艮日奇到艮，有人着青衣过往，或小儿提铁器至，黑白飞禽一只东方来应，或有提网卖鱼人至，周年内进人口。

月奇到艮，有青皂衣人至，或小儿啼，又有罟网卖鱼人至，或飞成双而至，后七日进金银，周年内进白马，大发。

星奇到艮，有人提文书纸笔至，或小儿抱铁器至，应二七日进黄白物，一百二十日进人口并文契。

震日奇到震，有武士执枪刀，又主雷声而应，或打鱼人应，或捕猎或小儿成群应。一七日进禽物，若见产亡，大发。

月奇到震，有网罟卖鱼或游猎人至，或小儿成群来。一七日进生物，周年生贵子。若见彼处有雷伤树，大吉。

星奇到震，有女人成双至，及南方有女人或黑飞禽成双至。一七日进黄白物头牲，若见南方有杀伤大发。

巽日奇到巽，有白衣人骑赤马至，不然有小儿至应。三年内生贵子，进外宅田庄。若东林木枯时大惊，大发旺。

月奇到巽，有小儿乐声又唱喏声，或南来人有惊事应。

星奇到巽，有小儿骑牛来或南方有黑云雨至，见此三七日有横财，周年黄肿产死，大发。

离日奇到离，有病眼病脚人或小儿骑牛，又黑白禽东方来应。一七日进猪鸡犬，见此方人家有瘴，兴旺。

月奇到离，有黄白飞会成双而至，七日周年进坑畔田，旺蚕发。

星奇到离，有披青衣人至，三七日进横财，见东方刀兵大发。

坤日奇到坤，有人成双并披孝服，及西方雷伤牛马或鼓声应。一七日进鸡猪，六十日进文契。月奇到坤，有人着皂衣，及鸟鹊自南北二方至，或鼓声应。二七日进男女财帛，周年进绝户田园。

星奇到坤，有女人着青皂衣及黑禽至，或人担水过。三七日获海物之类。北方山崩水破田，大发。

**兑日奇到兑，有女人三五个至，不然鹊声鸣报喜应，三百日进商音人田土，东方牛马自损，发旺。**

月奇到兑，有执杖人东方来，又有抱小儿鸣声至，七日百日周年进人口田地，艮坤等西方老者。

星奇到兑，有人将文书纸笔来，或打鱼买网，及黄禽至应。七日进契书，艮坤有卒死时大发也。

# 御定奇门大全秘纂卷二十

## 风后通明钤

### 释三奇贵人升殿

乙日奇下临震宫，为出日扶桑之地，有禄之乡，为贵升于乙卯之殿也。

丙月奇下临离宫，为南离火旺之地，月照端门之乡，为贵人升于丙午之殿。

丁星奇下临兑宫，丁见兑，为天乙之神，为贵人升于丁酉之殿。

右开休三吉会三奇，贵人升殿之宫，门无迫无刑，奇无墓。此方出师用兵，远行征讨，嫁娶起造，谒贵交易，百事大吉。

### 占见贵人

休生为上，又与三奇会，全吉，得与相合则大喜悦，而有酒肉财物，开门则未见亦利，余门星则不美也。

### 占见与不见

生门为便见也，开休未见，余门不吉。更得三奇全吉星，为上吉也。

## 占起造法

须得日辰生门全吉，在此地基上，又上全合吉，又日干无建合为上。若修造屋宇，中门须得生门，合天禽星，此一时在中宫，合生门飞入中宫吉。若修方隅之所，须得生在甚时上，若全吉，在其所修之方上，则易下手修之，百无忌

## 占营田有利法

休门生吉星于土木之上吉，更得三奇及十干见合，则十干有利。其余星不在土木之宫上，不利也。

## 占蚕有利法

三吉门合三奇吉宿于金木之宫为吉，须要下不克上、宫不克门为良。若门吉宿星皆不至金土之宫，若更克正宫星及门，为无蚕也。

## 占盗及逃亡法

六癸为天网，若人在网中，则不利逃亡，若捕盗见获。若上宫六癸，一二三四五宫，其人过网，则可逃之，其贼可隐。若癸在六七八九宫，为网过人头，不利逃亡，其贼必被执缚。则出天网不得，看天网在何宫上可寻而去寻也。

## 占捕猎法

惊死二门，若更合三奇吉得为大吉。

# 占病法

凶星凶门加病人生年之干，更无救神，不可救也。凶星上奇门及上下干相救，即可死中得生。若三吉门合三奇，更上下干有合，虽病不服药自可。

# 占晴法

阳星阳干合子阳门之上，及有干元带合，则克日开重晴，凶干相合未晴也。凶星凶干合凶门，更无干元之合定，是不晴，必有雨也。

# 占行人

伏吟未来反吟来，若卦占在四隅宫上为来，在四正宫上为未来，庚来庚加日干，三奇三门相合于行人年干为便到，凶星凶门凶干，必此人有妨碍未来也。

# 占求财

切忌三吉不得临于上克下之宫，则事不成。若三奇三门合，相生旺比和宫之上，必是有财喜吉门临。上克下者，休临二八、木到金宫之类，皆为门迫，事不成也。

# 占争讼

景与奇合，吉星则利。宫不迫，则争讼有气。不如是不吉。若惊伤死与凶星合一宫则凶也。

# 三奇克应

**乙奇到乾，**有黄人至，不然有缠钱为信。日奇乾上足堪夸，身着黄衣貌似花。更有资财并利物，自然声价得人嗟。

**乙奇到坎，**有皂衣人来，手执木棒金器至，不然有鼓应。七日进财喜人口，并色衣来家。

**乙奇到艮，**有黑白飞二只从北方来，不然有着青皂衣人至，及罩网卖鱼人来，及捕猎人应，并三五小儿来应。三七日进金宝财帛，东方人家有产难时大发。

**乙奇到震，**有着青衣至，公吏骑马言官事，或四足斗战，又有雷声应之。

**乙奇到巽，**有白衣人骑马过及小儿来应，周年生贵子，进外庄田土，主东方林木自枯，火惊自缢时大发。

**乙奇到离，**有患足目疾人来，及牵骑牛过并黑白飞禽一只从东南方来应。三日进猪犬，邻家动瘟火时大发。

**乙奇到坤，**有白衣人来应，三七日进猪鸡物，六十日进契书，西方雷伤牛马树大发。

**乙奇到兑，**有三五女人并喜鹊声应，三七日进商音田土生气物，东方人家牛马自损方发。

**丙奇到乾，**有双禽过并黑衣来应，百日内进女人财物，南方女人产死时大发。

**丙奇到坎，**有人持杖来，有黄白飞禽从西北来应。六十日及一百二十日进田契，东方火惊大发。

**丙奇到艮，**有青人过来并小儿啼声，或持铁器物来应。三七日进青色物，一百二十日进人口田地契书。

**丙奇到震，**有武士持枪刀器械，春夏秋有雷声鼓乐声歌唱声，三七日进生气物，周年内生贵子，北方雷打树大发。

**丙奇到巽，**有鼓乐声及歌唱声并屠宰人来，七日进色衣人财，并有贵人到家，南方火惊后进契书财物大发。

**丙奇在离，**有黄白飞禽成双来应，七日并六十日进横财田蚕契纸大发。

　　**丙奇到坤**，有色衣人来应，并喜鹊北方来应。二七日进南方女人财物，周年进绝户田地，色衣人上得横财，大发。

　　**丙奇到兑**，有人执杖从东方及老妇抱小儿应，或鼓乐应。一七日内进财物，百日周年进田土，艮坤二方有老人死时大发。

　　**丁奇到乾**，有人执刀斧铁器来，不然牵牛畜牺牲应鸹。二七日进金银财帛，又主进白生气之物。

　　**丁奇到坎**，有人抱小儿来，及南方有云雨黑色来应。二七日进黑物西北方，有人自缢卒暴死时大发。

　　**丁奇到艮**，有人将文书纸笔来及小儿持器物应，三七日进青黄色物，一百二十日进人口契书。

　　**丁奇到震**，有二女人来及禽一只从南来应。七日进黄白物，又主酒至。东方有杀伤人死时大发。

　　**丁奇到巽**，有小儿骑牛，不然南方黑云雨应，三七日进横财添人口，北方有人落水及难产时大发。

　　**丁奇到离**，有青衣人来或赤色人应，七日进横财添人口，有人送酒物，主东方有人动刀砍伐时大发。

　　**丁奇到坤**，有笼颜色衣人至及女人挑水应，有飞禽来应。三七日进水族物，北方山崩，水破田禾，其时大发。

　　**丁奇到兑**，有人将文字纸笔来，西方有飞禽声应，及罩网人来。七日进猪鸡，二七日进契书，坤艮二方有人卒暴大惊大发。

# 三奇喜怒

　　乙奇者，日奇也。到震谓白兔游宫，造作见谒出行吉。到巽谓玉兔乘风，到离谓白兔当阳，宜作显扬煅药炼丹，百事宜。到坤谓白兔暗目，又名入墓，上官远行市贾迁徙修筑用之立见灾殃。到兑名曰受制，事多不利。到乾名玉兔入林，上官远行修筑并吉。到坎名玉兔饮泉，到艮名玉步青龙，百事宜利。

　　丙奇者，月奇也。到震谓月入雷门，架柱修营，永逢吉庆。到巽名火行风起，龙神助威。到离谓帝旺之乡，但除子午二直符不可急用外，其他寅申辰戌用之是良。到坤谓子居母腹，吉。到兑为凤凰折翅，到乾谓光明不全，又名入墓，凶，不可用。到坎谓发生之道，事皆宜良。到艮名凤入丹山，艮为山，又丙火烁，凶必分吉。

丁奇者，星奇也。三奇之中此星灵，六丁本火之精，化而成金，到震最明。若修营此方，可用竹笈七个燃火，前引人夫行四步外灭火，则兴工必有祥应。到巽，巽为少女，名玉女留神，火风成象是也。到离水旺而火炎，能消烁万物，燥暴不常。到坤，坤为地户，谓玉女游地方，吉。到兑，火死金旺之乡，能凶能吉。到乾，名火照天门，又名玉女游天门，其妙异常无比。到艮，名玉女游逢鬼，凶。到坎，名朱雀投江，又丁入壬癸乡，威德收藏，可慎，静勿显扬

## 八门路应法 上

休门入生门，一八里逢妇，下黄上黑，或公吏人。

休门入伤门，四里逢匠人，手擎木或棍棒，又有皂衣人。

休门入杜门，五里逢妇人着皂衣人引孩儿行，唱歌声。

休门入景门，一二里九里逢皂衣驮骡马公吏飞禽。

休门入死门，十里逢孝服人皂并啼哭，上黄下黑绿。

休门入惊门，一里八里逢皂衣公吏人打四足，或妇人引孩儿。

休门入开门，十七里逢四足斗战打叹唱皂衣阴人。

休门入休门，二里九里逢皂衣人妇人应同伴声歌。

生门入伤门，三里十里逢公吏打棍棒，匠人将木行。

生门入杜门，四里十里逢公吏行急叹说长道短声。

生门入景门，九里十七里逢勾当人骑骡马，步行随从人。

生门入死门，十里公吏又逢孝服人或啼哭声。

生门入惊门，八九里逢公吏赶四足人言讼理。

生门入开门，六里十六里逢勾当人共四足斗后有事底。

生门入休门，一里十里内逢皂衣人，或公吏人应。

生门入生门，八里逢阳人着黄，或皂衣公吏勾当。

伤门入杜门，七里逢公匠棍棒，或妇人引孩儿。

伤门入景门，一里九里逢工匠棍棒，公吏骑马行。

伤门入死门，二里十二里逢巧匠把棍棒，孝子啼哭。

伤门入惊门，惊恐，十里逢匠人赶四足，或妇人引孩儿。

伤门入开门，五六里逢匠人把棍，四足共斗敌。

伤门入休门，一四五里逢匠勾当，公吏人女人皂衣。

伤门入生门，八里逢巧匠棍棒，公吏阳人。

伤门入伤门，三里或六里逢巧匠把棒，公吏人随使礼。

# 八门路应法 下

杜入死门，一里二四里，妇人引孩儿及孝服人急唱声。

杜入惊门，七里逢唱歌赶四足，亦言官讼事。

杜人开门，五十里逢唱歌，赶四足斗敌，打此暗逢应奕。

杜入休门，十里急唱令，又逢皂衣人引孩儿。

杜入生门，七八里急唱令，却是公吏人阳日应奕行。

杜入伤门，五里逢赤身人吉，官讼事。

杜入杜门，四里十四里逢唱令妇人引孩儿。

杜入景门，一里九里妇人引孩儿，公吏骑骡马。

景入死门，二里十二里逢孝子啼哭，公吏骑骡马。

景入惊门，七里十七里公吏人，或骡马妇人引孩儿。

景仿开门，六里十里公吏，或骑马孝服啼哭。

景入休门，一里十里逢皂衣人哭，公吏讼言官讼事。

景入生门，八里十八里逢勾当，或公吏骑赶骡马行。

景入伤门，三里十三里公吏，骑骡马匠人把棍棒。

景入杜门，四里逢公吏，骑赶骡马妇人引孩儿。

景入景门，八九里逢官骑马四足。

死入惊门，五里十五里逢出血之人，大凶。

死入开门，二十里阴人至，贵人乘马紫衣巾。

死入休门，三十里逢蛇鼠水物，余物凶。

死入生门，五里逢阴人疾病着黄衣人应。

死入伤门，八里逢争斗人，宜索讨财物，他皆凶。

死入杜门，十里男女辈绢帛，宜捕掩逃亡断奸谋之事。

死入景门，二十里惊忧事，惟宜投书献策。

死入死门，二十二里逢丧葬不吉，远行不归，凶。

惊入开门，五六里十里妇人引孩儿吉或官讼事。

惊入休门，三里十里妇青衣，亦言官讼事。

惊入生门，八里十八里妇人引孩儿，阳人赶四足。

惊入伤门，三里十里妇人引孩儿，巧匠把棍棒。

惊入杜门，四里十四里妇人引孩儿，或唱赶四足。

惊入死门，一二里十里妇人或四足，更孝服哭声。

惊入景门，七八里逢小儿或四足，言官讼事。

惊入惊门，九里有妇人公吏骑马行，言官讼事。

开入休门，一二里十里逢四足，斗妇人着皂衣。

门入生门，八里十八里逢妇人共四足，或阳人言官讼事。

开入伤门，三里十三里逢妇人共四足，或匠人把棍棒。

门入杜门，四里十四里急唱四足斗，阳人言官讼事。

开入景门，九里十里逢人骑马或四足斗战。

开入死门，五里逢生肉或腥物，上黑下黄。

开入惊门，七里十七里妇人引孩儿，公吏言官讼事。

开入开门，五六里十里逢人共四足斗敌，或打四足。

# 御定奇门大全秘纂卷二十一

## 风后通明钤

## 九星吉凶所主

蓬属水，任属土，冲属木，辅属木，英属火，禽属土，柱属金，心属金，内属土。

辅禽心为上吉将，冲任小吉理须明。大凶天蓬与天芮，小凶天柱及天英。

更论五行旺相气，吉凶轻重自然分。大凶旺相凶却小，小凶旺相号中平。

吉星旺相吉无比，若还无气也中平。

假如阳一局上元甲子日丙寅时，天蓬加八宫，下得天任星，丁卯加天柱为小凶星。

**天蓬**宜安边田，主保守家国、修城池，不宜婚姻移徙、斗争入官及修宫室，春夏吉秋冬凶。若加八宫在四季月，或戊己戊戌丑未日，有黄云气从东北来或西南来助阵，一战大胜，利为主。加九宫或壬癸亥子日，有黑云气从北方来助，一战大胜，利为客。

天蓬之宿主荧明，固垒安边宜守城。不击时中如若用，似同皎月出群星。

**天任**宜请谒庆贺，进财求官，陈诉立国，见贵将兵，四时吉。婚姻宜子孙，移徙筑室凶。

天任之宿照其身，改用迁移见贵人。任意所求皆吉庆，灾殃自去福来臻。

若加三宫冬夏月或甲乙寅卯日，有青云气从正东或南来助，一战大胜，利为主。若加一宫在季月或戊己辰戌丑未日，有黄云从东北或西南来助，一战大胜，利为客。

天冲宜出师拨执，不宜嫁娶、迁移、筑室、词祷、市贾，[①] 出师春夏胜，秋冬无功。

天冲转震主惊恐，积善由来未可当。出师提兵从此去，万人难战一人当。

若加六七宫在季下及秋月，或庚戌辛申酉日，有白云从西北来助，一战大胜，利为主。加六宫或冬春月，或[②]甲乙寅卯日，有青云从东来助，一战大胜，利为客。

天辅宜蕴身、修道、设教、修理、出入、造作、治病、拜官、迎恩、作商、筵会、改望，将兵春夏胜，嫁娶多子孙，作事皆吉，春夏用之有喜。时下得此，有罪者必释。

天冲日辅扫天云，烟霭重重晓晓然。万事断成时用事，人生富贵得长年。

论用兵、利主客，与天冲同断。

天英宜出入、远行、嫁娶、谒公卿，不宜出兵、移徙、筑室、祭祀、商贾，皆不利也。

天英皎皎月团圆，照耀无私众可观。千里往来亲聚会，佳期荣禄足看观。

加一宫在秋冬月或壬癸日亥子日，有黑云气从北来助，战利主。加七宫在春夏月或丙丁巳午日，有赤云气从正东或东南来助，战大胜，利客。

天芮宜受道、交友、下冗、嫁娶、移徙、筑室，秋冬吉，春夏凶。

天芮文星号贵人，时宜发解定科名。修工出入皆大吉，远誉荣花万里明。

论利主客与前天任同。

天柱宜隐迹藏形、嫁娶、修造、祭礼、藏窖、出入，不宜迁徙、入官、市贾，用兵主伤败。

天柱比和主隐藏，贵人起接喜惶惶。屯兵固守须为吉，若是行兵主败伤。

加九宫在春夏月或丙丁巳午日，有赤云气从正东来照，战利为主。加三宫在季下并秋月或庚申酉日，有白云从西北来照，战利为客。

天心宜治病合药针灸，将兵秋冬胜，春夏不利。婚姻、入官、筑室、祭礼、商贾，秋冬吉，春夏凶。利见君子，不利见小人，更宜求神奏章。

天心辰患若临身，治病还须告鬼神。更宜志诚修药饵，方能吉庆祸无侵。

---

① 郑同注："贾"字底本无，据上下文补。

② 郑同注："或"，底本作"有"，从上下文更正。

论利主客皆与前天柱同。

**天禽**宜祭礼求福、治病合药、赏功封爵、迁移入官，宜市贾，嫁娶出入俱吉。将兵四时皆吉，不战用谋，敌断决郡，凶人畏伏。

天心一宿与天禽，二宿文超及贵人。若是所求如用此，荣名远誉保安身。

论利主客与前天任内皆同。

九星旺于<sup>①</sup>我生月，相于<sup>②</sup>同类月，死于我生月，囚于官鬼月，休于妻财月。假令蓬水星旺于寅卯月，相于亥子月，死于申酉月，囚于辰戌月。余仿此。

**由是推之，先排九宫于掌上，**

坎一，坤二，震三，巽四，中五，乾六，兑七，艮八，离九，乃飞跳九宫，为天盘也。以寅为坎一，卯为坤二，辰为震三，巳为巽四，午为中五，未为乾六，申为兑七，酉为艮八，戌为离九，此则野马跳涧走之法名遁九宫，以应地盘也。

**次分八卦于其中。**

离南，坎北，震东，兑西，坤西南，乾西北，巽东南，艮东北，此是天之八卦也。

**纵横十五，错综三元。**

按神禹洛书之数，九前一后，三左七右，四前左二，前右八，后左六，后右五居中，所以配九之数而纵横十五也。一宫分三气分三元，仍以天地人三元作下中上三局而错用之也。

**将八卦以分节，接每节而绕三气。**

冬至<sup>③</sup>在坎，立春在艮，春分在震，立夏在巽，夏至在离，立秋在坤，秋分在兑，立冬在乾，此八节分于八卦也。冬至统小寒，起坎一宫。立春统于雨水惊蛰，起艮八宫。春分统清明谷雨，起震三宫。立夏统小满芒种，起巽四宫。夏至统小暑大暑，起离九宫。立秋统处暑白露，起坤二宫。秋分统寒露霜降，起兑七宫。立冬统小雪大雪，起乾六宫，是每通三气也。

---

① 郑同注："于"，底本作"与"，从上下文改正。

② 郑同注："于"，底本作"与"，从上下文改正。

③ 郑同注：冬至，底本作立冬，据《御制奇门大全》更正。

**定一气三局一局五日法。**

按《宪书》法：一年二十四气，一气十五日，五日一局，是一气三局而一局五日也。如甲己为符头，历甲乙丙丁戊五日为一局；自己又为符头，历己庚辛壬癸五日为一局，至二十日，戊申十五重用大雪奇局，所谓闰奇也。虽十七日乙巳已交冬至节，然闰奇未满，合从二十一日己酉方用冬至节上局奇，是之谓接。自闰奇奇之后，一向用接。接者，闰奇也。闰奇者非闰月，乃重叠用奇也。

**仲上局孟中季下，识中间天地人元。**

子午卯酉四支日为仲。如甲己二干临子午卯酉，谓甲子甲午己卯己酉为上局也。寅申巳亥四支日为孟，如甲己二干临寅申巳亥，谓甲寅甲申己巳己亥为中局也。辰戌丑未四支日为季，甲己二干临辰戌丑未，谓甲辰甲戌己丑己未为下局也。上中下三局依节气而分天地人三元，如冬至为天元，小寒为地元，大寒为人元；夏至为人元，小暑为地元，大暑为天元；阴阳顺逆类仿此，超月过旬之余，当以闰奇为贵。二至之前阳终阴续，无节气之相代，故立闰毕其余，为拆局补局之法，乃超节闰奇之例。

凡超神，谓节未至而甲己符头先至。若先用奇局，至十二日之后方遇节，当用置闰之法，如冬至至以甲己日半起甲子时。

**一日十二时，而三奇已之遍九宫矣。**

逢甲己为符头，当超神而接气，符速节迟超神，看甲己临在何支，凡遇甲己日辰至，则为换局之首，乃用超神接气之法，谓甲己日辰先至而节气未至，合用超神之法。如某年十一月初六日庚子冬至，却在己亥符头下，乃冬至中局管；十月二十九日甲午，已属冬至上局管，何也？盖十月二十四日己丑属大雪下局，至二十八日癸巳满，则二十九日甲午当超冬至上局，分一七四也。便于一宫起冬至，奇初六日，交节已挽，先用过六日矣，是谓之超。

**节前符后接气，验日辰何临甲己。**

凡遇甲己日辰到来，即当换局，缘节气先至，而甲己日辰未至，乃用接气之法。如某年十一月初二日庚寅交大雪，十月二十一日己卯已超，大雪上局自己卯至庚巳过旬余，初一日己丑大雪下局，初五日癸巳下局，已终无再超之理，当用冬至闰月者何？自初六日甲午以芒种阳气已终，遇夏至阴生，当用阴局；夏至又大雪，阴气已终，遇冬至阳生，当用阳局。故谓芒种及大雪节内超神，过十三日之后而有置闰之法，闰奇十五日后方用正局。如闰奇之后下局未满，已交夏至之节，仍待下局已终，方用正局符头以接其气，所谓拆局补局也。

子午东部兮，冬至后阳局已定。

子为坎位，冬至后在坎，历坎艮震巽四卦十二气一百八十二日六十二分半，在子午之东部，属阳气用事，惟用阳遁。

子午西部兮，夏至后阴遁无移。

午为离位，夏至后在离，历离坤兑乾四卦十二气一百八十二日六十二分半，在子午之西部，属阴气用事，惟用阴遁。则时干六一在离，九是天蓬，直符在九宫也。以天蓬在离，则天任在坤，天冲在兑，天辅在乾，天英在坎，天芮在艮，天柱在震，天心在巽。

寻直使于时支，

时支住处为直使起首，如阳一局甲己日乙丑时，以休门为直使；乙丑时则时支丑在坤二，休门直使在二宫也。以休门在坤，则生门在兑，开门在离，是休门合天盘上，丙奇在西南二宫也。

先遁五子之元，

如甲子日半夜起甲子时，乙庚日半夜起丙子时，丙辛日半夜起戊子时，丁壬日半夜起庚子时，戊癸日半夜起壬子时，诀曰"甲己还生甲，乙庚丙作初。丙辛生戊子，丁壬庚子居。戊癸何方起，壬子是真途"是也。

次寻六甲之首。

六甲为甲子、甲戌、甲申、甲午、甲辰、甲寅也。凡五百四十。

阳局顺由一而之九，①

凡遇阳局，则自坎一宫而至坤二宫、震三宫、巽四宫、中五、乾六、兑七、艮八、离九，顺飞九宫而寻局面也。

阴遁逆自九而达一。

凡遇阴局，则自离九宫而至艮八宫、兑七、乾六、中五、巽四、震三、坤二、坎一，逆飞九宫而寻局面也。

认取九宫，安九星而为直符。

① 郑同注：底本此一句误为"阳局由一至至九"接连上段，误，据《御制奇门大全》更正。

如坎一宫为一局，则以天蓬星为直符，天蓬一宫，天芮二宫，天冲三宫，天辅四宫，天禽五宫，天心六宫，天柱七宫，天任八宫，天英九宫，此九宫安九星之法也，分配八卦。

**分配八卦，列八门而作直使。**

如西北乾上，则以开门为直使。开门在乾，休门在坎，生门在艮，伤门在震，杜门在巽，景门在离，死门在坤，惊门在兑，此八卦八门之定位也。

**遣直符于时干，**

时干住处，为直使起首。如阳一局甲己日乙丑十二时，在六甲旬头之下，本时直符以六甲取之，见此时系甲子旬头也。

**六仪为则，本与六甲之同名。**

六仪则戊己庚辛壬癸也。甲子常同六戊，甲戌常同六己，甲申常同六庚，甲午常同六辛，甲辰常同六壬，甲寅常同六癸。六甲隐于六仪之下，故曰同名。

**三奇取象，犹配三光之照临。**

三奇乙丙丁也，天有三奇日月星，地有三奇乙丙丁。乙为日奇，丙为月奇，丁为星奇，此三奇配于日月星之光也。

**六仪则戊己庚辛壬癸，三奇则乙日丙月丁星。**

以戊己庚辛壬癸常同六甲旬头，号为六仪。以乙丙丁配天上日月星，号为三奇。凡日用有为，常从三奇合开休生三门出入为大吉，则百事可举。

**阳遁也仪顺行奇则逆布，阴遁也仪逆布奇却顺行。**

阳遁六仪顺布，自一而之九，三奇逆布，自九而之一；阴遁六仪逆行，自九而之一，三奇顺布，自一而之九。按之数分顺逆而飞跳九宫也。

**顺焉从直符而顺飞于九宫，**

阳遁一局，甲子六戊直符在坎一宫，甲戌同六己在坤二，甲申同六庚在震三，甲午同六辛在巽四，甲辰同六壬在中五飞寄在二宫坤上，甲寅同六癸在乾六。乙寄在九宫，丙奇在八宫，丁奇在七宫也。

**逆焉由直符而逆于八卦。**

阴遁九局，甲子六戊直符在离九宫，甲戌六己在艮八，甲申六庚在兑七，甲午六辛在乾六，甲辰六壬在中五飞寄在坤二，甲寅六癸在巽四。乙奇在坎一，丙奇在坤二，丁奇在震三是也。

上飞天盘，按天道运行于时候。下例地盘，由地道安静而不移。

遁甲三层，上层象天为天盘，下层象地为地盘，中层象人列八门以应八方。

天盘九星兮，共奇仪一时一易。地盘九星兮，与奇仪五日方移。

天盘九星，每一个时三奇六仪八门皆移一位。地盘九星，每一局五日六十时足，与三奇六仪八门方换一局。可见天道运行，地盘安静也。

天盘临地，审吉凶之消长。地盘加天，知休咎之盈亏。

天盘上直符与三奇六仪加临地盘上三奇六仪，以知天之休咎吉凶消长休咎盈亏，详见下文。

天上甲子临甲，此号为伏。

天盘子集临地盘子上为伏吟，此时不宜用兵，宜收敛货财。凡六甲之时，门符临本宫，皆为伏吟。

天上天蓬遇天英，斯称为返。

天盘天坎加地盘上离为返吟，不利举兵动众，利散恤仓廪之事。门符加冲宫，皆为返吟。

开居乾上伏吟咎，生临死地返吟凶。

如开门见乾，则八门皆临本位，故为门伏。生门坤上，则八门临冲方，故为返吟。返吟伏吟俱不利，虽合三奇，不宜兴动。

吉门合于三奇兮，举动皆利。

开休生三吉门，更得三奇，又合九天九地六合太阴之位，乃谓三诈之宫，可以扬兵动众，克敌致胜，而举造百事也。

奇门嫌入墓迫兮，所作非宜。

凡九星三奇八门入墓，吉门受迫，皆不可举百事。虽有奇门，亦皆凶也。

奇临本库，为三奇之入墓。

如木墓在未，乙未时乙奇入墓。火墓在戌，丙戌丁亥时丙丁入墓。乙奇临坤，丙丁临乾，是为三奇入墓也。

门制其宫，为入门之受迫。

门制其宫为门迫，宫制其门为宫迫。吉门迫则吉事不成，凶门被迫则凶灾尤甚也。

# 奇门发用

十二支辰连八卦，神杀相似无踪罅。人人点算尽皆知，个个说来言总怕。
欲求年月利修方，金神劫煞急身惶。血刃飞廉剑锋煞，毒火刀兵并火血。
无端蚕室与流财，一坐三年方不脱。人间急切要修营，争奈其方多恶星。
迷山罗睺空亡占，宫符燥火及亭亭。转运行衙难可准，宝曜滕云未必灵。
帝星年月六壬好，雷霆合气吉星到。须却守到通利时，日月蹉跎难可保。
遁甲奇门说与君，天关只在掌中轮。六甲直符与直使，三奇出处布诸门。
奇到门通无不利，管甚官符并太岁。日月星辰照下来，恶煞凶星皆拱避。
飞到九宫皆有验，争奈时人会者希。多有遇人心不伏，只道主人福相随。
出兵战斗尚合功，始信神仙玄妙通。不用书符并撒土，但将此诀掌中轮。
若有时师明得者，方信奇门不误人。

# 奇门接气闰奇起例

阴阳二遁原洪造，超神节未奇先到。接则节先奇后来，超神接气通玄妙。
二至之前有闰奇，此奇累日叠成之。阳极阴终无后节，奇门因此露真奇。

夫超奇之后置闰，闰奇之后有接，接之后有正接，之后复起超。超奇常
多，凡遇超十日则闰，每于芒种大雪二节内验超日多少定之，闰者重使前一
局也。

假令癸未年十一月初十日大雪节，庚申则则超过十一日，合于此置闰。
十四日甲子，仍借用大雪节，谓之闰奇。直至二十七日己卯，方是冬至上局，
即是节先到而奇后来，谓之接气。此一向用接奇，直接到甲子己卯、甲午己
酉日节气到，谓之正奇。至如第二年十二月初六日庚辰，冬至才过一日，谓
之超奇。自此以后，一向用超奇，超满后复置闰，周而复始，无有尽期。以
此其故名奇门。

# 御定奇门大全秘纂卷二十二

## 风后通明钤

### 奇门超接正闰秘旨

超者越也，神者辰也，接者承接也，气者节气也。谓有未得立夏九日，则预先甲子下超，先用立夏中局，自甲戌以下用立夏下局，此先得奇而后得节而日速，此谓之超神。

### 接 气

淳祐七年二月二日丁未交清明节，二十四日己酉方是清明上局奇，此先得节而后得奇为迟，此谓之接气。故其月二十二日是丁未，戊申仍用春分下元，此是以得本节而奇星尚用前节也。

### 正 受

淳祐七年丁未六月二十八日己酉交立秋节，正值日辰，与气同到，其日即合使用立秋上局，此谓之正受，换奇皆用甲子日换也。

### 闰 奇

闰奇非谓闰月，重叠用奇也。或二至之节未便值甲己四，而日辰于是重叠用二节节前气之奇，故谓之闰奇也。然见诸节皆有节先至而甲己未至者，

159

故谓而闰。大雪与芒种而节乎？盖芒种以后夏至节气阴局，大雪以后冬至节起阳局，所以须闰奇以补其节之余也。如仲日先至而二至之节后来，即无闰奇矣。其理乃天地之成类也。五年余三十日，每年余六日。五年余三十日，故岁再闰，添足成数，所以奇法两闰，亦有三十日也。依天地日月以定闰，四时非他文也。

# 又说闰奇起例

且如淳祐六年丙午闰四月初一日己丑，至初五日癸巳，用小满下局。奇终而四月初六日甲午超，先用芒种上局奇矣。其四月十五日癸卯方交芒种节，然日辰以先来十日而借用之，其闰四月初六日甲午至初十日戊戌，用芒种上局。十一日己亥至十五日癸卯先借中局，其十五日须得芒种节，然辰超越过之，其闰四月十六日甲辰至二十日戊申用芒种下局奇，而芒种前三月小满，至五月初一日戊午方交夏至节，宜候初七日甲子方得夏至上局。其闰四月二十一日己酉，至五月六日尚余一十五日，所以今再闰，芒种节上中下三局奇星，故谓之闰奇也。于是从闰四月二十一己酉至二十五日癸丑，用芒种上局；二十六日甲寅至五月初一日戊午，再用芒种中局；奇后初二日己未日至初六日癸亥，用芒种下局；此闰奇之终也。从五月初七日甲子，则入夏至节阴局矣。

又如淳祐七年丁未十一月十七日丙寅交冬至节，则十一月十五日甲子以超，用冬至上局奇矣。其大雪节为甲己所拘，所以不用有闰。凡是闰奇，只在夏至前用之，永不在冬至后，亦不在闰月之例内。若然淳祐六年丙午夏至节四月立例，其他闰月不闰奇也。凡闰奇，只在芒种大雪之前。

颂曰：

九宫八卦合为图，何以皆名遁甲乎？遁取六干藏六戊，六仪所以号阴符。
阳气九数阴戊六，阳九秉阴天上宿。阴戊凝阴也下门，表里相生成一局。
阴阳二遁原洪造，时来节迟奇先到。迟时交节奇后来，超神接气通玄奥。
四仲未到节先来，本节端然要剪裁。虽然移节以交气，奈缘四仲未胚胎。
四仲先来节后至，超用合来之节气。有时超节过旬余，门属时兮奇属日。
奇嫌入墓门嫌迫，墓宫三位有消息。门克本宫为彰隔，时干克日为损明。

六仪交刑为障击，天网日时之死凶。更忌支神返伏吟，神煞阴阳消与息。
本宫凶消息为吉，以凶助吉盖回之，近福致祥皆堪日。

## 超神正闰篇

遁奇之有闰，与岁之有闰，名虽同而则异。盖岁三闰者，积日之余以闰
月，积时之余以闰日，月则余日三旬，闰奇则十五日已积时，而起自正受之
日以积余时，积余十二时则超一日矣。即超日已用节气，超之已尽十日则近
于二至。二至者，阴阳顺逆之始终也，于是用其终以成闰奇，所以终前气逆
顺之奇也。既闰之后，阴阳必皆始终也，接气以成，已来之节亦近十日，每
节渐涓涓日尽而成，正受之后必渐盈积，盈积而成日，遂先用日以超神，每
节渐至渐增，至极而成，超越亦近十日又值阴阳之极，于是以成闰奇。盖超
神十日，正受十日，接气十日，[①] 而奇闰之理足，以超神尽而接气，皆以正受
内中判而消息，其意如此。

## 又奇门超神接气法

阴阳二遁原洪造，节迟奇速日先到。节速奇迟日后来，超神接气通玄奥。
日后来，节先至，还用过去之节气。虽缘新节以交过，奈缘旧节未足裁。
日先来，节后至，超用未来之节气。有起无越过旬余，所以积余成闰岁。
二至之前有闰奇，以后节节叠成局。阴终阳始无气节，故立此法续其积。

**天有九星分九地，**

天蓬字子禽星一宫冀州，天芮字子成星二宫荆州。天冲字子翘星三宫青州。

天辅字子卿星四宫徐州。天禽字子官星五宫豫州，天心字子囊星六宫雍州。

天柱字子韦星七宫梁州，天任字子忠星八宫兖州。天英字子然星九宫扬州。

谓之天上九星布于九地也。

**中有八门常转移。**

九宫之上，又有八门，分从八卦，以应八方。则开门在乾，休门坎，生

---

① 郑同注："接气十日"据《御制奇门大全》补入。

门艮，伤门震，杜门巽，景门离，死门坤，惊门兑，常随天乙飞之九宫。天乙即直符也。

**三遁三元当用局，**

冬至后为阳遁，夏至后为阴遁，各行天地人三元而上当用之局节气也。

**在逆三奇与六仪。**

阳遁逆布三奇，顺布六仪；阴遁顺布三奇，逆布六仪，逐宫而遍之九宫。故乙丙丁为三奇，六甲为六仪。冬至始于阳遁，天元上一局，甲己日半夜①生甲子时，此时天英乙奇在九宫，天任丙奇在八宫，天柱丁奇在七宫，谓之三奇逆布。甲子与六戊在一宫，甲戌与六己在二宫，甲申与六庚在三宫，甲午与六辛在四宫，甲辰与六壬在五宫，甲寅与六癸在六宫，谓之六仪顺布，而五日一局终矣。夏至阴遁，人元上九局，甲己日半夜亦起甲子时，此时天蓬乙奇在一宫，天芮丙奇在二宫，天冲丁奇在三宫，谓之顺布三奇。甲子六戊在九宫，甲戌六己在八宫，甲申六庚在七宫，甲午六辛在六宫，甲辰六壬在五宫，甲寅六癸在四宫，谓之六仪逆布，而五日一局终矣。故二遁各随六甲所得之星为直符，所得之门为直使，用遁之法也。

**直符直使加宫干，**

九星受本时旬头上六甲者为直符，八门同本宫所得之九星者为直使，直符寻时干住处起，直使寻时支住处起，先从三奇乙丙丁役之。六仪戊已庚辛壬癸行阴阳二遁，皆以地盘为准也。

**方在消详辨兴衰。**

直符随时干，直使随时支，已辨兴衰，亦随六甲之首所得之门，阳遁以少之多，阴遁以多之少，飞行九宫正时之宫，以五行衰旺之定吉凶也。

**胜地要当推处所，天乙宫中更勿疑。**

天乙则总九宫，即从六甲之行分于二遁，且直符直使本同宫而异位，九星从于时干八门，行于九宫九局，约五日合会而同行，五宫遇交会之甲后复还本位，总谓之天乙。若直符直使所至之宫皆利，宜背之击其冲，百战百胜，谓之第一胜。

---

① 郑同注："故乙丙丁为三奇，六甲为六仪。冬至始于阳遁，天元上一局"、"夜"等文字，据《御制奇门大全》校补。

**九天生门此日吉，从强击弱震兵威。**

阳遁直符前一宫为九天，阴遁直符后一宫为九天。《经》云："九天之上可以扬兵。"生门之方宜背之而击门，则大胜也。八门直使之宫与生门不可击之，此行军之三胜也。

**直使之地通为五，不击之处莫施也。**

九星为直符直使，则当用门，即天乙之宫也。阳遁直符后二宫为九地，一不击天乙宫，二不击九天宫，三不击生门宫，四不击九地宫，五不击直使宫，此不击之地，宜背之而大胜也。

**藏伏最宜居九地，**

九天之下最宜伏藏，人不见形影也。

**六合逃亡路坦夷。**

阳遁直符前三宫为六合，阴遁直符后三宫为六合。六合之下利逃亡，神灵幽获之，不见逃者之形影也。

**三奇出方万事吉，但能依此免迍危。**

天上三奇日月星，地下三奇乙丙丁，更合开休生三吉奇门，利为万事。《经》曰："乘三奇出三奇，敌之必胜。"以此时出三奇得三奇，其遁甚良，可志心而自天祐之矣。如乙奇得甲戌甲午为得使，丙奇得甲子甲申为得使，丁奇得甲辰甲寅为得使。阳遁一局甲子日癸酉时，天蓬直符加六宫，休门直使归一宫，则休门下有丙为月奇，临甲子在一宫谓之丙奇得使。阴遁九局甲己日癸酉时，天英直符加四宫，景门直使归九宫，则开门下有乙为日奇，临甲午在六宫谓之乙奇得使。《经》曰"三奇所使，九益甚良"者也。

**生门合月加六丁，天遁华盖乘日精。**

丙为月奇，生门合丙，为月奇加于六丁，为天遁也。阳遁四局乙庚日乙酉时，天心直符加三宫，开门直符加七宫，则生门合丙加一宫临丁星奇，故曰"生门合六丙"，为天遁而得华盖也。

**开门合乙加于己，地道紫微方最灵。**

阳遁八局乙庚日乙酉时，天蓬直符加七宫，休门直使加二宫，开门合乙加己于九宫为地遁。《经》曰："开门合乙为地遁方，神灵最验。"凡隐遁逃亡，能避于华盖紫微宫也。

**休与星奇合丁乙，人遁太阴能蔽形。**

蔽者闭也，言其位能闭藏身形也。阳遁七局乙庚日丙子时，天任直符加五宫，生门直使加一宫，休门合六丁星奇，天心直符前二位六合太阴之下，故《经》曰"休门合六丁为星奇"，合阳遁直符前二位、阴遁直符后二位于太阴之下，以为人遁，得太阴之气，而所藏蔽形体也。

**斗之三奇六仪利，玉女门中遇吉星。**

若要知玉女之门，须要知六丁所在而六仪所之，则玉女守门时。阳遁一局，则六丁在七宫，则甲子有丁卯以庚午而之，甲戌有丁丑以己卯而之，甲申有丁亥以戊子而之，甲午有丁酉以丁酉而之，甲辰有丁未以丙午而之，甲寅有丁巳以乙卯而之。阴遁九局，六丁在三宫，与阳同。《经》曰："斗之有三奇游六仪，利以阴私会合之事。"诸遁以阳遁阴遁而之九宫，则玉女守门时也。

**斯道通明符圣德，天乙之宫合帝庭。**

六仪之时，以乙丙丁戊庚丁己之玉女守门户，以日为天乙所之，贵人玉女之术，非常人之用，宜秘之，不可妄传。

**玉女常居干四维，子日在庚顺求之。且如丑日辛干上，寅日从乾逐位移。**

遁甲玉女之时，玉女方常居八干四维，乾艮巽坤也。凡诸遁甲出入，宜用玉女为吉也。

**天门子丑及于寅，三日俱来丙上论。卯辰巳往庚方去，午未申从壬子逶。**
**酉戌亥来居甲上，行军宜利悉沾恩。**

凡欲入军阵，先乘青龙，历蓬星，过明常，绕太阴，出天门，入地户，步斗罡，伏天藏，一可当百，将士俱沾恩也。

凡欲谒贵，事大体重，必先乘青龙，历蓬星，过明常，出天门，入地户，绕太阴，推玉女方，而无不遂意也。

# 御定奇门大全秘纂卷二十三

## 风后通明钤

**时加六合言开合，六甲虽同用不同。**

言开时利阳合时利阴也。

**阳星加时攻战吉，阴星开合所为凶。逢任冲辅禽阳宿，英柱内心阴气浓。**

天蓬天任天冲天辅天禽属阳星，天英天柱天芮天心属阴星，遁之乾道之亨，《易》曰"开户谓乾"，而有生生之变，成天下之务。甲己之日甲戌时，丁壬之日甲辰时，合天辅时，利以扬兵，可以先起。天心时可以后应，天任时利以破城，合天蓬、天芮、天柱、天英，可以固守城池，吉。天英、天柱、天心为阴星，合甲申、甲寅、甲子、甲午，合宜固守，不可举动。阴遁之时，天禽为坤之合包，万物藏形，《易》曰"合户谓坤"，不彰扬事，惟固兵，因而自胜也。

**孟加刑门难出入，惟宜隐匿莫当锋。**

甲寅甲申时为孟，合阳星阳气在内，合阴星阴气在外，利以固守城池，谋画计略，不成不可举兵，出入败兵必矣。

**四仲甲时阳在内，坚守藏兵主自雄。**

甲子甲午时合阳星，利以为主，后应即吉。故阳星合时，星阳气在内，可以围城，不可远出；阴星合时为开格，其刑在门，不可出兵，惟利守固，阴谋自胜，吉利也。

**四季甲时阳在外，不可扬兵立大功。**

甲辰甲戌合芮星天英天柱天心天禽星为吉，不用合天蓬天任天冲天辅天禽，为半开半合。甲午为主人命，甲辰甲戌合阳星，可以远行扬兵动众为客；合阴星且宜逆斗，为客大胜，为主大败。故六甲之时，但阳合孟甲内开外阖，仲甲半开半阖，季甲俱开；阴星合孟甲合，仲甲内开外阖，季甲外大开内半开。阳开利客，阴开利主，阖则固守，开则扬兵。故《经》云"能知三甲一开一阖，不知三甲六甲尽"。故甲辰甲戌为飞，甲子甲午为天，甲定甲申为地。甲乙青龙上将，居之阳为客，阴利主，时应于乾为天，则九天之上可以扬兵，故六甲分为主客之道也。

**时加六一为天德，决胜推雄向此中。**

《经》云："时加六一，与神俱出，行来恍惚。"日奇之下，利以扬兵，以安军鼓者也。

**六丙天威无不利，敌人亡败莫争功。**

一云"敌亡不得向前"。故六丙所加，若大胜，不逐敌人。六丙之时，万兵莫往，彼若王侯。故丙为火，有大威势之兵。若金虽刚劲而不能胜火，故《象》云"而贼为莽敌"，以金赴火，故贼退也。故齐军入魏，而此系孙膑能灭之术。魏军趣利，而庞用金，不料得失于马陵，故孙膑能火计，故《遁甲经》云"威德之时，利以为主，客人不利"，<sup>①</sup> 六丙之时，威势相随，明堂之下，聚众安营也。

**六丁潜形名玉女，此时征战必亨通。**

六丁之时，出幽入冥，至老不行。丁为星奇，玉女当时，刀虽临头，尤不惊疑。谓之三奇之灵，六甲之阴，其下可以伏兵。故六丁之下潜伏，莫见其形也。

**六戊乘龙与奇合，远出扬兵获冠戎。**

六戊为龙，可从三奇门出兵，大胜，百胜百克。六戊之时，乘龙万里，纵有狂徒，莫敢呵止。天威之下，利以远行。军门之下，宜以出入。故《经》曰"六戊为天门"，则军门亦在其上。

**六己明堂宜秘密，偷营劫寨可潜踪。**

六己之下，利以阴谋，出处人莫见形。《经》云："六合之下，可以潜形。地户之下，小将居之。"六己明堂，惟宜隐伏偷号劫营寨也。

**六庚之时杀气，横若当巧击祸先萌。**

六庚之时，抱木而行。强有出者，必见斗争。天狱之下，各众斩砍。扬兵远出，祸先萌发。故《经》云"六庚为天狱，可以宁众军旅行形罚"也。

---

① 郑同注：底本作"威德之利，时以为主，客人不利"，据《御定奇门宝鉴》更正。

**六辛行师多失律，莫将容易引军行。**

时加六辛，行逢死人。强有出者，罪将其身。惟宜判辜治事。天庭之上，宜停积军粮，利居六辛之下，聚积军储，以治事决罪而也。

**六壬之地多凶咎，若有施为必损兵。**

时加六壬，为吏所禁。强有出者，非祸即临。此时不可远行出入，百事皆凶。壬为天牢，可以积鼓击囚。故《经》云："六壬为天牢，可以积鼓击囚，聚储军食而已。"

**时加六癸为天网，惟利逃亡不利贞。**

六癸之时，众人莫视。不知六癸，出门则死。六癸为终阴之德，原其包藏万物，神通变应，以为天藏华盖，可以藏军避寇，人不得见。六癸属坤主地，曰军府，故《经》曰"九地之下，利以逃亡；六癸之下，利以伏兵，逃亡隐形"也。

**青龙返首甲加丙，**

假如阳遁一局甲己日丙寅时，天蓬直符加八宫，休门直使加三宫，天上六戊合地下六丙在艮，又得开门，谓之青龙返首，时最利出行，举造百事也。

**飞鸟跌穴丙加申。**

假令阴遁八局甲己日癸酉时，以天任直符加三宫，生门直使加八宫，天上丙合地下戊在艮，又得生门。又如阳遁一局癸酉时，天蓬直符加六宫，休门直使加一宫，天上丙合地下戊，皆为飞鸟跌穴，大吉之时，出军谒贵，出行造葬，百事顺快。

**更若从生而击死，必然大胜立功名。**

冬至阳遁一局，天蓬为直符，休门为直使。丙寅时，休门直使加三宫，生门四宫，死门六宫。癸酉时，生门八宫，死门二宫。此二时从生门击死门，大胜。

**朱雀入江丁加癸，**

六丁之时加六癸，阳遁一局丁丑时，天芮直符加七宫，天上丁加地下癸在六宫，谓朱雀入水江也，此时大凶。

**螣蛇夭矫癸加丁。**

阳遁七局癸未时，天任直符加三宫，天上癸临地下丁在四宫，谓之螣蛇夭矫之时，大凶。

**若遇此时凶恶甚，莫倚门奇错用兵。**

莫倚奇门强战争。癸入丁，丁入癸，强战争，值此二时，纵有奇门亦灾凶也。

**六乙加辛龙逃走，**

阳遁四局乙未时，天柱直符加三宫，乙奇在七宫临辛，谓之青龙逃走，此时百事大凶。

**六辛加乙虎猖狂。纵有奇门亦难用，切须消息莫怆惶。**

阳遁二局辛巳时，天冲直符加五宫，六辛临一宫六乙，谓之白虎猖狂。六辛入六乙，六乙入六辛，此时大凶，纵得奇门，不可用也。

**日干若被庚加首，伏干之格更多凶。**

阳遁五局丙午日丁酉时，甲午直符在二宫，地下丙在三宫，以天上庚来加之，谓之庚加今日之干，名下伏干格，大利客，不利主，败之。

**今日之干加六庚，飞干之格主人亨。**

阳遁五局甲己日庚午时，天禽直符加七宫，即日干六甲下临七宫庚上，名飞干格，此时斗战，主客两伤，皆不利也。

**六庚加符不利主，伏干之格事相辜。**

庚来直符为伏干格，谓[①]不利主。阳遁八局壬申日，甲子直符，天任在八宫，天上庚加八宫直符上，谓之伏宫格。此时尊者败，不利主，大利客也。

**又名太白格天乙，主将今朝定失途。**

谓天上六庚为太白，主兵器来侵。天上六庚入今日直符宫，名曰"太白与天乙格"。

**符加六庚宫不利，飞宫之格莫轻谋。**

今日直符加庚为飞宫格，谓不利客。阳九局庚午时，天英直符加二宫庚上，谓之飞宫格也。此时卑者凶，不利客，为先攻者败之也。

**又名天乙格太白，若有师陈将必徂。**

直符为天乙，主先攻败，谓天上直符加地下六庚，名曰天乙与太白格。且如今日之使加六庚，名天乙与太白格，不利为客，先攻必败。阴遁九局庚午时，天英直符为天乙而临七宫庚上，谓之天乙与太白格，不利客先主败

---

① 郑同注："谓"字原在"不利主"后，据上下文格式更正。

者也。

**天乙之气贵人并，临庚战野败精兵。**

天乙，谓当旬直使也。阳一局己巳时，天冲甲申庚临六宫，休门直使同居，谓天乙贵人而并临六庚，乃临兵革虞于野不利，惟宜守固吉。

**太白复临天乙位，国中格斗失英雄。**

太白，谓天上六庚也。阴遁一局己巳时，天蓬直符在九宫，甲申庚临五宫，休门直符在九宫，甲申庚临五宫，休门直使同居，谓太白临贵人之位也。乃太白与天乙格，此时用兵，必至亡国也。

**太白入荧庚加丙，**

阳遁一局丙戌时，天上庚加地下丙，天冲直符加丙于八宫，谓之太白入荧惑宫，此时必至退败也。

**荧投太白丙加庚。**

丙入庚，庚入丙，总遇奇门，亦不可出兵。谓阳遁一局丙寅时，天蓬直符加丙在八宫，休与丙临三宫，此时不可入敌地，总合奇门，不可用兵也。皆凶。

**二时主客皆不利，莫倚奇门强战争。**

丙入庚，庚入丙，此二时主客皆不利，为金入火时，外兵来侵，火入金宫，先败后胜，在消息而用之。

**占贼若来庚入火，**

庚为太白，火乃丙，寄居庚。入丙时，即太白入荧惑也。此时对敌，宜防贼来。夏至中元阴遁三局乙庚日平旦戊寅时，六庚在一宫，以天芮直符即六庚下临六丙于二宫也。天上庚加地下丙，金入火，其贼必来也。

**火入金宫贼退声。**

丙为火，金为庚，若丙入庚时，即荧惑入太白也，此时卤贼必当退避不来也。阴遁六局甲己日丙寅时，六丙在八宫，以直符天心加时干，即六丙下临六庚于四宫也。天上丙加地下庚，火入金宫，贼必退也。

**庚加六乙为刑格，一切凶神不可行。**

大寒上元阳遁三局甲己日丙寅时，六庚在五宫，以直符天冲在时干六丙于一宫，即六庚下临六己于四宫，谓之天上庚临地下六己，名曰"刑格"，故甲与乙合阴阳夫妇之道，而庚临乙则金能克木，此时用兵，主车破马死，士卒亡于中道也。

**天地大格庚加癸，此时辄取乱峥嵘。**

庚丙之气鬼，藏万物之形，故于癸中藏于坤，不可用事举兵。《经》云"天上六庚临地下六癸，名曰天地大格，此时不可举动用，不利求望，不得遗亡者。不可求谒，人即不在。"秋分下元阴遁四局甲己日丙寅时，此六庚在二宫，以直符天辅加时干六丙于六宫，即六癸下临二宫六庚也。

**庚加岁干名岁格，**

如己酉年阴遁五局己丑时，天冲甲申临四宫六己，是六庚加今岁之干，名岁格，此时凶，百事不利。

**如加月朔格月凶。**

谓六庚加今月朔之下，如己酉年六月辛未月阴遁八局庚午时，天任甲子临六宫，天上庚加地下辛于五宫，此名月格，百事举动皆凶。

**丙加今日干名悖，**

丙为威武，而加日干，则不顺之象。谓六丙加日干，皆谓悖乱之道，行兵不利为客，为主吉。加年月日时之干，皆名悖。

**庚加今日格不利。**

如时干为时格，以庚加日干为格之道也。如阳四局乙丑日乙酉时，天心直符甲申在三宫临日干六乙，扬兵动众不利客也。

**时克日干五不遇，此则名为辱损明。**

一云"为之定损明"。时干克日干，为五不遇时。如甲己日乙庚时、乙庚日丙辛时、丙辛日丁壬时、丁壬日戊癸时、戊癸日甲己时，皆损其明，时克日干也。甲日庚午时，乙日辛巳时，丙日壬辰时，丁日癸卯时，戊日甲寅时，己日乙丑时，庚日丙子时，辛日丁酉时，壬日戊申时，癸日己未时。

**三奇入墓失威利，**

如乙奇属木，木墓在未，即坤也。丙丁属火，火墓在戌，即乾也。伤杜二门至二宫，木入墓内。戌丁亥时，时干入墓也。此时百事不宜，举动凶也。

**六仪一切忌击刑。**

如甲子为直符，下临震，子刑卯也。戌临坤，戌刑未也。甲申临艮，申刑寅也。甲辰临巽，自刑。甲午临离，乃自刑也。甲寅临巽，寅刑巳也。

**举事逢之终不利，朝行暮决败精兵。**

一云"昼行至损败动众"。失其光明，谓时干克日干，时支克时支。甲乙日庚辛时，庚辛日丙丁时，丙丁日壬癸时，壬癸日戊己时，戊己日甲乙时，寅卯日申酉时，申酉日巳午时，巳午日亥子时，亥子日辰戌时，丑未日寅卯时，并是天乙星在紫微宫外，为天地之贵人也。此时不宜斗战，最凶也。

**反吟伏吟俱不利，将军出寨红消停。**

如天蓬在一宫为伏吟，在九宫为反吟。天英在九宫为伏吟，在二宫为反吟。开门在六宫为伏吟，生门在八宫为伏吟。在二宫反吟，皆不为利，切在消停其六甲，开阖其吉凶也。

# 骊山老人后跋

　　此书包罗天地，橐籥阴阳，有不测之机，有保身惜命之术，为卫国之大计，实辅治之良策。子房用之，佐汉灭楚。武候习之，大霸三川。得之者当秘密为宝，可传之君子，不可传之小人也哉！

# 御定奇门大全秘纂卷二十四

## 禽遁秘诀阴符经①

### 初禽诀

七曜禽星会者稀，日虚月鬼火从箕。水毕木氐金奎位，王宿还从翼上推。
会者一元倒一指，就在倒指子移宫。看到时宫是何宿，分明吉凶报君知。

### 初禽起例

假如癸卯年四月初八日庚午卯时用事，其日乃参水猿值日，是二元甲子，
却念前歌，曰金奎倒一指，木氐倒二指，就从氐宿逆数七曜，七曜七日无除，
乃毕宿值时，就毕宿移在子上顺数，丑上觜，寅上参，卯上井木犴，即所用
之时也。余仿此。

右皆一应吉事，见官会人求谋，凡日用之时，依此取用。除用兵取胜，
不在此数。

### 翻禽倒将诀

气将加时仔细寻，将头顺数倒初禽。寻见时中真宿主，逆回原位放天禽。
用兵不假天禽力，万马千军枉用心。若问翻禽与倒将，古今能士少知音。

---

① 郑同注：底本作"禽遁阴符经"，合并在一级标题内，据《御定奇门秘诀》改之并统一版式。

## 翻禽倒将起例

　　假如癸卯年正月初十日辛丑巳时用事，是日乃柳土獐值日，系二元甲子，却念前歌，云金奎到一指，木氐倒二指，就从氐宿逆数七曜，除五七三十五，余二日，乃翼宿值时，就从翼宿移在子上，丑时轸，寅时角，卯时亢，辰时氐，巳时房日兔，乃初禽，就一甲午将头胃宿加于初禽巳上顺数，子上昴，未上毕，申上觜，直数到第二遍，申上寻见初禽房日兔，却逆回未上心，午上尾，巳上箕水豹，即翻禽倒将之法是也。

　　右凡二十八宿之禽，皆无所惧。所忌争雄受死之日，暗金伏断之时，余皆不避。

## 用禽之法

　　禽之所用其来尚久，先圣所谓"恭天地之造化"，又曰"时日孤虚旺相之法"，孙子亦曰"阴阳寒暑时制"是也。凡吉凶祸福、谋望争斗、日用常行之事，皆以初禽主之。若王者拨乱兴衰，以顺讨逆，则以气将行之。故虽有智谋之将，勇锐之卒，阵坚粮足，马壮兵强，不律天时，不知气候，而能决胜者，未之有也。

## 诀　例

　　凡演禽之法，先分主客。日为主将，时为行将。日为他人，时为本身。日主静，时主动。地下用一禽，天上一煞星。故兵者，圣人不得已而用之。若日主高强，时宿衰弱，则坚壁以守之。若日主之日宿醇静，素无杀伐之威；时禽刚猛，又兼吞啖之权。加之气将之临，则奋击以攻之，百发百中无疑矣。

## 二十八宿禽名

　　角木蛟　亢金龙　氐土貉　房日兔　心月狐　尾火虎　箕水豹

斗木獬　牛金牛　女土蝠　虚日鼠　危月燕　室火猪　壁水貐

奎木狼　娄金狗　胃土雉　昴日鸡　毕月鸟　觜火猴　参水猿

井木犴　鬼金羊　柳土獐　星日马　张月鹿　翼火蛇　轸水蚓

## 七曜生忌

木生在亥　火生在寅　金生在巳　水生在申　土旺四季　日生在子　月生在未

## 十二宫生克制化

长生　沐浴　冠带　临官　帝旺　衰　病　死　墓　绝　胎　养

## 十二宫所主即锁泊

寅卯山林　辰戌岗坡　巳午汤火　丑未田野　申酉刀砧　亥子江湖

## 五行生克

金生水，水生木，木生火，火生土，土生金。

金克木，木克土，土克水，水克火，火克金。

## 七元甲子旬头

一元甲子虚　甲戌参　甲申氐　甲午室　甲辰鬼　甲寅心

二元甲子奎　甲戌星　甲申箕　甲午胃　甲辰翼　甲寅牛

三元甲子毕　甲戌角　甲申虚　甲午参　甲辰氐　甲寅室

四元甲子鬼　甲戌心　甲申奎　甲午室　甲辰箕　甲寅胃

五元甲子翼　甲戌牛　甲申毕　甲午角　甲辰虚　甲寅参

六元甲子氐　甲戌室　甲申鬼　甲午心　甲辰奎　甲寅星

七元甲子箕　甲戌胃　甲申翼　甲午牛　甲辰毕　甲寅角

## 七元四时

一元虚甲子　张乙卯　室甲午　轸己酉
二元奎甲子　亢乙卯　胃甲午　房己酉
三元毕甲子　尾乙卯　参甲午　斗己酉
四元鬼甲子　女乙卯　星甲午　危己酉
五元翼甲子　壁乙卯　角甲午　娄己酉
六元氐甲子　昴乙卯　心甲午　觜己酉
七元箕甲子　斗乙卯　牛甲午　柳己酉

## 暗金伏断凶日

子虚丑斗寅嫌室，卯女辰箕巳怕房。午角未张申忌鬼，酉觜亥胃壁被伤。

## 暗金伏断时

太阳值日鼠虎鸡，太阴有马不堪骑。火烧牛兔牢缚犬，水浸羊头君不知。
木弩射就猪也怕，金弹伤猴远树枝。土穴捉蛇休要弄，此是暗金伏断时。

## 受亡日

正戌二辰三亥中，四巳五子六马同。七丑八未九寅逢，十申十一在卯寅。
十二月中鸡报晓，吉星多处也遭凶。

## 气　将

但凡所谓将头者，每一轮六十日，分为四将，十五日为一气，俱以甲子
己卯甲午己酉，周而复始。如用出兵之禽，则以将头加于所用之时，顺数寻

见初禽值时，看是何宿，就是翻禽倒将之法是也。

# 起年禽诀

上元翼牛毕角参，中元氐室鬼奎星。下元箕胃毕翼角，此是年禽要起真。

谨依刘醇伯在章贡宪台见录原本，宣德元年丙午岁是室火猪直年，数至正统九年下元甲子是氐土貉宿值年，数至弘治七年甲寅是星太阳值年，于弘治九年丙辰是翼火宿蛇值年，数至弘治十七年上元甲子是箕水豹宿值年。只是日月水火木金土七宿循环值之，若依原旧起例则纠错矣。

# 起月禽诀

会得年禽月易寻，木参金宿起于心。土胃太阳正起角，月猪火马水年禽。

其法若是其年太阳星值年，正月是角宿直起，顺数至十二月是危宿直。若是金星值年，正月星宿直顺数至十二月斗宿直也。余仿此用之。

# 起日禽诀 <sub>用前七元四时法</sub>

每一元起以甲子乙卯甲午己酉为四将星，逐元直之。

其法每一元甲子六十日用四将星，各管十五日翻禽。假令一元甲子六十日就是符头，起用虚日鼠为一元一将头管事，至戊寅十五日翻禽之用。乙卯符头起用张月鹿为一元二将星管事，至癸巳十五日翻禽之用。甲午符头起用室火猪为一元三将星管事，至戊申十五日翻禽之用。己酉符头起用轸水蚓为一元四将星管事，至癸亥十五日翻禽之用。余皆准此。[①]

# 起时禽诀

日起时禽起子时，日虚月鬼火从箕。水毕木氐金奎位，土宿还从翼上推。

---

① 郑同注：本节底本脱字若干处，据体例——补正。

其法如虚日鼠值日，子时起虚用，辰上是奎木狼，为时禽。余仿此。

## 翻时禽诀

常把将星寻时禽，时去觅取是他人。寻到时禽权且止，止止便见是他人。

堪笑时师学使禽，以时伏日掌中轮。不加进将从何取，枉使千年也不灵。

此是秘传加进将，翻禽活曜取功名。功名到手君知使，切莫寻常度与人。

假如一元甲子将星管下丁卯日午时用事，其丁卯日宿直壁水貐，当翻毕月乌。① 子时起毕月乌，顺数至午时星日马直时，用将星虚日鼠从午起，顺寻两转至申上，得星日马，就从星日马翻，逆数两转，至午得虚日鼠为翻禽，乃是他禽也。其虚日鼠翻毕月乌，又用毕月乌从寅上起，顺行至午，得鬼金羊为活曜，乃是我禽也。余仿此。

## 翻活曜禽诀

日毕月尾火奎流，水氐木虚金寻牛。玉宿还从翼上起，此是翻禽活曜头。

其法四日宿翻毕，四月宿翻尾，四火宿翻奎，四水宿翻氐，四木宿翻牛，四土宿翻翼，俱从寅上顺行。

假如他禽虚日鼠翻毕月乌，又从寅上顺行，寻时禽泊得何星宿为活曜，乃我禽也。

## 彼我禽兮诀

日禽为彼我共用之禽，时禽为我禽，翻禽为彼禽。一云：日是彼，时是我，翻禽彼兮，活曜为我禽。又云：日是众家日，时是众家时。翻禽为天禽，时为地禽。一切使用要我禽高且有气，卜可行用事也。

---

① 郑同注："当翻毕月乌"，底本作"为水毕"。此节《御制奇门大全》阙，据《增补奇门禽经大全》更正。此书张天定撰，华龄出版社出版。

# 伏断掌诀

|  | | | |
|---|---|---|---|
| 申七元 | 酉 | 戌 | 亥 |
| 未六元 | | | 子 |
| 午五元 | | | 丑 |
| 巳四元 辰三元 | 卯二元 | 寅起一元 | |

起自一元至七元，随元元节节起甲子顺行，数遇寅上，便是伏断。但遇丑，即退一位。此数元捷法也。假如一元甲子从寅上数起，甲子日就是伏断。乙丑二节逢牛，丙寅退一位，依前从一节寅上数起丙寅，亦是伏断。丁卯二节，戊辰三节，己巳四节，庚午五节，辛未六节，壬申七节，癸酉复转一节寅上，又是伏断。甲戌二节，乙亥三节，丙子四节，丁丑五节，是逢牛，戊寅退一位，四节上己卯，五节庚辰，六节辛巳，七节壬午，复转一节。余仿此推之。

# 年逢日犯暗金杀

太阳直年，一年之内只有巳日犯暗金杀。

太阴直年，子未二日犯。

火星直年，酉寅二日犯。

水星直年，辰亥二日犯。

木星直年，午日犯。

金星直年，丑申二日犯。

诗曰：太阳从巳月子未，火星鸡虎水猪龙。土星兔犬木骑马，金居申丑不须轮。

其法如水年就起水毕于子，数至辰上是鬼金羊，数至亥上直亢金龙，即二暗金杀也。

# 伏断时定局

诗曰：太阳子酉寅，太阴午上寻。火居卯丑戌，金申木亥辰。

179

水木土擒巳，伏断定时真。

## 四季伏断日宿

春箕夏轸受灾殃，秋猴树上冬壁当。若人犯着四金杀，前程必定受灾伤。

## 七元暗金杀

一羊二兔三马头，四虎五蛇六是猴。七元却来辰上立，此是暗金伏断游。

## 禽星锁泊诀及日方例

申酉厚来泊剑峰，亥子日号泊江湖。丑未日泊田野好，寅卯日泊山林中。
辰戌日泊茅岗上，巳午日泊汤火凶。
用法：寅为山，卯为林。辰为岗，巳为汤。午为火，未为野。
申为刀，酉为砧。戌为路，亥为江。子为湖，丑为田。
假令角木蛟水中禽，值亥子日及亥子方吉。其余仿此。

## 张良作锁泊歌

寅卯山林为第一，虎豹奎狼吉。巳午汤火最为凶，一去便遭逢。
申酉刀砧君莫犯，地兵亦惊怕。亥子江湖轸曲龙，角壁定英雄。
丑上平田及绝地，千万专心记。未为路野细推详，定取吉凶方。
辰岗四正君须记，方道要君知。戌为平地路迢迢，子细好推摩。
千万占取吉凶方，坐定安将宫。一战一人胜百人，声响似雷鸣。

## 禽星刑害刀砧汤火断

尾房汤火及刀砧，轸水须忧丑位临。箕鬼氐禽由忌子，心奎二宿一般寻。
金狗从来未不宁，金牛角轸酉为刑。星张室火忧寅上，觜参昴鬼毕辰凶。
井壁元来忌卯宫，柳怕戌宫亢怕午，禽中刑害莫相逢。

180

# 御定奇门大全秘纂卷二十五

## 禽遁秘诀阴符经

### 禽星时家泊落

山水田园井，刀天草岸风。火月周流转，所在泊其中。

其法以本禽从长生数，起山字顺，遇本时住，其长生日直午，月直未水土申木亥火寅金巳。山禽宜山，水禽宜水。

### 禽星泊十二宫变化例

山蛟无化，龙化蛇，犴化狮，貐化蛤，豹化狐。兔居之吉，猪羊大忌，
　　房星柳入吉，壁轸亢凶。

水角亢壁入此兴云布雾，极贵之位。蛇吉。鸡化鸾，余诸不变。飞禽忌。

田角亢化蛇，鸡雉为禄贵库，鼠忌，獐鹿忌，余宿不变。星鬼吉，诸禽凶。
　　至刑害，不宜出。

园觜参入此为富贵食禄之地，房尾斗牛狼吉，蛇忌，余诸禽皆凶。入此凶。

井诸禽忌入此中存。蚓为生闲落，角亢吉。化貐富贵。飞禽毕入平平，不妨。
　　遇诸星入，凶恶弱，不出。

刀飞禽水族无妨。地兽主刑名。犴入食禄富贵。獐吉。犬忌。此五刑宫，遇
　　之不可用。

天飞禽必变。地禽虎狼化麒麟。蛟蛇化龙。龙化升天。牛化象。狗化鳖。鸡
　　化凤。豹化飞虎。此宫极乐诸星化。

草牛羊獐鹿马食禄之地。奎室房入吉。角亢入凶。

**岸**翼轸入此得地。猪羊吉。龙蛇忌。若水禽直此为剥落。尾毕井心星入吉。余星入此凶。

**风**诸禽并吉，所言此宫，还不能尽，龙虎豹行独乐之地，众随风雨而变化，尾奎胃毕觜鬼吉。

**汤火**狗变狮。此宫忌恶弱诸禽，皆不得地。一云天禽无妨。①

**月**房变玉兔。猴入此宫折桂，荣华极乐。猪化象，鸡化凤，雉化鸾。狗化龙，为天宫。龙蛇忌。此宫又号折桂之宫，诸星皆变，宜用事吉，不向诸恶星皆吉。只壁角亢轸翼凶，不宜用。

## 锁泊禽变化诗

角到平田化作龟，龙逢汤火化鱼儿。胃到江湖化蛟走，鸡入辰宫化凤飞。壁猪辰上如龙见，虚来申上变猫儿。觜参到戌声拂拂，轸居丑变绿毛龟。

## 禽星锁泊落方

| | | | |
|---|---|---|---|
| 角亢泊山锁海 | 氐泊园锁田 | 房泊岸锁岸 | 心泊峰锁岸 | 尾泊山锁野 |
| 箕斗泊山锁野 | 牛泊田锁岸 | 女泊草锁井 | 虚泊山锁峰 | 危泊江锁天 |
| 室泊野锁山 | 壁泊江锁风 | 奎泊林锁草 | 娄泊田锁山 | 胃泊田锁林 |
| 昴泊家锁园 | 毕泊野锁天 | 觜泊山锁峰 | 参泊林锁草 | 井泊江锁峰 |
| 鬼泊田锁路 | 柳泊林锁路 | 星泊田锁草 | 张泊田锁草 | 翼泊草锁山 |
| 轸泊园锁草 | | | | |

## 禽中六尊贵星

蛇龙燕马犴高飞，猛烈无过奎尾箕。狼宿若遇为尊贵，不怕高山路峣崎。

---

① 即日宫恶弱之主返复不可用事。

## 禽中禄贵人星

日向午时月向寅，火居巳上水居申。金在辰上木居未，土宿直卯贵人真。
若遇此星为相将，百事亨通遇贵人。此是禽中时合诀，时师能谙即通神。

## 禽中独高宿

第一高禽毕月乌，诸禽来斗尽遭亡。井木犴禽为第二，纵有高禽不敢当。
尾箕奎宿加临到，四足禽来尽被伤。便是吉星从好处，十战九胜还故乡。

## 今星贵人宿

毕危尾斗昴星参，张月鹿兮共八禽。起举求名及征讨，当朝受宠立功名。

## 禽星入庙方

角乙亢壬氐在坤，房鬼心丁尾巳陈。箕丙牛寅女子上，室巽虚申壁子亲。
危辛奎乙胃卯好，昴亥毕宿上侵辰。觜子参癸鬼酉位，井柳牛午及娄辰。
星庚翼戌张辛好，轸巽方中正旺真。

## 暗禽星位位隐八宫

寅隐熊，丑隐龟，亥宫罴，戌隐豹，中宫狼，未宫鹰，辰宫鲤，巳宫鳝。

## 禽星四季衰旺

角亢星危鬼柳房，春为旺相夏还昌。秋天渐次衰危蹇，冬后还居玉穴藏。
毕女翼氐室壁张，夏天方便外行详。秋天解使人荣贵，冬及三春万事昌。
觜参胃昴尾箕奎，多饶欢悦在秋时。冬季岂能超爵禄，春夏营谋万事迟。

斗牛心井轸娄虚，冬天方便好安居。秋若能生诸万物，春夏徒劳万事虚。

## 禽星喜乐衰旺

角亢觜室参危胃，鬼牛星柳毕蛇儿。若还夜里无生意，日中旺气正相宜。
氐房心尾箕水獭，斗牛虚井轸兼奎。柳娄偏爱天昏夜，日中述滞又迟亏。

## 禽星相顺

角顺壁，亢顺胃，氐顺尾，房顺张危胃，心顺室翼觜，尾顺危，
箕顺牛，斗顺星轸，牛顺鬼，女顺房斗，虚顺张鬼，危顺觜氐，
室顺心危，壁顺井角，奎顺虚氐危，娄顺亢，胃顺房斗，昴顺鬼，
毕顺亢，觜顺张心，参顺井斗角，井顺鬼，鬼顺井，星顺危张，
张顺翼星鬼，翼顺鬼，轸顺斗。

## 禽星相交 使用吉

角亢逢牛交，亢逢箕斗交，氐逢昴毕交，房逢奎危交，
心逢娄尾交，尾逢牛交交，箕逢牛毕交，斗逢翼箕交，
牛逢奎相交，女逢毕虚交，虚逢娄毕交，危逢毕相交，
室逢奎娄交，壁逢昴毕交，奎逢鬼柳交，娄逢尾箕交，
胃逢娄心交，昴逢心尾交，毕逢井相交，觜逢尾奎交，
参逢娄奎交，井逢毕相交，鬼逢尾相交，柳逢娄尾交，
星逢箕尾交，张逢奎相交，翼逢室相交，轸逢昴毕胃交。

## 禽星情意好合

角氐相合会金牛，室壁鬼柳壁野游。觜参见马皆欢喜，鸡好羊群龙好牛。
主客逢时深自利，干戈人事大纲缪。

## 禽中喜合

角合昴昴合角，亢合胃胃合亢，氐合娄娄合氐，房合奎奎合房，
心合壁壁合心，尾合室室合尾，箕合危危合箕，斗合虚虚合斗，
斗合女女合牛，毕合轸轸合毕，觜合翼翼合觜，参合张张合参，
鬼合柳柳合鬼，星合井井合星。

## 二禽相合

二危相合，二毕返哺，二昴相呼，星昴相门，二牛相合，二参成党，
娄昴相望，尾箕单门，亢牛同载，牛毕相合，角亢相喜，觜参相爱。

## 禽星凶辰

斗牛女虚危尾箕，兴工造作祸相随。毕觜参井并角宿，管取出门定不归。
十二星辰名恶宿，年月日时一般推。

## 禽中将星值时

申子辰卯，寅午戌酉，亥卯未午，巳酉丑子时。

其法：凡交战用将星，时强日弱平平，日强时弱凶。为求望买卖，日强
时弱吉。

## 禽星吉凶临时

天上禽星须要推，犴龙燕马是行时。行兵出阵皆千胜，不怕高山路险危。
若是猪羊貐蚓类，出行百步被他擒。此是神仙真妙诀，不与凡人取次之。

## 禽星凶神忌用日<sub>时不忌</sub>

奎娄角斗与牛星，出军定是不面兵。行船必定遭风浪，造屋未成先哭声。
出行谋望皆逢盗，经营百事总难成。求官赴任须停职，只为时师选不真。

## 禽星入太白

天上星禽凶最深，举谋运用细推寻。奎娄角亢须回避，但要冲他克死临。
牛女上星为太白，若无抵犯定忧心。若能慎得其星杀，出入何愁祸患侵。

## 禽星逐日十三退气法<sub>兼时</sub>

甲己星日马，乙庚须忌龙。丙辛除羊踏，丁壬绝蛇踪。戊癸猴边走，奎
牛怕亢龙。

角星君须忌，出军兵难逢。葬埋修造犯，定主见灾凶。穿井不见水，买
卖本钱空。

行船遭浪涌，百事不亨通。

## 禽星四季罗睺禁忌

春箕夏轸秋参上，冬壁相逢不可当。最是出兵轻敌手，却宜住寨保安康。

## 禽星值日三杀方

禽中三杀莫求方，占病房中必见殃。六甲行人多疾病，假饶木佛也遭伤。
金杀寅午戌，火杀申子辰，土水杀亥卯未，木杀巳酉丑。

186

## 禽星败方

角乙亢氐在癸方，房坤心子尾寻羊。箕艮斗寅牛坤上，女甲虚戌危乙方。
壁寅室巳奎居丙，娄寅昴丑细推详。胃丁毕亥觜居丑，参巽井寅鬼艮傍。
柳庚马昴归辛上，翼巽轸巳便成殃。天使七星相克制，再看方道驻军场。
更看一局刀砧法，犯者须教见血光。

## 禽星忌诀

欲识天禽辨恶星，猪猴蛇蚓不堪论。心狐更见箕星恶，万事施谋总不成。
虚女宿星鬼金羊，应是机谋定主伤。更遇猪羊当路坐，刑法居身见血光。

## 禽中华盖星诀

角亢先从卯上装，氐居申酉正相当。房在壬边为定局，心尾折来乾上藏。
箕斗居坤壬上风，牛宿须知在子方。女虚二宿俱临丙，危在午宫好好将。
室壁也须丙上见，奎娄却在戌中央。胃宿不当辰上坐，昴来巽上好来良。
毕觜加临丑土上，参居寅上子同乡。井鬼长存庚上立，柳星壬上亦为强。
张宿却来申内觅，翼轸巽上永安康。

右华盖方，凡出行求财上官，行兵布阵捉贼，赌钱，捕觅，出州县，行
船运用，俱从华盖方上出去，大吉也。附华盖时诀于后。

申子辰辰，寅午戌戌，亥卯未未，巳酉丑丑。

歌曰：禽中华盖若临时，凡事求谋最好为。出阵阵中若遇此，不怕刀山
剑柱归。

## 禽中灭没星

弦日逢奎晦遇妻，朔逢角木望亢求。虚鬼盈牛为灭没，凡事逢之定主忧。

## 禽中强星凶

天上星辰凶星深，所谋百事费人心。尾箕角亢须回避，不用斗他闪避身。

## 禽中暗六杀星

角亢氏房斗牛星，出军定是不回兵。求财无觅多惊险，斗讼官事也不赢。

## 七元无头禽

一轸二氏三亢室，四虚五鬼定遭伤。六壁七张君须记，值此凶星不可当。

## 禽星相捉

毕捉昴兮氏捉斗，胃捉壁兮昴捉轸。箕捉室兮尾捉张，奎捉牛兮翼捉轸。
娄捉鬼弓房捉奎，柳尾捉星星捉柳。

## 吞啖歌

猪犬羊逢虎必伤，猴蛇相会树头亡。犬逢鸡子遭徒配，兔赶蛇歌走远乡。
鼠见犬来须恶死，牛马遇虎定遭殃。兔猴逢犬鸡回避，龙来龙去水中央。
禽中见此名吞啖，用取灾殃各一方。

# 御定奇门大全秘纂卷二十六

## 禽遁秘诀阴符经

## 二十八宿吉凶断诗

**角木蛟　寅午戌**伏断

角木水兽即名虬，增益营谋利远游。春夏时逢添旺气，秋冬潜穴遇休囚。

云阴雨暗不宜用，日煖风甜善可求。势敌诸星无不胜，只除毕井亢龙休。

蛟者，即水中之独角龙也。春夏有气，秋冬休囚。亥子乃江湖得地之宫，平生所怕者井宿，所伏者翼轸，所合者亢金龙也。其他之宿，皆凶禽也。若用见官求财和事，遇晴则吉。若出兵斗勇，遇阴雨则威气常胜。出阵则用三人，或三十人，青衣青旗，破阵则用四人，白衣白旗，取其克也。

**亢金龙　亥卯未**亥子为江湖

此星名曰亢金龙，四季常潜在水中。买卖见官晴则吉，斗征出阵两宜凶。

秋冬岩穴藏身地，亥子江湖得地宫。毕井让来皆可降，若逢春夏更英雄。

八爪双角，乃真龙也。常潜江海，变化水中。春夏则旺，秋冬入于岩穴，驱而驾宿，能凶能吉。怕井降翼轸，合角木蛟。若论斗胜，只除毕井之外，其余诸宿，难敌其势。卯为雷门，亥为正殿，未为田野，遇晴则吉，凡事称意，遇雨则凶事添威。出阵则四人，衣旗白，摆长阵；用二人，赤衣旗，直阵，取其火克。

**氐土豹　申子辰**得地

奸星氐土貉为名，专主阴谋利诡兵。能渡黄河生计较，遇逃白昼可藏身。

旺于四季皆可用，泊在三宫总可行。若问出身是何物，深山千岁老猴精。

貓者，乃深山千年独猴精也。四季得地，专主阴谋诡兵、奸盗邪淫及偷营劫寨之事，能渡黄河，多忧多惧。若论逃难，白昼藏身。若出行见官、行军斗勇，皆无所取。立心诡诈，禀性奸雄，隐身遁迹，利于邪谋，二十八禽之中第一，参觜可见。申子辰三宫皆为得地，昼夜可行，无不利也。

### 房日兔　巳酉丑伏断

房兔名阳本属阴，忌逢辰戌罗网侵。安身有计穿三穴，斗胜无能害一禽。

猛盖凶禽能害己，张星胃柳可同心。细微之物生计较，直各中秋月下寻。

房者，深山之狡兔也。常在深林草木之间，藏身之所，巧穿之穴，此奇计也。四季得地，日伏夜游，怕奎娄尾箕毕斗，合鬼柳星张牛胃参觜，出阵斗胜，一无所取。见官和事，贵人爱之。除巳宫为伏断，丑酉二宫用之则吉。盖其微小能，遇虎豹獬豸之星，不能全害。若遇奎木狼娄金狗，则一死无疑。

### 心月狐　寅午戌地网

诗曰：心月狐星诡诈多，夜间有计日间无。平生所怕诸星宿，箕尾奎娄
　　　　毕月乌。胃女虚危兼昂轸，若然相见便嗟呼。有何力量能驱井，
　　　　此物无过臭气污。

心月狐者，俗呼狐狸是也。身体腥臊，言语诡诈。为事，狐多疑，反复退悔，亦主夜间偷营劫寨，昼则不能。怕奎娄尾箕斗毕，食昂胃轸，能制井，能害危。其一应求财出行见官和事，俱各不取，专利诡兵，无不验也。

### 尾火虎　亥卯未寅卯山林

诗曰：遇夜添威白昼藏，火虽旺夏四时光。若逢角亢犹能伏，怕斗奎箕
　　　　毕井伤。所食禽中诸兽者，室娄鬼柳兔星张。逢寅卯未三宫上，
　　　　得地终为出阵强。

尾者，即山中之虎也。能食人，四时得地，日伏夜游，势压百兽。怕井斗毕奎箕，让角亢，食鬼柳星张房娄心室觜参牛宿，专主杀伐凶强，吉事不宜。若泊在寅卯山林为得地之宫，不敢当其势。出阵用二人或二十人，红衣红旗，作虎声。

### 箕水豹　申子辰伏断

诗曰：四时有气旺三冬，常在山林岩穴中。或在郊野来寻食，又怕辰时

伏断宫。除犴蛟龙兼尾斗，子申寅卯喜相逢。无堪却有千人勇，百兽难教见者凶。

箕者，即虎子也。秉性凶恶，身有斑文。古云：虎生三子，必有一豹，与虎同类，亦能伤虎。日伏夜游，四时得地。怕井斗奎毕，食鬼柳星张房娄心室觜参壁宿。专主杀伐，行军取胜，无不利也。吉事用之不宜。若遇伏断之时，极不利出阵。用十人或一人，衣旐皆黑，作虎声立伏。破阵用五人，黄旐黄衣向之。

### 斗木獬　巳酉丑伏断

诗曰：斗木之星春夏同，势雄而返旺秋冬。见官出阵多奸计，输与江湖毕井龙。泊在丑宫为伏断，若逢巳酉更英雄。幸逢得地降诸兽，不怒而威自有功。

斗者，即獬豸之兽也，乃兽中之王，四时有气，雄猛，而旺秋冬。怕毕井，食尾奎娄牛房鬼柳星张心室觜参。若论行军征伐，须避暗金伏断。巳酉二宫用之，除毕井角亢之外，皆可降之物也。

### 牛金牛　寅午戌伏断

诗曰：春夏劳形土满犁，秋冬有力遇开时。泊身午戌遭汤网，得地寅宫战尾箕。鬼室昴星张柳合，会人谋事可从之。见官取胜平平过，遇着农夫大不宜。

牛者，即耕田之牛也。春夏劳于耒耜，用之世力。秋冬能敌尾，怕井斗奎箕毕，合娄鬼觜参星室，次合柳张房。利于合事求谋，其守城捍敌，秋冬无不利也。

### 女土蝠　亥卯未伏断

诗曰：女星无处觅藏身，奸盗邪淫总属他。虽在卯宫为伏断，纵居未亥亦何如。出兵斗胜全无用，会事求谋亦不过。寒露节前惊蛰后，那时得地志谋多。

女者，俗呼蝙蝠也，有翅两足，能飞能走，藏身墙壁之间。春分后、寒露前有气，利于阴谋，偷营劫寨，一切诡兵，除卯宫为伏断，未亥任意为之。其出行求谋，行军斗勇，皆无所取。夜怕心毕，秉性奸邪，无一宿与他相合而已矣。

**虚日鼠　申子辰**<sub></sub>伏断

诗曰：虚鼠之星属太阳，夜间作耗有辉光。四时寄旺秋冬令，半夜持奸白昼藏。氐兴觜参微相合，奎娄翼见定相伤。向官远出都无用，近处求谋则不妨。

虚者，即家中之鼠也。凿地穿墉，夜间作耗，眼有辉光，亦主偷营劫寨，诡计邪谋。日怕奎娄，夜怕心毕，无一物与他相合，故不宜远出求谋，亦不利斗勇出兵之事也。

**危月燕　巳酉丑**酒乐

诗曰：善禽危月燕为名，原是升高酒乐星。暖日微风舒羽翼，春分秋社有精神。高堂大厦居幽地，入幕穿簾近贵人。出阵行凶都不敢，见官用事最为精。

危宿者，即梁上燕也。春分后秋社前有气，暖日微风，穿簾入幕，此是风流酒乐之禽也。利官近贵，怕毕心，合胃昴，次合觜参娄室星牛。此物但主吉事，或会事见贵。一切斗勇之事，不宜用之。伏气之时，又当回避，上可取于有气之时用之也。

**室火猪　寅午戌**伏断

诗曰：无用之星室火猪，寅宫伏断亦何如。午逢汤火戌遭陷，泊在三宫总是非。八节刀砧原惧怕，一生心性谩疾迷。若逢交易纤毫事，鬼昴牛心合可为。

室火猪，即人家所养之猪也，乃痴蠢之物。见寅为伏断，午为汤火，戌上又遭地网。怕奎娄尾箕井斗，夜怕毕食也。[①] 合牛星娄鬼觜参危昴，若娄金狗遇之斗胜则食之，吉事又能合之也。

**壁水貐　亥卯未**伏断

诗曰：壁貐冬旺水当时，四季还堪借用之。虽在亥宫为伏断，纵居卯位亦无奇。与心氐貉微微合，逢毕奎娄愈可悲。若是诡兵行小事，水边夜窍有谁知。

壁水貐者，名水獭也。秉性阴险，利于奸盗，四时有气，与狐同类。专

---

① 郑同注：底本此处原有"翼轸"二字，据《御制奇门大全》删除。

主近水去处，夜行盗窃之事，藏身于池湖沟穴之间，日怕奎娄尾箕，夜怕毕角亢。凶吉之事，俱各不取，但利于诡诈之谋也。

### 奎木狼　申子辰

诗曰：面带风霜凛亡寒，奎星属木旺春天。四时有气英雄汉，百兽无交
　　　将相权。除斗蛟龙兼毕井，其余诸宿莫相干。高强之物偏宜勇，
　　　出入成群独不安。

奎者，乃山中之豺狼也。其形类犬，一物二体，合为四足。谚云："狼无狈不行，狈无狼不走。"出入成群，难以独行。身形虽小，心性凶恶。风霜满面，反面无情。四时有气，百兽无交。日怕斗，夜怕毕，食尾箕娄牛张鬼柳室房心壁觜胃昂，二十八宿之中，一物不和。行征伐之勇，除毕井之外，兼角亢二宿，无不胜也。出阵用三人，衣旗皆青，作虎声立伏。

### 娄金狗　巳酉丑

诗曰：四时得地旺秋天，夜吠常怀卫主恩。义重能教君子爱，尾摇曾乞
　　　贵人怜。猪羊燕月鸡能合，鬼柳张房室被吞。毕井尾箕奎斗外，
　　　其余诸宿莫争先。

娄者，即人家之犬也。四时得地，日游夜伏，有义之兽。不歉贫富，长护主之心；摇尾乞怜，能招贵人之爱。怕尾箕奎毕，食鬼柳张房室心壁胃虚昂觜参，合牛星鬼室觜参危昂。不问远行，水陆舟车，昼夜求谋，会事见官，及行索杀伐捕捉，无不利也。巳酉二宫，一生一旺。若于丑上亦为得地之宫也。

### 胃土雉　寅午戌伏断

诗曰：雉宿雉居胃土躔，春鸣山岭夏归田。若逢晚稻收成日，便是秋风
　　　煖饱天。如蝠氏虚危轸翼，若教相见亦堪怜。只愁何物为吞啖，
　　　毕月心狐夜不眠。

胃者，即呼野鸡是也。生于茅岗之处，春鸣山，夏归田，秋冬饱，虽与昂宿同类之物，四时少会，主于求谋见官一切吉事。论斗勇杀伐，止得能降轸水蚓一宿而已。怕奎娄心毕，合张房鬼轸柳觜参。尾箕斗井虽为雄猛之兽，奈此能飞，亦无如之何也。

**昴日鸡　亥卯未**

诗曰：鸡禽神异性虚灵，临食呼群义可称。五德俱全诸宿伏，一声啼动
　　　万方明。公衙得用迁官秩，帅虎经营利甲兵。三极贞祥并交集，
　　　应当麟阁立功勋。

昴者，即人家之鸡也。头戴冠，为之文足。博距谓之武，斗前谓之勇。
得食呼群谓之仁，鸣不失时谓之信。伍德俱全，故能近贵。怕奎心毕，食轸，
合娄鬼星牛觜参危室胃，用行诸般吉事，宜在寅卯以后，申酉以前。夜间不
能见物，亦是无用之禽也。

**毕月乌　申子辰**

诗曰：三足之乌是毕星，日斗天象夜伤人。不拘井斗皆当惧，惟有蛟龙
　　　不受惊。申酉二宫为得地，禽星见者必遭刑。眼真恐有无情处，
　　　君子行之可老成。

毕者，即日中三足乌也，俗名鸦，见者唾之。日应天象，夜则伤人。二
十八宿中第一禽，专主杀伐。俱到申宫，眼赤无睛，至子上则旺之极矣。杀
斗女虚危室壁房尾箕奎胃昴觜参鬼柳星张翼轸，夜降井上，与角亢无干，其
一应吉事，用之无益。若出军斗战，除角亢二宿之外，其余之宿，遇夜无不
胜也。

**觜火猴　巳酉丑**<sub>伏断</sub>

诗曰：此星名为觜火猴，一生欢喜不知愁。天昏潜迹归山洞，果熟藏身
　　　在树头。氐貉觜参猿可合，张房柳马最相投。儿童之像遭人戏，
　　　在近之间事可谋。

觜者，即山中之猴猕也。人皆见而爱，利官近贵，遭人戏弄，有飞身悬
崖走壁之能，攀树枝，食百果，怕奎娄尾斗箕毕，合参房鬼柳胃张，次合牛
娄星室危昴。巳酉二宫为事，其斗敌之事则皆不取，平生合者星日马也。

**参水猿　寅午戌**

诗曰：参水猿星旺北方，秋天饱煖日间藏。枝头果子未曾熟，不窃先偷
　　　一夥尝。能合室觜星日马，其余不遇皆寻常。争雄斗敌原无取，
　　　会事求谋用则强。

猿者，即山中金线猿也。利官近贵，亦能守信，其像类人，与觜同种，所怕者奎娄尾箕井毕，所合者参觜星第一，次合者娄张鬼柳危室胃昂房牛。但主吉事，不宜于凶。与人会事则不失约，斗勇之事则不能也。

### 井木犴　亥卯未

诗曰：井能作浪与兴波，及在秋冬旺气多。伏兽泽龙吞虎豹，飡铜食铁吸江河。平生只怕腥臊气，虽要心狐赶逐他。二十八禽都用尽，更无一物奈他何。

犴者，乃二十八宿之中豪猛之兽，有像有身，形如狮子，今世人多尽影于狱门上，名曰"狮子口"，故谓"犴狱"。上山能食虎豹，下水能食蛟龙，饥则食铜吞铁，渴则饮海吸河，兴波作浪，能伏众兽。日怕心月狐，夜怕毕月乌。凡为事，先凶后吉，不怒而威。若用出兵征伐，除心毕之外，其余莫敢当也。

### 鬼金羊　申子辰<sub>伏断</sub>

诗曰：鬼宿痴迷旺在秋，夜间常伏日间游。酉申最忌刀砧响，巳午还遭汤火忧。怕见奎娄箕尾毕，合星胃昂柳张牛。逢时值日皆无用，更有申宫伏断仇。

鬼者，即人家之羊也。虽能踰墙穿篱，秉性愚蠢，怕尾箕斗毕奎娄，合柳张牛室星房危昂觜参，不利于邪淫偷盗之事，又不能取勇杀伐之功，虽可利于见官，一时之合，而不免绳索羁系，斯为无用之物也。

### 柳土獐　巳酉丑

诗曰：柳星元是野獐儿，只怕凶禽猛兽欺。四季能招人爱己，三冬须旺土当时。觜参房鬼星柳张，若得利逢百事宜。凶恶用之无力气，利于交易最为奇。

柳者，即山中无角之鹿也。一类同鹿，遇晴则百事顺利。怕奎尾斗毕，合张房牛胃星鬼觜参，能招人爱，悉利于求谋会事，出入远近，宜山林旱路之所，不利水边。其一切阴谋诡计及战斗之事则不能也。

### 星日马　寅午戌

诗曰：星马愁逢兼豹箕，井奎毕斗翼无疑。天晴得地驰千里，日午当言旺四时。远出求谋皆会事，牛觜委鬼柳张宜。官司未免遭绳索，取胜还须到底奇。

星者，即军家所养之马也。遇天晴路驰千里，逢阴雨碌碌不遂。怕毕井奎尾斗箕翼，合娄鬼室牛昴觜参，次合张房柳，金鞍玉勒加其身，虽利于见官，而不免拘禁。斗勇之事，除尾箕井毕斗角亢翼之外，皆可胜也。

### 张月鹿　亥卯未<small>伏断</small>

诗曰：山林之地隐藏身，出入之间遇贵人。三月融和逢天煖，百花烂漫喜天晴。怕斗娄箕奎井尾，合室房牛鬼柳星。若用见官无不利，求才谋事始终成。

鹿者，山中之祥兽也。四蹄双角，与獐同群。能唧花献奇，人见爱之。喜春情百花烂漫，万事称心。怕奎娄尾箕井毕，合房柳胃鬼。见官成事，求谋交易，则无不吉。又逢寅卯山林得地之宫，所谋无不胜也。

### 翼火蛇　申子辰

诗曰：马怕之星翼火蛇，春秋出土暂离家。恶心毒口人争惧，猛性凶形众共嗟。若遇蛇龙当拱奉，又逢室毕不须夸。见官一定遭刑罚，用着之时莫悔嗟。

翼者乃恶心毒口之物，凶形猛性之禽，见者无不怕之。藏身土穴之中，出则伤人。春分后、寒露前有气，秋冬则无气，不与一禽相合，若亢娄则命归降矣。又怕毕室，见官用之则无罪受刑，傍人皆怒，不利诸般吉凶之事。

### 轸水蚓　巳酉丑

诗曰：痴蠢之禽是轸星，若逢胃昴不能生。秋冬须旺还无气，春夏当生始见形。六合阴晴常暗昧，三光昼夜不分明。见官大事终成小，巳酉丑宫用最精。

轸者，即今之蚯蚓是也。无用之星，痴蠢之宿，无目无足，多受他人所伤。昼夜不分，三光不辨，至微之物，春分前现于半晴半雨之时，若用见官，取其大事成小，或可免刑，其他一无所取也。

# 御定奇门大全秘纂卷二十七

## 禽遁秘诀阴符经

### 禽中战斗进退相食啖法歌诀

歌曰：星辰交战有兴衰，猛勇无过奎尾箕。
将逢亢金多进退，其人禽宿尽逢威。
室火猪欺柳土獐，张月鹿输鬼金羊。
若逢虎豹豺狼位，进退临时必被伤。
氐土金牛心月狐，南方星马进程途。
娄金狗咬东方兔，虎豹相逢必定输。
壁水金牛室火猪，切忌飞来毕月乌。
火禽须然无妨事，皆遭疼痛转嗟呼。
张月猪羊壁水貐，逢蛇娄狗尽皆输。

### 论食啖歌

星禽交会有高低，雄尾无过奎与箕。
只怕木犴来啖柳，室壁心张房鬼惊。
谁知娄狗欺狐兔，或遇豺狼魂自亡。

197

翼蛇昴胃皆相斗，参觜强遭鼠宿欺。

虚鼠遇娄惟吞陷，蛇遇猪羊事不宜。

角嫌心月娄金狗，龙见蛇兮定有危。

女轸井危是若金，不怕食啖祸还轻。

金神若到龙为福，进退临时必被侵。

从意稍在家中守，取此日时为本身。

## 禽中正食诀

禽中正要正食堂，氐翼却食轸斗郎。

心食尾兮尾食鬼，箕星胃兮虚牛方。

室火猪食星日马，奎木狼食柳土张。

毕食心兮心食昴，娄金狗食室虚房。

## 禽中立伏诀

娄伏水貐箕伏尾，尾牛最怕与奎亲。

角伏亢兮昴伏毕，金牛星与斗壁嗔。

胃伏翼蛇真妙诀，后学宜将掌上输。

## 禽中正斗诀

禽中正斗最为精，奎斗娄兮尾鬼明。

箕室翼胃尾张上，奎柳娄心更尾星。

娄逢翼宿偏相斗，一斗一兮得获擒。

此法禽中正斗诀，说与时师仔细呈。

## 禽中星宿相食硬诀

角食女危，亢食虚危，氐食柳，房无食。心食昴胃，

尾食牛獐貐鹿猪羊狗，箕食百兽，斗食张翼，牛食翼蛇，

女无食，虚危无食，室食翼女危，壁食轸，奎食百兽，

娄食氐房虚心室，胃食翼轸，昴食轸，毕食虚轸胃昴心房，

觜食房，参食心，鬼无食，井食箕尾娄奎，柳无食，

星食壁，张食翼，翼食女虚危，轸无食。

## 禽星畏怕硬例

角怕井毕牛，亢怕井毕，氐怕奎娄箕尾，房怕尾箕奎娄毕，

心怕箕尾奎娄，尾怕毕井奎，箕怕奎井毕，斗怕尾箕娄毕井，

牛怕尾箕奎毕，女怕角亢翼娄，虚怕角亢娄，危怕角亢毕尾奎，

室怕尾箕奎娄毕，壁怕尾箕奎娄毕，奎怕毕尾箕井，娄怕箕尾斗奎，

胃怕氐房心奎娄，昴怕奎壁心毕，毕怕尾箕奎井氐，井怕心虚柳，

觜怕尾奎娄参，参怕虚箕奎娄井，鬼怕氐心尾娄，柳怕奎娄尾箕，

星怕奎娄箕尾，张怕奎娄箕尾毕，翼怕奎娄毕，轸怕毕昴胃危虚。

## 时禽伏日禽诀

角氐伏，亢毕伏，氐危伏，房奎伏，心娄伏，尾亢伏，箕角伏，

斗牛伏，牛尾伏，女昴伏，虚娄伏，危毕伏，室尾伏，壁娄伏，

奎娄伏，娄箕伏，胃心伏，昴毕伏，觜井伏，参危伏，井张伏，

鬼娄伏，柳井伏，星危伏，张娄伏，毕心伏，翼壁伏，轸昴伏。

## 禽中六甲空亡

甲子奎娄危室壁，甲戌胃昴毕觜参。甲申井鬼张星柳，甲午翼轸角亢临。
甲辰心尾氐房豹，甲寅斗女牛虚禽。

## 禽中四季室亡

春四土，夏四木，秋四水，冬四金。

## 禽中空亡七元大煞诀

虚时柳女画娥眉一元，奎亢空亡燕鹿时二元，
毕乌久藏氐轸室三元，鬼神攻此亢娄疑四元，
翼蛇去趁鸡兼兔五元，氐蚓休教猴兔知六元，
箕出应羊惊斗宿七元，七元见此实堪悲。

## 禽中空亡十时

甲寅甲子土空亡，甲午仙游入水乡。
甲申逢火不堪使，甲戌逢金不可当。
甲辰木也为空耗，使禽先要避空亡。

## 禽中天罗地网

戌亥为天罗，飞禽怕难过。辰巳为地网，走兽遇星祸。

## 禽中切忌交刀流血歌

马到乌江便逆流，时忌鸡鸣顺四游。若逢子上为流血，卯酉交刀百事休。

| 九月 | 十月 | 十一月 | 十二月 |
|---|---|---|---|
| 八月 | | | 正月 |
| 七月 | | | 二月 |
| 六月 | 五月 | 四月 | 三月 |

假如某月即从月上起顺数，逢本日住，如遇子午卯酉是也。月上起子时顺数，如逢之即是也。

## 月中流血方

正、七月大子小午，二、八月大巳小亥，三、九月大辰小戌，四、十月大卯小酉，五、十一月大寅小申，六、十二月大丑小未。

## 虎头血刃①

南北之年入艮收，丑未之牛骑马游。
猴虎却来坤上起，龙犬由来咬虎头。
蛇猪相绕鸡窠宿，卯酉之年羊位求。
犯着吊头杀家长，吊尾中房小口忧。
脚踏生禽人去远，手中犯着合家愁。

## 月游火血

虎龙牛马甲庚当，蛇兔猪羊丁癸方。
鸡鼠乙辛君记取，犬猴正在丙壬乡。

## 血忌日

| 正月丑 | 二月未 | 三月寅 | 四月申 | 五月卯 | 六月酉 |
|---|---|---|---|---|---|
| 七月辰 | 八月戌 | 九月巳 | 十月亥 | 十一月午 | 十二月子 |

## 日中斗下血方②

寅申丑未居丁癸，辰戌巳亥乙辛当。卯酉二辰庚甲位，子午两日丙壬方。

---

① 南方巳午，北方亥子。
② 忌竖造、出兵、伐木。

# 日中火血方

子午卯酉丙壬方，寅申巳亥乙辛当。辰戌丑未游丁癸，有人犯着血财伤。

# 兵火日

寅申丑未妨丁癸，卯酉辰戌庚午乡。乙亥二日乙辛上，子午二日丙壬方。

# 时火血

甲己之日蛇寻午，乙庚二日卯寅头。丁壬之日戌亥上，戊癸之日子午流。丙辛却乃龙蛇会，时中血火向斯求。

## 论总诀 张子房作

周天二十八星君，十二宫中仔细。寻若能通达其中法，定作君师受国人。

**又　曰**

时为天子曰为官，动之用时仔细看。但把时禽加日宿，免教伏断上头安

**又　曰**

七曜星辰义最深，若谋万事要推寻。奎娄角亢且宜避，犯着之时死便临。

**又　曰**

时人名会演禽星，降伏日辰要最精。备类天文宜忌用，依推书巧调军兵。

**又　曰**

日强那更取时强，时不强他别用方。强弱要时加得过，一人敢与万人当。

又　曰 孔明作

用天二十八般禽，宫分临之要妙深。大抵一星分四象，世人仔细好推寻。

又　曰

一日之中管一星，若逢吞啖急须行。加他不过休前进，吞得他时百战赢。

本理曰

世人都道暗禽星，倒指之中却不明。有人究得其中妙，朝是平民暮受钦。

又　曰

时辰会日返为凶，日会时辰准定雄。分明辨得禽中事，更加金水定相寻。
日食时辰须见面，时辰食日返无纵。若能会得禽吞啖，不怕行南西复东。

# 二十八宿直日歌

一虚参氏室鬼心，二奎星箕胃蛇牛。三毕角虚参氏室，四鬼心狼马箕胃。
五翼牛毕角虚参，六氏室鬼狐狼星。七箕胃翼牛毕角，此是禽星值日歌。
假如甲子日直角宿，甲午日直氏宿，又甲子直心宿，又甲午直箕宿，每
月以此起，则知某日直何星宿，其余观看历日则明矣。

# 条理论

此书出于风后，传变上古，圣贤能知祸福，演取空谷传声。当世君子，
识吉验凶，此如影随形。大凡演验，先知天文地理之利，小则就晓行兵战斗
之胜负，出行，谋望，寻人，谒贵，上官赴任问高升，行船，等人，公文，
捕捉，出入，求财，婚姻，交易成，公庭，词讼，问信，行人，嫁娶，修造，
埋葬吉，六甲，怪异，失脱，病身，求物，求事，饮馔，一应等事，但于此
演之，万无一失，指日寻时吉凶，先见无差，应验分明，若有差舛处，除非
他会变。此禽遁法非比寻常之术，列代王佐，无有不晓。斯文容易晓，轻言
总不灵。熟识其中诀，能演即通神。

# 御定奇门大全秘纂卷二十八

## 宝鉴摘要

## 九　星

坎一天蓬，坤二天芮，震三天冲，巽四天辅中五天禽。① 乾六天心，兑七天柱，艮八天任，离九天英。顺序数之，则曰蓬、任、冲、辅、英、芮、柱、心、禽。

## 九星定位

| 巽天辅 | 离天英 | 坤天芮 |
|--------|--------|--------|
| 震天冲 | 中天禽 | 兑天柱 |
| 艮天任 | 坎天蓬 | 乾天心 |

---

① 阳遁阴遁俱寄坤宫。一本：阳遁寄坤，阴遁寄艮。

# 八 门

坎休，艮生，震伤，巽杜，离景，坤死，兑惊，乾开。
顺序数之，则曰休生伤杜，景死惊开。

## 八门定位

| 巽杜 | 离景 | 坤死 |
| --- | --- | --- |
| 震伤 | | 兑惊 |
| 艮生 | 坎休 | 乾开 |

# 三 奇

乙为日奇，丙为月奇，丁为星奇。

# 六 仪

戊、己、庚、辛、壬、癸为六仪。
甲子遁于六戊，甲戌遁于六己，甲申遁于六庚。
甲午遁于六辛，甲辰遁于六壬，甲寅遁于六癸。

# 八 神

一直符，二腾蛇，三太阴，四六合，五勾陈，六朱雀，七九地，八九天。
此阳遁也。

阴遁则一直符，二九天，三九地，四朱雀，五勾陈，六六合，七太阴，
八腾蛇。①

---

① 朱雀下有元武。勾陈下有白虎。

# 阳　遁

　　阳遁九局，顺布六仪，逆布三奇。如一局甲子戊，起坎一宫，则甲戌己在坤二，甲申庚在震三，甲午辛在巽四，甲辰壬在中五，甲寅癸在乾六，此顺布六仪也。丁在兑七，丙在艮八，乙在离九，此逆布三奇也。① 二局则甲子戊起坤二，三局则甲子戊起震三。余仿此。

# 阴　遁

　　阴遁九局，逆布六仪，顺布三奇。如九局甲子戊起离九，则甲戌己在艮八，甲申庚在兑七，甲午辛在乾六，甲辰壬在中五，甲寅癸在巽四，此逆布六仪也。丁在震三，丙在坤二，乙在坎一，此顺布三奇也。② 八局则甲子戊起艮八，七局则甲子戊起兑七。余仿此。

# 八　节

　　冬至甲子起坎，小寒大寒随之。立春甲子起艮，雨水惊蛰随之。
春分甲子起震，清明谷雨随之。立夏甲子起巽，小满芒种随之。
夏至甲子起离，小暑大暑随之。立秋甲子起坤，处暑白露随之。
秋分甲子起兑，寒露霜降随之。立冬甲子起乾，小雪大雪随之。

# 三　元

　　一年二十四气，一气三候，一候五日，故五日为一元。一炁之中，凡统

---

　① 因乙丙丁次于九八七。故名逆。
　② 因乙丙丁次于一二三，故名顺。

三元，而六十花甲之时一周。

## 分顺逆法

冬至后用阳遁，夏至后用阴遁。

## 定三元法

三元者，上中下三局也。一元五日，以甲己二干，为一元之首，谓之符头。符头所临之支，如值子午卯酉，则为上元；值寅申巳亥，为中元；值辰戌丑未，为下元。盖甲子日起上元，越五日己巳起中元，又越五日甲戌起下元。三局已周，又越五日己卯复起上元，则又是一气矣。

| 巽 | 离 | 坤 |
|---|---|---|
| 芒小立<br>种满夏<br>三二四<br>三二一<br>九八七 | 大小夏<br>暑暑至<br>七八九<br>一二三<br>四五六 | 白处立<br>露暑秋<br>九一二<br>三七五<br>六四八 |
| **震**<br>谷清春<br>雨明分<br>五四三<br>二一九<br>八七六 | | **兑**<br>霜寒秋<br>降露分<br>五六七<br>八九一<br>二三四 |
| **艮**<br>惊雨立<br>蛰水春<br>一九八<br>七六五<br>四三二 | **坎**<br>大小冬<br>寒寒至<br>三二一<br>九八七<br>六五四 | **乾**<br>大小立<br>雪雪冬<br>四五六<br>七八九<br>一二三 |

# 以旬首取符使法

旬首者，从用时之干，溯至本旬之甲首。如乙丑至癸酉，皆以甲子为旬首；乙亥至癸未，皆以甲戌为旬首是也。地盘旬首所临之宫，其星即为直符，其门即为直使。如旬首在坎宫，则天蓬星为直符，休门为直使。余仿此。

假如阳遁一局，甲子在坎宫，天蓬为本旬直符，休门为本旬直使。管至癸酉十时，又换符使。

甲戌在坤宫，天芮为本旬直符，死门为本旬直使。管至癸未十时，又换符使。

甲申在震宫，天冲为本旬直符，伤门为本旬直使。管至癸巳十时，又换符使。

甲午在巽宫，天辅为本旬直符，杜门为本旬直使。管至癸卯十时，又换符使。

甲辰在中宫，寄于坤二，天禽为本旬直符，死门为本旬直使。管至癸丑十时，又换符使。

甲寅在乾宫，天心为本旬直符，开门为本旬直使。管至癸亥十时而止。

# 直符加时干法

看用时之干，临于地盘何宫；即以天盘直符，加于此宫。

假如阳遁一局甲子时，则以天蓬为直符，而加甲于坎一宫，所谓"伏吟"者也。若用乙丑时，则地盘乙在九宫，即以天蓬加九。丙寅时，则地盘丙在八宫，即以天蓬加八。丁卯时，则地盘丁在七宫，即以天蓬加七。余仿此。阴遁亦然。

# 直使加时支法

看用时之支，临于地盘何宫，即以天盘直使加于此宫。

假如阳遁一局，甲子时，子在子宫，休门即在子上，亦所谓"伏吟"者也。丑时则休门加于二宫，寅时则休门加于三宫，卯时则休门加于四宫。余仿此。阴遁须用逆布。如子在九宫，丑即在八宫，寅即在七宫。

# 小直加大直符法

以最上盘之直符，加于九星直符所临之宫。次即螣蛇，以至九天。阳顺阴逆。

# 阳遁十二节气分上中下歌

冬至惊蛰一七四，小寒二八五为期。
大寒春分三九六，立春八五二相随。
清明立夏四一七，雨水九六三上依。
小满谷雨五二八，芒种六三九宫推。

# 阴遁十二节气分上中下歌

夏至白露九三六，大雪四七一宫宿。
大暑秋分七一四，小暑八二五相逐。
立冬寒露六九三，立秋八五二中参。
小雪霜降五八二，处暑一四七内函。

# 附：年奇门起例

上元甲子六十年，用阴遁一局。中元甲子六十年，用阴遁四局。下元甲子六十年，用阴遁七局。皆以其年句首所值之门为直使，所值之星为直符。看其年支临于地盘何宫，即以天盘直使加之。看其年干临于地盘何宫，即以天盘直符加之。如上元甲子年，用阴遁一局，甲子即为句首，休门为直使，天蓬为直符。因甲子在坎，即以天盘休门加坎，天蓬亦加坎。若乙丑年，乙在坤二，丑在离九。即以天盘休门加离九，天蓬加坤二。又以八神之直符，加于天蓬逆转。余仿此。

共一百八十年为一周。用逆不用顺者，天道左旋，日月随之而左，故逆也。年家紫白，亦以阴遁用逆。紫白之用，重在中宫。故上元甲子，一白入中。奇门之用，重在八门。故上元甲子，一白起坎。

# 附：月奇门起例

甲子至戊辰，己卯至癸未，甲午至戊戌，己酉至癸丑，为上元二十年，用阴遁一局。

己巳至癸酉，甲申至戊子，己亥至癸卯，甲寅至戊午，为中元二十年，用阴遁四局。

甲戌至戊寅，己丑至癸巳，甲辰至戊申，己未至癸亥，为下元二十年，用阴遁七局。

皆以月建句首所值之门为直使，所值之星为直符。看月建之克，临于地盘何宫，即以天盘直使加之。看月建之干，临于地盘何宫，即以天盘直符加之。与年奇门同。

# 附：日奇门起例

冬至后用阳遁，夏至后用阴遁，子午日用二局，① 丑未日用六局，寅申日用一局，卯酉日用八局，辰戌日用四局，巳亥日用九局。其起九星入门之法，不必复分阴遁阳遁。凡甲子日，天蓬起艮八，天芮在离九，顺飞九宫。乙丑日，天蓬起离九，天芮在坎一，一日顺移一位。其八门，则甲子日休门起坎一，三日顺转一宫，不入中五。如甲子、乙丑、丙寅三日，休门起坎一；丁卯、戊辰、己巳三日，休门起坤二；庚午、辛未、壬申三日，休门起震三；癸酉、甲戌、乙亥三日，休门起巽四；丙子、丁丑、戊寅三日，休门起乾六。余仿此。

按：子午起于二宫，或者奇门知地，故首坤。抑考古人明堂九宫，皆从西南而入，盖尚右之义也。其不及卯酉者，六仪寄于南北四维，卯酉独无属，故不及也。门三日过一宫，或如翻禽与太乙，有三日一宫之法乎？然皆不可解，姑存之。

# 又法日奇门起例

冬至第一甲子六十日，用阳遁一局。第二甲子六十日，用阳遁七局。第三甲子六十日，用阳遁四局。夏至第一甲子六十日，用阴遁九局。第二甲子六十日，用阴遁三局。第三甲子六十日，用阴遁六局。皆以其日旬看所值之星为直符，所值之门为直使，法亦同于年奇。其起接正闰，则如时奇。凡甲子符头，超过三十日有奇，即宜置闰。

---

① 冬至后，子午日用阳遁二局。夏至后，丁午日用阴遁二局。余仿此。

# 又法日奇门起例

甲己加四仲月为上元，加四孟月为中元，加四季月为下元。亦冬至用阳遁，夏至用阴遁。

## 又一本遁年奇法名八节奇

假如庚子年立春节出师，阳气用事，艮上起甲子顺行，其庚子奇头，乃是甲午。以甲子起艮，以甲戌起离，以甲申起坎，以甲午起坤，则是奇头在坤也。阳遁逆奇，丁奇在中，丙奇在乾，乙奇在兑。七六五宫，奇到为吉。若在夏至后出师，用阴遁逆行。仿此。

## 又一本遁月奇法

假如己亥年，冬至节阳局，坎上起甲子顺飞，其己亥年奇，乃在离宫。甲己之年，正月起丙寅，即以丙寅入离宫顺飞，丁卯在坎，戊辰在坤，己巳在震，庚午在巽，辛未在中，壬申在乾，癸酉在兑，甲戌在艮，乙亥在离，丙子在坎。则离坎坤，奇到为吉。

## 遁日奇法

年月奇以节气起宫，而日奇以局数起宫。法从本节上起甲子，阳顺阴逆数去。如立春节，丙寅日，是上元阳遁八局。即八宫起甲子戊顺行，己在离，庚在坎，辛在坤，壬在震，癸在巽，丁在中，丙在乾，乙在兑，则中乾兑得奇可用也。夏至后阴遁逆行，仿此。

213

# 遁日门法

假如中元冬至后辛未日，阳遁七局，中元旬头，甲子为直事，就于兑七宫起甲子顺飞，乙丑艮，丙寅离，丁卯坎，戊辰坤，己巳震，庚午巽，辛未中。则本日在中宫，兑宫惊门直事。即以惊门加中五寄坤，便知开在兑，休在乾，生在坎也。

按：奇门之学，必以《钓叟歌》为宗，歌中并无一字及于年月日者。以兵机决于俄顷，万无再查年月之理。况诸说纷纭，全无定见，恐是后人附会穿凿。于理皆有未通，于法皆有不顺，姑录之以俟选择之用，非奇门所急也。

# 日奇布五符法

后本日干禄上，起五符顺行。一五符，二天曹，三地府，四风伯，五雷公，六雨师，七风云，八唐符，九国印，十天关，十一地轴，十二天贼。

# 日奇起青龙法

子午日青龙起申，丑未日青龙起戌，寅申日青龙起子，卯酉日青龙起寅，辰戌日青龙起辰，巳亥日青龙起午。一青龙，二明堂，三天刑，四朱雀，五金匮，六天德，七白虎，八玉堂，九天牢，十元武，十一司命，十二勾陈。

# 超神接气法

超神者，谓节气未至，而甲子、己卯、甲午、己酉，四上元之符头先到，则从符头而行节气之上元。如正月初一日立春，而上年十二月二十五日，即是甲子，此符头先至。即以二十五日甲子作立春上元，至正月初一，乃行中元，故谓之超也。接气者，谓甲子、己卯、甲午、己酉，四上元之符头未到，而节气先到，则候符头到日，方行节气。如正月初一日立春，而初五日方是甲子。此符头未到，却以初一至初四，仍行大寒下元，至初五日方为立春上元，故谓之接也。超有十日，接止五日。余仿此。

# 置闰法

置闰之法，在芒种大雪二节之后，冬至夏至二至之前。他节虽超至十日，不可置闰。然他节亦无至八日九日十日者。

假如康熙五十六年，五月十三日丙寅夜，子初二刻夏至节；而十一日甲子，即为夏至符头，已超三日。至十一月二十日庚午，寅正初刻冬至节，去符头甲午日，共超七日。至五十七年五月二十四壬申，卯初二刻夏至，十五日即为甲子上元，乃超过九日矣，宜先于芒种节上置闰。盖五月初一日己酉，即为芒种上局，初六日为芒种中局，十一日为芒种下局。至十五日，而芒种上中下三局已足矣。自十六日甲子，至二十四日壬申，已超九日，为期太远。故十六日甲子，不作夏至上局，而为芒种闰奇上局；念[1]一日己巳，作芒种闰奇中局；念六日甲戌，作芒种闰奇下局。至六月初一戊寅日，闰奇方终。六月初二己卯日，始得夏至上局。斯廼[2]谓之接气。直至康熙五十八年，六月念三立秋，而甲子符头，恰当其日，是为正局，本日即是阴遁二局上元。至七月初九庚辰处暑，即超一日矣。凡闰奇，三候一终，即为接气。接气既久，乃换正受。正受渐移，乃换超局。超过九日十日或十一日，则仍置闰。

# 德　刑

立春雨水惊蛰，在艮，德辰刑戌。春分清明谷雨，在震，德午刑子。

---

① 念，即廿，二十。
② 廼，nǎi，同"乃"。

立夏小满芒种，在巽，德未刑丑。夏至小暑大暑，在离，德酉刑卯。
立秋处暑白露，在坤，德戌刑辰。秋分寒露霜降，在兑，德子刑午。
立冬小雪大雪，在乾，德丑刑未。冬至小寒大寒，在坎，德卯刑酉。

## 宝和义制伏

宝者，干生支也。如甲午己酉之类。和者，干支比和也。如甲寅戊辰是也。义者，支生干也。如甲子戊午之类。制者，干克支也。如庚寅壬午之类。伏者，支克干也。如乙酉丙子之类。宝、和、义日吉，制日小凶，伏日大凶。历家以和日为专日，伏日为伐日。

## 五阳时

甲、乙、丙、丁、戊五时为阳，二至皆以此五干为阳时。将兵利客，宜先举。凡出军征伐，远行求财，立国邑，安社稷，治民人，临武事，入官见贵，移徙嫁娶，皆吉。唯逃亡难获。《经》云："符使之行，一时一易，行阳，利为客。"盖阳干受东部之生气，阳时气升也。

## 五阴时

己、庚、辛、壬、癸五时为阴，二至皆以此五干为阴时。将兵利主，宜后应。凡出军征伐，远行求财，立国邑，安社稷，治民人，临武事，入官见贵，移徙嫁娶，皆不吉。惟逃亡可获。《经》云："符使之行，一时一易，行阴，利以为主。"盖阴五干受西部之杀气也。

# 御定奇门大全秘纂卷二十九

## 天蓬所主

蓬星，宜安抚边境，修筑城池，不宜入官见贵，嫁娶移徙，商贾营建。凡将兵征战，辰戌丑未月日，加二五八宫，利为主。申酉亥子月日，加九宫，利为客。贪狼星也。

## 天任所主

任星，宜立国邑，化人民，入官见贵，商贾，求请，应举，嫁娶；不宜移徙营建。凡将兵亥子寅卯月日，加三四宫，利为主；辰戌丑未月日，加一宫，利为客。左辅星也。

## 天冲所主

冲星，宜征伐战斗，报怨酬恩；不宜上官见贵，嫁娶移徙，商贾营建。凡征战四季申酉月日，加六七宫，利为主。亥子寅卯月日，加二五八宫，利为客。禄存星也。

## 天辅所主

辅星，宜修道设教，诛凶伐暴，入官见贵，嫁娶移徙，商贾营建，应举谋望。凡将兵征战，与冲星同。文曲星也。

## 天禽所主

禽星，宜祭祀求福，断灭群凶，入官见贵，锡爵赏功，应举谋望，嫁娶移徙，商贾营建。凡将兵征伐，亥子寅卯月日，加三四宫，利于为主。辰戌丑未月日，加一宫，利于为客。廉贞星也。

## 天英所主

英星，宜上官见贵，应举投书；不宜嫁娶移徙，商贾营建，祭祀远行。凡征战，申酉亥子月日，加一宫，利为主。寅卯巳午月日，加六七宫，利为客。右弼星也。

## 天芮所主

芮星，宜崇尚道德，尊师亲友；不宜入官嫁娶，见贵移徙，商贾营建。凡将兵征伐，与任星同。巨门星也。

## 天柱所主

柱星，宜修筑营垒，训练士卒；不宜入官见贵，嫁娶移徙，商贾营造。凡将兵征伐，寅卯巳午月日，加九宫，利主。四季申酉月日，加三四宫，利客。破军星也。

## 天心所主

心星，宜兴师陈旅，诛暴伐恶，入官见贵，应举求谋，嫁娶移徙，商贾营造。凡将兵征伐，与柱星同。武曲星也。

右九星有气，合奇门，吉者益吉，凶者减凶。若无气而不合奇门，凶者益凶，吉者不吉。

## 开门所主

开门，宜征讨谋望，入官见贵，应举远行，嫁娶移徙，商贾营建，俱吉。惟不宜治政，有私人窥伺。

## 休门所主

休门，宜面君谒贵，上官到任，嫁娶移徙，商贾营建，诸事皆吉。惟不宜行刑断狱。

## 生门所主

生门，宜征讨谋望，入官见贵，嫁娶移徙，诸事皆吉。惟不宜埋葬治丧。

## 伤门所主

伤门，宜渔猎讨捕，索债博戏，收敛货财。余俱不宜。

## 杜门所主

杜门，宜捕盗剪凶，决狱隐形，填塞沟壑。余俱不宜。

## 景门所主

景门，宜上书献策，求后招贤，谒贵拜职，遣使行诛，突阵破围等事。余俱不宜。

# 死门所主

死门，宜决刑断狱，吊丧埋葬，捕猎等事。余俱不宜。

# 惊门所主

惊门，宜掩捕盗贼，恐惑敌众，博戏等事。余俱不宜。

右八门所主，最忌迫制。吉门有气益吉，无气减吉；凶门有气益凶，无气减凶。

# 三奇喜怒

乙奇者，日奇也。到震为白兔游宫，造作、谒见、出行皆吉。到巽为玉兔乘风，百事吉。到离为白兔当阳，宜作显扬，煅药炼丹，百事宜良。到坤为玉兔暗目，亦名入墓。若上官、远行、市贾、迁移、修作，用之立见灾殃。到兑受制，到乾受伤，事多不利。到坎为玉兔饮泉，到艮为玉兔步青云，皆利。

丙奇者，月奇也。到震为月入雷门，架柱修营，永逢吉庆。到巽为火行风起，龙神助威，事皆宜利。到离为帝旺之乡，但除子午二直符时，不可急用。其他寅申辰戌，用之俱良。到坤为子居母腹，吉。到兑为凤凰折翅。到乾为光明不全，又名入墓，凶。到艮为风入丹山，又艮为鬼户，不吉。到坎为火入水池，凶。

丁奇者，星奇也。三奇之中，此星最灵。到震最明，兴工必有祥应。到巽为玉女留神，盖巽为少女，风火相合故也。到离乘旺而太炎，能消铄万物，燥暴不常。到坤，坤为地户，名玉女游地户。到兑，火死金旺之乡，能凶能吉。到乾为火照天门，又名玉女游天门，其妙异常。然为火墓，亦当消息用之。到艮名玉女游鬼户，凶。到坎名朱雀投江，又丁入壬癸乡，威德收藏，可以慎静，不宜妄动。

# 直符类神

禀中央之土，为贵人之位。能育万物，大将利居其下。

为人性清高而厚重。为仙佛，为尊贵；失令则为牙保媒人。

于物为印绶文章、金银首饰、丝麻布帛、珍宝谷獬牛之类，变异则为水木之精、鳞角之怪。

其于事也，旺相则为喜庆诏命、筵会酒食；休囚则为哭泣愁闷。

其色黄白，其形端方，其数八。

# 螣蛇类神

禀南方之火，为虚耗之神。

为人虚伪而巧诈。为公吏，为妇女；失令为市井人，为奴婢牙婆。

于物为光亮，为丑陋，为歪斜破损，为花朵，为绳索，为蛇。

其于事也，为胎产婚姻、文契钱货、奇闻异见。变异则为光怪，火烛惊疑；为淹缠，为恶梦，为血光、脱赚、骂詈，为污秽臭气之类。

其色红白，其形虚幻勾曲，其数四。

# 太阴类神

禀西方之金，为阴佑之神，能为祯祥护持。

为人正直无私，性气难驯。为台垣谏府，为文人；失令为婢妾宵小。

于物为雕琢金银、羽毛精洁、阴霖雾雨、霜雪水冻、佛寺字迹。

其于事也，旺相则为喜庆、恩泽、赦宥、婚姻、胎产；休囚则为淫滥、忧疑欺诈、阴私口舌、诅咒哭泣、暗谋密约、私通走失。

其色白，其体柔，其数九。

# 六合类神

禀东方之木，为雷部雨师护卫之神，能飞腾变化。

为人性好贤乐善，为贵族高隐；失令则为工巧技艺、僧道术士、医生书客。

于物为果品盐粟、羽毛布帛、衣裳轿伞、彩仗印玺、书契树枝、舟车钱财，变异则为草木之精、水族之怪。

其于事也，旺相则为爵禄荣庆，婚姻胎产，阴私和合；休囚则为妇女口舌，争财致疾，囚系胆怯，讪谤通谋，求降勾引。

其色黄赤，其形光彩，其数六与七。

# 勾陈①类神

禀西方之金，为刚猛之神，主兵戈战斗。

为人性猛烈威雄，为催官使者，侍卫虎首；失令为军卒丑妇，土匠农夫，牧童捕役，屠宰凶人，孝服病人。

于物为金银刀剑，财帛木实，鱼鳖蛟龙；失令为朽铁、瓦石、网罗，变异为水雹狂风，迅雷害物。

于事为争讼，疾病死丧，道路跌伤，留连遗失。

其色青白，其形锐利，其数七与五。

# 朱雀②类神

禀北方之水，为刑戮奸才之神。

为人性聪明而躁急，巧辩而反覆。为文士、醉客、孕妇；失令为书吏、牙侩、盗贼、娼妇、卖鱼盐人。

---

① 下有白虎。
② 下有元武。

于物为文章印信、勅命服物、鱼蛇卵蛋、盐油酒伞炭之类；变异为妖魔鬼魅。

于事为谒官求望；失令则为口舌啼哭，梦想离别，惊恐遗失，逃人奸佞。

其色亦黑，其形缺，其数四与九。

## 九地类神

坤土之象，万物之母，为阴晦之神。

为人性柔顺吝啬，为神像，为大腹，为医卜人，为老妇道姑、乡农狱卒。

于物为子母牛，为五谷布帛、舆釜砂石、云雾符箓、药饵旧物。

于事为模糊，忧思病患，牢狱暗昧，哭泣死丧。

其色黑，其形厚重有柄，其数八与二。

## 九天类神

乾金之象，万物之父，为显扬之神。

为人性刚健而不测，为君父，为官长，为僧道老人，为首脑股肱。

于物为马，为金玉宝石，剑戟刀砧，锤铃钱镜，寒水铜铁，木果丝竹；光亮玲珑、旋转活动、有声有足之物。

于事为谋望、博奕、远行之类。

其色赤白，其形圆，其质坚，其数一与六。

# 奇门吉格

## 奇门会合

凡乙、丙、丁三奇，与开、休、生三吉门会合之方，乃奇门第一要格，诸事向之最利，所谓"吉门偶尔合三奇"也。又当详其衰、旺、迫、墓，以定吉凶。

## 三奇得使遇甲

凡地盘三奇，既得直使之门，又遇直符之甲来加，此时诸事皆吉。若遇吉门，更利。

## 三奇得使游仪

乙以甲午甲戌为使，丙以甲子甲申为使，丁以甲寅甲辰为使。三奇各得其使，作直符来加，而又往游于其使之仪，此时利作阴私和合之事。注详释中。

## 三奇得使

乙、丙、丁三奇所在之宫，更得开、休、生三吉门为直使来加。宜行恩赏功，出兵遣将，吉。专使统领更吉，出行有助。凡求谋获利，上官逢恩，得人提拔，婚娶移徙造作俱吉。

## 三甲合

今日日干，与直符直使皆为甲，百事大吉。又上局仲甲，甲己日、甲子时，丙辛日、甲午时，此时关格，刑德俱在内，用兵先举者败，不可以出入。利于逃亡，主客俱不利。中局孟甲，戊癸日、甲寅时，乙庚日、甲申时，此时阳气在外，利藏兵固守，不可出入。利主不利客。下局季甲，丁壬日、甲辰时，甲己日、甲戌时，此时阳气在外，阴气在内，利出行动众，百事皆吉。利客不利主，亦名三甲。

## 天辅时

旧云：甲己日己巳时、乙庚日甲申时、丙辛日甲午时、丁壬日甲辰时、戊癸日甲寅时。《奇门成式》云：即甲子甲戌、甲申甲午、甲辰甲寅时也。宜乞恩解怨。虽刀斧临身，得神护佑，逢凶化吉。有罪者可释，吉事增福。

## 威德时

甲加丙，丙加甲，即返首跌穴。

## 五合时

五合时者，时与日干相合也。甲己相合，乙庚相合，丙辛相合，丁壬相合，戊癸相合，谓五合。凡值此时，吉神用事，凶煞退藏，故其吉与天辅时同。宜谋为和合隐秘诸事，不宜雪理解释。

## 直符宿吉

如辅禽心星之类，百事皆吉。或云：即三甲合也。

## 青龙返首

甲为青龙，凡直符旬甲，加地盘丙奇，为青龙返首。如值此时，利为百事。更得奇门相合，其吉无上。唯利大人，不利小人。将兵背生击死，百战百胜。

## 飞鸟跌穴

丙为飞鸟，凡丙奇加地盘直符旬甲，为飞鸟跌穴。如值此时，利为百事。更得吉门相合，其吉无上。惟利君子，不利小人。将兵背生击死，百战百胜。

## 玉女守门

丁为玉女，乃人盘直使之门，遇地盘六丁，为玉女守门，即当旬直使之门也。宜结交私通，阴谋秘密，和仇解怨，及公庭宴乐、欢喜和合等，吉；其余大事俱不宜。

## 相　佐

天盘直符头，遇地盘丁丙乙也。宜谋功名，近贵人。动有人助，主得富贵之兆。

## 奇符相加

直符加奇，直使门加奇，百事得人扶助，大吉。

## 阴阳化气

丁甲相加，为阴阳化气，利为百事。

## 龙凤呈祥

丁乙相加，为龙凤呈祥，利为百事。

# 御定奇门大全秘纂卷三十

## 宝鉴摘要

### 九　遁

奇门九遁，又要奇不犯墓，门不犯迫，方为全美。奇门三诈，战胜、谋美、兴兵，百战百胜，凡百谋为皆利，他格止于门奇俱到而已。此则三门合三奇，又得三隐宫，用之得十分之利；比他格止得门奇，不得隐宫，利止六七分，大不同也。

#### 天　遁

天丙加生门，下临六丁，为天遁。丁为三奇之灵，六甲之阴，如华盖覆体，得月精所蔽，其方可上策出军。宜祭祷天神，炼将祭风，兴云致雾，祷雨祈晴；遣雷电，消天灾，顺星度；上表章，面君王。商贾求财、嫁娶入宅、移徙皆吉。

天遁幽元，得遇人贤。生门合丙，下临丁前。如逢生气，所事皆全。日禄在中，事成而安。日破日鬼，诸事牵缠。日合在中，罪赦宣传。天空在中，奏对宜先。天罡河魁，大吉行船。

#### 地　遁

天乙加开门，下临六己，为地遁。己为六合私门，又为地户。如紫云障蔽，得日精之覆护。宜祭祷地神，开河穿井，改造仓库，伏藏百工。扫穴摧城，列阵攻敌，伏兵藏锐，及修陵苑寺观宅居，迁葬筑垣，绝迹求仙，开圹①

---

① 圹，音 kuàng，本义为墓穴。

安坟，大吉。

地遁功曹，必遇英豪。更逢朱雀，文书迁高。天后太阴，拾得珠珍。青龙风伯，风雨淋淋。太常大吉，土龙出林。更加天柱，水入州城。勾陈白虎，兵起虚声。

## 人　遁

太阴加六丁临休门，为人遁。太阴阴晦，万象莫观。如阴云障蔽，得星精之覆护。宜祭祷祈保，受道聘贤，求将制敌，兴兵征战。和仇立盟，隐遁伏藏，炼丹合药等吉。纳婚姻，进人口，交易倍利。若投书献策，不利。

白虎船沉，朱雀勾陈，眼见鬼神。大吉小吉，风雨不宁。日合日禄，百事尤荣。雨师风伯，雷电山崩。魁罡同位，灾患相仍。

## 神　遁

九天加丙生门，为神遁。巽入庙，得灵神之蔽。宜祭祷符咒，步罡持法，建塑、开光、醮茇吉。其方可以划地布筹，用秘术伏鬼神，得天人相助。用兵攻虚遣间，阴谋秘计则吉。

从魁河魁，六合勾陈。白芒光出，神示威灵。劫煞白虎，雷霆击人。神后天后，登明保佑。太乙太冲，太阴招凶。

## 鬼　遁

九地加乙开生，或丁奇，为鬼遁。艮入庙，得灵神之蔽。又云：灵鬼隐伏之蔽，其方可以察敌情，偷营劫寨，设伪攻虚，设机伏藏，虚词诡诈。宜文书诈敌，又宜逃隐。遣兵大吉。

上和天辅，百事懽忻。[1] 太冲朱雀，书符厌[2]人。白虎河魁，神鬼坎门。腾蛇天罡，鬼附人魂。从魁勾陈，妖邪见形。白虎同位，盗不离门。太乙太阴，修整新故。人死遭瘟，天鬼作虎。[3] 阴神为宅，神出鬼没。

## 龙　遁

乙休加坎，或六癸水乡，为龙遁。盖得龙神之蔽，其方宜请龙祈雨，治

---

① 懽忻，亦作"懽忻"。喜悦；欢乐。
② 厌：指以厌法（厌胜法，是一种用咒符来制服对手的巫术），镇服或驱避可能出现的灾祸，或致灾祸于人。
③ 以上四句，南京图书馆藏本作：太乙太阴，修整重新。天鬼作虎，人死遭瘟。

水水战，把守河渡，设谋机密，及填堤塞河、修桥穿井。

风伯雨师，风雨霪霖。① 日破在中，水出山阴。青龙神后，水聚江津。登明河魁，连霁雨云。日禄日合，求财必盈。日刑日盗，百事虚成。

## 虎遁

六辛合休奇临八宫，为虎遁。艮入庙，得虎精守路之蔽，其方宜防御险要，设伏邀遮，建立山寨，堵关塞路；又可招亡命，抚叛逆，使代我伐贼。暗度险隘，密计潜机，并吉。

虎遁雌雄，开门庚同。如同白虎，风啸山空。神后元武，劫煞宜攻。所为百事，喜气重重。月厌在中，追贼逢凶。日禄日马，财谷丰隆。贵人用时，我有奇功。为客者胜，天乙不逢。

## 风遁

六辛合休门临四宫，为风遁。得祥风之蔽，其方可以吸风信，噀旗帜，祭祷风伯。借便风，出兵破敌，得天风之助，大胜；又宜烧营劫寨，焚粮草辎重，兼布檄令文书，顺风响应。

白虎魁罡，事多委靡。天空登明，凡事中馁。螣蛇入传，沉船坏米。月厌加之，炎炎火起。刑煞并来，伤折身体。

## 云遁

乙奇合休门临三宫，为云遁。得灵云之蔽，其方可以吸云气，喷甲胄。宜伏藏变化，兴云致雾，摄致神将，利于出兵。

云遁风会，进退不寐。生门加壬，上合天芮。太乙河魁，雪如掌块。元武太冲，风雨交重。螣蛇胜光，旱魃为凶。日禄在中，长天电虹。青龙到宫，黑雾迷浓。白虎刑冲，杀人无踪。　此时或以射雕为名，令士卒向其方仰望。

## 文遁武遁

乙合生丁为文遁，宜著词入学，应试决科，吉。丙合开辛为武遁，宜封拜，献策招兵，演将出兵，生击其冲，吉。　此二遁他书无。

---

① 霪霖，同霪雨。霪，音yín，连绵不停的过量的雨。

# 三诈格

太阴、九地、六合，为三隐宫；得三奇吉门相助，为三诈，为事皆利。或得门，不得奇，亦吉。

### 真　诈

太阴合奇门，为真诈，得吉宿之利。宜施仁恩，结民心，伸大义，隐遁求仙，造葬嫁娶，谋望、远行、商贾。若出兵诈敌，一切显扬之事皆吉。

### 重　诈

九地合奇门为重诈。其方宜进人口，纳资产，取索货财，拜官受爵，嫁娶远行，商贾求名。若出兵诱敌取胜，诈陷贼众，又宜收服兵卒，牢笼人材，吉。

### 休　诈

六合合奇门为休诈，得善人之蔽。宜嫁娶求财，远行，合药治病，祛邪禳灾，出兵诈敌，收降捕叛，吉。

# 六　假

奇门六假，各随所宜取用，其方大利。盖杜、景、惊、死、伤五门，合乙、丙、丁，及己、壬、癸三仪，更逢九天、九地、太阴、六合四吉时，其方若无贼克，复有旺相之气，并为吉也。

### 天　假

九天丙奇，合景门，临戊方，为天假。得福神之蔽，三奇之灵。宜陈利便，献谋策，求干谒，及出师扬兵示威，冲锋突阵，将计就计，诳贼助阵。

### 地　假

九地丁奇，合杜门，临己方，为地假，得阴神之蔽。其方出入，人不能见。宜潜伏安营，遣人布散谣言，行间谍，探密事，偷营寨，及为陷坑。

### 人　假

螣蛇六壬，合惊门，临坤方，为人假，得天神之蔽。宜捕捉逃亡，伏兵邀击，及设谋局，使人诈降；或伪书引诱，欺诳敌人，遮掩变易，劫寨偷营，及斗讼移徙，吉。

### 神 假

白虎六庚，合伤门，临巽方，为神假，得地神之蔽。利埋葬捕捉，诈亡匿藏。假借神语神物，慑服人心敌众，并嫁娶商贾立券等吉。

### 鬼 假

朱雀六己，合死门，临艮方，为鬼假。宜伏兵潜隐，令人不知，敌不敢侵。诛凶，伏暴，除害，陷于计中而不觉。捕贼行刑，匿亡诈死，葬埋安厝皆吉。

### 物 假

太阴丁奇，合杜门，临巳方，为物假。宜假借器具，营室立营，虚诈恐敌等吉。

# 三奇升殿

乙奇到震，为升卯殿。丙奇到离，为升午殿。丁奇到兑，为升酉殿。诸事皆吉。

# 奇游禄位

甲禄在寅乙卯宫，丙戊在巳庚申中。丁己是午壬是亥，辛禄在酉癸子逢。宜上官封拜，求财谋望，造葬出行，应试置产，借索访友吉。

# 奇门逢贵

日将之贵神方，宜谒贵求名，上官进爵。出行遇喜，求财如意，嫁娶荣昌，造葬产贵子。应科名，享富贵，移徙百为俱吉。

# 奇门遇马

天马，正月起午顺行六阳时。驿马，四局之首冲。宜远行得助，上官加秩，出战有功，外难得脱，求望顺利。

# 日丽中天

乙奇合生门加丁，宜上官谒贵，谋望求财，考试决科，投兵任将，移徙嫁娶，造葬开门，放水兴师，发马竖旗建营等吉。

# 玉兔中天[①]

乙奇合吉门到离，事宜显扬，百凡乘旺，利达兴隆，兵家行人，俱得胜算，吉。

# 玉兔乘风

乙奇合吉门到巽，百事易成，力省功高，斗战军雄，一可当百，天风下助，背风顺而击之。

# 玉兔游山

乙奇合吉门到艮，入于帝旺之所，宜谒贵，上官登科，求财获宝。凡出兵征讨，威声远振，凡百祯祥。

---

① 又名当阳。

## 玉兔归垣

乙奇合吉门到震，是乙坐禄位，升殿归垣。凡谒见上官，求财决科谋望等，不求自获，俱有意外之遇。出兵得敌粮辎重，开疆得地，得人营寨车马，百事和谐。

## 龙腾碧海

乙奇合生门加坎，又名玉兔饮泉。宜上官应举，求贤见贵，谋望求财，出行造葬等吉。

## 凤入丹山

丙临长生之位，谓丙奇开门加艮。宜上官求财，移徙应试，出兵凯旋，远行入山，谋望等吉。

## 月朗南极

丙奇合生门加离，丙临帝旺之乡，除子午二时不可用，辰戌寅申大吉。宜谒贵干君，祈祷福嗣，出兵剿贼，求望造葬等大吉。

## 月入雷门

丙奇吉门到震，乃丙临帝旺之所，又在木宫，火逢木旺。凡谒贵上官，求名求利，嫁娶移徙造葬，皆吉庆如意。出兵征剿攻城，不战而服，献城纳池，不招自来。盖丙火销金，助正抑邪，退凶助吉，凡百兴旺也。

# 火行风起

丙奇合吉门到巽，木宫生丙火。火盛风生，况临巽宫；一切谋为，雷动风行；得神之助，图求必成。出兵当有天风云色，助威破敌。如有神坐其宫，击之必胜。

# 子居母腹

丙奇合吉门到坤，威德收藏。盖火能生土，而坤土为长生之方。凡百近小之事，易于成功。兵战宜浅攻近取，招收小寇，不宜穷兵远出。若遇大敌，且勿攻战。

# 火焰天门①

丁奇合吉门到乾，大吉非常。凡百谋为，去晦就明，去衰入旺，日胜一日。

# 玉女留郎

丁奇合吉门到巽，乃丁临帝旺。凡谒官觐阙，谋望名利，移徙造葬嫁娶等，吉祥大发。兵有神助，出奇制胜，屡建奇功。

# 玉女游坤

丁奇合吉门到坤。凡谋望营为，俱宜暗图，不必声扬。兵战宜伏，用谋设计，诈者大胜。

---

① 又名玉女游天门。

# 天乙时孤

年月日时皆有孤，惟时孤最验。凡兴师从孤出转虚，复入坐孤，击其对冲之虚方胜。

# 天马方

天马者，房日兔也。房为天驷，故曰"天马"。兔隶于卯，卯为太冲。每月太冲下天马方，故又曰"太冲天马"。凡急难时，不及择奇门，以月将加月建，视太冲所临之下，乘其方去，凶恶不能侵，剑戟不足畏。

# 天三门

三门者，太冲、小吉、从魁也。凡急难时，不及择奇门，以月将加正时，视三将之下为天门，乘其方去，百恶不能害。

# 地四户

四户者，除、危、定、开也。凡急难时，不及择奇门，以月建加正时，视四建之下为地户，乘其方去，百恶不能害。

# 地私门

私门者，太阴、六合、太常所临之方也。以月将加正时，用日干寻纳甲合神所纳之支，即以贵人泊其支，依阴阳顺逆，布定十二贵神。然后视三神所临之下，即地私门方。以地盘定其方，故曰"地私门"。私门之方，更得奇门凑合，百事乘之大吉。

# 三胜地

天乙、九天、生门也。第一胜，直符天乙宫，即天上直符所乘之宫，乃天乙宫也。上将宜居之，坐其宫，击其对冲。第二胜，我居九天之上，击其冲，敌不能当我之锋。阴遁天上直符，前一为九天。阳遁天上直符，后一为九天。第三胜，上将引兵出生门，复坐生门宫，击对冲死门。如生门又合乙、丙、丁三奇临宫，更为元吉。

# 五不击

一直符，二九天，三九地，四生门，五直使也。上五宫俱乘旺气，我将居之则胜，不可击敌之所居。

## 天盘星克地盘星

在四时旺相日，本色云气在其方来助胜，利客兵。

## 地盘星克天盘星

在四时旺相日，有各方本色云气，从其方来助胜，利主兵。

# 御定奇门大全秘纂卷三十一

## 宝鉴摘要

### 八门临时断诀

**开加乾**乾

若遇天心星加于此宫，为伏吟之格。只宜访道求贤，积粮收货，练兵藏宝，暗伏兵机防守。诸事不宜。如有别星加于此宫，或三奇，或吉格，万事大吉；合凶格，凡事有忧。

**开加坎**讼

主贵人相扶，进益金宝牛马之利，名成利遂。若合三奇吉格，凡事尤吉；合凶格，凡事先吉，后有耗失，吉事减半。

**开加艮**遁

事有耗失，利以为客，百凡宜迟。若合吉格三奇，万事大吉，出兵大胜；合凶格，一切皆凶，止宜固守。

**开加震**无妄

出兵利客。合三奇吉格，得胜凯回，诸事大吉；合凶格，兵宜固守，万事大凶。

**开加巽**姤

出兵利客。若天心星加临此宫，宜捣巢破敌，百战百胜。合吉格，凡事尤吉；合凶格，名曰"反吟"，只宜散兵赏赐，移营迁换。余事大凶。

**开加离**同人

出兵利主，求名官讼吉。合吉格三奇，凡事尤吉；合凶格，凡事迟吉，先举为强。

### 开加坤否

出兵利客，诸事耗失。若合三奇吉格，将兵战胜，诸事亦吉；合凶格，凡事迟吉。

### 开加兑复

出兵主客俱利。合三奇吉格，战必全胜，事有喜悦；合凶格，战宜计胜，凡事皆凶。先举者利，后主刑伤。

### 休加坎坎

若遇天蓬星加于此宫，为伏吟之格。战宜固守，凡事不吉，惟宜挖河开沟，养鱼，造酒，积粮，买鱼盐，迟则有利。若合吉格，凡事迟吉；合凶格，战宜主客固守，万事皆凶。

### 休加艮蹇

出兵利主，求名官讼吉。合三奇吉格，战则胜；合凶格，战宜固守，百事成空。

### 休加震屯

出兵利主。若合吉格三奇，战必全胜，凡事亦吉；合凶格，战宜固守，百事不吉。

### 休加巽井

出兵利客。合三奇吉格，战则大胜，万事永远吉祥；如合凶格，诸事半吉，战宜固守。

### 休加离既济

若天蓬星同临此宫，为返吟之格，战则客兵大胜。又宜散粮赏赐，放水开沟，掘井通渠；若合凶格，凡事不宜。如合别星吉格三奇，凡事半吉。

### 休加坤比

出兵利主。若合三奇吉格，战胜事吉；合凶格，凡事破败，终有损伤。

### 休加兑节

出兵战斗利客。若合三奇吉格，当用机胜，凡事亦利，永远亨通；如合凶格，诸吉减半，迟则获福。

**休加乾**需

出兵利客。凡事先施仁义，后得效验。若合三奇吉格，战胜事利，谋为永远亨泰；如逢凶格，战宜固守，凡事欠美。

**生加艮**艮

若逢天任星加于此宫，为伏吟之格。战宜固守，诸事弗为。如别星加于此宫，合吉格，战胜事吉；如逢凶格，兵虽精，不可动，吉事成凶。伏吟惟利开田耕种，筑墙塞路填井。

**生加震**颐

出兵利主。若合三奇吉格，一敌百人，唱凯而回，凡求有遇；如合凶格，战守皆凶。

**生加巽**蛊

出兵利主。若合三奇吉格，百事大利，御敌凯旋；合凶格，诸事先吉后败，不可轻进，军兵须防危险。

**生加离**贲

出兵利客。宜施仁义，以利诱之。若合吉格三奇，不战自退，化邪归正，凡事皆遂；若合凶格，凡为自损，诸事有始无终。

**生加坤**剥

如天任星加于此宫，为反吟格，只宜散兵赏赐。若别星加之，合三奇或吉格，战则主客有益；合凶格，凡为不利，兵宜固守。反吟格，止宜破土崩墙坏屋。

**生加兑**损

出兵利主，贼必求和，事多进益。合三奇吉格，万事亨通，战则大胜；合凶格，万事半吉，战宜收兵。

**生加乾**大畜

出兵利主，战胜得利。凡为有益，万事皆利。如合吉格三奇，尤有喜悦；合凶格，吉事减半，征兵勿举。

**生加坎**蒙

出兵利主，宜施仁义，以计取胜，诸事先虚后实。合吉格奇门，战必全胜，凡为大利；如逢凶格，凡吉减半，后亦有凶。

### 伤加震<sub>震</sub>

若天冲星加临此宫，谓之伏吟格。只宜索债捕捉，求神博戏，收货积粮，斩邪伐恶。如别星加临，合吉格，战利，主客交胜；合凶格，战宜固守，凡事勿求。

### 伤加巽<sub>恒</sub>

出兵主客俱利。合吉格，战必全胜，诸事皆如心志；合凶格，先吉后凶，先成后败。

### 伤加离<sub>丰</sub>

出兵利主，贼必投降，不动兵戈，唱凯而回。合凶格，先吉后凶，须防埋伏，凡事早为则利，迟有忧惊；合吉格，凡事首尾皆利。

### 伤加坤<sub>豫</sub>

战利为客。合吉格，百战百胜；合凶格，凡为不吉，战宜收兵。

### 伤加兑<sub>归妹</sub>

若天冲星同临此宫，谓之伏吟格。只宜散众赏赐，伐木脱货。合吉格，战利主胜；合凶格，凡事不宜。

### 伤加乾<sub>大壮</sub>

出兵利主。合吉格，战胜事吉，所为顺遂；合凶格，凡事无成，战宜收兵，迟则取胜。

### 伤加坎<sub>解</sub>

出兵利客。合吉格，战利先举得胜，凡事皆遂；合凶格，凡为迟吉，战勿举兵。

### 伤加艮<sub>小过</sub>

战利客兵。合吉格，得胜，凡为亦吉；合凶格，诸事尤凶，战损精兵，急宜防守。

### 杜加巽<sub>巽</sub>

若天辅星同临此宫，为伏吟格。宜积粮收货，窖藏财宝，逃避走匿，种园蓄菓。若遇别星，合吉格，战利主客，兵宜暗劫，密计阴谋；合凶格，战勿兴兵，求谋休动。

**杜加离**家人

战利主兵。合吉格，贼来投降，闻威自败，凡事皆遂；合凶格，战不利，后防有伏兵，诸事不宜，先成后败。

**杜加坤**观

战利客兵。合吉格，凡为半吉，战宜先举得胜；合凶格，先胜后败。

**杜加兑**中孚

战利为主。合吉格，战必全胜，谋事亦吉；合凶格，百事成空，精兵必败。

**杜加乾**小畜

若天辅星加临此宫，为反吟格。宜回兵散众，逃遁远去，赏赐放释。如别星合吉格，战利为主，闻我之威，贼知退避，然后进剿，凯歌而回；合凶格，诸事凶。

**杜加坎**涣

战利客兵。合吉格，战胜事吉；合凶格，战宜固守，凡谋多见虚费。

**杜加艮**渐

战利为客。合吉格，得胜，凡事先难后利；合凶格，战必败。

**杜加震**益

主客俱利，战则取胜。合吉格三奇尤吉，凡为事亦利；合凶格，防有诈兵埋伏，凡事成虚，有始无终。

**景加离**离

若天英星加于此宫，为"伏吟格"。宜约谋献策，遣使破园，赏赐士卒，投师受道，造炉炼丹，修灶安神。如别星加之，合吉格，战利主客，以和取胜，百事亨通；若逢凶格，战待敌先，凡为不利。

**景加坤**晋

战利主兵。合吉格，化邪归正，贼自投降，诸事叶吉；合凶格，先吉后败，美中生忧，战宜固守。

**景加兑**癸

战利客兵。合吉格，战必全胜，百事半吉。迟则全利；合凶格，始终无望，战宜固守。

**景加乾**大有

战利客兵。合吉格，唱凯而回；合凶格，战损兵卒，凡事不宜，终始俱凶。

**景加坎**未济

天英星加临此宫，为反吟格。宜散众赏赐，拆屋坏墙，战利主兵。合吉格，出战后举得胜，凡事皆吉；合凶格，百事无成，固守迟胜。

**景加艮**旅

战利为主，合吉格，征兵后举大胜，凡谋多有喜悦；合凶格，以计取胜，凡为半吉。

**景加震**噬嗑

战利为客。合吉格，征兵先举取胜。凡为小吉；合凶格，战宜固守，凡事勿行。

**景加巽**鼎

战宜为客。合吉格，兵宜先举得胜，凡事先施仁义，迟则亨通；合凶格，百事不利，战宜固守。

**死加坤**坤

若天芮星同于本宫，为伏吟格。惟宜耕种筑墙，补路开田，积粮防守。如别星合之，得吉格，战利主客，以和取胜，万事大吉；合凶格，兵宜固守，凡事勿谋。

**死加兑**临

战利为主。合吉格，出兵后举得胜，凡为亦吉；合凶格，防有暗谋，休要轻举，凡事先吉后忧。

**死加乾**泰

战利为主。合吉格，兵强战胜，谋为皆就；合凶格，战守迟利。

**死加坎**师

战利为客。合吉格，兵宜先举取胜；合凶格，百事逢凶，所谋不就。

### 死加艮谦

若天芮星同临此宫，为反吟格。宜散粮赏赐，开井挖河。如别星加临合吉格，战利主客，以和取胜，凡事皆成；若合凶格，所图不遇，战宜固守。

### 死加震复

战利为主。合吉格，精兵后举，得胜回营，凡为半吉；合凶格，凡为无后，战宜迟胜。

### 死加巽升

战利为主。合吉格，主兵大胜，谋为小吉；合凶格，百事俱凶，财多虚费，战宜退兵待敌。

### 死加离明夷

战宜客兵。合吉格，征兵先举大胜，诸事迟吉；合凶格，战防失机，固守待敌，凡事无成，虚耗且败。

### 惊加兑兑

主客俱利。若天柱星加临本宫，为伏吟格，宜捕捉置货博戏。如别星加临，合吉格，战宜计胜，诸事皆吉；合凶格，战宜固守，百事勿为。

### 惊加乾夬

战利主客。合吉格，战必大胜，诸谋昌盛，永远亨通；若合凶格，百事无成，战宜防守。

### 惊加休困

战利为主。如合吉格，百战百胜，谋事通达；合凶格，战宜回兵，谨防奸细，百事无成。

### 惊加艮咸

战利为客。合吉格，宜以计诱，凡事先施仁义，后必大利。如遇凶格，精兵勿征，凡为欠利，不可轻举。

### 惊加震随

战利为客。如合吉格，耀武扬威，百战百胜，凡事先难后吉；合凶格，战必大败，诸事难图。若遇天柱星同临，为反吟格，只宜散众赏赐，入山伐木。

**惊加巽**大过

战利为客。若合吉格，战胜回营，诸事先难后利；合凶格，战必大败，凡为遭凶。

**惊加离**革

战利为主。合吉格，主兵全胜，凡事先难后利；合凶格，征战不宜，谋为始终不利。

**惊加坤**萃

战利为客。若合吉格，战宜机胜，凡事迟吉；合凶格，战宜固守，凡为皆凶。

# 八神路应

直符是贵人星，出行路上遇贵人，或高年老叟。又六甲为青龙，主财物，人从车船竹木而至。

螣蛇，主形状古怪奇异之物，或空虚花假之物，及有执物而至。客来相会，必淹滞缠扰，难于送别。忧惶惊恐，事多颠倒。

太阴，主女人，或阴险小人。为密谋文书，又谈方术事。人从南方来者，可依托。

六合，遇人必喜笑相迎，一见如故。更有美女少妇，身着新衣，相将酒食，和颜悦色，殷勤相接。

白虎，必遇新丧孝子，或白衣人，或屠夫猎户，闻啼哭之声，或残疾老人，或争斗带伤之客，或骑马而过。

元武，必遇盗贼，或奸人刺客，或儿童小子。或讲元门课卜之士，或逃亡走窜窘迫之人。

九地，必遇瞽目老病，心多忧患之人。或新丧者。或算命卜祝之人，说鬼神幽冥之事。

九天，出行必遇响声，或口舌争斗。或屠夫兵卒，手中执有兵器物件。

此皆随出门之方而占之，不专在直符直使之宫也。

# 御定奇门大全秘纂卷三十二

## 宝鉴摘要

## 九星行军克应

### 天 蓬

天蓬，主杀人，惟利客。春夏用之，军大胜。秋冬用之，有灾凶。宜安抚边境，修筑城池。如申酉之月，及壬癸亥子日加九宫，临战有黑云气从北方来，客胜。若四季之月，及戊己辰戌丑未日，[①] 有黄云气从东北，或自西南方来，主胜。

### 天 芮

天芮之时，宜安邦建邑，受道结交。凡将兵征伐，不见成功，与任星同。半途当逢雷雨。

### 天 冲

天冲之宿，宜征伐战斗，报怨酬恩。春夏将兵胜，秋冬无功。如加二八宫，冬春之月，甲乙寅卯日，有青云从东方来，客胜。若加六七宫，季夏季秋之月，庚辛申酉日，有白云从西方西北方来，主胜。

### 天 辅

天辅之时，宜诛凶伐暴，将兵春夏大利，主客胜负同天冲。

### 天 禽

天禽之时，宜祭祀求福，断灭群凶。将兵四时吉，百神来助，敌人畏服。

---

① "若四季之月及戊己辰戌丑未日"，南京图书馆藏本作"如辰戌丑未月及戊己日"。

如亥子寅卯月日加三四宫，利于为主。辰戌丑未月日加一宫，利于为客。

## 天 心

天心之时，宜兴兵出众，诛暴伐恶。凡将兵征伐，与柱星同，不宜春夏。[1]

## 天 柱

天柱之时，宜修筑营垒，训练士卒。凡将兵征伐，寅卯己午月日加九宫，临战有赤云气从南方来，主胜。四季申酉月日加三四宫，临战有白云气从西方西北方来，客胜。[2]

## 天 任

天任之时，宜立国邑，化人民。将兵四时吉，万神来助，敌人自降。如四季之月，戊己辰戌丑未日加一宫，有黄云气从西南，或东北方来，客胜。若春冬之月，甲乙寅卯日加三四宫，有青云气从东方东北方来，主胜。[3]

## 天 英

天英之时，宜面奏出师，安营祭祀。凡征战，申酉亥子月日加一宫，有黑云从北方来，主胜。寅卯巳午月日加六七宫，有红云从南方来，客胜。[4]

右九星有气合奇门，吉者益吉，凶者减凶。若无气，不合奇门，凶者益凶，吉者不吉。

# 九星值十二支克应

## 天 蓬

子时，不利入宅安坟，上官嫁娶，主有口舌争讼之事。凡作用时，有鸡

---

[1] 南京图书馆藏本作：天心之时，宜求贤访道，若遇秋冬之月、庚辛戌亥日临阵，有白色云气从西北方来战，主胜，春夏不吉。

[2] 南京图书馆藏本作：天柱之时，宜决断狱罪，屯兵固守，出则兵伤。若在秋月并庚辛申酉月日临阵，有赤色云气从西方来，战利主胜。

[3] 南京图书馆藏本作：天任之时，宜建都立国。如四季戊己辰戌丑未日临战，有黄云气从东方来，主胜，敌人自服。

[4] 南京图书馆藏本作：天英之时，宜征伐不停，出兵战斗。若在秋冬之月并壬癸亥子月日临阵，有黑云气从正北方来助，主兵大胜。

鸣犬吠，宿鸟闹林，田鼠争斗，或北方作黑云，有雨势，或见簑笠渔翁，胡面强暴之人，或见青蓝衣之人至应。作用后，申子辰日，有缺唇驼背人来，鸡生肉卵。须防官讼破财，或家有人缢溺而死。

丑时，主墓树倒伤人，雷电风雨，茅蓬草舍，鸡鸣犬吠，稑子牵犊过应。作用后，七日内，鸡生怪卵，黄犬上屋，枯井水发，防小口灾，家业散。三年内，白头翁作牙，① 进商音人田产，财谷大旺，十年后又败。

寅时，有青衣童子，持花果来，北方和尚持杖至，公吏猎犬奔驰，青衫篮裙田妇车水应。作用后，六十日内，如遇黑蛇入宅咬人，或鬼撒砂为怪，牛马伤人，主家道中落。三年后，得进田地，仍复兴旺。

卯时，黄云四起，妇人持铁器前来，兔蛇横道。作用后，七日或六十日内，有角徵音人相请宴饮，或送财物。防女人口舌，盗贼牵连之事。若见过，百日内当得横财。

辰时，砂雾飞扬，窑烟瘴气，鼓乐铿锵，东北方倒树伤人，渔樵牧子，孝妇奔丧，红衣女子至应。作用后，六十日内，鸦绕屋鸣，须防劫贼，又主有疯疾人上门图赖。如见过，家生贵子，大旺财谷。

巳时，逢驼背老人，持竹杖披簑衣，妇女携酒，师巫歌唱，大蛇上树。作用后，百日内，遇火灾，反得横财，周年得武职，加官进禄。

午时，逢炉冶事，有人持刀战斗，青衣妇抱红衣孩子，东方叫喊，或哭声应。作用后，六十日内，犬为怪，家长有忧。逢赤面疯瘫人，图赖破财。三年后，得古窑，② 大发。

未时，逢童子逐羊，鸦鹊惊鸣，二女啼哭，北方有红衣女人至。作用后，六十日，须防军贼破财。

申时，逢童子打水鼓叫喊，及持雨盖，牵猴走索人至应。作用后，二十日，遇鸡窠内蛇伤人。主奸淫事败露，有妇人投缳。

酉时，西方见赤马车舆，群鸦飞噪，远寺钟声，妇人烹饪应。作用后，百日内，僧道人作牙，进商音人田产，大发。三年内，鸡生双子，猫生白种，名利皆吉。

---

① 作牙，指作中介。
② 点校者注：参校诸本，"窑"当为"窖"。

戌时，主闻盗贼之声，老者扶杖来，及白须人担箩运土，西方雷雨应。作用后，六十日内，白犬自至，当因军器得财。

亥时，主孩儿啼哭，山来瀑泉之声。见江干钓叟，醉翁夜归。孝服女人至。作用后，因捉贼得财。三年内。当出道法术艺人。位至公卿。

**天 芮**

子时，西南有火光，禽惊走，二人相逐，老妪抱孩童至。作用后，六十日内，有猫犬为怪，防妇人产厄。若秋冬用事，当进羽音妻妾人口。

丑时，闻金鼓声自西北至，或老妇锄园瓜果之应。作用后，七日内，遇龟鹊入宅，须防盗贼破财，口舌官讼之事。

寅时，见怀孕瘦妇，簑笠老人，牵狗舞猴应。作用后，六十日，水牛入屋，名利大旺。

卯时，有红衣女人送花果之物，贵人骑马，两犬斗，水牛鸣应。作用后，六十日，进东方绝户产业。防小儿有汤火之灾。二年内，进羽音人物，及血财。防妇人胎产之厄。

辰时，有土工匠作窑坑之事，或土坍树倒，鸦鸣鼓声应。作用后，如遇野鸟入宅，须防盗劫破财。

巳时，与天蓬同。

午时，有大肚胖汉，缺唇白衣人，妊妇牛马过应。作用后，六十日内，遇猫咬人，因买鱼发横财。周年后，得妻财。

未时，有捕猎人，老妇牵羊，白衣道人携饮食应。作用后，周年内，乌鸦绕屋噪，赤面三牙须人斗闹，鸡犬瘟疫。须防回禄蛇伤。

申时，东方有青盖，或僧道胡须人至，牛鸣犬吠应。作用后，百日内，进羽音人产物。周年内，野鸟入宅，防灾疫。

酉时，有群鸦鹊噪，疋马过关，远寺金鼓声应。作用后，进鸡猫，可以求名。

戌时，有老人持杖，军士担锣守关，黄昏犬吠，老妪悲泣应。作用后，白虎来家，主得横财。

亥时，有子母相依，牛马作队应。作用后，有野猪入室，必主以道艺荣身。

## 天　冲

子时，有风雨鹤鸣钟鼓声应。作用后，六十日内，有生气入屋，周年田蚕倍收。防妇人产亡。若拾得古镜，当得僧道之财。

丑时，有青衣牵牛，与埙篪鼓声，牛鸣虎啸犬吠，风雾窑烟，小儿妇人来应。作用后，牛产犊，乌猫生白子，庭生瑞草，得山林田产僧尼之财。若逢匠作伤狗，防庭帏灾变。

寅时，有贵人乘轿，童子执金银器至应。作用后，二十日，进角音人六畜田契，或人送琉璃器皿。六十日，牝鸡晨鸣，防家长有厄。若见过，因口舌争讼得财，主乙己丁生人获福。

卯时，有女子渡桥，贵人乘马，木匠锯树，猎犬逐兔应。作用后，宜防妇女有灾。

辰时，主蛇上树，虎出林，僧道土工至应。作用后，拾得黄白古物，发财。七十日，进一男一女，家主防跌蹼。

巳时，有牛羊争斗，女人相骂，西南鼓声，东南火发。作用后，六十日，蛇咬鸡，牛入室，女人送契至。一百日，犬生花狗，大旺田财。

午时，东邻火起，白衣叫唤，鸦鹊喧闹应。作用后，拾得古器，有鬼运钱谷，大发之兆。

未时，有鼓响，孝服儿女，牛羊成群，西北闹喧应。作用后，六十日，白羊入宅，大发。

申时，南方有白衣人骑马，吏卒人持刀斗殴应。作用后，百日，女人作牙，进绝户产业。

酉时，有远人书信，狐狸咬叫，妇人把火。作用后，周年得贵子，发横财。

戌时，西方三五人，把火寻失物，军吏师巫，三牙须人至应。作用后，六十日，鸡上树鸣，得远信，获羽音人财。周年，防牛伤小口之患。

亥时，有跛足青衣人至，及东北人家火光应。作用后，猫捕得白鼠，大发财禄。

## 天　辅

子时，主天有景星庆云，红白衣人叫唤应。作用后，六十日内，进商音人物。如猿猴入室，甑①鸣，主加官孕子之吉。

丑时，东方犬吠，有人争斗应。作用后，六十日，野鸡白兔入屋，进僧道之物，或东南方羽音人送文契。远人信来，周年添人口，血财大旺，加官进禄。

寅时，主公吏人手持金木之器，及艺人携文书乐器应。作用后，六十日，有猫咬鸡雏，当得盗贼财物。赤面人作牙，进羽音人田契。十二年大发，且生贵子。

卯时，有女人持雨盖，师巫鼓角声应。作用后，六十日，有生气入屋。因女人讼事，得财物产业。

辰时，有白羊黄犬相斗，卖油米菜人相撞，白衣小儿哭，怀孕妇人至。作用后，大发钱谷。一年内，双生贵子。

巳时，有僧尼相调，女人抱布，狂风四起，儿童叫喊。作用后，进东方人财，有鬼搬运，大发财源。

午时，有僧道持盖，文人把扇，女子穿红，窑冶烟起应。作用后，有贵人送异物，进西方人金银，长者到门，得寡妇之产。

未时，有群犬争吠，丐妇携杖，僧道哺啜，② 西北方争屋喧哗应。作用后，百日内，进商音人财物，或有文信入宅，大发。

申时，有肿脚青长人携酒果至，三教色衣人来，西北金鼓声应。作用后，井中出蛇，有人送牛羊至，吉。半年内，得妇人财，大发。

酉时，得远信，娶妇来应。作用后，人财大发。

戌时，主窑冶火光，兵卒守关，师巫并行应。作用后，得远方财信，防六畜伤人。

亥时，有野猪奔逐，鸡鸣犬吠，渔翁把钓，僧尼夜奔应。作用后，见白鼠，大吉。

## 天 禽

子时，有怀孕妇人，紫衣贵客，鼠走蝠飞应。作用后，六十日，鸡上树，

---

① 甑，zèng，古代蒸饭的一种瓦器。底部有许多透蒸气的孔格，置于鬲上蒸煮，如同现代的蒸锅。

② 哺啜：饮食，吃喝。

犬衔花，儒人赠物，主因武官进田土财物。二十年后，丁财两发。

丑时，有孝服人持锡器来，小儿拍掌叫笑，黄胖矮子孕妇至。作用后，赌博获财，或得窑<sup>①</sup>中财。三年后，遇牛鸣，因获盗致富。

寅时，鸡乱鸣，犬群吠，公吏僧道，陶冶匠役，带棕笠人至。作用后，六十日，进羽音人文契，田蚕大旺，庭产瑞草，发福发丁。

卯时，东风大发，小禽四噪，怀孕妇人至，与土木动作应。作用后，半年，野猫自来，园内可以得窑。

辰时，有师巫术艺人争闹，鸦鸣烟雾应。作用后，六十日内，有僧道，或无嗣人，送产物至，大发。

巳时，有白头野鸭，成队飞鸣，及师巫争闹，贵人骑马，鸡鸣蛇游应。作用后，七十日内，如遇妇人自来求合，生贵子。三年内，田蚕大旺。

午时，有白衣女人至，狗衔花，鸡斗叫，风云从东来。作用后，六十日，有外犬入室，主得东方人财。一年内，乌鸡出白，进铁器，诸事荣昌。

未时，有老人，或跛足担花过，青衣人携酒至。作用后，六十日内，进羽音人铁器，诸事大吉。

申时，主天中飞鸟大叫，师巫执符，老人负辕来。作用后，百日内，如遇女人来，或拾得珠翠归。周年生贵子。

酉时，西方火起，喧闹金鼓声应。作用后，一年内，如遇鸡生五子，有昌盛之兆。

戌时，东北方钟声，军人负戈，铙钹樵鼓，青衣童子携篮，或牵犬应。作用后，六十日，有白龟入室，当得寡妇财产。

亥时，闻西北方嫁女哭声，发西风，树倒拆屋。作用后，六十日，商音人作牙，进僧道田产，或进匠人铜铁器，则主大发。

## 天 心

子时，主间金鼓涛声，西北争斗，赤面长者来应。作用后，百日内，进商音人古器书画，家生白鸡。田大旺，十二年外，因赌博见讼，防破家。

丑时，主南方火光，跛足人把伞镜，送宝至。作用后，五日内，有双猫

---

① 点校者注：参校诸本，"窑"当为"窖"。即得窖藏之物。

来家。四十日内，进商书远人财物文契，则有多寿之庆。

寅时，有白鹭水禽，金鼓四鸣，青衣女人携篮，公吏走狗应。作用后，防遗火伤小口。六十日，有公事至。百日内，获金银。因得古窑，[①] 进商羽音人产。三年，得妻财贵子。

卯时，有兔走鸟飞，跛足妇人争闹，及犬吠鼓声，北方肩舆至。作用后，七日进横财。三年内，有牛自来，六畜大旺。有人来请，因军得财。

辰时，主西北云起，青衣人携鱼，女人僧道同行。作用后，六十日，井中气如云出，则主大富贵之兆。

巳时，有青衣女子，抱小儿至，紫衣骑马，乌蛇上树应。作用后，半月内，得意外之财。跛足作牙，进商音人产，六畜大旺。三年内，女人成家，寡母坐堂之兆。

午时，主风雨骤至，蛇横当道，红裙女子携酒至。作用时，六十日，釜鸣，跛足人送生气物至。五年内，进金银田蚕，大旺。

未时，主老人说婚，牵羊担酒，妇女歌笑，衣服首饰之应。作用后，如遇羊生二羔，人财大旺。

申时，主僧道前来，金鼓四鸣，百鸟喧噪，红裙女子送酒赠花果至。作用后，如遇白猿戏环，寡妇当家，主大发积。

酉时，主僧道尼姑，把火西南上来，北方金鼓声，鸡鸣马嘶，婢子到门应。作用后，七十日，进商音人骡马财物，官贵艺术人送远信至，大吉。

戌时，主南方犬吠贼惊，小儿骑牛，公吏打犬应。作用后，三年内，鸡犬自来，则大富贵。

亥时，有鸡鸣犬吠，皮帽老人，手持铁器，渔翁夜归应。作用后，如遇远方人投宿遗下财宝，大吉。

## 天　柱

子时，有火从东至，狂风四起，孩童啼叫，缺唇人来应。作用后，六十日内，如遇蛇犬伤人，须防血光破财之事。

丑时，匠人携斧自北来，孕妇产育，树生金花应。作用后，六十日，进

---

①　点校者注：参校诸本，"窑"当为"窖"。即得前人窖藏之物。

羽音人金银器皿。三年外，防回禄穷败，出弄蛇戏，犬作傀儡人。

寅时，有牛鸣马嘶，僧道持盖，雷雨鹊噪应。作用后，如遇贼情牵连，须防妇女产厄。

卯时，瘦妇提筐，两僧尼持盖，女人争斗，及羊兔之应。作用后，六十日内，遇鸡犬作怪，则防疫病死绝之危。

辰时，有扛木持鼓人过，农夫负锄，屠宰恶人来应。作用后，鸡生双卵，猫生异种，进北方人财物，寡妇送契至，红面人作牙，进羽音女人田产。

巳时，有黑牛钟声，乌猪大蛇，风雷火怪应。作用时，二十日，进商音人财物。六十日内，家有女人落水，生气物入宅。周年内，猫捕得白鼠，发富贵之兆。

午时，西方有妇女骑骡，炉冶火惊，雷雪鸦鸣应。作用后，五日内，孕妇病，防孝服事。六十日内，水边得古器，防小口有灾。

未时，有瘦妇与僧道同行，东北携盖骑马逐羊应。作用后，百日内，遇狐狸为怪，防退财。

申时，主鹰掠禽堕地，猿猴惊啼，青衣人携篮应。作用后，如遇和尚奸拐，防因火丧家。

酉时，有远寺钟声，西方鼓角，鸡鸣树上应。作用后，如遇金鸣，防阴人灾厄。

戌时，有军兵相斗，犬吠荒村，女人纺织。作用后，如遇蛇虫伤人，防瘟疫死败。

亥时，有金声，乞丐啼哭，山下火光应。作用后，如遇妇人馈鲤，主因火得财。

### 天 任

子时，有风雾火光，水畔鸡鸣，东南方有人持刀斧过应。作用后，百日内，遇妇人离异事，及木姓三牙须人上门图赖。家道日落，门风大败。

丑时，有青衣妇人携酒，闻鼓乐声，山林锄筑应。作用后，半年外，有鹦鹉入宅，因口舌得财。

寅时，有火把引女人行动，童子拍手戏笑，西北轿马，公吏道人至应。作用后，六十日，甑鸣，防妇死。百日内，进六畜。遇女人赠钗，防缺唇人争婚之祸。

卯时，有老人持杖，喜鹊飞鸣，渔猎之应。作用后，七日内，得古器无物。百日内，因女人获财，进牛羊六畜，则有加官进职发财之兆。

辰时，有采樵渔猎，公吏师巫应。作用后，遇狸獭入宅，防田墓争竞之事。

巳时，有两犬争一物，野人负薪过，吏人持盖，斗鸡走狗应。作用后，六十日，获远方人财。南方人送双鲤，就异途功名，当显。

午时，有师巫至，西北方黄色飞禽，或马狗来应。作用后，四十日，紫衣人入室，进贵人之物，当生贵子。

未时，有白鸡，或飞鸟，自西北来，鼓声喧闹，风雨大作应。作用后，七日内，女人送白色物至。六十日内，家生异物，六畜大旺。

申时，有风雨声，黄衣僧道师巫，舞猴挝鼓应。作用后，七日内，防妇女汤火之厄。

酉时，有僧尼举火，西方人争斗，鸟鹊喧噪，白衣孕妇，钟声窑烟应。作用后，进商音人骡马，当得远方之财。

戌时，女人抱白布至，西方鼓声，北方树倒，军吏惊走，犬吠争斗应。作用后，六十日，蛇虫入宅咬人，黄犬上屋，有军人来图赖，防瘟疫死败。

亥时，有西寺钟声，山下火起，妇女啼哭应。作用后，遇人送双鲤至，因救火得财，大发。

## 天 英

子时，有雉飞鼠走，西北锣声，把火伐木应。作用后，缺唇人为祸，防血光汤火之灾。

丑时，东北方师巫至，门金鼓声，村舍渔火应。作用后，一年内，犬作人言，防回禄死败。

寅时，有军马渔猎，僧道之应。作用后，女人拾财宝归。六十日内，得寡妇田产。百日内，出遇疾雷暴雨，大发。

卯时，有负木器人，及有灯火炉烟，或烧林之应。作用后，六十日内，进妇人财宝，人财两发。

辰时，有红衣女子，鼓声渔罟应。作用后，遇鸦鸣屋，须防劫贼窃盗。

巳时，有僧道焚香，蛇狗炉火应。作用后，如得意外之财，或人送鲤来，主人财两旺。

午时，南方有婚姻事，车马经过，捕猎人执弓矢至。作用后，遇枭鸟入宅，须防缢殒殇亡之事。

未时，有孕妇提筐，羊酒喜事，西北方鼓声火光应。作用后，如遇家人落水，须防瘟疫之侵。

申时，有孕妇啼哭，僧道师巫，金鼓雨盖应。作用后，如遇猴马自来，当防横事。

酉时，有鸟鹊争食，怀孕妇人，雉飞马走，西方争闹应。作用后，如遇牝鸡晨鸣，须防女眷折足伤损之厄。

戌时，有窑灶火惊，军营争斗，黄犬来应。作用后，遇赤蛇入宅伤人，须防瘟疫。

亥时，有女人把火，孩童叫哭，渔公夜吹，水面波涛之应。作用后，如遇疯疾人上门，防有破耗之事。

# 八门应候

## 休 门

休门最好足钱财，牛马猪羊自送来。外口婚姻南上应，迁官职位坐京台。
定进羽音人产业，居家安稳永无灾。

## 生 门

生门临着土星辰，人旺资财每称情。子丑年中三七月，牛羊鞍马进门庭。
蚕丝谷帛皆丰足，朱紫儿孙守帝廷。南上商音田地进，子孙禄位至公卿。

## 伤 门

伤门不可说，夫妇又遭迍。疮疼行不得，折损血财身。
天灾人枉死，经年有病人。商音难得好，余事不堪闻。

## 杜 门

杜门原属木，犯者祸灾频。亥卯未年月，遭官入狱庭。

生离并死别，六畜一时瘟。落树生脓血，祸来及子孙。

### 景 门

景门主血光，官符卖田庄。非灾多应有，儿孙受苦殃。

外亡并恶死，六畜也遭伤。生离并死别，用者要隄防。

### 死 门

死门之宿是凶星，修造逢之祸必侵。犯着年年田地退，更防疾病损财丁。

### 惊 门

惊门不可论，瘟疫死人丁。辰年并酉月，飞灾入门庭。

### 开 门

开门欲得照临来，奴婢牛羊百日回。财宝进时地户入，兴隆宅舍有资财。

田园招得商音送，巳酉丑年绝户来。印信子孙多拜受，紫衣金带拜荣回。

# 八门加九宫克应

### 休加坎

休门入休门。出此门①三十里，见阴贵人，身着蓝黄及碧青。出此门三十里，见阴贵，或一里九里，见蛇鼠牛蝠，吉。或逢皂衣妇，同伴歌声。又主有弓弩湾曲之物，或无足物，水中鱼鳖，茶盐酒醋，绳索乐器之声。占病，主人耳肾血症吐泻，与中男疾厄。北方贼盗，一切隐伏之事，陷险之忧。

### 休加艮

休门入生门。出行十八里与九里，当逢妇人，上黄下黑，及公门役吏，僧道等人为应。又主内黑外黄，形方面曲之物。或瓦器神像，古庙断桥，与登山涉水之忧，并山林是非，水田争界之事。

### 休加震

休门入伤门。四里逢匠人，手击木器及棍棒等物，并皂衣人，及雷雨之应。又主鱼盐酒货之财，并根蒂浸润之物，与盆桶盘盒，桃果仙品，海市蜃

---

① 点校者注：黑体字故宫藏本无，据南京图书馆《奇门宝鉴》补入。下同。

楼之应。

### 休加巽

休门入杜门。五里逢妇人，着皂衣，引孩儿行，歌笑之声，与僧尼文士之应；又当有婚姻和合喜悦之情，绳索相连，枝叶相对。又主隐藏伏匿，与风云际会之美。

### 休加离

休门入景门。一二里与九里，遇皂衣人歌唱，及公吏驴马，鸦飞鹊噪之应；又主水上虚惊，或酒中生非，或湖海中人相害，及水火相济之物，与破损尖曲之形。

### 休加坤

休门入死门。十里逢孝妇人，与皂衣，或上黄下黑绿，或颁白人，农夫小鬼，并啼哭声应；又主田产生非，与老母阴人之厄，事体退散。或卑湿土成之器，连壳长方之物。

### 休加兑

休门入惊门。一八里，逢皂衣公吏人讴歌唱饮，与妇女引孩汲水之应；又主有婚姻和合，巧言舌辨，或因说合得财，及钟磬声，盘碟盛水之物。

### 休加乾

休门入开门。十七里，有四足斗打，皂衣阴人，有父子唱叹声；又主有贵人扶持，利得珍宝，或亲上结亲。主形圆贵重，或壶盏笔砚墨，琉璃斧锯针镜之类。

### 休门入中宫

有小鬼叫跳，妇人同伴之应；又主田产交易，或阴人主张，茶盐酒货之利。物主土砖石器，瓦盆水缸，形方中实之类。

### 生加艮

生门入生门，十五里，逢公吏官人，着紫皂衣巾。出此门十五里八里，见贵人车马吉，或逢黄衣阴人，勾当人；又主山林田产交易，或坟茔动移，水界开塞之类。在物主多节，刚柔偏曲，可覆可仰，静止之物。占病，主脊背痈疽，与手足风肿，少男瘫痪之症。

**生加震**

生门入伤门。三里十里，逢青衣人，及骡马争斗，入山伐木，捕猎，公吏打棍棒，或匠人扛木行，云龙雷雨之应；又主兄弟不和，争产是非，或因山林有厄，动止不决。在物主木土相兼之物，或酸甘笋菜长曲之类。

**生加巽**

生门入杜门。四里十里，逢公吏僧尼，与逃亡人等，叹息哭说之声；又主有山林之财，婚姻之费，或闪躲阻隔事，防暗害。在物主内土外木，乃风炉火柜，与带土连根花果。

**生加离**

生门入景门。九里十七里，逢差遣人骑骡马，步行随从人；又有兄妹相见，与窑冶造作之应。又主文书有益，阴人相助，田产之利，婚姻之喜。在物主煅炼药石，瓦盆土灶之类。

**生加坤**

生门入死门。十里逢公吏，及孝服人，老妪啼哭声；又主田产反覆，子母离合之应。在物，为土块石器，山水景物，或坟向差错，墙路倒塞。

**生加兑**

生门入惊门。九里逢公吏，言官讼之事，或赶四足人；又少女喜笑声，及喜事重重，房屋得利，又因变色而喜。在物，为美器，金玉、瓦石、簪饰之物。

**生加乾**

生门入开门。六里与十四里，逢勾当人，四足斗，老人上黄下白，及跎跛男子，与官贵长者宴喜之事；又主田产山林进益，子秀孙贤，父子显达。在物，为首饰戒指金玉之器，及图书印玺剑镜之类。①

**生加坎**

生门入休门。一九里，逢皂衣人，或公吏人，小儿成群，与山泽渔樵，

---

① 南京图书馆藏本作：六里与六十里，或四十里，逢老人、或勾当人，与四足物斗。上黄下白物，及跎跛男子，与官贵长者宴乐之事。又主田产山林进益，子孙贤孝，父子显达。在物为首饰、戒指、金玉之器，及图书、印玺、剑镜之类。

开沟塞流之事；又山林田产之厄，及同类相欺，骨肉不亲，坟水阻泄。在物，为瓦罐石缸，积水之器，或沟塍闭塞，溪壑不流。

### 生加中宫

主田产山林之益，及母子和合，宅舍光辉。在物为方静之器，花瓶、石林石鼓、石虎土牛之类。

### 伤加震

伤门入伤门，三十里争讼起，凶人着皂衣血光腥。出此门三十里，有争讼出血之人。三里六里，匠人抱棍棒，公吏随从人。若竖造理葬，上官出行，主遭盗贼。只宜捕物索债，博戏渔猎捉贼等事。又主山林交易，或木货得利，或长男和合之事。在物主多节，或有声音之器，或繁鲜笋菜兔鱼之味。病主跌损伤风，中痰惊痫之症。

### 伤加巽

伤门入杜门。七里逢匠人持棍棒，与妇女携雨盖，木竹器物；又主和合婚姻，男女喜事，动中得财，木货竹帛交易。在物主长短不齐，与悬吊之物。出行有风雷之应，竖造之事。

### 伤加离

伤门入景门。一里九里，逢文人女子，匠作公吏，或文书宴会，驴马成群，与馈饷之应；又主合欢喜悦，文书交易，宅舍光辉，山林之利。在物主诗画，尖长野味，烘醃獐鹿等物。

### 伤加坤

伤门入死门。二里五里，逢孝子啼哭，及病腿老妇，棺椁之事；与入山伐木，牛犊相随之应；又主有林木之忧，婚姻之费，阴人灾厄，风蛊噎膈之病。在物，为瓦盆石缸，碓碾屋梁，古桥耒耜，与牛羊鱼脯之味。

### 伤加兑

伤门入惊门。七里十里，逢女子持钓竿，匠人伐木，少女嬉笑，犬羊相逐，雷电之应；又主口舌忧惊，阴人破败，房产交易。在物，为金木相兼，刀斧之器，与口舌之物，鸡鱼之味。

### 伤加乾

伤门入开门。三里九里，逢匠作负木器，渔猎争斗之事，老人跌仆；又主与贵人获山林之财。在物，主珍宝器皿，或钟声镜剑等物，或果核猪鹅之味，有瞻天仰日，从龙变化之象。

### 伤加坎

伤门入坎门。一里四里，逢勾当公吏，妇人皂衣，架构造作，津梁涉水，木栈舟车之应；又主五谷鱼盐，栽插种植。在物，为近水楼台，舟楫雨伞。

### 伤加艮

伤门入生门。三八里，逢采樵匠作，公门吏役，跎背跛足，黄犬黑兔之应；又主长男破败，兄弟相争，田产生非，与林木为害。在物可仰可覆，山景花木，或土木相连，或甘酸之味。

### 伤加中宫

有大厦一木难支之象。凡事不宜动作。又或开沟筑基，挖墓移祠，以招疾厄。在物，为木器彩画、瓦盆枯树之应。

### 杜加巽

杜门入杜门，二十里见男女辈，皂绢褐裙僧尼类。出此门二十里，男女同行，或六十里见恶人；一里九里，皂衣女人引孩儿，公吏骑骡马。宜掩捕逃亡，一切阴谋之事。如日奇临，主两女人，身着青衫；月奇临，主烽火；星奇临，主弓弩；又主顺中之逆，暗昧私情，伏险藏奸之事。在物，为绳索悬吊之器，精巧竹木之类，木植果品之财，文人墨士之辈。

### 杜加离

杜门入景门。四里九里，逢僧尼托钵，二女并肩，鸡黍饷亲，宾主升阶之象。文人墨士，嬉笑柴门，羽士炼丹，道人当炉执扇之应；又主有阴人之利，重婚礼合，二女妒奸；与寡妇资财，文书纸笔，小口痘疹，眼目昏花。在物，主锄杓风箱，鸭鹿鸟鹊之类。

### 杜加坤

杜门入死门。二四里，逢老妪引少妇耘耨，及孝服丧吊之事；又主山林之厄，阴人胎产，婚姻破阻之应。在物，为连根风竹，西南梧桐，老牛斗鸡，骆驼牝马之类。

### 杜加兑

杜门入惊门。七里四里，逢僧道斋醮声，鸡羊成群，少女啼哭，公吏官讼之事；又主口舌虚惊，山林破耗，重婚再醮，儿女争竞，塞而求通，缺而求圆之象。在物主破损歪曲，参差不齐，上方下圆，开闭有声之物。

### 杜加乾

杜门入开门。九里六里，逢骑马公吏人，与金鼓声，老人妇女相争；又主老少不投，寺观妇女进香，迎神赛会。在物主金木相兼，上缺下圆之类。

### 杜加坎

杜门入休门。一里与四里，逢皂衣人歌唱，及妇人引孩儿，并舟楫乘浪之象；又主园圃、鱼盐、水物之财，或交易婚姻之喜。在物主轻浮飘荡，桥梁关津，诗画纸笔，海味之类。

### 杜加艮

杜门入生门。四里八里，逢公门差人，与僧道同行，男妇并肩，栽植竹木之象；又主阴人生非，田产褪厄，山林闭塞，婚姻破耗，鸡犬桑麻，高人羽士之类。在物主绳索软曲，上实下虚，几席之器。

### 杜加震

杜门入伤门。三四里，逢匠作持木器，有送礼人，与雉兔围猎事，林木竹园歌唱之声。有云龙在天之象，或男女佻达之情。又主山林交易，媒妁龃龉。在物主长短参差，上缺下断，腹中空虚之物。

### 杜加中宫

主家宅不安，古树为殃，阴人生非，误犯土府；又老阴人，少男子，多生疮痍蛊膈之灾。在物，为碓硙花盆，藤床竹几之类。

### 景加离

景门九里主忧惊，绯皂衣人宴会宾客。出此门九里十里，有忧惊事，或十五里外，见赤身人，及大蛇，或水火灾异，麻面妇人，大鼻公吏人等，及赤马奔驰，文章远达之应。如嫁娶，防有离异；造作，防有回禄；又主有女人婚事，家宅纷饰，文书交易。在物，为中空明亮之器，或有囊腹，甲胄弓矢，灯笼蜡烛，红盒纸帐，炙焦之物。①

### 景加坤

景门入死门。二里十二里，孝子哭，公吏骑骡马，有文书交易，与田产房屋，母女相会；又为孕妇之兆。在物，为文彩精器，与煆炼炉冶之物，灯盏火柜土锉等项。

### 景加兑

景门入惊门。七里九里，逢二女嬉笑作戏，与缺唇麻面等人，及赤马白羊之应，闻金鼓声，或炼丹事；又主二女参商，炉冶倾颓，烧炼破费，火灾惊疑。在物缺损，首饰瓦瓶，有口腹之物。

### 景加乾

景门入开门。六里九里，逢公吏人，与官贵长者，赤白马相斗，与孝服啼哭之应，或铸造②淘沙，奏章受斥，夫妻不和，宅舍火惊，灾忧飞祸，失落文券，老人病目之事。在物，为文具美器，火盆炉灶等项。

### 景加坎

景门入休门。一九里，逢皂衣妇人哭，公吏言官事，水火灾异，婚娶迎聘，男女争斗，鼠走马驰，房帏火烛之应；又主阴雨连绵，龙飞水走。在物，水桶石匣，上空下实之物。

### 景加艮

景门入生门。八里九里，逢骡马同行，野火烧山；又主有书籍古画，大厦楼台，坟山吉地，寺观来脉，贵人相扶，婚姻喜事。宜防兵火，及文书是非。

### 景加震

景门入伤门。三里九里，逢渔猎人，匠人把棍棒，走狗逐兔之事，或骡

---

① 南京图书馆藏本作：景门入景门，九里忧惊事，皂衣人宴会宾客。出此门九里十里，有忧惊事，或十五里外，见赤身人，及大蛇。或水火灾异，麻面妇人，大鼻公吏人等，及四足物，或赤马奔驰，文章远达之应。嫁娶有离异之灾。造作有回禄灾。又主有中女婚事，宅舍不吉，有文书交易。在物为中空明亮之器，或有囊腹，甲胄弓矢，灯笼蜡烛，红盒纸帐，炙焦之物。

② "造"字底本不清，据上下文补。

马成群，兵戈鼓乐，文书争斗之应；又主宅舍火灾，男女婚事。在物，主火柜蒸笼食盒之类。

### 景加巽

景门入杜门。四里九里，逢僧道同行，公吏骑赶骡马，妇人引孩儿，姊妹嬉戏，柴门失火，村舍鸡鸣，孩童餔雏；又主佛事罗斋，二女倚门，酒食欢会，秃头病眼。在物，主箫管乐器，干柴烈火之类。

### 景加中宫

主远信来到，田产文书交易，与窑冶之财。在物，为土府火盆炕灶之类。

### 死加坤

死门入死门，出行逢疾病，黄皂衣人见遭迍。出此门二十里，逢蛊腹癫跛之人，或五十里内，见血光凶事。二里十二里，孝子哭。公吏骑马，最忌远行，须防变故，只宜吊丧、送葬、射猎等事；又主妇人灾病，田产交易，乡农斗殴。在物，布帛菽粟，有囊腹之物，与帐轿土石之类。

### 死加兑

死门入惊门。七里二里，逢孝子啼哭，与老妇少女，牵犊驱羊之应；又主安葬迁茔进产，妇女交易。在物，主有口腹，或锅磬缸礶之器。

### 死加乾

死门入开门。六里八里，逢老年夫妇，牛马成群，与开茔安葬事；又主和合婚姻，捕猎耕种，田土交易。在物，主贵重吉器，及上圆下方，宝石镜剑之类。

### 死加坎

死门入休门。三里与二里，逢儿童啼哭，与老妪涉水，黄黑牛豕之应；又主田产生非，坟水反挑，旧事不明，阴人灾厄。在物，为有腹之物，形方而圆，其中有节，或井栏瓦器之类。

### 死加艮

死门入生门。八里十里，闻妇人产育，孝子茔圹，婚姻和合，田土反覆之事，或闻山崩地动，起死回生。在物，为五谷杂粮、坟茔瓦石之类。

### 死加震

死门入伤门。三五里逢孝子扶柩，与木匠竖造之应；又主田产退败，阴地崩损，及阴人灾病，路死扛尸。在物，为土木相兼之器，与门柱木杵之类。

### 死加巽

死门入杜门。四六里，逢妇女啼哭，与僧尼音乐；又主宅有暗耗，妻妾不合，或因园圃生灾，重婚私配之事。在物主悬吊之器，与几席地板之类。

### 死加离

死门入景门。二里九里。逢奠祭暗慰，文书舛错之事；又主阴人当权，母子相依，或因喜费财，宅舍光饰。在物，文书笔砚煅炼之物。

### 死加中宫

主田产交易，阴人财利之事。宜安葬动土筑墙。在物，为土器旧物土坑石匣之类。

### 惊加兑

惊门出行鸦鹊呼，口舌文书及追捕。出此门，见鸦鹊飞鸣，六畜抵触，妇人引孩儿，与争打损伤之事；又主阴人口舌，家眷不合，瘟灾痨疫。在物有声口之物，及破镜损器羊角之类。[①]

### 惊加乾

惊门入开门。七里六里，逢老人携幼女，持金玉器，与啼哭声；又主老少不和，宅舍生非，阴人斗殴之事。在物主钟磬，及金银人物，鸳鸯马羊等物。

### 惊加坎

惊门入休门。七里八里，逢皂衣妇人，抱孩子，言疾疫事，与婚媾之喜，阴人孕兆，及妇女财物。在物，如铜壶滴漏之类。

### 惊加艮

惊门入生门。七里八里，逢男女牵扯，与羊犬相逐之应；又主婚姻财喜

---

① 南京图书馆本为：惊门入惊门，七里八里，逢小儿或四足物。出此门见鸦鹊噪鸣，口舌文书，及追捕损伤之事。又主阴人口舌，家眷不合，瘟灾痨疫。在物有声口之物，及破损器、羊角之类。

媒妁之利。在物，为金石相兼古器之类。

### 惊加震

惊门入伤门。三七里，逢匠人伐木，渔猎等事；又主阴人生非，争斗起衅，砍柴伐木，与夫妻反目之象。在物，为金木相兼，并有声口之物。

### 惊加巽

惊门入杜门。四里七里，逢妇女争斗，与箫管之声，斗鸡之事，屠夫宰割之应；又主妻妾不合，阴人灾厄，口舌虚惊。在物，主缺损不全之类。

### 惊加离

惊门入景门。七九里，闻金鼓声，炉冶事，及二女嬉笑；又主寡妇当家，文书惊诈，口舌争斗，小口痘疹之灾。在物，旧器破损，与铸造未成之物。

### 惊加坤

惊门入死门。七里二里，逢跌仆之伤，与刑伤吊问事；[①] 又主阴人退耗，母为其女，婚嫁破财之事，或田产利益之应。在物，锄铲之器，与坟茔所藏之宝。

### 惊加中宫

乃宫生门，意同惊加坤。

### 开加乾

开门二十阴贵至，贵人乘马紫衣服，出此门，见贵人着红紫衣骑马，吉，或四六里，见猪马，逢酒食竖造之事；又主贵人相钦，吉庶同心。在物，为有首有声之物，或镜钱之类。[②]

### 开加坎

开门入休门。六七里，逢妇人携孩子，与皂衣老人，浚河汲井之应；又主有公门之望，珍宝交易，得官贵之力，享荫庇之福。在物，为沉重润泽之器，或茶酒瓶盘之属。

---

① 南京图书馆藏本作：七里二里，逢跌伤腹痛之人，与行丧吊问之事。

② 南京图书馆本为：开门入开门，二十里阴人至，贵人乘马紫衣襟，出此门见贵人着红紫衣骑马、吉。或四、五里见猪马，逢酒食竖造之事。又主贵人相钦，士庶同心。在物，为有首、有声之类。

### 开加艮

开门入生门。八里六里，逢老人携孩子，入山修茔，女人与四足相逐，或官讼争斗逃亡等事；又主山林破费，因名失利。在物，主金石相兼，或首饰之类。

### 开加震

开门入伤门。三六里，逢捕猎战斗，匠作伐木之应；又主官贵长者之厄。在物，金木相兼，钟鼓之器。

### 开加巽

开门入杜门。四里六里，闻歌唱声，四足斗，人言官事，与僧尼老人，官贵长者，谒庙焚香之应；又主老少不合，阴人是非，刀伤虚惊。在物，为金木相兼之器。

### 开加离

开门入景门。九里逢老人骑马，与公门役吏，酒食喧闹之事；又主文书忧闷，阴人为祸，或因烧丹费财，与触怒官长。在物，为炉冶倾销之器，与外圆中虚之类。

### 开加坤

开门入死门。二六里，逢女人啼哭，与孤独夫妻，说离合事，牛马成对之应；又主和合婚姻，布帛菽粟。在物，金石之物，或土中古器。

### 开加兑

开门入惊门。七里六里，老人与女子同行，逢公吏勾捕等事；又主花酒败家，阴人口舌。在物，为或圆或缺之器，与刀针灯台夹剪之属。

### 开加中宫

有贵人临门，与子母亲眷重会，旧交相访，欢悦之情。在物，为金玉宝石，大小方圆，上塞腹满之器。

# 御定奇门大全秘纂卷三十三

## 宝鉴摘要

### 十干克应歌

十干克应有元机，一一皆从时位推。

时位，时支之位。如乙日支位卯震宫是也。

六甲贵人端正好，

甲为天福。阴日青衣女子，阳日青衣男子应。三年内，得天禄。

六乙僧道九流医。

乙为天贵。主高贤。阳日贵人，阴日僧道应。

六丙飞龙见赤白，

丙为天威。行逢骑赤白马人，青衣人应。

六丁玉女好容仪。

丁为玉女。阴日女子物色，阳日女人。二七日内，有古器。

六戊旗鎗并锣鼓，

戊为天武。阳日锣鼓，阴日亲朋鼓乐。半年内，得武人财宝。

六己黄衣并白衣。

己为明堂。阳日黄衣人，年内得贵人。阴日白衣，一女一男应。

六庚孝服并兵吏，

庚为天刑。阳日见兵吏，阴日孝子白衣人。四十九日，贵人文字应。

六辛禽鸟并鸦飞。

辛为天禽，主飞鸟。阳日白衣人，一年内，得财宝。

六壬雷霆雾霏雨，

壬为天牢，十里雷电。阴日皂衣人，阳日白衣人，女人抱瓶应。七十日，进人口。

六癸孕妇喜欢归。

癸为天藏。阳日捕渔人，阴日孕妇。六十日得铜镜。

# 十干相加吉凶克应

**甲加丙，青龙返首。**

在坎，有紫云北方助战，吉。出休门十里，逢青赤帻人，有酒食应。

在艮，有青云东北助，出生门十里，逢火光。

在震，有赤气东助。出伤门三里，逢采木人。

在巽，红黄气东南助。出杜门四里，逢竹工人。

在离，有火云气光焰南方助。出景门九里，逢野火烟焰。

在坤，青黄云气西南助。出死门二十里，逢肢体伤者。

在中，有紫雾溟濛助战。出死门百步，有赤衣人，手把青禽羽毛。

在兑，有白虹西方助战。出惊门七里，逢妇人与孝子同行。

在乾，青红云在天门上助战。出开门六里，逢祭祀之人应。

**丙加甲，飞鸟跌穴。**

在坎，有水禽赤头青羽毛，北方助战。出休门，逢舟车。

在艮，有鸟集东北方林木上助战，先声吉。出生门，逢执生气者。

在震，有赤鸡飞东去助，主客无胜负。出伤门，见血光，逢折伤者应。

在巽，有朱蛇后来过营南。战，客胜。出杜门，逢猎者持死鸟。

在离，有赤马南来，负鞍不乘。战，客胜。出景门，逢刑者。

在坤，有黄牛拽车南去。战，主胜。出死门，逢荷械者。

在中，有赤气如火覆营，战胜。出死门、逢赤帻衣女人。

在兑，有红云如盖，在西南助战胜。出惊门，逢冶者。

在乾，有赤冠朱鸟翔军上，战大胜。出开门，逢为盗者应之。

**乙加辛，青龙逃走。**

在坎，有角风带黑气北来助战，必胜。出休门，逢乘车轿者。

在艮，有大角风自东北过营，一日战败。出生门，逢歌唱者应。

在震，有角风扬尘东来，有使至。出伤门，逢悲哀者应。

在巽，有角风东南来，欲雨。出杜门，逢办舟梁者。

在离，角风带赤气南来，三日战胜。出景门，逢执网者。

在坤，角风飞砂石西南来，有劫寨人至。出死门，逢送丧者。

在中，有角风起于军中西南去，自乱。出死门，逢少女携老妪。

在兑，角风微雨自西来，有赏赐至。出惊门，逢喜乐者。

在乾，角风散漫于军中，有令下。出开门，逢辨说者相争应之。

**辛加乙，白虎猖狂。**

在坎，有微雨自北来，战大胜。出休门，逢鞭牛者，牛三头。

在艮，有风雨，暴卒号令。① 出生门，逢白衣人，相会饮酒。

在震，有微雨，小雷声，来军上，战胜。出伤门，逢术士，相与共话。

在巽，有微雨，似不雨。在军上，有疑心。出杜门，有喜事，获遗亡应之。

在离，有微雨自南来。战，军死。② 出景门，逢驾赤马者应。

在坤，有细雨微风自西南至，有君恩。出死门，逢死亡。

在中，有雷震军中，大利，获地千里。出死门，逢旌钺事。

在兑，有暴风西来，战胜客利。出惊门，逢斗争者应。

在乾，有微雨自西北洒军上，有天兵助，大胜。出开门，逢暴卒急事。③

**癸加丁，螣蛇夭矫。**

在坎，有禽捕鱼，落军中，移营到青龙上，吉。出休门，逢僧数人应。

在艮，有白马自南来，东北去④助战，吉。出生门，逢金器应。

在震，有虚声如雷在军上，小胜。出伤门，逢老姬持绯衣物行。

在巽，有阴埃四合，宜静守吉。出杜门，逢乘青马者，有血光。

在离，有蛇鼠斗，不利。出景门，有死人。

在坤，有黑云气，不宜战，宜固守。出死门，逢造墓宅事应。

---

① 南京图书馆藏本作：在艮，有风雨暴至，卒有号令。

② 南京图书馆藏本作：在离，有微雨，自南来军中，战胜。

③ 急事，南京图书馆藏本作"争事"。

④ 去，南京图书馆藏本作"方"。

在中，有卒风①入帐，敌使来。出死门，遇死人，或喜事。

在兑，有飞烟气覆军上旗，小胜，有奸觇。出惊门，逢渔人负舟行。

在乾，有紫云气起天门上助战，吉。出开门，逢故知，有酒食。

**丁加癸，朱雀投江。**

在坎，有雀喧集鸣营上，战胜。出休门，逢蛇横路，凶。

在艮，有青云如石，东北来覆军，大胜。出生门，逢执兽者。

在震，有飞鸟东去，我军大胜。出伤门，逢道士，说奇异术。

在巽，有白云东南助战，主客不利。出杜门，逢执乐器者及举狸牲行。

在离，有赤云如凤自南起，客胜。出景门，逢贤人，宜师之。

在坤，有微烟如雾，军有密谋。死门，逢人笼微白黑鸟行。

在中，有卒风入军中，天使至，吉。出死门，逢人有喜庆事。

在兑，有飞星陨石军前，不利。出惊门，逢飞鸟，如语告人。

在乾，有飞雉自西北来，军上有火，防之。出开门，逢人执冶土之器。

**庚加丙，白入荧。**

在坎，有风北来，军有威，吉。出休门，逢大火惊。

在艮，有暴雨点如矢，有卒兵至。出生门，逢白马迎应。

在震，有青云助战，大胜。出伤门，逢执木器者，有血光。

在巽，有流星如火，落军中，战则流血千里。出杜门，逢人须赤物行走应。

在离，有火云过军中，有急事至。出景门，逢使者车马。

在坤，有黑云过营中，必有敌至。出死门，逢负弓矢者至。

在中，有白云自军中起，军必强。出死门，逢女人并樵者。

在兑，有白黄牸自西来，战小利。出惊门，逢为盗者，从僧而行。

在乾，有惊雷震军中，主战胜。出开门，逢人携死鱼应之。

**丙加庚，荧入白。**

在坎，有赤气如火在军后，天威助兵，吉。出休门，逢长者富民应。

在艮，有红云气从东北起助战，吉。出生门，逢大禽前引。

在震，有卒风折木，有急令下。出伤门，逢逸士应。

---

① 卒风，南京图书馆藏本作"南风"。

在巽，有狂尘自东南来，恐有掩击、伏兵。出杜门，逢网罟者应。

在离，有飞烟微绕，军有阴谋。出景门，逢棺材应。

在坤，有黄雾满野，军宜固守。出死门，逢少女携绢物应。

在中，有大鸟过军上，有诏令至。出死门，逢樵者，老妇幼子相逐而行应。

在兑，有鸡自西飞来，助战我军，吉。出惊门，逢车马损折应。

在乾，有微风吹旌旗，自西北发来，军有喜令。出开门，逢犬争斗应。

## 兵事分主客

宫为主，星门为客。宫生星门，利客；星门生宫，利主。宫克星门，利主；星门克宫，利客。两相比和，主客势均；一克一生，主客互伤。奇仪上克下，利客；奇仪下克上，利主。甲、乙、丙、丁、戊，五阳时，利客，宜先举；己、庚、辛、壬、癸，五阴时，利主，宜后动。三奇在五阳时，利客；三奇在五阴时，利主。仲甲之时，刑德在门，不可出战。孟甲之时，刑气在内，德气在外，主客俱不利。季甲之时，阳气在外，阴气在内，利客出兵。又三甲之时，逢阳星蓬任冲辅禽，吉；阴宿英芮柱心，凶。

## 出兵方

奇门会合之方，可以出兵。若无奇门，阳时宜从天盘直符下出兵，阴时宜从地盘直符下出兵。又阳时地盘生门，合天盘三奇；阴时天盘生门，合地盘三奇，皆可出兵。

## 背　击

凡战，宜背生击死，背孤击虚，背雄击雌，背德击刑，背亭亭击白奸；宜坐三胜宫，宜避五不击，又宜趋三避五，背天目，击地耳；又宜背游都、太岁、大将军、太阴、月建、河魁，避地丙，急则从天马方出。又甲乙日不西攻，壬癸日不攻四维，丙丁日不背攻，庚辛日不南攻，戊己日不东伐。又不可以囚攻相，以死攻生。又春不东伐，夏不南征，秋莫西攻，冬无北战。

## 孤　虚

年月日时，俱以后一位为孤，对冲为虚。如子年亥为孤，巳为虚。万人以上用年孤，千人以上用月孤，五百人以上用旬孤，百人以上用日孤，数十人以上用时孤。宜坐孤向虚，可以取胜。

## 雄　雌

春寅、夏巳、秋申、冬亥为雄，对冲为雌。

## 德　刑

冬至德卯刑酉，夏至反是。春分德午刑子，秋分反是。立春德辰刑戌，立秋反是。立夏德未刑丑，立冬反是。

## 亭亭白奸

以月将加正时，视神后所临，为亭亭方；功曹胜光天魁所临，为白奸方。二神常合于巳亥，格于寅申。合时宜战，格时宜守。余时，背亭亭，击白奸。

## 游都鲁都

甲己日丑，乙庚日子，丙辛日寅，丁壬日巳，戊癸日申，为游都。对冲为鲁都。

## 三胜地

直符，九天、生门也。一说：大将居直符，击对冲。阴遁阴时，宜背地下直符宫；阳遁阳时，宜背天上直符宫，为第一胜。我军居九天之上，而击其冲，敌不敢向，为第二胜。生门合三奇，大将引军，背生击死。阳时用天上乙丙丁，阴时用地下乙丙丁，为第三胜。又一说：背亭亭，击白奸，为第一胜地。亭亭者，天之贵神，可背不可向。白奸者，天之奸神，可击不可背。背生门而击死门，为第二胜地。谓生门与死门相对，故背吉而击凶。背月建，击对冲，为第三胜地。盖生神随月建而行，其对冲为死神。故背建击冲，可以制胜。

## 五不击

直符、直使、九天、九地、生门，五宫也。①

## 趋 三

直使到震宫，宜向之。一说：生气所在之方，不合奇门，亦宜趋。

## 避 五

直使到五宫，宜避之。一说：死气所在之方，即合奇门，亦当避。

## 天马方

以月将加正时，数到卯位上是。

## 旺相休囚

春，木相、火旺、水废、金囚、土休。夏、秋、冬，以此类推。夏火相、土旺、木废、水囚、金休。秋金相、水旺、土废、火囚、木休。冬水相、木旺、金废、土囚、火休是也。

## 天 目

甲子旬庚午，甲戌旬庚辰，甲申旬庚寅，甲午旬庚子，甲辰旬庚戌，甲

---

① 南京图书馆藏《奇门宝鉴》为：一直符、二九天、三九地、四生门、五直使也。上五宫俱乘旺气，我将居之则胜，不可击敌之所居。

寅旬庚申。又云：春乙，夏丁，秋辛，冬癸。

# 地 耳

甲子旬戊辰，甲戌旬戊寅，甲申旬戊子，甲午旬戊戌，甲辰旬戊申，甲寅旬戊午。

# 太 岁

地盘岁支之宫。

# 月 建

一名地宝，一名小时。《经》曰："能知地宝，万事无殆。"故宜背之。

# 太 阴

八神太阴宫也。一云：即玉女方。

# 大将军

寅卯辰年，子；巳午未年，卯；申酉戌年，午；亥子丑年，酉。

# 时中将星

申子辰日卯时，巳酉丑日子时，亥卯未日午时，寅午戌日酉时。

# 天罡时

以月将加用事之时，视上盘天罡所临之方，为斗罡方。不忌一百二十位凶神恶煞，行兵破阵必胜，凡用皆吉。

假令五月午时申将，加午顺数至寅，天罡加寅，宜向寅方出行大利。战必胜，凡事吉。

# 破军加时法

以戌时加月建，顺行十二位，数到所用之时，即加破军。随破军所临之时，行九宫顺飞八方，如得贪、武、辅三吉入中宫，号为"圣人登殿"，能压一切凶煞，凡事大吉。凡战宜坐贪狼，打破军。若得三吉入中宫，为全吉。

## 天　营

即天上太岁所临之下，不可犯。

## 四　神

凡出阵日，勿令魁罡蛇虎四神，临于将军年命；日辰亦须避四神所在，尤忌出入。

## 占　风

急临敌时，后有风渐急，则须速乘其势。若有风从左右，或前来，宜勒兵向风来之处，必有伏兵。

## 旬中地丙日

甲子旬寅日，甲戌旬子日，甲申旬戌日，甲午旬申日，甲辰旬午日，甲寅旬辰日。将兵者不可用，犯之上将死阵。

## 五将方

寅午戌月东方，亥卯未月南方，申子辰月西方，巳酉丑月北方。① 凡遇敌，必审五将所在，避之大吉，犯之必败。敌若从此方来，当引军择利便击之，则胜。

## 下营法

《三元经》曰："法以六甲为首，十时一易，取六甲旬首而推布之。"大将

---

① 南京图书馆藏本作：寅午戌日东方，亥卯未日南方，申子辰日西方，巳酉丑日北方。

居青龙，甲也。旗鼓居蓬星，乙也。士卒居明堂，丙也。伏兵居太阴，丁也。判断居天庭，辛也。囚击粮储居天牢，壬也。府藏居天藏，癸也。

## 迷路法

黄石公曰：出军道逢三叉，未知何道得通。以月将加时，视天罡加孟，左路通；加季，右路通；加仲，中道通。

## 涉险法

《三元经》曰：若涉险危之中，山崖水涧之际，兵不得移转，敌从利方上来，即视天时。阳时即令士卒袒前左肩，引声大呼，鸣锣击鼓，先举而击之；阴时即令士卒含枚摘铃，静以待之。敌人若四面合围，当分军为三部，一居月建上，一居月德上，一居生门上。大将居亭亭上，引兵击之，大胜。

## 出入山中法

伍公曰：凡入山，以天辅时，奇门合处入；出山，以明堂时，奇门合处出。大吉。

## 逃避法

子胥答吴王曰：凡有急难之中逃避，便入家起一围，从青龙上起足，过明堂上，出天门，入地户，向太阴，到华盖上，出军战斗，大胜，出行不逢盗贼。又曰：昔避楚王之难，困于王宫，不可得出，乃在宫内，就地画一子午卯酉，十二宫围，从青龙上发足而走，楚兵不见。

## 太阳临时法

四孟月，甲庚丙壬时。四仲月，乾坤艮巽时。四季月，癸乙丁辛时。

此四煞藏没之时，用之大吉。须看太阳过宫。

## 九星吉凶歌

天蓬平稳宜坚固，天芮须忧士卒亡。天辅远凶近则吉，天柱军马近还伤。天英兵将何须出，亦应危难见栖惶。天冲扬威万里行，天禽雄猛敌军倾。天心计密他须败，天任何忧不大赢。

## 甲癸丁己

王璋曰："九天之上六甲子，九地之下六癸酉。三奇之下六丁卯，六合之中六己巳。"六甲为直符，即九天也。六癸，即九地也。谓之癸酉者，从甲子而言也。六丁为三奇之灵，六己为六合之位，皆举甲子一旬而言也。

## 行军杂摘

天乙飞宫，不宜进兵，后应则吉。

白入荧利主，荧入白利客。

龙逃走，雀投江，不利于客，宜后应。

蛇夭矫，虎猖狂，不利于主，宜先举。

大格刑格，必败。

直符是庚，又宜避丙丁之宫，此是格勃。非回首也。

阳时要天盘强，阴时要地盘强。

反吟有吉格，亦宜进兵，当乘乱砍杀。

伏吟宜藏兵暗地，使敌入我伏中。

要择九天、开门、直符下出兵。

回首、跌穴，三诈、九遁之类，最忌下克上。

时干克日干，主下犯上，主胜客。

奇仪相合，安营最利。

立寨须看六庚，与元武所临之宫，主有劫营之贼，所遇无非奸细。

阳将阴神，若遇两重元武，贼必来偷劫。

乙加辛，贼来偷劫，必自败而还。若乙得旺气，此一路必有伏兵。

虎猖狂，若不会合惊开二门，不甚为害。

龙回首，主兵大利，客亦不凶。

丙加壬，亦有文书、牵缠、遗失。

六仪刑击最凶，虽使六仪为直符，亦不可用。

三奇入墓，百无一成。

刑格大格小格，遇此者，车破马倒，慎勿追赶，反招其咎。

天乙飞宫，切勿进兵。

天乙伏宫，须移帐丙丁方避之。

飞宫，则将军当随天上直符而飞。

伏宫，则将军当随天上直符而伏。

夭矫不可对敌，宜移帐到戊己方。

六合临，主敌有人降，事必成就。

交战最利伤门，景门胜而不久，休门止宜坚守。

白入荧，贼来偷营，即伏兵于此方迎战。

营入白，凡遇贼兵，即时发兵。少迟则让贼为客，反宜避之。

置阵之法，用本日日干之五行，甲乙为直阵，丙丁为锐阵，戊己为方阵，庚辛为圆阵，壬癸为曲阵。

# 御定奇门大全秘纂卷三十四

## 宝鉴摘要

### 注释《烟波钓叟歌》①

**轩辕黄帝战蚩尤，涿鹿经年苦未休。偶遇天神授符诀，登坛致祭谨虔修。**
**神龙负图出洛水，彩凤衔书碧云里。因命风后演成文，遁甲奇门从此始。**
**一千八十当时制，太公删成七十二。逮于汉代张子房，一十八局为精艺。**
**先须掌上排九宫，纵横十五在其中。**

九宫者，一坎，二坤，三震，四巽，五中，六乾，七兑，八艮，九离，乃先天之数。纵横数之，皆十五也。

**次将八卦论八节，一气统三为正宗。阴阳二遁分顺逆，一炁三元人莫测。**

八卦者，乾、坎、艮、震，巽、离、坤、兑。八节者，立春、春分，立夏、夏至，立秋、秋分，立冬、冬至。统三者，一节而统三气，八节统二十四气。冬至统小寒、大寒，在坎宫；立春统雨水、惊蛰，在艮宫；春分统清明、谷雨，在震宫；立夏统小满、芒种，在巽宫；夏至统小暑、大暑，在离宫；立秋统处暑、白露，在坤宫；秋分统寒露、霜降，在兑宫；立冬统小雪、大雪，在乾宫也。"一气三元"者，每一气十五日，分为上中下三局也。"二遁分顺逆"者，阳遁三元，五日一换皆顺，如冬至自一而七而四也；阴遁三元，五日一换皆逆，如夏至自九而三而六也。

---

① 又名《鬼谷三元歌》。

五日都来换一元，超神接炁①为准的。二至之前有闰奇，此时叠节累乘之。

超者，过越也。神者，日辰也。接者，迎接也。节者，节炁也。超神者，节气未到，甲己符头先到，谓之超。接炁者，节炁先到，甲己符头后到，谓之接。正授者，如甲子、己卯、甲午、己酉四符头所临之日，恰用所得之节炁，即为正授奇也。超接既过，余即无再超之理。超不过十，接不过五。若符头先到七日，便当作闰。其置闰之法，每年须于芒种、大雪二节之后。二节相近二至，乃天地中分，置闰必须于此。

**认取九宫为九星，八门时逐九星行。**

九宫，坎一至离九也。九星，天蓬至天英也。八门，休至开也。

**九宫逢甲为直符，八门直使自分明。**

如冬至阳遁一局，甲子在坎，自甲子时管下至癸酉时，俱以坎本宫天蓬为直符，本宫休门为直使。

**符下之门为直使，十时一易堪凭据。**

如阳一局，甲子至癸酉十时已过，则天蓬休门，俱已谢事矣。次即甲戌时，甲戌在坤，即以坤本宫天芮为直符，本宫死门为直使。管至癸未十时，则又易也。

**直符常以加时干，直使逆顺时支去。**

时干者，用时之干，甲、乙、丙、丁、戊、己、庚、辛、壬、癸是也。甲每遁于戊、己、庚、辛、壬、癸之六仪；而六仪与三奇，则各占一宫；但视时干所在，即以直符加之，此常法也。直使则视时干所在逆顺者，如阳一局甲子在坎一，则乙丑在坤二，丙寅在震三，历四五六七八九仍归坎一，皆顺也。阴九局甲子在离九，则乙丑在艮八，丙寅在兑七，历六五四三二一仍归离九，皆逆也。

**六甲元号六仪名，三奇即是乙丙丁。**

六甲者，甲子、甲戌、甲申、甲午、甲辰、甲寅。六仪者，戊、己、庚、辛、壬癸。三奇者，乙为日奇，丙为月奇，丁为星奇。

---

① 炁，读作 qì。在本书中，一般同"气"。但是，炁是中国哲学和道教中常见的概念，代表着一种形而上的神秘能量，并不同于气。

**阳遁顺仪奇逆布，阴遁逆仪奇顺行。**

冬至后用阳遁，顺布六仪，如一局戊起坎一，己坤二，庚震三，辛巽四，壬中五，癸乾六；逆布三奇，如一局乙在离九，丙在艮八，丁在兑七。夏至后用阴遁，逆布六仪，如九局戊起离九，己艮八，庚兑七，辛乾六，壬中五，癸巽四；顺布三奇，如一局乙在坎一，丙在坤二，丁在震三。余局仿此。

**吉门偶尔合三奇，值此经云百事宜。**

开、休、生，乃北方三白最吉之神。又于三奇中合得一奇者，即谓得奇得门；而又得诸吉星一二佐助之，斯为全美。此时宜出兵征讨，发号施令，百事胥[①]顺也。

**更合从傍加检点，余宫不可有微疵。**

如得开、休、生三门，又合乙、丙、丁三奇，未为全吉，犹忌余宫犯格。先贤隐其天机妙处，未言其故，所以奇门不吉者百十余格，不犯此，即犯彼，非精究难知。如余宫有犯，若得直符直使时干相佐，则又何妨。盖符使与干，乃三奇八门，一时之主宰也。若用乙奇，余宫切忌逃走、猖狂。庚加乙等格，不为吉。若投江、夭矫，不必忌矣。

**三奇得使诚堪使，六甲遇之非小补。**

谓得三吉门直使加奇，而又遇直符也。凡乙、丙、丁三奇，得与开、休、生之直使相合，为三奇得使，诚可取而用之矣。若再遇直符之甲来加，谋为尤无不利也。

旧解非。

**乙逢犬马丙鼠猴，六丁玉女骑龙虎。又有三奇游六仪，号为玉女守门扉。**

据上下文义，当云“号为三奇游六仪，又有玉女守门扉”。言地盘之乙，得甲午、甲戌为直符来加；而天盘之乙，又游于甲午、甲戌之仪，为乙奇游仪；丙丁仿此，乃所谓“三奇游六仪”也。俗本讹传，遂以游仪为守门，殊不可解。玉女守门，言丁奇守于直使之门也。

**若作阴私和合事，请君但向此中推。**

谓当守门之时，宜作阴私和合诸事。

**天三门兮地四户，问君此法知何处。太冲小吉与从魁，此是天门私出路。**

---

① 胥：音 xū，副词，意为都、皆。《诗·小雅·角弓》：尔之教矣，民胥效矣。

281

**地户危除定与开，举事皆从此中去。**

酉、卯、未为天三门，以月将加所用正时，看天盘"卯、酉、未"三字落何方。如巳为月将，加午时上，顺数干，未申酉戌亥子丑寅卯辰，即"申、辰、戌"上，乃天三门也。地户有四，以月建加所用时上，看"危、除、定、开"四字，落何方向。如己亥年八月午时，以建加午上顺轮去，未除，戌定，丑危，辰开，即"辰、戌、丑、未"四方向上，得四地户。

**六合太阴太常君，三辰元是地私门。更得奇门相照耀，出门百事总欣欣。**

以天月将加所用正时，看贵人所泊何宫，即于贵人上，起贵、螣、朱、六、勾、青；空、白、常、元、阴、后，顺逆而行。阳贵人出于先天之坤，子上起甲午顺布。乙癸在丑，庚与乙合，戊与癸合，取干德合者为贵人，故戊庚二干阳贵在丑是也。己干在未，甲与己合，故甲干阳贵在未。阴贵人出于后天之坤，申上起子逆行，乙癸在未，庚戊相合，故甲干阴贵在丑。自亥至辰，阴阳贵顺行；自巳至戌，阴阳贵逆行。若得六合太阴太常三神，与奇门同临其方者，百事大吉。

**太冲天马最为贵，卒然有难宜逃避。但当乘取天马行，剑戟如山不足畏。**

以月将加所用正时，顺轮去，遇"卯"字住处，即是太冲天马方也。凡有急事，从天马上而出，可以避祸。

**三为生炁五为死，盛在三兮衰在五。能识游三避五时，造化真机须记取。**

《经》云："天道不远，三五反覆。趋三避五，恢然独处。"如冬至阳一局，甲己日子时，以休门为直使。平旦丙寅时，得三乃生炁，吉。晨食时戊辰得五，乃害气，凶，百事不宜。又云："重阳有重吉，重阴有重凶。"重阳三宫，重阴七宫。

**就中伏吟为最凶，天蓬加着地天蓬。天蓬若到天英上，须知即是反吟宫。**

天盘天蓬加地盘天蓬上，曰"伏吟"。天盘天蓬加地盘天英上，曰"反吟"。

**八门反覆皆如此，死在生门生在死。假令吉宿得奇门，万事皆凶不堪使。**

生门仍在本宫生门，谓之"伏吟"。生门加在对冲死门，谓之"反吟"，不吉。此时纵得吉门，反覆多变。余仿此。

**六仪击刑何太凶，甲子直符愁向东。戌刑在未申刑虎，寅巳辰辰午刑午。**

甲子直符加地震三，甲戌直符加地坤二，甲申直符加地艮八，甲寅直符加地巽四，此谓"相刑之刑"。甲午直符加地离九，甲辰直符加地巽四，谓之"自刑之刑"。

三奇入墓好详之，乙日那堪得未时。丙丁属火火墓戌，此时诸事不须为。
更兼六乙来临六，星奇临八亦同之。

加六乙日奇，下临坤二宫，木库在未。又临乾六宫，乃阴生于午，墓戌也。六丙月奇，六丁星奇，下临乾六宫，火库居戌，丁奇又临艮八，亦乃阴生于酉，墓丑也。纵遇三奇，皆不吉，举事凶。

又有时干入墓宫，课中时下忌相逢。戊戌壬辰兼丙戌，癸未丁巳丑同凶。

乙庚日，丁丑癸未丙戌三时是也。丙辛日，己丑、壬辰、戊戌三时是也。已上乃时干入墓。

五不遇时龙不晴，号为日月损光明。时干来克日干上，甲日须知时忌庚。

甲日庚午时，乙日辛巳时，丙日壬辰时，丁日癸卯时，戊日甲寅时，己日乙丑时，庚日丙子时，辛日丁酉时，壬日戊申时，癸日己未时，已上俱为七杀时。阳克阳时，阴克阴时。

奇与门兮共太阴，三般难得总来临。若还得二亦为吉，举措行藏必遂心。

冬至后用阳遁，以直符前二位为太阴；夏至后用阴遁，以直符后二位为太阴。此言奇、门、太阴三位，同到者大吉，但难得。若奇、门有一与太阴同者，亦吉也。

更得直符直使利，兵家用事最为贵。当从此地击其冲，百战百胜君须记。

如直符在离，即背离击坎；直符在乾，即背乾击巽。此又与坐孤击虚者不同。

天乙之神所在宫，大将宜居击对冲。假令直符居离九，天英坐取击天蓬。
天乙者，即直符也。

甲乙丙丁戊阳时，神居天上要君知。坐击须凭天上奇，阴时地下亦如之。

甲、乙、丙、丁、戊五阳时，利为客，宜先举兵，高旗鸣鼓，耀武扬威，取胜。己、庚、辛、壬、癸五阴时，利为主，宜后举兵，低鼓衔枚，待敌而后决胜。

若见三奇在五阳，偏宜为客自高强。忽然逢着五阴位，又宜为主好裁详。

阳时利为客，阴时利为主。不分阴阳二遁，俱从此议。

直符前三六合位，太阴之神在前二。后一宫中为九天，后二之神为九地。

如阳遁坎一宫，甲子时，直符到坎，逆布九天。直符坎，九天乾，九地兑，元武坤，白虎离，六合巽，太阴震，螣蛇艮。阴遁坎一宫，甲子时。直符在坎，顺布九天。直符坎，九天艮，九地震，元武巽，白虎离，六合坤，太阴兑，螣蛇乾。直符、九天、九地、太阴、六合，五吉神也。

**九天之上好扬兵，九地潜藏好立营。伏兵但向太阴位，若逢六合利逃形。**

**天地人分三遁名，天遁月精华盖临。地遁日精紫云蔽，人遁当知是太阴。**

天丙奇生门与地丁合，得月华之蔽，为天遁。天乙奇开门与地己合，得日精之蔽，为地遁。天丁奇休门与太阴合，得星精之蔽，为人遁。

**生门六丙合六丁，此为天遁甚分明。开门六乙合六己，地遁如斯而已矣。**

**休门六丁共太阴，欲求人遁无过此。庚为太白丙为惑，庚丙相加谁会得。**

**六庚加丙白入荧，六丙加庚荧入白。**

天庚加地丙，为白入荧，又为金入火乡。天柱天心，惊门开门到离宫，亦是。天丙加地庚，为荧入白，又为火入金乡。天英景门到乾兑二宫，亦是。歌曰："二星加处气凶横，纵得奇门慎勿行。此时若欲移方去，金火之乡是恶神。"

**白入荧兮贼即来，荧入白兮贼即灭。丙为勃兮庚为格，格则不通勃乱逆。**

天盘丙加地盘直符庚，为勃格，主纲纪紊乱。但甲申直符带庚，加十干时，俱不吉。《经》云："六丙符为勃，火星焚大屋。移室且安然，独自闻愁哭。"又云："庚若加于时日干，惟宜固守即为安。百凡遇此凶难测，说与时师仔细看。"

**丙加天乙为勃符，天乙加丙为飞勃。**

此承上文言天乙者，皆甲申庚直符也。丙加地盘直符之庚为勃格。天上直符之庚，加于地之六丙，为飞勃，亦名符勃。凡举事用兵，主纲纪紊乱。

**庚加日干为伏干，日干加庚飞干格。**

六庚为太白，加于日干，为伏干格，主客俱不利。《经》曰："干上如逢太白临，伏干之日必遭擒。"又今日之干，加于六庚，为飞干格，主客两伤。《经》曰："干若反临庚，飞干格自明。战争俱不利，为客得平平。"

**加一宫兮战于野，同一宫兮战于国。**

加一宫者，庚加日干，或日干加庚，俱不利。战于野，凶。同一宫者，乃天乙太白同宫，即战于国。俱不利，主客两凶。占人在否，格则不在；占人来否，格则不来。

**庚加直符天乙伏，直符加庚天乙飞。**

《经》云："庚加直符为伏宫，若要交锋不见功。主客此时俱不吉，惟宜刁斗警营中。"凡占见人不在，来人不来，此时不宜先举。如立春下元，阳遁，坤五起甲子，甲己日壬申时，六壬在乾。即以天芮为直符，加乾上，却得辅庚，下临坤二宫，名"天乙伏宫格"也。《经》云："飞宫直符加六庚，两敌相争主却赢。若值此时宜固守，出时大将必遭擒。"如春分中局阳遁，离宫起甲子，甲己日庚午时，六庚在坤二宫。庚午时，乃甲子旬管下，甲子在离。即以天英为直符，加于庚时干坤上。即直符加六庚，乃天乙飞宫格也。

**庚加癸兮为大格，加己为刑格不宜。**

《经》云："六庚加癸为大格，求人不见事难通。"凡值大格，车破马损，人离财散。如秋分下局阴遁，巽四宫起甲子，甲己日丙寅时，六庚在坤二宫，以天辅直符。加时干丙上，六乾宫即得天芮，六庚临艮八宫癸上，此名大格也。《经》云："六庚加六己，尺地须千里。车马远疲劳，军兵中格止。"如值刑格出兵，车破马倒，中道而止；士卒逃亡，多招凶咎。如大寒上局阳遁，震三宫起甲子，甲己日丙寅时，天冲直符，加丙时干坎上，即得天禽六庚加四巽巳上，此名刑格也。

**庚加壬时为上格，又嫌岁月日时迟。**

六庚加六壬为上格，如当此时，不利出师。又曰："六庚加年干，为岁格，凶。"如甲子年，庚加甲子干上是也。辛丑年立春中局，阳遁五宫，五中起甲子，甲己日癸酉时，癸干在坎，中五天禽寄坤。即以天芮为直符，加坎一宫，见天柱六庚，下临辛年干上艮八宫，此名岁格也。

六庚加月朔为月格。以己月干为例，如立春上局阳遁，艮八宫起甲子。甲己日丁卯时，庚在坎上，丁时干在中寄坤，甲子在艮，天任为直符加坤。己月干在离，加蓬庚到离巳上，是庚加己月朔为月格。

六庚加日为日格，凶。小暑下局阴五遁，巳日丙寅时，天禽为直符，加丙时干兑上，庚在震，己干在巽，芮加兑得冲。庚加巽己，是六庚加日干之上，为日格也，不吉。

六庚加本用时干者，为时格。如小寒上局阳二遁坤宫，丙辛日己丑时，六庚在巽四宫，己丑时，亦乃甲申旬管下，天辅为直符。加己时干震三宫，此名时格。凡遇庚为直符者，管下十时，皆为时格，凶。

**更有一般奇格者，六庚谨勿加三奇。此时若也行兵去，疋**①**马只轮无反期。**

天庚加地丙丁，及加天英景门，乃下克上，先举者凶。天庚加地乙，及加冲辅伤杜门，乃上克下，先举者胜。

**六癸加丁蛇夭矫，六丁加癸雀投江。**

《经》云："六癸加六丁，夭矫迷路程。忧惶难进步，端坐却安宁。"天癸加地丁，名为螣蛇夭矫格，此时用事不利。如冬至下局阳四遁，丙辛日，半夜戊子时，六癸在九离。戊子时，乃甲申旬，甲申在乾，天心为直符，加戊时干巽四上。丁原在坎，见天英癸加坎，名"夭矫"，纵得奇门，勿用。丁属火，为朱雀；癸属水，丁加癸，名雀投江。《经》云："六丁加六癸，朱雀入流水。口舌犹未了，官事使人耻。"或有词讼，自陷刑狱。或闻火起，不必往救。如夏至中局阴三遁，甲己日，壬申时用事。此时六丁在乾六宫，壬申时甲子旬管下，甲子在震，以天冲为直符，加壬时干艮八宫，六丁下临兑七宫癸上，是"朱雀投江"之格。

**六乙加辛龙逃走，六辛加乙虎猖狂。**

金为太白，又名白虎；木为青龙。金克木为龙虎相斗，不吉。《经》云："六乙若加辛，金木不相亲。龙神也须遁，乐逸不求嗔。"盖乙属木为青龙，故乙加辛为"青龙逃走"。如立秋上局阴二遁坤宫，丙辛日己亥时。此时乙在三宫，辛在八宫。己亥时，甲午旬管下。甲午在艮，天任为直符。加时干己上坎宫，则见三宫之乙。下临艮八宫，逢辛，是"青龙逃走"。《经》云："六辛加六乙，白虎也悲哀。若干钱财事，须防自己灾。"六②辛加六乙，名"白虎猖狂格"，此时不宜举事。如小暑中局阴二遁，坤宫起甲子，甲己日壬申时，乙在三宫，辛在八宫。壬申时，甲子管下，甲子在坤。天芮为直符，加壬时干兑七宫顺去，见任辛下临震三宫，是"白虎猖狂格"。

**请观四者是凶神，百事逢之莫举行。**

螣蛇夭矫，朱雀投江，青龙逃走，白虎猖狂。已上四格，俱主凶，不宜

---

① 疋音 pǐ，同"匹"。

② 点校者注：原文为"天"字，显系"六"字之误。从他本改正之。

举事。

**丙加甲兮鸟跌穴，甲加丙兮龙返首。**

天丙加地甲，乃飞鸟跌穴格，百事大吉。赤松子云："进飞得地，云龙聚会。君臣燕喜，举动皆利。"此时从生而击死，百战百胜，定然无疑。如大寒上局阳三遁，震宫起甲子，丙在坎，甲己日丁卯时，天冲直符加丁时干离上，即六丙下临六甲于三宫，此名"飞鸟跌穴"。出兵远行，百事大吉。天甲加地丙，名"青龙返首格"，百事大吉。不问阴阳二遁，得此局，更合奇门，上吉。如冬至上局阳一遁，甲己日丙寅时，丙在艮，以甲子天蓬为直符。加丙时干于艮八宫，得甲加丙同在艮宫，即为"青龙返首格"。此时举兵，万事大吉；从生击死，一敌万人。

**只此二者是吉神，为事如意十八九。**

言前"鸟跌穴"、"龙返首"二局，万事大吉。若得奇门，行兵出战，求谋、嫁娶、造葬，俱吉利。

**吉门若遇开休生，诸事逢之总称情。伤宜捕猎终须获，杜好邀遮及隐形。**
**景上投书并破阵，惊能擒讼有声名。若问死门何所主，只宜吊死与行刑。**
**蓬任冲辅禽阳星，英芮柱心阴宿名。**

先天坎一为阳，离九为阴；艮八为阳，坤二为阴；震三为阳，兑七为阴；巽四为阳，乾六为阴。后天冬至阳生于子，坎一艮八，震三巽四，属阳，天道顺行；夏至阴生于午，离九坤二，兑七乾六，属阴，天道逆行。故以蓬、任、冲、辅、禽五星属阳，英、芮、柱、心四星属阴。阳宫而得阳星，阴宫而得阴星也。

**辅禽心星为上吉，冲任小吉未全亨。大凶蓬芮不堪遇，小凶英柱不精明。**

天辅文曲纪星，天禽廉贞纲星，天心武曲纪星，已上乃北斗文曲、廉贞、武曲三大吉星。天冲禄星，天任辅星，为次吉。天蓬贪狼星，天芮巨门星，大凶不可用。天英弼星，天柱破军星，小凶，有奇门可用。

**大凶无气变为吉，小凶无气亦同之。**

凶星乘休、废、囚、死、绝气，返吉可用。以天蓬水星为例，休于巳午月，废于申酉月，囚于四季月。天蓬凶星，值此月分无气，若得吉奇吉门佑助，亦可用之，有气者生旺也。以天蓬水星为例，相于亥子月，旺于寅卯月。亥子寅卯月得天蓬旺相，切不可用。

吉星更能逢旺相，万举万全功必成。若遇休囚并废没，劝君不必进前程。

吉宿得旺相气，上吉。不得旺相气，中平。若乘死绝休囚气，亦不吉。以天辅木星为例，相于寅卯月，旺于巳午月，休于辰戌丑未月，囚于申酉月。申酉月得天辅吉星者，减力。

要识九星配五行，各随八卦考羲经。坎蓬星水离英火，中宫坤艮土为营。

乾兑为金震巽木，旺相休囚看重轻。与我同行即为相，我生之月诚为旺。

废于父母休于财，囚于鬼兮真不妄。假如水宿乃天蓬，相在初冬与仲冬。

旺于正二休四五，其余仿此自研穷。急则从神缓从门，三五反覆天道亨。

凡遇事势急迫，又无奇门可出，须从直符加临之地，及太冲天马方，并六戊天门下而出，则吉。此所谓“急则从神”也。三者三吉门，五者五凶门，事稍缓可从吉。《经》云：“阴阳二遁有闭塞，八方皆无门可出。”果有急事，又可倚张良运筹，玉女返闭局，出天门，入地户，乘玉女而去，吉无不利。

十干加伏若加错，入库休囚百事危。

加伏者，乃加临之地。加错者，加凶宿之上。入库者，三奇入墓。八门入墓，并休囚时候，所为之事，皆不吉也。

十精为使用为贵，起宫天乙用无疑。

谓阳遁阳使，起一终九；阴遁阴使，起九终一。起宫天乙者，乃天直符加地盘上也。

宫制其门不为迫，门制其宫是遁推。

吉门被迫，则吉事不成；凶门被迫，则凶事尤甚。宫制其门曰“门迫”，门制其宫曰“宫迫”。门生宫为“和”，宫生门为“义”。开门临三四宫，休门临九宫，生门临一宫，景门临七宫，此为“吉门被迫”，则吉事不成。伤门、杜门临二宫、八宫，死门临一宫，惊门临三四宫，此为“凶门被迫”，其凶尤甚。

天网四张无路走，一二网低有路通。三至四宫行入墓，八九高强任西东。

《经》曰：“天网四张，万物尽伤。”此时不可举事。神有高下，必先知之。时得六癸，必看高低。又曰：“但将天乙居何地，尺寸低时匍匐行。”如一二宫网低，可匍匐，两臂负刀，割断天网而出。天乙在三四宫，谓之网高，断不可出，出必伤也。若被客围，事势急迫，可从卯未酉天三门宫而出，更合奇门为妙。天乙直符在坎，其神去地一尺；天乙在坤。其神去地二尺；天乙八宫，其神去地八尺。又曰："天网四张不可当，此时用事主灾殃。若是有人强出者，立便身躯见血光。"飞虫尚自避于网，"事忙匍匐出门墙"可也。三至四宫有辰为水墓，故曰"入墓"。

节气推移时候定，阴阳顺逆要精通。三元积数成六纪，天地未成有一理。

请君歌理精微诀，非是贤人莫传与。

# 御定奇门大全秘纂卷三十五

## 遁甲隐公歌<sub>原注</sub>

遁数二万千六百，削去只存千八十。禁在兰台不记秋，太公删成七十二。

子房作局十八收，阴阳二气图中布，掌上排星应九州。

蓬一荆州，芮二冀州，冲三青州，辅四徐州，禽五豫州，心六雍州，柱七梁州，任八兖州，英九扬州，谓之九州也。

天有九星分九野，

即蓬、任等九星，冀、兖等九州也。

上有八门常转移。

九州之上，又有八门应八卦，则开乾、休坎、生艮、伤震、杜巽、景离、死坤、惊兑。

二遁三元当周局，顺逆三奇与六仪，

冬至阳遁，逆布三奇，顺布六仪。夏至阴遁，顺布三奇，逆布六仪。乙丙丁是三奇，六甲首是六仪。即甲子管六戊，甲戌管六己，甲申管六庚，甲午管六辛，甲辰管六壬，甲寅管六癸，此为六仪也。五日用一局，一气十五日，分上中下三元也。

直符直使加宫干，方位消停辨盛衰。

直符者，乃是本旬甲得的九星，随时干转。直使者，乃是八门所得之门为直使，先从戊、己、庚、辛、壬、癸六仪后，寻乙、丙、丁三奇；阴阳二遁，方决休咎。

盛地当用所推地，天乙宫中更勿疑。

天乙者，乃时旬甲也。若背天乙、直符、直使、九天、生门之方，击之，百战百胜也。

九天生门皆吉庆，从强击弱振雄威。

290

九天之上，可以扬兵。背生门而击死门者，大胜也。

**直使九天都为力，不击之地莫施为。**

直符方、直使方、生门方、天乙方。天乙者，即是本时旬头甲方。此五行之强方，不可击之，只宜背之，大胜。

**藏伏只宜居九地，**

九地之方，最宜伏藏，不见形影，即六癸方是。

**六合之方路坦夷。**

此方最宜逃亡，神灵幽蔽，不见逃亡之形。

**三奇出方万事吉，但能倚此免灾危。**

三奇者，乙、丙、丁也。若合开、休、生三吉门者，不背之，出此门，敌之必胜。可宜至诚，天自佑之。且如阳一局，甲子日，癸酉时，此甲蓬星直符加六宫，休门直使加一宫，其下是休门与丙奇临坎，又是甲子首位，谓之三奇得使。又阴九局甲子日癸酉时，此甲英直符加四宫，景门直使加九宫，则开门下与乙奇临六宫，甲子在六，谓之得使，是以吉也。

**生门合丙加六丁，天遁华盖为日精。开门合乙加于丙，地遁紫微方最灵。**
**休与丁奇合前二，人遁太阴能蔽形。斗甲三奇游六仪，玉女门中遇吉星。**

欲知玉女之门，须知六丁所在。假如阳一宫，地盘六丁在七兑宫，甲子有丁卯，甲戌有丁丑，甲申有丁亥，甲午有丁酉，甲辰有丁未，甲寅有丁巳。阳遁九宫，在地盘三宫，此玉女守门时。利阴私会合，行兵大胜。

**玉女常居干四维，子日在庚顺求之。丑日在辛子上是，寅日从乾逐位移。**

遁甲玉女之时，大有应验。

**天门子丑及于寅，三日俱来丙上轮。卯辰巳往庚方去，午未申从壬上行。**
**酉戌亥来居甲上，行军宜向悉沾恩，**

遁甲从玉女方行军，斯时阳合孟甲，内开外阖；合仲甲，半开半阖；合季甲，外大开，内半开。阳开利客，阴开利主。阖则可以固守，开则扬主耀武。以青龙上将所居六甲，各分主客之遁。

**地户子丑乙寅庚，卯辰丁上己壬行。午未从辛申在甲，酉戌癸上亥丙停。**
**行军若向此中去，秘密阴谋事可成。**

惟利逃亡阴私事，及阴谋秘密，砍营破寨，即六己之地。

**时加六乙为天德，决胜雌雄在此中。**

六乙方，又名蓬星。

**六丙天威无不利，敌之不得向前攻。**

六丙方，又名明堂方，可以聚众安营也。若遇丙时，征战不宜遂去。故丙为火，兵为金，金不能胜火也。

**六丁潜形名玉女，此时征战必亨通。**

六丁时，出入为宜。攻战，刃虽临且不惊。丁为星奇，为玉女时，三奇之灵，六丁之阴。故六丁之下，宜潜伏，不见其形也。

**六戊乘龙与奇合，远出扬兵获寇戎。**

六戊为天门，亦名军门。加三奇，门下出军，百战百胜。

**又曰乘龙万里去，纵有强徒亦挫锋。**

此又天武之下，远行出兵大胜。

**六己天堂宜隐匿，偷营劫寨可潜踪。**

六己名地户，宜隐伏偷营劫寨。

**六庚之时杀气横，若当攻击祸先逢。位上只宜安禁狱，更好行刑斩砍中。**

六庚为天狱方，宜行刑罚。《经》曰："时加六庚，抱木而行。若有出者，必见斗争。"百事不可。

**六辛行师多失阵，莫将容易引军行。慎莫发兵行此道，出者须教见死人。**

六辛之时，名天庭，宜储贮，积军储，判罪治事，余无可用。出军必损兵。

**六壬之地多凶咎，若有施为必损兵。**

六壬方为天牢，宜击囚安鼓，余无所用。若用兵必败矣。

**时加六癸为天网，惟利逃亡不利征。**

六癸为天藏华盖，宜逃军避寇，伏兵逃亡。

**青龙返首甲加丙，**

阳一局丙寅时，蓬星加八宫。天上六甲，加地下六丙，百事大吉。

**丙加甲鸟跌穴名。**

阳一局癸酉时，任星加一宫。天上六丙，加地下甲子是也。

**更若从生而击死，必然大胜立功名。时加六甲言开阖，六甲虽同用不同。**

阳利开，阴利阖。

**阳星开时攻战吉，阴星闭阖所为凶。蓬任冲辅禽阳宿，英芮柱心阴气重。**

阳星合，甲己日甲戌时，丁壬日甲辰时，合天辅星，利扬兵，可以先起。合天禽星，可以后起应。合天任星，利以破城。合天蓬天柱天芮，可以固守城池，不可举兵行动也。

**孟甲盈门难出入，惟宜隐匿莫当锋。**

甲寅甲申为孟甲，合阳星阳气在内，合阴星阴气在内。利固守城寨，谋计不成，不可出入也。

**四仲甲时阳在内，坚守藏兵主自雄。**

甲子甲午为仲甲，合阳星，利主后应则吉。故阳星合时，阳气在内，可以固守，不宜远行。阴星合时为开格，其形在门，为宜固守自胜。

**四季甲时阳在外，可以扬兵立大功。**

甲辰甲戌为季甲，合阳星，可以扬兵动众远行。利为客，主大败，故六甲背生方而击死者大胜。

**朱雀投江丁向癸，腾蛇夭矫癸加丁。**

朱雀投江，天上六丁，加地下六癸；腾蛇夭矫，天上六癸，加地下六丁是也。

**遇此之时凶恶甚，莫倚奇门错用兵。六乙加辛龙逃走，**

阳四局乙未时，天柱心加三宫。天上乙奇，加地下六辛在兑，此为大凶。

**六辛加乙虎猖狂。纵遇奇门亦难用，且须消息莫仓忙。**

阳二局辛巳时，天上六辛，加地下乙奇于坎一宫，名"白虎猖狂"。有奇门，亦难用。

**日干若被庚加首，伏干之格主多伤。**

六庚加今日日干，名"伏干格"。不利主。

**今日之干加六庚，飞干之格主人亨。**

今日日干加六庚，名"飞干格"。利主，不利为客也。

**六庚加符不利主，伏宫之格事相参。**

天上六庚，加地直符，不利主，宜客胜。

**又名太白格天乙，主将今朝定失途。**

天上六庚，为太白，主兵器。丙来加今日直符天乙，名"太白格"，主则散矣。

**符加六庚客不利，飞宫之格莫轻谋。又名天乙格太白，若有陈师主将殂。**

阴九局庚午时，英为天乙，临地下六庚在七宫。是不利客，先攻者败，固守者胜。天乙即本旬头甲也。

**天乙之气贵人并，临庚战野败精兵。**

天乙加六庚，或庚加天乙，是贵人临兵格，宜固守吉。

**太白复临天乙位，国中格斗失雄兵。**

六庚加天乙，是太白复临。若天乙与六庚同宫，战之必败。

**太白入荧庚加丙，**

阳一局丙戌时，天上六庚，加地下六丙。

**荧入太白丙加庚。**

阳一局丙寅时，丙加庚，则不吉。

**二时主客俱不利，莫倚奇门要战争。占贼若来金入火，火入金乡贼退声。**

天上庚加地下丙，贼必来。天上丙加地下庚，贼必退。

**庚加六己为刑格，一切凶神不可行。**

天上六庚加地下六己，是金能格。若用此时，则车摧马死，士卒皆亡。

**天地大格庚加癸，此时辄勿乱峥嵘。**

天上六庚加地下六癸，是天地大格。庚是兵之厉气，癸藏万物之形，故不可用也。

**丙加今日干名悖。**

丙为悖，庚为格。丙为威，加日干，不顺之象，皆悖乱之道也。加年月日时干，皆为悖乱之道，故不可用。

**时克干兮五不遇，此时名为辱损明。举事遥遥终不利，朝行暮败损精兵。**

时干克今日之干，时支克今日之支，名为损明时，凡事不用。如甲乙日庚辛时，亥子日辰戌时，寅卯日申酉时，巳午日亥子时之类，并是。天乙星在紫微宫外，为天帝之垣也，不宜战伐，最凶。

**六仪击刑兼自刑，三奇入墓不安宁。**

六仪击刑者，甲子直符加三宫，子刑卯也。甲戌加二宫，戌刑未也。甲申加八宫，申刑寅也。甲午加九宫，午刑午也。甲辰加四宫，辰刑辰也。甲寅加四宫，寅刑巳也。相刑者，事事皆凶。三奇入墓：乙奇入墓，乙属木，不宜加坤，木墓在未也。丙、丁奇属火，不宜加乾，火墓在戌也。切不可用，凶伤犹甚。

返伏吟宫俱不利，将军出阵且停兵。

蓬加蓬为伏吟，蓬加英为返吟；本宫星加本宫星为伏吟，本宫星加对宫星为返吟，乃悖逆之道也。

搜微剔妙神通诀，以辅将军定太平。

# 汉隐居士歌

轩辕黄帝制奇门，厥旨精微义最深。甲长十二畏庚克，故将乙妹妻于庚。
丙甲之子丁甲女，丁丙同心御外侮。庚有私谋乙最知，丙丁相伺如猛虎。
庚贪受制甲方尊，是以奇名乙丙丁。甲既制庚求自逸，休于水道适开生。
开休生对杜景死，伤对惊兮皆有悔。三门最吉五门凶，各随甲直旬中使。
又有九星蓬任冲，辅英芮柱心禽中。星逢甲作直符用，亦与门之直使同。
星符门使同宫起，易一时兮即分矣。符从甲去寻时干，使索时支遁处止。
时干即是奇与仪，甲癸宫中觅遁支。奇乙丙丁仪戊己，庚辛壬癸甲同之。
甲子同戊甲戌己，甲申同庚甲寅癸。甲午同辛甲辰壬，是为甲遁仪之理。
遁甲常将天乙乘，后随天地前蛇阴。对朱左右分六白，号曰阴阳八贵神。
阴阳二至分顺逆，逆起九宫顺起一。此是先天透洛书，莫妄疑非黄帝秘。
洛书一坎二居坤，三震四巽六乾金。七兑八艮九离火，五土春秋二立分。
立春艮上立夏巽，震应春分生气盛。立秋坤上立冬乾，兑应秋分杀气劲。
生杀东西两部悬，节分三气气三元。元元五日一相换，甲己符头以仲先。
仲上孟中季下定，上中下序慎无紊。只将正受作根基，超得余时便作闰。
置闰须于二至前，雪重用巽种重乾。凡逾九日或十日，叠作三元此秘传。
闰后符头常后气，是为接气君须记。接至十三四月余，又逢正受超神继。
超神之气后符头，如此循环始复周。认取兹为尊甲法，勿胶拆补谬搜求。
须知尊甲凭符使，休使蓬符居坎水。任生艮土寄阴禽，冲伤震木从三起。
巽藏杜辅景英离，坤寄阳禽芮死随。柱惊七兑开心六，分定宫方直六仪。
奇仪入局节为据，节有阴阳分两部。阴局逆仪奇顺行，阳局逆奇仪顺布。
天盘地盘同一规，地盘永定天盘移。八门八贵有分别，门作人盘贵独飞。
假令中元用白露，阴起三宫甲子戊。己庚辛壬癸逆行，乙丙丁奇四五六。
时如己日用丙寅，支遁于蓬干在禽。即以直符冲到艮，坎加直使是伤门。

丁休六合同临兑，鸟跌穴时时最利。举此一局例其余，余释卷中斯勿赘。

## 神机赋

六甲主使，三才攸分。步咒摄乎鬼神，存局通乎妙旨。前修删简灵文，裁整诸经奥理。原夫甲加丙兮龙回首，丙加甲兮鸟跌穴。回首则抚绥易遂，跌穴则显灼易成。身残毁兮，乙遇辛而龙逃走。财虚耗兮，辛遇乙而虎猖狂。癸见丁，螣蛇夭矫。丁见癸，朱雀投江。生丙临戊，为天遁而用兵。开乙临己，为地遁而安坟。休丁遇太阴，为人遁而安营。伏干格，庚临日干。飞干格，日干临庚。庚临直符，伏宫格之名。直符临庚，飞宫格之位。大格庚临六癸，刑格庚临六己。按格所向既凶，百事营为不喜。时干克日干，乃五不遇而灾生。丙奇临时干，名为勃格而祸起。三奇得使，众善皆臻。六仪击刑，百凶俱集。太白加荧贼欲来，火入金乡贼将去。地罗遮障不占前，天网四张无远路。直符之宫，乃同天乙位上而取。如逢急难，宜从直符方下而行。

# 御定奇门大全秘纂卷三十六

## 宝鉴摘要

### 指迷赋摘

乙天蓬而赏赐施恩，丙明堂而扬威发号。丁即玉女为太阴，只可守营而固守。戊为天门，千里乘龙而有应。己为地户，推明旧事可修营。庚天刑而屯兵决狱，辛天庭而杜塞难通。六壬天牢兮，只宜囚禁。六癸天狱兮，不利攸行。蓬任冲辅阳星，举谋大利。英芮柱心禽阴星，退隐无凶。天蓬亦宜筑垒隄防，禽芮尤宜屯军养马。天冲必胜，天辅多凶。天心布阵如神，天柱安营有庆。天任兮万神拥护，天英兮战斗损军。星克宫而客利，宫克星而主胜。门害则作事稽迟，门迫则所为欠遂。

三奇入墓，喜以成忧。六仪击刑，美中不足。开三所作亨通，闭五诸凡困顿。五阳宜举动，利害而鼓噪喧天。五阴喜退藏，利主而衔枚伏路。奇游六仪，公庭宴乐。玉女守户，私路逍遥。天辅时常多赦宥，何愁鈇钺①之诛。威德时乃利客兵，任意施为必美。反吟而进退无常，伏吟而忧疑不已。天遁进兵为上策，地遁立寨可藏兵。人遁择士求贤，神遁运筹祈祷。鬼遁多诈，可偷营劫寨以伏兵。龙遁通神，利水战渡江而祈雨。云遁噀甲生威，风遁扬兵助胜。青龙返首，万事皆通。白虎猖狂，所为不利。飞鸟跌穴兮，变凶作吉。青龙逃走兮，反福为殃。朱雀投江休动作，螣蛇夭矫主惊慌。遇格兮主客皆凶，逢勃兮人情逆乱。太白入荧而盗贼将来，火入金乡而贼人必去。三

---

① 鈇钺，亦作"斧钺"。古时天子以鈇钺赐于诸侯或大臣，授以征伐之权。鈇，音 fū，同斧。钺，音 yuè，古代兵器，青铜或铁制成，形状像板斧而较大。

胜地无人可敌，三不击孰敢相攻。

# 专征赋摘

星门之在四时，有休囚之与旺相。游九宫以循环，按八方而背向。伺军旅之成败，审人事之攸当。或倚直符之游宫，或居贵人之玉帐。[①] 避旬始之阴阳，背孤雄之健旺。据天乙宫而击其冲，并亭亭神而居其上。合天地之威神，应神灵之卫仗。十卒而可敌千夫，一车而可当百辆。[②]

欲顿兵以安营，依十辰而取样。九天利以陈兵，九地宜于隐障。天门出入元戎，地户当居小将。蓬星安置鼓旗，天牢积贮储饷。判断于天庭之间，察两辞而可谅。斩决于天狱之中，庶无怨乎冤枉。伏兵于太阴之幽，士卒居明堂之上。约人马数以为宜，逐岁月时而变状。斯营垒之大纲，实轩辕之楷匠。是故丙为荧惑，庚为太白。遇丙俱名为勃，逢庚乃谓之格。勃则紊乱纪纲，格则斗伤主客。或临岁月日时飞伏支干，或加直符天乙所游之宅。加十干利捕逃亡，随四时必当擒获。临六壬而灾深，加六癸而祸极。加己刑格凶时，为将必须谨择。行军乃车破马伤，士卒必身亡首馘。

庚加直符之道，宜野战于郊坰。[③] 直使与庚同宫，利待敌于城栅。不得已而用之，祸先临于师伯。或遇丁癸相加，或值乙奇相蓁。三奇入墓而困穷，六仪击刑而迮[④]迫。火入金而贼来，金入火而退逆。金火相入俱凶，举动皆成衅隙。祸已去而复来，福将合而反息。虽有吉宿奇门，不可兴于戈戟。又有五不遇时，阴阳合于中应。时干克日而动，用必遭其祸刑。若值甲丙相覆，反为威德之灵。上会五阳之干，下合三吉之星。择此四科而动，保全万事以安宁。

---

① 直符之宫，又云正月在巳，二月在午，顺行。

② "避旬始"二句，《元女经》云："寅午戌月，上旬天地并在南，中旬并在北，下旬并在东。巳酉丑月，上旬在西，中旬在南，下旬在北。申子辰月，上旬在东，中旬在北，下旬在西。亥卯未月，上旬在北，中旬在西，下旬在南。元女以上中下日月排之，气藏月中，用孟仲季三辰配之。凡交战得天地相并，左天右地者胜，背天向地者后患，向天背地者败。背天地者，一以当百也。"

③ 坰，音 jiōng。《说文》：邑外谓之郊，郊外谓之牧，牧外谓之野，野外谓之林，林外谓之坰。象远界也。

④ 迮，音：zé，《说文》：迮，迫也。从辵，乍声。

是故天有四时，阴阳更值。自己终癸为阴刑，起甲至戊为阳德。凡欲举动以施为，能就阳时而必克。阴时强以出行，身罹殃而蹩蹢。推时下之六甲，审开合之法式。符临一八三四，乃为开通。如临九二七六，时名闭塞。逢开利以有为，值闭尤宜静默。用时迷于两端，吉凶无以取则。时逢仲甲子午，刑德在门。斗战而主客两败，此中先举不存。此时名为天甲，利以逃遁凶奔。如遇孟甲之时寅申，阳在内而阴在外。宜固守以战兵，动必遭其刑害。此时名为地甲，利以居家欢会。如值下元季甲辰戌，阴处内而阳外游。此时名为飞甲，利以动众经求。万事甚宜兴举，八方可以周游。倘能明于三甲，审开合以无忧。

如彼寇贼潜围，仓卒乘我不备。事须应敌陈兵，不容待其使利。孤雄健旺属他，奇门又不相比。士卒性命存亡，得失在乎将帅。当此慌惚之时，其将何以指示。若有此事不虞，须假神明佑庇。即以分兵三部，逐日周旋。岁月之方，将居其位。军左祖以待兵，众噉呼以助势。我克胜以保全，敌必败而奔坠。①

## 混合百神

天地定位，山泽通气。雷风相薄，水火交济。

取义于上，阴阳合位。混而成之，吉凶分隶。

六甲加甲，青龙出地。喜信必来，门合则美。门塞星凶，空有财至。

六甲加乙，青龙入云。三奇门交，贵子生成。星干不利，虚得其名。

六甲加丙，青龙返首。凡事亨通，兼得长久。门仪不合，亦难得就。

六甲加丁，青龙耀明。三门合吉，宜谒贵人。改官迁职，大有英名。

符事役凶，立待词刑。②

六甲加己，青龙合灵。吉星主财，吉门事成。星门不合，徒费精神。

六甲加庚，青龙符格。起咎成凶，在于不测。星吉门顺，亦宜静默。

六甲加辛，青龙失惊。门中一合，万事从心。凶星上立，财利亡倾。

---

① 分兵三部，一居月建上，一居生辰上，一居亨亭方上，马之克敌天胜。

② 二句有误。

六甲加壬，青龙网罗。阴人用之，灾祸弥多。阳人用之，诡谲不和。

六甲加癸，青龙华盖。门合吉星，永无灾害。若伤死门，奸阴阳会。

六乙加甲，阴中返阳。凶星财破，人口损伤。阴人才合，阳人慌张。

六乙加乙，日奇伏刑。贵人问之，主失其名。门合再叙，门逆丧停。

六乙加丙，奇仪顺格。吉星临之，授官迁职。夫占其妻，必有离隔。

六乙加丁，朱雀入墓。文书入官，架阁留住。星门吉泰，文词得路。

六乙加己，日奇入雾。土木混同，两有交互。求事得微，门乘必误。

六乙加庚，日奇自刑。斗起争财，必入讼庭。星干不吉，夫妻外情。

六乙加辛，青龙逃走。失财逃亡，二事俱丑。强立强为，定无长久。

六乙加壬，青龙得云。阳人主失，病是阴人。

六乙加癸，日入天网。阴人望信，立见灾恙。官事失财，凡事虚妄。

六丙加甲，飞鸟跌穴。贵面天颜，荣迁越职。所有图谋，一切通彻。

六丙加乙，月奇浮云。贵人印信，即可敷陈。公私利亨，百事称心。

六丙加丙，月奇勃格。两重文书，皆遭障格。门逆财亡，门顺虚迫。

六丙加丁，奇入朱雀。文书亨通，贵占权握。常人得之，衣禄退剥。

六丙加己，火孛入刑。文书不来，狱中有人。星吉门顺，空禁虚名。

　　星乘门逆，徒杖而刑。

六丙加庚，荧入太白。家事熬煎，又逢盗贼。门合星吉，贼在人获。

　　星门相遗，祸生因客。

六丙加辛，月精合祐。久病之人，药师来救。文状入官，亦能成就。

六丙加壬，孛乱来临。文讼公庭，因淫妇人。庶人流离，贵人失名。

六丙加癸，华盖孛师。阴人用之，灾祸相随。必因词讼，后必无亏。

六丁加甲，青龙得光。贵人迁职，常人得良。星符合处，喜美非常。

六丁加乙，格为人遁。得喜非常，贵人荐论。改禄受权，实为广运。

六丁加丙，奇中复奇。多生口舌，事生跷蹊。贵招官禄，常人刑之。

六丁加丁，奇入太阴。望文书至，远大名深。两重文意，凡百遂心。

　　若信近用，名为伏吟。

六丁加己，火入勾神。文状词凶，奸因妇人。私中有私，往则刑名。

六丁加庚，织女寻牛。不有私情，定遇冤仇。阴人无理，刑禁官囚。

六丁交辛，朱雀入狱。官人刑囚，亦遭剥落。常人枷锁，百日放却。

六丁交壬，五人相和。丁壬化木，财利得多，贵人赐禄，文状平和。

六丁交癸，朱雀沉江。女人官府，定争成双。公私不协，两有所伤。

六己加甲，伏格青龙。门合吉星，财利是隆。门逆凶星，所干成空。

六己加乙，墓人不明。星门合吉，且喜平平。不合而逆，凡干不成。

六己加丙，格名孛师。阳人宣赐，爵禄加之。阴人大忌，奸乱乖违。

六己加丁，奇入墓名。文书当诉，门合吉神。先论得理，后对遭惩。

六己加己，地户逢鬼。阴人望信，信者难委。门符合处，远近来至。

六己加庚，刑格之名。阴人发用，必得阳人。阳宜静默，阴主私情。

六己加辛，魂神入墓。家有阴人，鬼妖惊户。符门合处，小口灾遇。

六己加壬，刑网高张。阴人奸恶，阳人遭伤。门迫星凶，两人俱亡。

六己加癸，地刑元武。阴人沉吟，灾病不语。门合星扶，遂成疾苦。

六庚加甲，刑青龙格。财利多荣，星门法则。不合则凶，合则免厄。

六庚加乙，日合六格。百事安然，尤当缄默。星乘凶，官事刑迫。

六庚加丙，太白入荧。失物被盗，难获难寻。门合星吉，赃物知情。

　　符门不吉，官事来临。

六庚加丁，名曰亭亭。文状争论，私匿之情。符门逆背，词讼难成。

六庚加己，刑格凶否。狱囚之人，难有伸理。

六庚加庚，太白之名。官事并发，狱禁平人。凶期百日，却有舒情。

六庚加辛，干格白虎。道路伤亡，必失伴侣。有事难休，定执客主。

六庚加壬，蛇格之名。阴阳占信，迷路无音。伤门主灾，死门丧停。

六庚加癸，大刑之格。占路远求，阴人疾厄。鬼贼相扶，遂生离格。

六辛加甲，龙困遭伤。系官争财，阴人不妨。阳人有灾，门顺吉昌。

六辛加乙，白虎猖狂。失败破家，人口死亡。远行失信，家事彷徨。

六辛加丙，干合荧惑。文状虚词，竞争财物。星门不合，暗昧屈厄。

六辛加丁，狱神入奇。远行经商，利倍得迟。星门不吉，夫妇分离。

六辛加己，刑狱之格。奴婢欺主，先自刑克。门吉星强，虚成累及。

六辛加庚，白虎伤格。两女争男，皆因酒色。星合门凶，丑声难塞。

六辛加辛，狱入自刑。求财喜合，利用阴人。阳人用之，灾害时临。

六辛加壬，蛇入狱刑。两男争女，讼逼难停。门符合吉，首者遭黥。

六辛加癸，直格华盖。阴人用之，无灾无害。吉门吉星，阳人得财。

兼有酒食，喜庆咸来。

六壬加甲，蛇化为龙。阴人用事，喜庆重重。阳人求事，有始无终。

六壬加乙，格名小蛇。阴人伏灾，阳人伤嗟。孕生贵子，禄马光华。

六壬加丙，蛇入冶炉。词讼争端，空事无图。若遇刑禁，出则招徒。

六壬加丁，干合蛇刑。文书财喜，大宜阴人。贵人官禄，常人平平。

六壬加己，蛇凶入狱。大祸将成，夫妻不睦。罪若有刑，金银沾足。①

六壬加庚，太白骑蛇。刑狱公明，好分正邪。如逢伤死，刑戮无差。

六壬加辛，螣蛇格干。符门虽吉，亦不可安。所有运谋，内生欺瞒。

六壬加壬，罗网自缠。阴人利用，阳人莫前。三吉不入，万事无缘。

六壬加癸，螣蛇飞空。家不和睦，室女私通。星门俱吉，信息隆隆。

六癸加甲，罗网青龙。财喜姻亲，必遇吉人。星门不合，阳人讼刑。

六癸加乙，华盖逢星。贵人宠禄，权位如轻。常人怪异，口舌来临。

六癸加丙，盖遇孛师。贵人受官，小人得依。若占文状，定得门眉。

六癸加丁，螣蛇夭矫。阴人文书，为凶之兆。损财招刑，不宜垒调。

六癸加己，华盖地户。阴人问夫，求至居住。门顺入室，门逆夫殆。

六癸加庚，大格飞名。只宜上官，握柄雄声。公事得迟，钱则有争。

六癸加辛，狱入天牢。军吏遭系，罪恐难逃。门吉星吉，虚禁无劳。

六癸加壬，复见螣蛇。阴人绝子，又复离家。理顺后嫁，未保年华。

六癸加癸，天网高张。行旅失约，游去四方。合处相得，逆处相伤。

昔日举要，计一百干。留甲十干，寄戊同安。且以八方，人来意看。

九宫支上，却讨时干。如住宫中，来人时是。② 己课对宫，从交上看。

元微秘典，一诀万端。倘非志士，切莫与观。天机深惜，智在克宽。


# 军机妙论

伤门遁紫气于乾宫，当任干城之将。震地会青龙于景户，宜屯细柳之军。

---

① 沾足，原指雨水充足，此处引申为充足的意思。因金银为财，财为水，故而用沾足来形容其充足。

② 此句独不叶韵。

赤合惊门临丽日，开门同赤入西垣。碧向坎边行，祖逖中流击楫。紫从坤上去，孔明深入不毛。贼在深山，须得死伤碧黑。帅升虎帐，全凭天乙青龙。赤合惊门乘巽马，烽烟交警。将星同紫入离宫，羽檄飞驰。赤在中宫，我去烧营劫寨。黑居五位，人来破垒攻城。

# 战讼说

时将遁到坐宫为我，我为征；对宫为彼，彼为敌；敌宫克征，则我败；征宫克敌，则彼败。我遇吉星则我胜，彼遇吉星则彼胜。征宫得吉门可出，敌宫得凶门亦可进。中宫直日星吉可行，星凶不可行。如征敌两宫在坤艮则为比和，须看门之吉凶。我吉彼凶可出，彼吉我凶不可出。中宫星亦看吉凶，二宫左右为辅弼，我有吉则我有救援，彼有吉则彼有救援。如争讼以辅弼为证佐，我喜吉星相助，不喜彼有吉星助也。中宫星为问官，最喜紫白，其余不喜。我劫彼营，喜中宫赤星直日。彼宫若遇赤星，亦可进兵。如中宫遇赤，或遁我宫遇赤，应防彼来偷劫。凡夺粮草，有黑星为妙。如我宫居中，无有对宫，止看中宫之星门，吉则可行，凶则不可行也。

# 精微赋

财守财宫，粟陈贯朽，独不利于西垣。马居马地，利就名成，可无拘于枥下。[1] 贵神不宜隐伏，[2] 禄马切忌空亡。九星各居其位，静处安然。八门不易其宫，守成足矣。问事求谋，更移为妙。行兵出阵，返伏皆凶。门宫相迫吉无妨，主客相生凶有咎。金木交差，避春秋，不避冬夏。水火既济，利冬夏，不利春秋。遇迫无伤，终有退休之日。逢生有害，岂无悔吝之时。遇赤星杀人放火，破形带疾者不为，为将者反吉。逢黑曜捕盗偷财，丑貌胡须者不做，做官者仍凶。一紫贵人，位高贵重，伤门之下可危。三奇吉曜，马壮人强，死户之中莫入。

---

① 坤为匠门，马居之，难发足也。
② 甲戊庚辰，贵在丑未。若隐于坤艮二宫，不得贵人力也。

# 造宅三白占家宅歌诀

飞符入于鬼乡，看其休囚之类。虎入门兮人散，雀带刑兮吏追。勾刑门兮宅祸，虎害干兮人灾。螣附蓬星为值战，小口惊忧。武会任宿而当权，小人邪孽。六合天柱，子女怨尤。太阴景英，宠婢窃位。九地庚辛为伏刃，若遇惊伤而带刑害，暗中有损。九天丙丁为飞牒，若乘甲乙而逢克战，光怪须防。朱雀再附丙丁，喧争聒耳。元武更乘壬癸，宵小跳梁。庚辛白虎得地，而凶势愈张。戊己勾陈刑冲，而破败立见。烧身之虎，先凶后吉。入土之蛇，蛰后须防。

反首兮画栋雕梁，跌穴兮藏风聚气。九遁则知拱护有情，得使定然堂构森列。守门在家清吉，游仪出外更良。乙加辛，门郎有损。辛加乙，虎首房强。癸加丁，厨厕不利。丁加癸，祟魅为殃。伏干人宅俱不顺，飞干基址恐招殃。伏宫招人妒害，飞宫祸起萧墙。大格小格，邻房有冲射。刑格勃格，眷属不安康。白入荧，防有怪异。荧入白，火烛惊惶。五不遇兮人有损，网罗布兮事乖张。六仪击刑，凶灾叠见。三奇入墓，暗室幽房。反吟不吉，伏吟不祥。

304

# 御定奇门大全秘纂卷三十七

## 宝鉴摘要

### 奇门捷要占天时法①

天地风云九遁间，端倪朕兆妙难言。吉凶悔吝从生克，索隐钩深理自然。
六仪三奇分顺逆，八门九曜递循环。如能穷此阴阳奥，何论天仙与地仙。
二三五八多风雨，四九局中春日旸。一六七防阴滞气，细推凶吉格中藏。
夏日炎天不若春，三四二七恐多惊。不测雨声五六九，局中一八日晖生。
秋来坤艮日光移，乾兑迁宫风雨凄。二三四九弥漫雨，坎若逢之闪电霓。
直符逢芮不宜冬，霾雾阴云日不红。五三六内多风雪，四七八局好天公。
一遁乙丙加休门，天开霞彩悦人心。秋有微风能透骨，冬来肃杀雨沉沉。
二遁乙丙在开门，春月秋时多蔽形。夏日云霓冬爽霁，腾蛇元武半晴阴。
三遁阙。
四遁丙庚在休门，夏若逢之雨阵行。秋逢掠地风声振，春与秋冬朗朗晴。
五遁丁癸加休门，春夏飞沙日渐昏。冬景倏然成雨雪，秋虹雹霰复开云。
六遁丙戊加乾宫，夏雨秋风春日红。冬若再临惊杜上，狂风飒飒雪飞空。
七遁辛加艮上乙，扬地掀天春夏中。风雨互加秋令集，冬天开雾暖融融。
八九两宫互六七，风云龙虎一般同。细详微理分凶吉，不遇门符应勿从。
天蓬飞入艮宫来，东北乌云一朵裁。休使加临天任上，东方黄气满楼台。
生任加临在坎宫，黄云北上起穹窿。苍云东北真华丽，禽芮加之与任同。

---

① 造宅三白亦同。

冲伤加艮在生方，东北乌云带紫黄。直北云霓皆缥纱，东南西北尽光茫。
艮宫杜辅直符临，烟雾腾腾紫气生。东北任方云障腻，北方又有一轻清。
英景如临乾位上，西北云霞彩映红。东白北黄青在死，直符克应量无穷。
芮禽若也到休门，北起红黄东淡云。坤宫上有青蓝色，西向烟尘紫雾生。
惊杜直符临震地，霓云白上又加青。夏天四下浮云起，骤雨狂风布阵惊。
心开巽上加直符，四处生云气障魔。白雾南鸟西紫雾，坤艮黄云上不多。
休蓬离上真门迫，黑色迷南气渐回。西有青云东潦水，北方红紫共徘徊。
直符震位加惊门，碧绿从西云翳青。东向白云浑四散，巧云应在北方生。
坤艮宫中遇杜辅，蓝云翠碧死方多。淡红在兑黄从巽，点点斑斑艮不差。
景英加兑起红光，白气潦潦东北方。巽上浅黄加绿色，如逢旺月有华岗。
芮禽入震在冲伤，东起黄云兼白光。南岭素缟带红色，西南西北黑苍苍。
惊居天辅素罗云，南有红光白带轻。乾上青云常聚散，坤方黯黯雾沉沉。
相生相克观和色，旺相休囚辨的真。

## 奇门捷要占地理法[①]

地理有形皆有法，分门定局预能明。相生圆活并长厚，相克尖斜浅狭轻。
天蓬方满带奇形，天任高冈驿路深。得遇奇门园径在，相逢凶格拟坟墩。
天冲树木多丛杂，天辅三叉近阁亭。天英窑灶兼枯涩，庙宇溪沟在芮禽。
天柱桥梁并曲径，园林寺观合天心。休门潦水井泉多，道路桥梁生上过。
伤门闹市兼亭院，杜上斜沟曲涧波。景上锦绣真罕见，四围土阜有山窝。
死门山野兼林木，苑囿长堤对酒垆。惊门灰堑兼秽污，开处通衢入画图。
射地高低与短长，且将符使细端详。旺相得时加倍算，休囚失令照寻常。
门迫受伤因减数，路途远近有规方。锱铢瓦铄穿物色，更把天星合地详。
伤冲大小兼三四，杜辅中分五六纤。休蓬一六为数先，生任排来七八间。
惟有景英三九数，芮禽死使二三连。惊柱数中应二七，开心六九勿虚言。
休囚旺相从心豁，虽得千金莫浪传。六甲直符加丙生，穿地黄元物色新，
加休土块深青紫，开若逢之见水津。加惊壕堑疑坚石，加死多年骸骨深。

---

① 造宅三白同。

加景微尘兼灰土，杜门击瓮与磁荆。
丙加符甲在开门，地色红黄雾气腾。
伤门枯木兼藤蔓，杜上禽毛气赤清。
惊上锁匙应铁索，傍边兼有石灰瓶。
冲星若也来相遇，蒲包草蓆有形踪。
芮禽穿下多文墨，更有车辕与草茸。
天心奇物嫌投墓，堕坏财钱未落空。
丙己加生土色黄，如加伤位色如糖。
死门乱石兼磁器，土色元红不是良。
休门色若污泥黑，再看天星辨隐藏。
休门不可例言凶，蓬景之宫非吉得。
杜门铁索与香炉，加死尸棺有朽骨。
庚加丙上白入荧，井上加之不一同。
休加土色如牲血，毁筋杯盘在艮宫。
景门干燥如螺蚌，死上丝罗不尚空。
青龙逃走乙加辛，开遇乘龙拟宝珍。
伤门遇遁多清洁，果核胡桃在杜门。
羊角如鞋惊上得，更兼蛋壳应如神。
七八局中如合此，回凶转吉不寻常。
景门槁木并盔甲，黄土沙泥在死门。
休门骇物兼毛骨，生杜门中地可钦。
开门物贵形如朽，惊上川流水自滔。
杜门乐器兼铉鼎，伤有木鱼不可猷。
朱雀投江丁加癸，如加死上古坟墓。
休门拟有头枯骨，生上逢之死犬猫。
景门锦雉真文彩，土色红黄地穴奇。

伤上一宫殊物异，远年朽木地煤坑。
休门有水多漂白，生上顽砖及古坟。
景门龟板泥枯壑，死门布帛贱衣襟。
丙丁如加天任宫，土中沙起色黄红。
辅星绳索有连钞，英上加之器是铉。
天柱临之有贵物，非丝非帛拟钱筩。
天蓬沙走泥无实，如掘渊泉水溢冲。
杜门碧绿还兼紫，景上斑斑点血苍。
惊门如有明窗亮，轻浮白色是井方。
丙加庚上荧入白，八位移来有凶吉。
加生怪石势嵯峨，加震穿寻多发积。
惊门灰烬及飞沙，玩器巾环开上集。
簪头器皿并钮扣，土色穿来定赤红。
伤门狸洞兼蚯蚓，杜上青森亦草虫。
惊门枯井堆砖砾，此格由来多咎凶。
休门土血藏牲骨，生艮黔啄是羽鳞。
景上蛤蜊兼骨梗，死门旺相小尸灵。
辛加乙上号猖狂，生杜宫中仔细详。
辛乙加伤土色青，地中蛇穴洞何深。
惊门铁瓮多白色，刀柄枪头开位临。
癸加丁上蛇夭矫，若遇休门气渐消。
死门畜骨兼牛角，景得奇门有兔毫。
生上一宫无外物，木梳毁折破磁稍。
惊如加水溢泥无，开上穿来旧石灰。
伤门随板无钉钉，杜有山林古石碑。

# 奇门捷要占人物法①

若占来者是何人，但看直符飞与临。　六仪三奇相互换，何宫何地细穿寻。

甲子直符加艮方，天星六丙下来藏。　吉格之中龙返首，贵客来时看紫裳。

甲丙同居在震宫，衙门官吏贵人从。　甲丙如居巽位上，长者仙丰及释翁。

离位景门居甲丙，武官边士论英雄。　坤死如逢甲丙者，带考儒家医与同。

惊门甲丙来相遇，作乐讴歌侮相公。　开门如遇甲加丙，高贵绯衣命仆僮。

青龙返首加休坎，贵人酒醉气何弘。　丙加甲子直休门，骑马高人近水津。

飞鸟跌穴居生上，小贵擎拳打老人。　伤门丙甲如加遇，仆执花笺请贵亲。

杜门飞鸟居于上，长女穿蓝抬轿行。　景英丙甲无门迫，华丽衣人暗备兵。

丙甲如遇坤死上，老人乘轿会亲情。　惊门丙甲媒人氏，从役相随鼓乐新。

惟有开门加丙甲，马嘶人喊振纭纭。　直符甲戌乙奇临，得使之时有吉星。

如在死门为入墓，带孝阴人手棒心。　乙己惊门犹不可，蒙童幼女口相争。

开门乙己如临位，贵客长须像道真。　乙己休门如遇此，外方来客裸形行。

生门乙己如逢遇，未冠童生面带村。　乙己如逢伤位上，负包医士答乡民。

杜门乙己逢相克，道姑托钵过门庭。　景上如逢乙与己，手持花罩是庖人。

甲申直符加丙奇，荧入太白不相宜。　休门醉客多狂士，诈侮佯颠近水涯。

加艮生门浑不吉，浪子擎拳打小妮。　伤门荧白来逢遇，撒发披头硬汉欺。

丙丁临杜无门迫，方外僧人化線衣。　景门此格如来到，破服渔翁卖蚌归。

荧入太白逢坤地，抬轿扛盘是脚儿。　兑上相逢庚上丙，卖糖老汉女男呷。

开门荧白来投库，老汉呼童备马骑。　六丙月奇符甲申，随庚加丙不奇门。

总遇休生非吉兆，主客相争利静人。　太白入荧在伤门，屈足跛人路上奔。

杜门庚丙来相遇，寡妇稀毛头若僧。　离宫庚丙不宜来，咳嗽胸心不畅怀。

更遇天星元武集，麻人瞽者莫疑猜。　死门庚丙来居上，大腹无文一老呆。

惊门六丙装库下，好唱优人腹有才。　太白荧惑逢开地，老者搥胸欺小孩。

坎休宫中加白荧，丰姿俊雅喜形骸。　生门太白入荧惑，踝体村夫东北来。

甲午直符乙奇临，逃走青龙非吉星。　加在休门为云遁，年迈儒家气象凌。

---

① 造宅三白同。

伤门遇此龙逃走，草莽村人顶帻行。
景门龙走非为吉，放泼牙行及众群。
惊兑之中龙生脚，讴歌妓女最娉婷。
日奇之上六辛符，白虎猖狂凶事多。
伤门符到虎猖狂，鼓乐喧喧仔细详。
白虎猖狂加杜门，负包擎裹女逃身。
辛乙加于坤死内，牧牛稚子涉前行。
开门如遇辛加乙，近宫骑马急如星。
六癸加丁蛇夭矫，门符虽好不丰饶。
休门六癸加丁上，买酒孩童跌在桥。
伤上癸丁加九地，木工泥水醉酕醄。
景上癸丁如遇此，红眼佳人笑倩娇。
惊兑夭矫丁癸上，盘头孩子赛酸骚。
不遇昭明多损失，举止虽安莫远途。
生门朱雀投江至，外方丐者手牵猴。
景门丁癸加符使，虾蟹渔娘连兴勾。
惊门丁癸私窜妇，满面腌臜粉与油。
死门玉女加于癸，污秽肩担过我眸。
如在生门凶属库，文墨之人礼貌恭。
庚加六癸东南杜，披发顽童貌不庸。
死门大格来经此，老妪披麻若与同。
休门庚癸来相遇，乐道仙翁手拍筒。
加在杜门庚愈肆，弄蛇花子打头颅。
坤死如加上格在，补锅钉碗一穷徒。
开门上格凶为吉，点翠穿花卖货奴。
生门如此庚辰遇，弄瓦挑砖樵采哥。
乙丙青龙失水逢，吉不呈祥凶不凶。
惊门乙丙遇螣蛇，能画能诗近贵奢。
乙丙加休得水龙，风流俊雅在其中。
乙丙生门亦遇奇，失时君子富流儿。

加艮合生为虎遁，九流高士半虚名。
杜门加此为风遁，燃烛烧香一善人。
乙辛加在死门上，扒灰老者执油瓶。
开门甲午如逢乙，宰畜屠沽衣润身。
虽在艮宫成虎遁，如穿人物像风魔。
九天若也相逢处，掌理阴阳吉可藏。
景门如逢六辛乙，悍女将来探问亲。
虎狂发纵居惊上，婢遗小女骇门庭。
坎休白虎猖狂至，捋臂梢拳是棍人。
开门近贵兼奴隶，急急忙忙不惮劳。
螣蛇夭矫生艮上，乞儿卖药负皮毛。
六癸丁加杜巽上，弹词女辈甚风骚。
癸加丁在坤方使，老妇簪冠穿道袍。
六丁加癸甲寅符，朱雀投江气不苏。
坎宫丁癸直符休，妇女携儿面带羞。
伤门丁癸来迫犯，作伐浑婆弄舌头。
杜门丁癸投江遇，卖绢丝罗是女流。
朱雀投在开上得，换针磨镜两相投。
大格天庚加地癸，直符须是甲寅中。
伤门大格多颠险，役吏公差往向东。
景门如遇庚加癸，眼目昏花侍女从。
惊门鼓舌摇唇妇，开位长人面带红。
庚如加在甲辰符，上格为灾事莫图。
景门上格加于此，不尴不尬一村夫。
庚辰加在惊门上，击磬摇铃道者多。
休上庚辰遇上格，卖盐好汉协强徒。
上格如逢伤震位，放鹞擎鹰过我途。
如加坤死嫌投库，孝服哀哉是困穷。
开上月奇来入墓，皓首穷儒心自嗟。
天星如遇符六合，侍女歌声笑正浓。

青龙失水逢伤震，卖卜医家有望儒。　杜门乙丙和无迫，花阶女子笑人痴。
六丙时加地下丁，无刑无迫正奇门。　加在开门飞贵格，月奇投库有何欣。
游行虽是宦家子，跃马扬鞭拟失惊。　加在休门奇又合，挈榼提壶是贵亲。
生艮门宫遇丙丁，贵家公子谒亲朋。　伤门遇此为奇特，繁杂偏多子弟门。
杜门六丙逢丁伴，女女男男赌色盆。　景门武士兼文士，傍遇烧丹妖道人。
死上丙丁如门迫，乡愚富室逊繁文。　丙丁惊位如逢着，仕女娇姿可悦心。
乙丁逢死奇投库，丑陋阴人无复新。　惊门六乙加丁遇，艳妆小女哭过门。
开上乙丁奇得吉，才子佳人会有情。　休门玉女加六乙，贵客同来探可人。
乙丁加生奇得正，贵公路过意何深。　伤门六乙加丁上，巧画丹青雕笔生。
杜门如得奇来至，美髯仙家道学精。　庚若飞来遇直符，伏干之格事多辜。
此时利客不利主，细详符使亦无讹。　加在生门奇不现，拟是挑砖断磨哥。
加在伤门庚又克，补碹箍桶两相磨。　杜门遇有庚相犯，钉称缘绳在路途。
景门庚在非高出，卖纸缝皮打铁夫。　死门伏干加非利，修网缳纱负货奴。
惊门庚伏重金器，打锡敲铜决不差。　开门道吉非为吉，篦头按脉自经过。
休门庚伏穿人物，摸蟹淘沙水面波。　天乙太白皆若是，伏干飞干差不多。

## 又占来意法

玉女守门得使奇，兼之三奇逢六仪。　此利阴私和合事，斯道通明宜秘之。
开休生位六丁来，占者婚姻不许猜。　更得阴私多妙事，不然好女自徘徊。
伤上玉女例言凶，衙役求医往向东。　妻妾必然应病患，更逢浪子带奸雄。
杜门玉女不寻常，婢妾随逃在路傍。　走进前来问端的，令往南方是那方。
景门玉女事何明，女附男肩会有情。　更兼酒食多欢畅，和合阴私竟有成。
守门玉女在坤方，媚妇攀门望约郎。　占事必因妻妾病，一番愁绪一悲伤。
星奇玉女到惊门，男女相争口舌深。　虽有阴亲何乐处，必须心怖事多迍。
青龙返首直符开，问取行人必定来。　惊门知有音和信，逆旅穷途坤死乖。
景上兵戈多斗杀，杜门祈祷福安排。　伤门捕猎应寻物，休与生门事事谐。
飞鸟跌穴利修方，移徙迁居共吉昌。　伤杜死门俱不利，休生开位两修良。
丙奇临戊遇门生，天遁月精能蔽形。　国事功名从此数，升迁天遁任游行。
乙奇临己与开门，地遁日精能蔽形。　田财交易兼坟墓，家宅移来此位真。

休门临丁与太阴，号为人遁得星精。　合伙求财无外意，门迫三刑是病人。
神遁生门为丙奇，九天相合始相宜。　消灾保福皆能庇，积货烧丹任所为。
生门九地合丁奇，开上九天乙共之。　丙奇加在艮宫内，鬼遁名之吉可推。
迁官纳婿并六甲，其中从此辨高低。　龙遁休门合乙奇，如临坎位可施为。
造船应举寻真的，试问来人占验无。　虎遁乙奇合艮辛，无凶无吉在休生。
步武投戈应过验，伤门访察事非轻。　休门开位乙奇辛，震上逢之云遁真。
乍雨乍晴天气改，异途事业得维新。　休生门合日奇来，巽上逢之风遁排。
招安讨险为决胜，捕捉逃亡彼已乖。　三奇会景合九天，天假祯祥格自然。
忧处勿忧多喜信，全生避难事无愆。　丁己会合杜门中，更得三星天隐宫。
财货不悉连价卖，乃为地假妙无穷。　每事问来多得意，失物寻人无影踪。
六个壬符合九天，惊门人假妙难言。　学艺开张皆获吉，如临门迫未为安。
丁己癸合在伤门，九地太阴六合真。　诸事遇之仅有益，如占病患不宜侵。
丁己癸合死门来，三隐宫中事可谐。　占问求财并合伙，以凶变吉必生财。
休门门与三奇得，临著太阴真诈格。　谋望营求获大功，彼此相生主胜客。
休生开上会三奇，九地临之重诈宜。　参谒异途能进步，行藏出入总无亏。
乙奇加己与加辛，得使三奇可问程。　若问奴婢应纳否，不然换一侧房人。
丙奇甲子甲申庚，吏役公差到我门。　继女继男皆适意，填房入室喜盈盈。
玉女得使骑龙虎，得龙偏招续后人。　天乙生门与九天，三胜三宫吉可言。
出门从此多生发，访友寻人遇路间。　天辅时藏有吉星，官司宜解罪宜轻。
甲己日己乙庚申，丙辛日下午支临。　丁壬戊癸从辰寅，赦宥天恩凶不成。
月将加时取太冲，太冲合处日奇逢。　此是机关天马决，行人迁职竟成功。
有难宜逃往此下，如山剑戟总无凶。　君家如欲合私情，须究天三地四门。
天三月将加时取，从魁小吉太冲临。　地四月建除危定，合此之时私路亨。
出行并得地私门，并照奇逢百事宁。　借问地私何处起，天乙贵人加贵人。
冬至顺行阳顺数，夏至逆行阴逆行。　六合太阴太常处，此是地私多吉星。
已上吉格十有八，决人来意细潜心。　青龙逃走乙加辛，失脱逃亡问可寻。
白虎猖狂辛遇乙，官司户役可藏形。　朱雀投江丁向癸，鸡鸣飞怪抑何深。
腾蛇夭矫癸加丁，不问更移是病人。　丙加庚兮荧入白，交易之中口舌深。
庚丙太乙入荧惑，盗贼蜂攒在那村。　庚加日上伏干格，承继招嗣意有成。
庚加天乙为伏宫，更改移居不一同。　再临门迫言身病，白手求财总是空。

飞宫之格符加庚，凶险飞来一怖惊。庚加六癸为大格，远望行人未转程。
庚加六壬为上格，六甲生男乾坎寻。庚加六己为刑格，加景来人拟吉人。
丙临日干勃格是，新娶妻房是二婚。庚加太岁为岁隔，日月时中总忌庚。
天网四张时上癸，举止行藏必昧心。此是奇门入髓诀，克己穷功应若神。

# 御定奇门大全秘纂卷三十八

## 宝鉴摘要

## 奇门灵占

### 占　雨①

凡占雨，以天柱为雨师，天英为闪电，天辅为风伯，天冲为雷祖，天蓬为水神，为云雾。壬癸二干，亦水神也。大抵占雨，不外乎此。

如天蓬游于坎兑震，乘壬癸二干；或天柱乘壬癸二干，游于坎兑震三宫；或天冲乘壬癸二干，游于坎兑震，皆主雨也。又如天英天辅所落，天上宫克地下宫者，必然风云雷雨交作。又看所落的宫分，是何干字，以定日期。与直符近，则雨速；与直符远，则雨迟。游于坤二宫，主密云不雨。即游兑坎震宫而不乘水神，亦无雨也。如天英临日干时干，主晴。天英与天冲合克日干时干，主雷电交作。

假如阴遁七局，秋分上元，癸未日子时占，天芮为直符，②上乘六壬，下临地盘天冲，亦有壬字，上下皆水木之神。壬子时干，天柱七宫为直符，主当日雨。③

假如阳遁二局，丙申日辛卯时，天辅为直符，临坤宫。临坤宫，是风伯

---

① 按此占法，头诸繁杂，不如《元机赋》之明简。
② 秋分上元甲寅，癸在二宫。
③ 法曰：秋分兑上起甲，次第数去，则壬至七宫，故又曰"天柱为直符"。兑坤相连，故曰"当日雨"也。

所落之宫。又天英到兑七宫，是闪电所落之宫。天柱乘六癸加坎宫，得乙干。天冲加离九宫，与天柱相对，主雷电风雨并作。应于六乙日，与直符远而期迟也。

假如阴遁一局，乙酉日辛巳时，天英为直符，到兑宫。天柱乘六辛到坎宫，天蓬乘六戊到震宫。虽游于有雨之宫，但所乘不得水神，主无雨。又天英火神，克了时干，乃用直符为用神，克时则主晴矣。占雨之法，难以尽述，大略如此。

### 占　晴

凡占晴，以天辅天英为主。盖天辅为风伯，天英为火神也。云雨以风而散，以火而晴。如天辅乘旺相，落离九宫，或克所落之宫，或克日时二干，主风晴。如天英乘旺相，落三四宫，或克日时干者，亦主晴。大抵元武白虎主雨，再以顶盘贵神兼看，无不准验。其日期，亦以火神风伯所落宫分，系何干字定之。

假如芒种中元，阳遁三局，已巳日丙子时，天辅为直符，乘六己加坎，天英乘六丁加艮，顶盘又是腾蛇，皆火土之神，且旺相临于六癸之上，主癸日晴。

大抵定晴雨日期，占晴以天英为主，占雨以天蓬天柱为主。皆以所临之宫，看地盘是何支也。占晴以天英所临之宫，地盘之干何字，则知其期在何日也。占雨亦然。

### 占贼盗敌兵来去

凡占贼盗敌兵来去，先分界限。冬至以后，自坎至巽四宫为内，自离至乾四宫为外。夏至以后，自离至乾四宫为内，自坎至巽四宫为外。以六庚为敌人。敌人未至，六庚临外四宫；敌人已至，六庚临内四宫。如六庚所落之宫，克六庚者，主敌人安营不稳，自惊而退；如六庚所落之宫，再乘元武白虎天蓬之神，主敌人来必大战。顶盘得九天，则大张声势，鸣鼓而进；顶盘得九地，则偃旗息鼓而来。如贼已入我境，看何日何时去。六庚在内四宫，主不去，在外四宫则去。亦以六庚所落之地盘干支岁月日时，为来去之期。如太白入荧，虽主贼来，若在外界，亦主不来。荧入太白，虽主贼去，若在内限，亦主不去。

314

假如谷雨上元，阳遁八局，丙辛日壬辰时，天蓬为直符。六庚加三宫，在阳局为内四宫，主贼来，且主壬日或壬时来也。[1] 又如立夏中元，阳遁一局，甲己日乙丑时，此时天蓬为直符，乘六戊加九宫；天冲乘六庚，临七宫，为外四宫；又是反吟，上盘得太阳，定主远去不来也。

### 占贼情虚实

凡占两家对敌，当定主客。以直符为主，以六庚为客。以所落之宫生克，论虚实。如贼人来会战讲和纳降等情，未知虚实，看主客气落之宫。如六庚落宫，克直符落宫，则其情虚诈。如相生，定是实情，来意不敢为恶。如伏吟，则以六庚本宫，与直符本宫看之。反吟，来意主反覆无常。

假如白露下元，阴遁六局，甲己日乙亥时，天禽为直符加七宫，天辅六庚加九宫，是客来克主，来意主虚诈。

假如清明下元，阳遁七局，乙庚日戊寅时，天任为直符加七宫，天英为六庚加八宫，来生直符，其情必实。八宫之艮土，生七宫兑金也。

### 占伏兵有无

凡占伏兵，当以支干直符直使，巳申子卯决之。先看直使在何宫分之，又以月将加本时，看上有子卯申巳，定有伏兵。再旺相带刑，必有大战。如空亡休废，虽来不战。如巳申子卯，不在直使之上，定无伏兵也。直符宫有子卯一字，加在本时之干，贼在前；加在本时之支，贼在后。以月将加本时，支干相覆，贼在当头，于阴处邀截。

假如大暑中元，阴遁一局，戊癸日戊午时，此时天禽为直符，死门为直使，俱加一宫。巳申子卯，不在符使之上，定无伏兵。

### 占升迁

凡占升期，以开门决之。又看太岁月建相生，因开门为官掌法印也。如开门加生旺宫，再有三奇，得合吉格，必定升转。再遇太岁月建，乘吉神来生，定然高擢帝廷。或有吉格而无旺相，有旺相而无吉格或有旺相吉格，太岁月建，不来相生，亦不能升也。[2]

---

① 此盘三宫乘六壬也。
② 选官同此。

假如六己年，大寒上元，阳遁三局，丙申日乙未时占，开门在七宫。开门本属金，七宫兑亦属金，同类助我为相，又上有月奇合之，又六己太岁在艮八宫，乘天辅来生兑七宫，主升无疑。又看太岁宫落在何干，即以其干为所升之年月也。或以直符落宫占之，不用太岁亦可。盖铨部升官为直符之神也。

又如立春中元，阳遁五局，乙庚日丁丑时，开门到九宫，火来克之，为因于鬼也，定不升迁。盖直符在坤，有生金之象，本宫不旺，亦无益也。

### 占上任吉凶

凡占上任后之吉凶，以上任之时、所向之方为断。如衙门坐西朝东，即看东方所得之宫神，向西即看西方所得之宫神断，南北亦然。所向以得吉格为主。如所向得吉格，则终于升迁；不成吉格而星旺，主降谪；若休囚废没者，主罢黜；有凶格者，主拿问；如返吟伏吟、五不遇时及入墓、格勃、飞伏等格，不看方向，而知其终为不吉也。

假如阳遁二局，丁壬日丙午时上任，衙门坐北朝南。此局六庚加地盘九宫，无吉格，主降调。

又如阳遁四局，丁壬日癸卯时上任，衙门坐南朝北，六乙休门加太阴宫，为重诈，主升迁也。

### 占科举会试中否

凡科举会试，以日干为士子，直符为总裁，天乙为房师，六丁为文章。直符宫克日干宫，座师不取。天乙宫克日干宫，房师不荐。六丁宫克日干宫，日干宫克六丁宫，或六丁宫休囚废没，俱主题目大难，不能得意。如直符天乙来生日干，六丁又得旺相，必中无疑。缺一不可。[①]

假如立秋上元，阴遁二局，六庚日丙子时，日干在六宫，天蓬在四宫，受日干之克。六丁临一宫，得废气。文章既不得意，座师又受刑克，此时占之，必不中矣。

### 占新任官善恶并何处人[②]

凡新官未到地方，人欲知为何处人，及心性何如，以开门为官星，九星

---

① 考试同。

② 跟官视此，见贵亦视此。

为心性，天干为分野。如开上乘吉星为好人，凶星为恶人，天辅星心性文雅，天任慈善，天心正直，天禽忠厚，天冲风厉，天英昏劣，天芮贪毒，天柱奸诡，天蓬大恶。甲蛮，乙海外或东夷，丙楚，丁岱、江淮、南离，戊己韩卫，中州河济，庚秦，辛华，壬燕地，癸赵魏。

假如大暑中元阴遁一局，乙庚日丙戌时，占新官上任。此时开门加二宫，乘天英，主暴烈，不行正事。又会六乙，必东夷之人。

### 占殿试甲第①

凡占甲第，以太岁为主。太岁者，天子也。以月建为主考，日干为举子，景门为策论。景门落旺相宫，又得三奇，并太岁来生日干者，为鼎甲。不得三奇，而得太岁月建来生日干者，为二甲。不生日干，又无三奇者，为三甲。

假如六戊年正月，立春上元，阳遁八局，丙辛日乙未时，天芮为直符加七宫，死门为直使加三宫，丙为日干在一宫，戊为太岁在三宫，月建寅为主考，但不生日干，在三甲后矣。

又如戊年正月，雨水上元，阳遁九局，六己日丁卯时。此时景门到三宫为旺方，上得星奇，日干在四宫，月建在一宫生日干，但太岁不生，仅得二甲。

### 占岁考等第

凡士子遇岁考，不知等第高下者，当以天辅为文宗，日干为士子，六丁为文章。六丁得旺方，更兼天辅来生，又得三奇，及开、休、生、景四吉门者，为取一等。文星旺，文宗生日干，不得三奇吉门者，为二等。文星虽旺，而文宗不生，或文宗生而文章不旺，仅为三等。文星不旺，而文宗又来克，幸有三奇吉门者，为四等。文星不旺，文宗又克日干，又在休囚宫，又无三奇吉门者，定是五等。得死门及诸凶格者，定是六等。

假如大暑上元，阴遁一局，戊癸日辛酉时，此时天辅在九宫，六戊在八宫，丁为文章，又为星奇，在九宫生日干，又乘旺气，定一等。

又如秋分中元，阴遁一局，丁亥日乙巳时，天辅在八宫，六丁亦在八宫，文星又克之，为三等。

---

① 求名者同。

### 占文宗按临日期

凡候考，不知文宗何日按临者，以天辅为文宗，当分内外。冬至自坎至巽为内，自离至乾为外。文宗在内，主上半年考，在外主下半年考。冬至后，以十一月至四月为上半年。夏至后，以五月至十月为下半年。更以所落宫分分野，以定日期。再详时事，以支干配八卦决之。

假如大寒，阳遁六局，丙辛日壬辰时，鲁地人占考期。此时天任加一宫，天辅加三宫，在内，本宫得丁字。丁为岱，又为三数，至三月为考期矣。

### 占武举

凡占武举，与文举不同。文举看文章，武举看武艺。以直符为主考，以时干为举子，甲申庚为箭，甲午辛为红心，景门为策论。专以甲申庚落宫，克甲午辛之宫，或相冲，为箭中红心。再看景门旺相，又与直符相生者，主中。缺一不中。

假如霜降上元，阴遁五局，乙庚日庚辰时，直符在三宫，景门在六宫，甲申庚在八宫，甲午辛在九宫，直符宫克举子，不能中。

### 占婚姻

凡占婚姻，以乙为女，以庚为夫。如二家落宫相合，说之则成；相刑克，则不成矣。又以顶盘六合落宫为媒人，六合生乙，向女家，生庚向男家。庚宫克乙宫，女家畏而不嫁；乙宫克庚宫，男家嫌而不娶。乙宫带击刑，主女性凶恶；带生合，主女性温良。庚带凶神，主夫性暴烈；带生合，主夫性温良。

假如立冬中元，阳遁九局，乙庚日辛巳时，乙在七宫，庚在九宫，六合亦在九宫，同来克乙，女家断不肯嫁。虽乙庚原有相合之义，而女在金乡，男居火地，以火克金，必主不成，况男星又临死门乎？

### 占求财

凡求财之说，其事不一。当分体用，以生门主之。生门所落之宫分为体，生门天盘所落之星为用。用生体则吉，体生用则不吉。用旺体衰，体虽克用，不为大吉。体旺用衰，用虽克体，亦无大害。大抵看生门所落之宫分，再看上下二盘格局，吉凶何如。吉格吉星，所求如意。有一不吉，所求仅半。休囚不吉，所求全无。

假如惊蛰中元，阳遁七局，丁壬日壬寅时，生门到坤二宫，属土，为体。天蓬亦到坤二宫，属水，为用。体来克用，宜乎得财。但节在惊蛰，二宫为囚，且坤中六辛加壬，为蛇入狱刑之格，安得为吉乎？虽以体克用，所得亦微。

又如大雪上元，阴遁四局，丙辛日辛卯时，生门到六宫，属金，为体；上盘天英为用，属火。用克体，主不得财。

求财之说，是无中生有，原未有财而欲去求之，未知其得与否也。得财之说，是吾所本有之财，或应得之财，但未知何日到手。占法亦分内外，以时干地盘为主，以甲子戊为财星。盖甲为青龙，青龙为财也。若时干在内地，甲子戊亦在内地，此为财将到手之象，其得甚速，主在头半年内。又以本宫所得何支，定其月期与日期。若时与甲子戊俱在外地，主后半年得。若一内一外，主年内不得。值反吟伏吟亦然。如甲子戊时干俱合吉门，得财甚速。

假令立秋上元，阴遁二局，甲己日壬申时占。此时时干在七宫，为内。甲子戊为青龙，亦到七宫，与干同宫，俱在内地，主在头半年内，其期甚速，甚准。又七宫为兑，干支为酉，于月为八，主头半年八月到手也。

### 占词讼

凡人争讼，有心中不平。先告人者，亦有被人所告，而求伸理者。大要以开门为问官，直符为原告，天乙为被告，惊门为讼神。开惊二门俱克被告，则被告败。俱克原告，则原告败。一克原告，一克被告，则二家俱败。开门生原告，而惊门克原告，胜败平等。以直符天乙之旺相为胜，休囚为败。若直符生天乙，则原告和；天乙生直符，则被告求息，不必以惊开二门定胜负矣，总以落宫决之。

假如立夏下元，阳遁七局，丙辛日乙未时，天蓬为直符加六宫，天心加七宫，惊门在四宫，开门在九宫，此时两家俱不得惊门之力，而受开门之克，且俱在囚地，主两败俱伤，俱落金乡故也。直符落六宫乾，金也。天心落兑宫，亦金也。有比和之意，故均不得胜而求和也。

### 占走失

凡占失人口奴婢头畜，未知向何方找寻，并得与不得者，以时干为失主，六合为逃亡之物，俱以落宫论之。以六合与时干落宫，内外远近为断。时干六合俱在内，易寻；俱在外，难寻。若时干在外，六合在内，易寻，以六合所在之宫为方向。如得旺相之星，又得景、死、惊、伤四门者，可得。得九地、太阴，有人潜藏。九天速去，元武被人盗，螣蛇有人盘诘羁縻。得朱雀，有信。得勾陈，有内人相勾引而去。

假如大寒中元，阳遁九局，乙庚日庚辰时，此时时干到三宫，六合在坎一宫，占人与物俱在内；又六合会坎宫，有人潜藏，主不失。

### 占捕亡

凡缉捕，以六合为逃人，伤门为捕者。天合生伤门宫，自归；克伤门宫，不获。伤门克六合宫，易获。生六合，必有贿赂。伤门与六合同宫，有欺蔽。又六癸为天网，人在网中，必得。天网在一二三四宫可获，在五六七八九宫不可获。又阴时可获，阳时不可获。又太白入荧，同宫，必获。

### 占失财物

凡占失落金银财物等件，以甲子戊为财物。如见元武，主人盗去；不见元武，主自己遗失。元武克青龙宫，青龙生元武宫，定有人盗去。又以六甲旬中空亡看之。如甲子戊落在空亡之处，或自己迷失，或被人盗去，俱不可得。如问失落何处，以甲子戊所落方向定之。如在内，在宅中；在外，主失落甚远。又须定其所在，以落的宫卦体象断之。如艮为山，为少男，为东北；震宫为木，为长男，为正东之类。论得期，以地盘支干日决之。如有元武，有盗者，以元武落方，定贼所在之方。阳星为男人，阴星为女人。又以元武天盘地盘支干，决贼人衣服颜色。

假如大暑中元，阴遁一局，戊癸日壬戌时。此时甲子戊到三宫，不见元武，还是自己迷失，在于东方。又不见空亡，以震卦体象找寻，逢卯日得之。但甲子戊到三宫为击刑，亦伤损也。

### 占寿数①

凡人欲占寿数修短者，以天冲死门决之。盖天冲三宫之神为生气也，又五为死气也。又以九十岁为率，每宫十年。如天冲带旺相，一生无患；若有

---

① 命运同此，视生门为生旺。

休囚废没，一生常有坎坷。占者将已经过寿数除讫，以所得余宫岁数论断。阳遁顺行九宫，阴遁逆行九宫。年至三旬而得四数者，除三十尚有十年之寿；年至六十而得九数者，除六十还有三十之寿。余仿此。

假如大暑下元，阴遁四局，甲己日己巳时。此时天冲在八宫，死门在四宫，阴遁逆行，自八数起，八七六五四，共得五十数。年至三十者，除去三十，还有二十，即寿至五十也。

又如大暑下元，阴遁四局，甲己日庚午时。此时太冲在九宫，死门在一宫，自九逆行，至一，得九数，年六十。得此者，还有寿三十年，即寿至九十也。

## 占修造[①]

凡修造以生门为主，必全吉日辰，又得生门。此地基上，又得吉星吉干为上，宜修造。生门会天禽，此时在中宫亦吉。若修方，生门在其宫，宫门不迫，亦可不忌。

## 占田禾

凡占田禾收不收，以休门合于木土之上，吉。更得三奇，及干元见合则有利。又天任落艮震主丰，再得青龙、六合、功曹、太冲，主四民乐业；若不落艮震，主年歉。再以贵神月将分旱涝。如天任所在，有蛇雀巳午天空太乙，主旱；传送天后，主涝。又生门主麦，伤门主谷。看三奇、太常、功曹、贵人在生门，则收麦；在伤门，则收谷。

## 占官事催提缓急

时干直符为官长，六丁为公文，直使为公差。直符宫克天乙宫，六丁临于内地，其提缓；直符克天乙宫，直使临于内地，其提急。再有击刑，则来意恶；有三奇，则来意善。若相生，公差与官长见喜，相克见怒。又看六庚，庚为天狱，落休废易结，旺相难结。

## 占刑狱重轻

以本人年命日干，宫上星旺门吉，有三奇吉格者，官员降谪，庶人罪轻。星不旺相，有三奇吉门，并诸吉格；或无三奇，得吉门，并诸吉格，星旺相

---

① 宅舍同此。

者，俱主罪轻，法及己身。有三奇吉格，门不吉，星不旺相；或星旺相，不得吉门三奇者，主罪重。星不旺，门不吉，格局凶，又无三奇者，主大凶。若本命日干，再犯击刑者，有刑罚之苦也。

# 御定奇门大全秘纂卷三十九

## 宝鉴摘要

## 奇门灵占

### 占兴讼或呈状准不准

丁为朱雀，为讼神。朱雀落阳干之宫，又落宫与天狱相冲，或乘景门，其讼必兴。若落阴干之宫，或投江入墓者，不兴。又临旺相之宫，其讼大起。落休囚废没者，必结而讼不兴，大凶。呈状，以开门为官长，景门为文状。开门宫生景门宫，吉；景门宫生开门宫，不吉。景门宫克开门宫，吉；开门宫克景门宫，不吉；休囚废没克开门，不吉。

### 占罪人开释

地盘六辛为罪人，上乘吉星吉门吉格，再克开门落宫，或与落宫上相生合者，其开释必速，不备者少迟。若开门落宫，克六辛落宫，再得休囚者，牵缠。又天网低，则不开，网高则开。

### 占罪轻重

开门为官，六辛为罪人。六甲旬中，六壬为天牢，必开门克六辛宫，辛上又有六壬临之，防有牢狱之灾。二者缺一，亦不为害。又壬字，不止甲辰壬，凡六甲旬中六壬时皆是。如甲子旬中壬申时，即申为天牢；甲戌旬中壬午时，即午为天牢。余仿此。必天盘上克六壬所得之支，再得开生二门者吉。

### 占出狱

壬为牢狱，看所加之地盘。干为罪人，必地盘之干，克六壬所得之支，又得休生开三门者得出。以受克之日为日期，必得六丁时，或六丁落宫，生囚人之干，方看休生开三门。

### 在外占家中安否

以日干为主，十干长生处为家。如甲干，则甲木长生在亥，亥寄于乾，必乾宫地盘中，无凶星凶门凶格等，家中平安。有凶星凶门凶格者，看克宫何干，以日干六亲决之。年为父母，月为兄弟，时为妻子也。

### 占店主善恶

时干落宫，遇蓬芮英柱，俱主恶人，余五星俱吉。落宫克时干，主有侵害。时干落宫遇三奇吉门，并诸吉格者，虽有恶意，亦不敢害。如无吉格，但乘旺相，亦无害。如时得休囚废没，并凶星者，当有侵害。

### 占远信

六丁落宫为信，时干落宫内外为迟速。临外信迟，临内信速。丁奇受制休囚，轻则信迟，重则信无。朱雀投江，无信。蛇夭矫，来迟。六丁带三奇合德，有喜信。六丁带击刑，有凶信。投江在内，亦无信，庚格亦然。又景门临于本人所居之地，其信甚速。如人在北方，占南方信息，一宫得景门，主信到。如人在南，占北方信息，景门在九宫，信到。余仿此。

### 占道途吉凶

以时干前宫，看天蓬为盗贼。时干所落前一宫，得天蓬为贼盗，如无者不遇。再看时干所加本宫，得三奇吉门，并得旺相，及诸吉格者不妨。

### 占请人来否①

请人方向，地盘干克天盘干，地盘星又在内界，或所往之方，得开门则

---

① 请医同此。寻人亦同此。

来。如上克下，地盘星在本方宫，及不得开门，主不来。所请方不落空亡，得日干者来。

### 占行期

占出行，或被牵缠，不能摆脱，或被节制，不能自由，或犹豫不定。时干为起行之人，日干为牵缠节制之人，开门为起行之期。若日干克制时干，不能行。时干克制日干，即行。日干上下皆有来克者，得行。若犹豫者，看时干在外为去，在内为不去。俱看开门落宫，下得何干，以定其期。

### 占登舟

震三宫为船，天盘所得之星，为船主之善恶。得辅禽心三星为上吉，任冲二星为中吉，得芮英柱蓬为大凶，其船不可登。

凡占水，休门之下，见申酉为江河，见小吉为井，太冲为池塘。

### 占招赘

女招夫，须天盘六庚宫，生地盘六乙宫。庚上得吉祥星宿，主夫性温良，兼得长久，得凶星不利。如男求妇者，须天盘六乙宫，生地盘六庚宫，可成。如嫁娶，则以乙为女，庚为男，两宫相生比者，如期嫁娶；相克害者，有迁延。又丁丙加年月日时干，年月日时加丁丙者，亦主迁延也。

### 占交易①

直符为买物之人，生门为所买之物。生门落宫为物主，门来生直符，其物得买，有利益。门与本落宫相生，为物主相恋，其物难买，相克则难以成交。直符得旺相，生生门宫，利卖者。生门宫生直符宫，利买者。凡欲买物，彼买主之方，得吉格者，有利；得凶格者，其物不堪。彼买主之方，得吉格者，相安；凶格者，尚有烦恼。

### 占贸易②

生门落宫旺相，再得吉祥星宿，及三奇飞鸟跌穴等格，主买卖兴隆。如

---

① 伙计田产同此。

② 生意谋望同看。

不全者平常，落空休囚凶星，再有六庚加己，一切凶格者，主大不利。得天冲，宜于春夏，天禽宜于秋冬，余不利。

### 占见贵人

休生为主，与三奇会合则吉。与日干相合，则贵人喜悦，而有酒食财物。开门上亦利于求见，余门星干不美。

### 占定一岁丰歉

俱于立春日某时交春，看九宫以分九州，视九州有何星奇即知之。坎一冀州晋魏分，艮八兖州韩郑分，震三青州齐分，巽四徐州鲁分，离九梁州吴越分，坤二荆州楚分，兑七梁益州卫分，乾六雍州秦分，中五豫州宋分。

天蓬所临之方，主瘟瘴春作，百姓流离，夏水漂没，奇神救之减半。

天芮所临，奇神加之，人不为灾，七分收成；若加凶宿，人瘟物死，五谷不登。

天冲所临，吉奇加之，五谷半登，惟宜果实，春夏人物灾伤。

天辅所临，在吉处，五谷大成，人民安乐；若加凶宿，主大风水溢，损伤人物。

天禽所临，有吉宿者，主五谷大丰，人物蓄盛；若加凶宿，主长吏不宁，贵人移动，夏多瘟灾。

天心所临，有吉宿者，主秋熟，长吏贵人，频受恩喜；凶宿加之，春种虽多，夏秋水涝。

天柱在吉处，半熟，人民瘟瘴；加凶宿，有蝗虎流火为灾，秋冬尤甚。若有三奇制之，必有德庆。

天任所临，大有吉庆。奇神加之，主生芝草祥瑞，及贤人在位；凶处，五谷半熟，人虽灾而不死。

天英所临，亦为祥瑞。得生旺地，五谷熟，人民安，长吏有安庆；在克处，凶宿加临，主旱涝灾殃，春种，夏多枯死。

天乙所在之宫，其岁多生贵人。或值大比，必有上第一甲者。

### 占放债

天乙为取财之人，直符为财，生门为财神，各以生克旺相论。直符克天乙宫吉，天乙克直符凶。天乙生直符吉，直符生天乙凶。生门与天乙同克直符，其财尽失。同生直符，子母俱全。生门与天乙，有一生一克，不全而迟。天乙财神，得休囚气，虽生直符，终不能全得，或主迟滞。[①]

### 占索债

伤门克天乙宫，去人实心去索。天乙宫克伤门，彼必争斗不服。伤门与天乙同来生直符，子母全获。同来克直符，不还。伤门生直符，克天乙，还。生天乙，克直符，不还。天乙旺相，克伤门，虽有不还。休囚生伤门，虽无钱必还。若天乙乘庚辛，来克直符，必有经官之事。直符克天乙，乘六丁，或景门加三四宫，亦有经官之事。甲子戊会开门，加内地时干，其债速还。

### 占合伙

地盘生门为财主，天乙生门落宫为伙计。地盘克天盘，不成。天盘克地盘，及天盘生地盘，俱不利。地盘生天盘，方有利益。

### 占官事牵连

本人日干为有事之人，庚为天狱，辛为天庭，壬为天牢。本人日干，以地盘为主，上三凶煞，以天盘定之。犯一星，与天盘日干同宫，定有牵连；再有刑击，定有刑罚。得天网，有枷锁临身；再有凶格等煞，连累甚重。若有三奇吉门，并吉格，无碍。若不犯庚辛壬，定不牵连。

### 占访友

凡访友，以所往之方，地盘为主，天盘为客。要相生合，再得吉门，去必相遇。若相克，又无吉门，则不遇。庚逢年月日时格，亦不遇。

### 占病生死

凡占病，以天芮为病神，生死二门为死生。本人年干落宫，得生门不死，得死门难愈。若年命休囚废没，再有凶星凶格，大凶。余六门亦主缠绵，以天芮废没之月为愈期。占父母病，得年干入墓；同类病，得日干入墓；儿女病，得时干入墓，大凶。又凶星凶门，加病人年干，更无救神，亦凶。若凶

---

① 天乙，乃天整上乙宫。

星加奇门，上下二干相救，可死中求活。若三奇吉门吉格，更上下干有合，虽不服药亦可。

### 占胎孕

凡占孕，男女产育难易者，论坤卦。坤上所得之门为胎，天盘为产室。产室克门，子不存；坤克门，胎不安；门克坤宫，孕妇长病；天盘克地盘，孕妇不安。得门属阳为男胎，阴为女胎。如伏吟为子恋母腹，胎虽稳而难产。见白虎为血光神，其来甚速。门到坤宫为入墓，必是死胎。天盘为门宫二者之墓，不吉。为坤之墓，不利母；为门之墓，不利子。如有三奇，必有好子也。

### 占分居

坎离二宫为阴阳分位之始，自十一月至四月为阳，以坎艮震巽为内，离坤兑乾为外；五月至十月为阴，以离坤兑乾为内，坎艮震巽为外。以年为父母，月为兄弟，日为己身，时为子媳。按本局中支干推之，如俱两处，为分居；一处，为不分居。以宫分支干，照岁月定日期，以旺相休囚定吉凶。

### 占迁移

凡迁移方上，有三奇吉门，再得天禽，四季日皆吉。天辅春夏大吉，天心秋冬大利，其余星俱不利。各以来占时，看何星为天乙定之。[①]

### 占行人

以本人年命，合当时局中干支为行人，以支宫为宅舍，左右为来之迟速。如占东方之人，得西方即来，北方不来，南方在路。其日期以地方远近旺相决之。如行人是甲子生，在南方，若遇坤兑乾三方，将来遇坎，即至；若立艮震巽三方，又前遇克我之卦，半路有阻。再带吉凶神煞，以定安危。又天蓬天芮，俱主行人。千里外者看天蓬，千里内者看天芮。时下得蓬芮为来，即以时干为来期。伏吟不来，反吟为来。三奇吉门，合于行人年干之上，即到。凶星凶门，此人必有妨碍不来。又年格年来，月格月来，日格日至，时

---

① 天乙。即直符也。

格时回。

### 占回乡

凡人久在他乡，欲回故里，未知得回与否，及何日得回。以本人年命占时入局中，如人已在外方，占时其年命已落内界，主回。以地盘支干，定其日期。如其年命落在外界，虽有心回，终有牵缠，不能回家。上得吉门吉星，回家平安。上得凶门凶星，回家有事。

### 占同伴善恶<sup>①</sup>

凡出外，途中遇人同伴，不知善恶，占之地盘。时干为己身，看上得何星临之。如得禽心冲辅为善人，如得蓬芮英柱为恶人。再得旺相，而时干又居废没之地，主有侵害。时干旺相，凶星废没，不敢害。俱得旺相，俱得废没，亦不能害。如凶星害时干，得休生开三门，并三奇，及一切吉格，主被害中有生意。时干旺相，得刑格，并一切凶格，难有侵害，亦无妨。

### 占捕盗

天蓬元武为贼盗，伤门宫为捕人，时干宫为物主。伤门落宫，克天蓬元武宫，易寻。时干宫再克天蓬元武宫，易捕。若伤门宫生天蓬元武宫，不能捕捉。天蓬元武来克时干伤门，与天蓬元武同宫，时干再克，捕必不获。天蓬元武同宫，党羽必众。如旺相则难捕，休囚易获。乘六庚为大盗，不然为小寇。天网低则可获，天网高不可获。

### 占人谋害

庚为仇人，日为己身。庚金落宫，克甲落宫，有谋害。甲落宫，克庚落宫，不谋害。甲落宫，受击刑，有害。若旺相，虽击刑不为害。庚金上下二盘星宿，皆来克庚，及甲申作直符，须不能害。

### 占遇难逃避方向<sup>②</sup>

凡有危难逃避者，不知何处可去，当看杜门。六丁六己六癸，或六合，

---

① 差役视此。
② 投主看此。

天上太冲，及生门所临之方；又看本时时干，此数者合一则吉。再遇吉星三奇，大吉；反此不利。避兵看六庚，避贼看天蓬，避官讼看六辛。时干为己身，庚加时干，不加内地，不必避；加内地，不克时干，不必避；不加时干，不必避；加时干，不克时干，不必避；克时干，临内地，加时干，当避也。天蓬六辛同此。避仇人，先动者为客为阳，六丙主之；后动者为主为阴，六庚主之。客占以六庚落宫，克六丙落宫，又临丙地，当避。或克而不临内地，或临内地而不克，俱不必避。若六庚乘休囚之宫加丙，不必避。乘旺相之宫加丙，当避。主占看六丙，亦然。丙下临六庚，凡事将退，亦不必避。

### 占鸦鸣

凡遇鸦鸣，急视景门。在直符前一，劫迫来临；在前二口舌；前三婚姻，不然争讲门庭；前四斗殴，财利相争。直符后一，事涉女人；后二欺蔽奸淫；后三亡失衣物。更寻六丙下值何神。河魁，贵人有灾，六畜有伤；从魁在下，寡妇传音；上有吉将，酒食邀迎；传送在下，人来觅物；小吉在下，妇人喜成；胜光在下，征召欢欣；太乙在下，大吏相寻；天罡在下，争斗讼死；太冲在下，酒食邀请；功曹在下，庆贺大吉；大吉在下，亲戚得遇；神后在下，事必奸淫；登明在下，吏索公文。又须听声，遇何方隅。吉门则吉，凶门则凶。

### 占雀噪

看朱雀所临下，得何奇何门，以决其事。开门得奇，主有亲朋至，或行人远归，或主酒食。休门得奇，主有喜事喜信，及婚姻之事。生门得奇，主田宅财物头畜之事。不得三门，及门迫奇墓，俱主无所关系。更看景门所临，吉格则有喜信，凶格则有凶信。

### 占雪

乾兑二宫主之。或天心乘癸壬二宫到兑，或天柱乘癸壬二宫到乾，皆主雪。各以落宫所得之干，以定其期。或天蓬直符直使在巽，见天罡胜光日破，主雪中有雷。见后阴无武亥子从魁，主大雪。朱雀风伯，亦主有雪。天蓬直符，会六合伤门加震，主大雪久阴。

## 占攻城

六庚乘旺相，得开门，加中五宫，其城可克。又地盘天禽所落之宫，得旺相，及吉门者，其守将可擒。得休囚废没，及凶门者，守将必死。

## 占守城

天禽落宫，得生休景门，再旺相，有六丙，其城不克。如无吉门旺相，再犯天蓬六庚，加入中宫，不守。

## 占援兵

凡被攻日久，环围不去，六庚开门作敌人，必六丙景门，合生天禽，或在左右之宫，必有援兵，近而且速。离宫若远则迟，若六丙景门，得休囚受克，援兵不至。若天蓬乘六庚败气，攻者不克，守者可守。

## 占胜败

直符落宫为主，六庚落宫为客。直符落宫，克六庚落宫，主胜。六庚落宫，克直符落宫，客胜。又旺相则胜，休囚则败。如主宫得景惊二宫，或二门与主宫相生，主胜；如客宫得景惊二门，或二门与客宫相生，客胜。如主客相生，必来讲和。如主客相乘旺相，二门互相刑克，其势相等，则两相恐惧，不战而退。六庚为直符，即为主客同宫，不分胜败。又日干加庚，主胜；庚加日干，客胜。

## 占闻报虚实

甲乙壬癸四时，闻事皆虚，忧喜俱无。逢戊丙，闻忧则虚，闻喜则实。逢六丁，闻忧无大忧，喜无大喜。逢己庚，闻喜则无，闻忧则实。逢辛，忧喜平平。

## 占贼临境可居否

直符加时干，为动为客。直使加时支，为静为主。支宫受直符落宫克之，再乘元武，此城不可居。或直使被本宫下来克上，亦不可居。或直符宫与直使宫相生比，或受刑克，敌来不能取胜，其城可守。或直使宫神，两相生比者，可守无妨。

### 占水陆

坎为水路，艮为旱路。直符落宫，被生则吉，被克则不吉。又休生所落之宫，亦可出行。

### 占行兵迷失道途

凡行兵，遇深山大野，暮夜，三军迷失道路，以三奇定其向，或以天罡所指行之，百步外自遇大路。

# 御定奇门大全秘纂卷四十

## 宝镜图

### 奇门宝镜图叙

《宝镜图》一帙，乃诸葛武侯所著，于南山黄严老心所传也。观其书，自甲子至癸亥，凡六十日，而日系十二时，每一日立一局。以八卦定方向，以本日九星所值中宫为主。八星分布八门，以星定吉凶，日以时分休咎，其例明白易见，其书精妙无穷，用之奇验，百无一失，其神化更不可测。且易检阅，最妙于仓卒行兵出选。偶得本朝大将军家藏善本，如获拱璧，命吏楷录，用永其传，因名为"出师宝镜"云。①

---

① 郑同注：此序《御制奇门大全》未收录。另有抄本作：《出师出行宝镜图序》：《宝镜图》一帙，乃诸葛武候于南山黄岩老人所传也；观其为书，自甲子至癸亥，凡六十日，而日系十二时，每一日立一局，以八卦定方向，以本日九星所值中宫为主，外八星分布八门，门以星定吉凶，日以时分休咎。其例明白易见，其书精妙无穷。用之奇验，百无一失，其神妙更不可测。且易检阅，最宜于仓卒行兵之选。予本武夫，偶得本朝狄将军家藏善本，如获拱璧，命吏楷录，用永其传，因名"为出师宝镜"云。

# 二十八宿值日吉凶便览

**角星**值日甚多殃，祭祀开张皆不祥。嫁娶定遭凶恶死，修宫移徙不相当。
安坟起造全无益，赴任求财俱有妨。若然不信其星恶，十人用之九人伤。

**亢星**值日最为良，修造兴工富贵长。七字进财增厚禄，移居葬埋福非常。
祭祀至真来纳领，开张买卖事多昌。惟忌造门与嫁娶，微灾消硬也无妨。

**氐星**值日尽亨通，祭祀安坟定有功。入宅求财并买卖，进宝聚财三载中。
惟忌婚姻不可用，生灾魍魉路途逢。却宜葬埋十分利，加官进职在秋冬。

**房星**祭祀贵人钦，动土兴工必称情。葬埋起造家大发，婚姻设肆富人丁。
上官出入俱为利，入宅迁居万事亨。食禄门庭居第一，悠悠日用永丰隆。

**心星**值日最长生，祭祀婚姻代代荣。佳气盈门人丁盛，开张起造进财珍。
修宫移徙多仓库，后秀儿孙达帝京。凡事任行无不遂，添田起宅振家声。

**尾星**当权闻者惊，葬埋必定主伤人。修宫造宅招凶患，嫁娶开张不称情。
若还祭祀多不利，合家大小受灾迍。更忌造门不可用，断有遭伤失火惊。

**箕星**值日事多凶，祭祀婚姻不可逢。移徙修宫人命短，迁居埋葬祸匆匆。
横来官事何曾歇，口舌常招重复重。但看三年并五载，前仓后库一齐空。

**斗星**值日最为凶，闭塞家门没一通。凡事施为俱不吉，休言嫁娶及兴工。
上官入宅遭凶恶，祭祀迁移切莫逢。葬埋争讼多灾患，连春至夏及秋冬。

**牛星**值日有灾惊，祸患时常辗转深。运动迁移皆不吉，婚姻嫁娶祸临门。
遭官失业何时了，起造营求不遂情。细雨霏霏连日下，千头万遂一齐空。

**女星**值日准多凶，祭祀安坟切莫逢。嫁娶主贫无子息，迁移赴任不流通。
开张起造终身忌，财物仓箱一扫空。不出近年三五载，官非横事祸重重。

**壁星**值日事无愁，祭祀迁居喜悠悠。四位掌珠名上策，纳为附马乐春秋。
婚姻必定多生子，胤嗣英俊帝京游。买卖玉帛盈仓库，上官拜职达皇州。

**奎星**值日事皆通，祭祀婚姻财谷丰。起屋葬埋俱大发，儿孙代代出豪雄。
开张买卖多财帛，奴婢成行甚有功。动土兴工皆逐意，迁移管取位三公。

**娄星**吉曜照天宫，祭祀婚姻福禄重。起造开张并买卖，一枝丹桂发秋中。
上官出职升高爵，事事流通喜气浓。倍获田蚕多快意，盈仓满库永从容。

**胃星**值日宜祭祀，开张起造尽亨通。兴工建宅增人丁，上任加官最有功。

334

埋葬封侯非小发，出行遂意利重重。悠然舟顺无冰阻，珠玉盈常仓库中。

**昴星**值日事无凶，祭祀迁移起造同。买卖利而泉不渴，婚姻赴任禄增崇。

广宜六畜添奴婢，吉时埋葬永兴隆。出入开张皆大利，若无天色定多风。

**毕星**值日是灾期，祭祀开张俱不宜。嫁娶三年多坎坷，出行常遇是和非。

修宫上任先后破，起屋人凶身别离。斗打血光凶难免，应时天色少人知。

**觜星**值日事遭迍，祭祀迁移主有惊。起屋不过三五载，蓦然暴死两三人。

婚姻必定无儿后，讼事临门祸不惊。穴有大风来应日，紫衣襄谢始安宁。

**参星**值日主孤单，祭祀迁移祸百般。动土兴工俱不吉，终朝至暮泪难乾。

生财六畜时常死，惊怪飞灾六月寒。起造开张如遇著，大风魍魉至门端。

**井星**值日是非多，经商出入受干戈。最忌修门兼祭祀，开张起造两消磨。

婚姻埋葬如蓬转，财散人凶怎奈何。三载之中防失火，大风应日立奔波。

**鬼星**值日事皆通，天气阳和瑞气浓。祭祀婚姻咸有益，迁移起造禄无穷。

葬埋必定多人丁，后库前仓似石崇。后秀七人冠儒道，为官禄位占三公。

**柳星**值日最清廉，祭祀婚姻福寿绵。起造迁官财禄盛，营谋十倍足心田。

一天朗月光星现，买卖开张日进钱。车马盈门生子贵，朝欢晚乐赛神仙。

**星宿**当权闻者忻，出行厚利足经营。婚姻起屋多财禄，入宅安坟旺子孙。

才到三年家大发，读书笔阵扫千军。他年秋试登云路，个个为官佐圣明。

**张星**值日应为坟，起屋开张俱快心。祭祀迁移主大利，婚姻买卖两欢忻。

清和天气无风雾，不遇三年添子孙。子贵身荣家富足，方知由命不由人。

**翼星**值日爱居中，嫁娶开张一样同。不必葬埋俱有破，只宜拜职福增崇。

祭祀迁移生贵子，动土开张祸患重。起屋兴工常吉庆，高车驷马旺家风。

**轸星**值日永无殃，祭祀迁移百事昌。起屋兴工增产业，入宅婚姻乐未央。

埋葬自然多子息，开张买卖利非常。出行赴任俱适意，官高禄厚喜飞翔。

## 月建次序

建、除、满、平、定、执、破、危、成、收、开、闭。

## 月建黄黑道

建满平收黑，除危定执黄。成开俱可用，闭破不相当。

## 月建宜忌

**建**宜修造、祭祀、入学、冠带、参官、上书、出行，其余皆忌。

**除**宜祭祀、祀灶、纳表章、扫舍宇、出行、立券、求财、栽种、牧养，忌移徙。

**满**宜祭祀、祈福、合帐、裁衣、扫舍宇、修产、牧养、经络、出行、开店、求财，忌动土、服药。

**平**宜祭祀、祀灶、饰墙垣、修道途、修产室、买契、器皿、安机、求士，忌开沟、移徙、种植。

**定**宜祭祀、入学、裁衣、结婚姻、求词、牧养、安碓磑、冠带、交易，忌词讼、栽植。

**执**宜祭祀、祈福、上表章、结婚姻、求词、畋猎、捕捉、安床、交易、立券，忌登高、履险、装载。

**成**宜祭祀、入学、裁衣、结婚姻、纳表章、修养、安碓、立券、置产室、栽植、移徙、纳财、放生、冠带，忌词讼、交易。

**收**宜畋猎、修置、入学、移徙、嫁娶、捕鱼、纳财，忌造坟、安葬、出行、针灸、经络。

**开**宜祭祀、纳表章、入学、裁衣、结婚姻、牧养、穿井、砌路、安碓、修产、栽种、出行、起造、移居、治病、取士，忌针灸、经络。

**闭**宜祭祀、求嗣、牧养、交易、修合、捕捉、栽植、塞门路、作厕，忌针灸、祀灶、监造、移徙。

## 十二神

**建**为青龙用为头，**除**是明堂黄道游。**满**为天刑**平**朱雀，**定**为金柜吉神求。

**执**为天德集黄道，**破**为白虎**危**玉堂。**成**为天牢宜固守，**收**为玄武盗贼忧。**开**为司命为黄道，勾陈为**闭**主凶流。求财出行皆大吉，行军战斗黑主忧。

# 十二时定例

子午常加申，丑未落戌宫。寅申在子位，卯酉坐寅中。辰戌上辰位，巳亥午上行。

青龙凡事谋为遂心吉。明堂作事有成吉。天刑大凶。朱雀利公事，忌词讼。

金匮凡事吉。天德吉。白虎忌词讼。玉堂大吉。天牢利阴人之事。司命中吉。

勾陈大凶，葬埋犯者绝嗣。

# 择日诀

制日中平伐日凶，宝义和日吉相同。天干克日须言制，地犯天干是伐日。天干生地如珍宝，地支生天义气从。天地比和无克制，用之事事见和同。又《钓叟歌》曰：地户除危定与开，举事皆从此中去。①

# 选时诀

《钓叟歌》曰：五不遇时龙不精，号为日月损光明。时干来克日干上，甲日须知时忌庚。

如甲日逢庚午，乙日逢辛巳，丙逢壬，丁逢癸，戊逢甲，乙逢乙，庚逢丙，辛逢丁，壬逢戊，癸逢己，阳克阳，阴克阴，俱为五不遇时，并有吉星，亦不宜用。

# 九 宫

坎、艮、震、巽、中宫、乾、兑、坤、离。

---

① 除危定开四辰为地户，凡出行吉。

# 八　门

休、生、伤、杜、景、死、惊、开。

## 入门宜忌歌

休门出入贵人留，欲要潜身向杜游。求索酒食景门上，採猎无过死门头。
捕盗惊门十得九，买卖经商生上酬。远行嫁娶开门吉，索债伤门十倍收。
奉劝高贤依此法，千金难买亦难求。①

---

① 八门休开生三门皆吉，景门夏吉秋春平冬凶，其死杜伤惊四门皆凶。若休门到其宫，谓之休临绝，不可用也。

# 御制奇门大全宝镜图卷四十一

## 宝镜图

### 九星吉凶歌

太乙逢时必称情，青龙财喜福门庭。太阴遇时谋为利，天乙提携近贵人。
天符咸池遭口舌，招摇摄提不堪亲。轩辕须宜清净守，吉凶星神仔细寻。

### 二十八宿吉凶

角木蛟吉忌葬埋，亢金龙凶，氐土貉凶，房日兔吉，心月狐凶，尾火
虎吉，
箕水豹吉，斗木獬吉，牛金牛凶，女土蝠凶，虚日鼠凶，危月燕凶，
室火猪吉，壁水貐吉，奎木狼凶，娄金狗吉，胃土雉吉，昴日鸡凶，
毕月乌吉，参水猿忌婚姻埋葬，觜火猴凶，井水犴吉，鬼金羊凶宜埋葬，
柳土獐凶，星日马宜建造忌埋葬嫁娶放水，张月鹿吉，翼火蛇凶，轸水
蚓吉。
并二十八宿次序在内。

### 伏断日时 <sub>此日是大凶惟小儿断乳塞鼠穴</sub>

子虚丑斗寅嫌室，卯女辰箕巳怕房。午角未张中忌鬼，酉觜戌胃亥壁当。

339

# 四季伏断日

春箕，夏轸，秋参，冬壁。

# 入学求师忌日

丙寅、辛丑、己丑、辛未、乙丑、丁巳日。

# 九宫八门方位十二时方向图

### 九宫八门向图

### 十二时方位图

# 百日忌

甲不开仓，乙不栽种，丙不修灶，丁不剃头，戊不受田，已不破券。
庚不经络，辛不合酱，壬不决水，癸不词讼，子不问卜，丑不冠带。
寅不祭祀，卯不穿井，辰不哭泣，巳不远行，午不苫盖，未不服乐。
申不安床，酉不会客，戌不喫狗，亥不嫁娶。

# 长短星日①

正月初七日长星二十一日短星。
二月初四日长星十九日短星。
三月初一日长星十六日短星。
四月初九日长星二十五日短星。
五月十五日长星二十五日短星。
六月初十日长星二十日短星。
七月初八日长星二十日短星。
八月初二五日长星十八九日短星。
九月初三四日长星十六七日短星。
十月初一日长星十四日短星。
十一月十二日长星二十日短星。
十二月初九日长星二十日短星。

# 太白逐日游方

初十十一二十一日正东，初二十二二十二日东南，初三十三二十三日
正南。

初四十四二十四日西南，初五十五二十五日正西，初六十六二十六日

---

① 不宜市贸交易裁衣纳财。

西北。

初七十七二十七日正北，初八十八二十八日东北，初九十九二十九日中方。

初十二十三日在天。

## 天恩上吉日

甲子、乙丑、丙寅、丁卯、戊辰、己卯、庚辰、辛巳、壬午、癸未、己酉、庚戌、辛亥、壬子、癸丑。

## 天赦上吉日

春戊寅，夏甲午，秋戊申，冬甲子。

## 母仓上吉日

春亥子，夏寅卯，秋辰戌丑未，冬申酉。

## 天德合

正月在壬，三月在丁，四月在丙，六月在己，七月在戊，九月在辛，十月在庚，十二月在乙。

## 祀灶日

凡祭祀，择用六癸日。

# 游祸日①

正五九月巳，二六十月寅，三七十一月亥，四八十二月申。②

# 天火日③

正五九月子日，二六十月卯日，三七十一月午日，四八十二月酉日。

# 上朔日④

甲年癸亥日，乙年己巳日，丙年乙亥日，丁年辛巳日，戊年丁亥日，己年癸巳日，庚年己亥日，辛年乙巳日，壬年辛亥日，癸年丁巳日，以上俱是上朔日。

# 嫁娶周堂图

凡选择嫁娶日，大月从妇逆数，择第堂厨灶日用之。如无翁姑，翁姑日亦可用。

---

① 不宜服乐。
② 不宜满日。
③ 不宜苫盖。
④ 不宜令客作乐。

## 六　合

子与丑合，寅与亥合，卯与戌合，辰与酉合，巳与申合，午与未合。

## 三　合

寅午戌合火局，亥卯未合木局，巳酉丑合金局，申子辰合水局。

## 六　冲

子午相冲，丑未相冲，寅申相冲，卯酉相冲，辰戌相冲，巳亥相冲。

## 六　破

子酉相破，午卯相破，丑辰相破，亥寅相破，申巳相破，戌未相破。

## 六　害

子未相害，丑午相害，寅巳相害，卯辰相害，申亥相害，酉戌相害。

## 刑

寅刑巳巳刑申申刑寅，丑刑戌戌刑未未刑丑，子刑卯卯刑子，辰自刑，午刑午，酉自刑，亥刑亥。

# 九星游年定例

| 乾伏 | 六杀 | 天医 | 五鬼 | 祸害 | 绝命 | 延年 | 生气 |
|------|------|------|------|------|------|------|------|
| 坎伏 | 五鬼 | 天医 | 生气 | 延年 | 绝命 | 祸害 | 六杀 |
| 艮伏 | 六杀 | 绝命 | 祸害 | 生气 | 延年 | 天医 | 五鬼 |
| 辰伏 | 延年 | 生气 | 祸害 | 绝命 | 五鬼 | 天医 | 六杀 |
| 巽伏 | 天医 | 五鬼 | 六害 | 祸害 | 生气 | 绝命 | 延年 |
| 离伏 | 六杀 | 五鬼 | 绝命 | 延年 | 祸害 | 生气 | 天医 |
| 坤伏 | 天医 | 延年 | 绝命 | 生气 | 祸害 | 五鬼 | 六杀 |
| 兑伏 | 生气 | 祸害 | 延年 | 绝命 | 五鬼 | 天医 | 六杀 |
| 乾 | 坎 | 艮 | 震 | 巽 | 离 | 坤 | 兑 |

## 九星诀

太阴乾，天乙兑，太乙艮，摳提离，咸池中，青龙巽，天符震，招摇坤土，轩辕坎。

## 中宫起例

甲子起咸池，乙丑起青龙，丙寅起天符，丁卯起招摇，戊辰起轩辕，己巳起摳提，庚午起太乙，辛未起天乙，壬申起太阴。

# 八门诀

其法三日一易，从一坎二坤三震四巽六乾七兑八艮九离，周而复始顺行，中五寄坤。

# 太乙八门掌中诀

太阴甲子在乾宫，太乙捫提轩辕从。招摇天符青龙从，咸池太阴天乙神。
顺行九位飞宫定，次序轮流不转停。一日太阴飞一位，便是八门真吉凶。

# 阳遁十二气九星顺行图

甲子山前起艮，甲戌离上纵横，甲申跳入乾宫，甲午坤元发动，
甲辰震雷动雾，甲寅在巽生风，阳遁九星顺行。

## 阴遁十二气九星逆行图

甲子坤上作首，甲戌坎上横行，甲申离上英雄，甲午艮山卧定，
甲辰入兑运转，甲寅独占乾坤，阴遁九星逆行。

## 九星次序

一太乙水，二掤提土，三轩辕木，四招摇木，五天符土，六青龙火，七
咸池金，八太阴土，九天乙火。

# 御定奇门大全秘纂卷四十二

## 宝镜图

## 甲子金日

甲子金日，天恩福月德生气，宜出入求财，行军上阵决战，可选吉时出东北艮方生门吉。

甲子金日。甲子时，吉金匮黄道福星贵人，凶时建。　乙丑时，吉天德黄道贵人。　丙寅时，白虎凶。　丁卯时，吉玉堂黄道喜神，凶天罡刑。戊辰时，天牢凶。　己巳时，玄武凶。　庚午时，吉司命黄道，凶时破。辛未时，天乙贵人吉。　壬申癸酉二时，截路空亡凶。　甲戌时，天刑凶。乙亥时，朱雀凶。

**正月**五子开，造损宅长，妨五人。折凶，盖西吉。船损人口，桥损南方六畜，嫁娶妨夫，葬呼十人。**二月**五子收，百事忌用，宜栽种。**三月**五子成。

四月五子危。五月五子定破，事事大凶，宜破屋坏垣。六月五子执。七月五子定。八月五子平，百事忌用，宜栽种。九月五子满，十月五子除。十一月五子建，百事大凶，宜出行。十二月五子闭。造等事各月皆同前。

## 乙丑金日

乙丑金日，天恩天辅显星，宜出入求财，行军决战大胜，可选吉时出正北艮方生门吉。

乙丑金日。丙子时，天乙吉。 丁丑时，朱雀凶。 戊寅时，吉金匮黄道，凶五鬼。 己卯时，吉天德黄道五符，凶五鬼。 庚辰时，白虎凶。辛巳时，吉玉堂，凶黄道，凶寡宿。 壬午癸未二时，截路空亡凶。 甲申时，吉司命黄道天乙贵人，凶五不遇。 乙酉时，勾陈凶。 丙戌时，吉青龙，凶旬中空亡天罡。 丁亥时，吉明堂，凶旬中空亡孤辰。

正月五丑闭，造主失火，折盖吉。船六十日内损人口，桥杀主人。嫁娶吉，葬主失火。二月五丑开。三月五丑收，百事忌用，宜栽种。四月五丑成，嫁娶犯厌对归忌。五月五丑危。六月五丑破，百事大凶，虽有吉神，亦不可用，宜破屋坏垣。七月五丑执，百事大凶，宜捕捉。八月五丑定。九月五丑平，犯之灭族亡家，百事忌用，宜栽种。十月五丑满，嫁娶不用。十一月五丑除，嫁娶妨夫。十二月五丑建，百事大凶。虽有吉神，亦不可用。宜出行。

造等事各月皆同前云。

# 丙寅火日

丙寅火日，天蛊星死气，不宜出入求财，行军主有损折人马，遇急可选吉时出正北坎方休门吉。

丙寅火日。戊子时，吉青龙，凶孤辰。　己丑时，明堂大吉。　庚寅时，天刑凶。　辛卯时，朱雀凶。　壬辰癸巳二时，截路空亡凶。　甲午时，白虎凶。　乙未时，玉堂大吉。　丙申时，天牢凶。　丁酉时，天乙贵人大吉。戊戌时，吉司命，凶旬中空亡。　己亥时，天乙贵人吉。

正月五寅建，百事大凶，虽有吉神，亦不可用。二月五寅闭，造损宅长，折盖凶，船六十日内口舌，桥杀主人，嫁娶不用。葬上下呼三人，一云小葬不忌。三月五寅开。四月五寅收，犯之灭族亡家，百事忌用。五月五寅成。六月五寅危。七月五寅破，百事大凶，纵有吉神，亦不可用，宜破屋坏垣。八月五寅收。九月五寅定，百事大凶。虽有吉神，亦当避忌，宜捕捉。十月五寅平，百事忌用。十一月五寅满。十二月五寅除。造等事各月皆同前。

# 丁卯火日

丁卯火日，火星血光天害，主有伤亡虚惊之兆，不宜出入求财行军，遇急可选吉时出正南离方开门吉。

丁卯火日。庚子时，吉司命，凶五不遇火星。 辛丑时，勾陈凶。 壬寅癸卯二时，截路空亡凶。 甲辰时，天刑凶。 乙巳时，朱雀凶。 丙午时，吉金匮，凶河魁。 丁未时，吉天德，凶寡宿。 戊辰时，白虎凶。己酉时，吉天乙贵人，凶时破。 庚戌时，天牢凶。 辛亥时，天乙贵人吉。

**正月**五卯除，造破田宅失火，折盖凶。船百日内进六畜，桥损长子，嫁娶犯离窠，葬上下大呼，忌宅长，三年呼四人。二月五卯建，百事大凶。虽有吉神，亦不可用。三月五卯闭。四月五卯开。**五月**五卯收百事忌用。**六月**五卯成。七月五卯危。八月五卯破。百事大凶，宜破屋坏垣。九月五卯执。十月五卯定。十一月五卯平，犯之灭族亡家。虽有吉神，亦不可用。十二月五卯满。造等事各月皆同前。

# 戊辰木日

戊辰木日，玉堂黄道天恩福星，宜出入求财见阵上官吉。可选吉时出西南坤方休门吉。

戊辰木日，壬子时癸丑时，截路空亡凶。　甲寅时，吉司命，凶孤辰五不遇。　乙卯时，吉青龙，凶时刑。　丙辰时，吉青龙，凶时刑。　丁巳时，明堂大吉。　戊午时，天刑凶。　己未时，天乙贵人吉。　庚申时，吉金匮，凶寡宿。　辛酉时，天德大吉。　壬戌时，白虎凶。　癸亥时，吉玉堂，凶旬中空亡。

正月五辰满，造损宅长，折妨西南，家盖吉，船主小口落水，桥进益劝首。嫁娶犯离窠，葬上下大呼宅长，三年呼四人。二月五辰除，百事大凶。虽有吉神，亦不可用，宜捕捉。三月五辰建，百事忌用。四月五辰闭。五月五辰开。六月五辰收，犯之灭族亡家，百事避忌。七月五辰成。八月五辰危。九月五辰破，百事大凶，宜破屋坏垣。十月五辰执。十一月五辰定。十二月五辰平，百事忌用。造等事各月皆同前。

# 己巳木日

己巳木日。天德天台月德生气，宜出入求财，见官行军，攻战大胜。可选吉时出正南离方开门大吉。

己巳木日，甲子时，天乙贵人吉。　乙丑时，吉玉堂，凶五不遇。　丙寅时，天牢凶。　丁卯时，玄武凶。　戊辰时，司命大吉。　己巳时，勾陈凶。　庚午时，吉青龙，凶五鬼。　辛未时，明堂大吉。　壬申癸酉二时，截路空亡凶。　甲戌时，吉金匮，凶旬中空亡。　乙亥时，吉天德，凶旬中空亡。

正月五巳平，犯之灭族亡家，百事忌用。二月五巳满，造五音大利，折妨北家，盖吉，船百日内官事，桥杀师人，嫁娶夫妻忌，葬上下呼宅长，三年呼四人。三月五巳除。四月五巳建，百事大凶。虽有吉神，亦不可用。五月五巳闭。六月五巳开。七月五巳收，百事忌用。八月五巳成。九月五巳危。十月五巳破，百事大凶，宜破屋坏垣。十一月五巳执。十二月五巳定。造等事各月皆同前。

# 庚午土日

庚午土日，天休死气刑星伐日，不宜出入求财，行军主有虚惊，遇急可选吉时出正东震方休门大吉。

庚午土日。丙子时，吉金匮，凶时破。　丁丑时，吉天德，凶时害。戊寅时，白虎凶。　己卯时，吉玉堂，凶河魁。　庚辰时，天牢凶。　辛巳时，玄武凶。　壬午癸未二时，截路空亡凶。　甲申时，青龙大吉。　乙酉时，吉明堂，凶天罡。　丙戌时，天牢凶。　丁亥时，朱雀凶。

正月五午定造损宅长折盖妨西家船百日内进田桥杀北方人嫁娶妨夫葬局类诸家取用。二月五午平犯之灭族亡家宜修墙垣。三月五午满。四月五午除。五月五午建，百事大凶。虽有吉神，亦不可用。六月五午闭纵有吉神亦当避忌宜修墙垣。七月五午开葬日不用。八月五午收百事忌用宜祭祀。九月五午成。十月五午危。十一月五午破百事忌用宜破屋墙垣。十二月五午执。造等事各月皆同前云。

# 御定奇门大全秘纂卷四十三

## 宝镜图

### 辛未土日

辛未土日，天福天台星，宜出入求财，行军见阵大胜，获财则可选吉时出东南巽方生门吉。

辛未土日。戊子时，天刑凶。　己丑时，朱雀凶。　庚寅时，金匮大吉　辛卯时，吉天德，凶火星。　壬辰癸巳二时，截路空亡凶。　甲午时，天乙贵人吉。　乙未时，玄武凶　丙申时，司命大吉。　丁酉时，勾陈凶。戊戌时，青龙半吉半凶，旬中空亡河魁。　己亥时，吉明堂，凶寡宿截路空亡。

**正月**五未执，造旺田蚕，三年进横财。折妨东家，盖吉。船主口舌，桥进田蚕。嫁娶妨公姑，葬上下大呼三人，后主贫穷。**二月**五未定。**三月**五未平，犯之灭族亡家，百事忌用，宜修墙垣。**四月五未满。五月五未除。六月五未建**，百事大凶。虽有吉神，亦不可用。**七月五未闭。八月五未开**，凡事忌用。**九月五未收。十月五未成。十一月五未危。十二月五未破**，百事大凶，宜破屋坏垣。造等事各月皆同前云。

# 壬申金日

壬申金日，天休天哭大财，出入求财行军见阵主有哭声，遇急可选吉时出东南巽方生门大吉。

壬申金日。庚子时，吉青龙，凶寡宿火星。　辛丑时，吉明堂，凶五不遇。　壬寅癸卯二时，截路空亡凶。　甲辰时，吉金匮，凶五不遇。　乙巳时，吉天乙，凶河魁。　丙午时，白虎凶。　丁未时，吉玉堂，凶五不遇。戊申时，天牢凶。　己酉时，玄武凶。　庚戌时，吉司命，凶旬中空亡。辛亥时，勾陈凶。

**正月五申破**，百事大凶。虽有吉神，亦不可用。宜破墙垣。**二月五申执**，造主成家，折妨百家，盖吉，船七十日内损小口，桥杀劝首，嫁娶犯离窠，葬合天上壬寅地下壬申，上下不呼，金鸡鸣，玉犬吠，宜利子孙，富贵出刺史。**三月五申定。四月五申平**，百事大凶。**五月五申满。六月五申除。七月五申建。八月五申闭。九月五申开。十月五申收**，百事忌。**十一月五申成。**

十二月五申危，造犯火星。其余造等事各月皆同前。

## 癸酉金日

癸酉金日，天火血刃六神，不宜出入求财，行军出战主蛇虎伤亡虚惊，遇急可选吉时出东南巽方休门吉。

　　癸酉金日。壬子癸丑二时，截路空亡凶。　甲寅时，青龙大吉。　乙卯时，明堂，凶时破。　丙辰时，天刑凶。　丁巳时，贵人吉。　戊午时，金匮大吉。　己未时，吉天德，凶孤辰。　庚申时，白虎凶。　辛酉时，吉玉堂，凶时刑。　壬戌时，天牢凶。　癸亥时，玄武凶。

　　正月五酉危，造损宅长，折妨宅长并女子，盖吉，船一百二十日内血光损财，桥凶，嫁娶妨夫。葬金鸡鸣，玉犬吠，亡人安，子孙孝顺，富贵千秋，食禄千石。二月五酉破，百事大凶，宜破屋坏垣。三月五酉执。四月五酉定。五月五酉平，百事忌用，宜修墙垣。六月五酉满。七月五酉除。八月五酉建，百事大凶。九月五酉闭。十月五酉开。十一月五酉收，百事忌用。十二月五酉成，百事大凶，宜捕捉。造等事各月皆同前。

# 甲戌火日

　　甲戌火日，显星黄道月合，宜出入求财，行军见阵大胜获功，可选吉时出正南离方生门吉。

　　甲戌火日。甲子时，天牢凶。　乙丑时，贵人吉，司命凶，寡宿。　丁卯时，勾陈凶。　戊辰时，吉青龙，凶时破。　己巳时，吉明堂，凶五鬼。　庚午时，天刑凶。　辛未时，贵人吉。　壬申癸酉二时，截路空亡凶。甲戌时，白虎凶。　乙亥时，明堂大吉。

　　正月五戌成，百事大凶，宜捕捉。二月五戌危，造宜子孙，折凶，盖吉，船失财口舌，七十日内损六畜。桥利。嫁娶犯死别，秋不同，余月吉。葬上下呼五人，八年后绝。三月五戌破，百事大凶。纵有吉神，亦当避忌，宜破屋坏垣。四月五戌执，造犯火星。五月五戌定。六月五戌平。七月五戌满。八月五戌除，造犯独火，嫁娶妨夫。九月五戌建，百事大凶。十月五戌闭，造犯火星。十一月五戌开。十二月五戌收，犯之灭族亡家，百家忌用。造等事各月皆同前云。

# 乙亥火日

　　乙亥火日，玉堂金星圣星，宜出入求财，行军决战大胜，获财可选吉时出正南离方生门吉。

　　乙亥火日。丙子时，贵人吉。　丁丑时，玉堂大吉。　戊寅时，天牢凶。己卯时，玄武凶。　庚辰时，司命大吉。　辛巳时，勾陈凶。　壬午癸未二时，截路空亡凶。　甲申时，贵人吉。　乙酉时，朱雀凶。　丙戌时，金匮大吉。　丁亥时，吉天德，凶时刑。

　　**正月**五亥收，犯之灭族亡家，百事忌用。**二月**五亥成，造大富贵，折妨长妇，盖凶，船损匠人，十日内损宅母。桥妨匠人，嫁娶妨父母，葬呼三人。**三月**五亥危，纵有吉神，亦当避忌，宜捕捉。**四月**五亥破，百事大凶，宜破屋坏垣。**五月**五亥执。**六月**五亥空。**七月**五亥平，百事忌用。**八月**五亥满。**九月**五亥除。**十月**五亥建，凡事大凶。**十一月**五亥闭。**十二月**五亥开。造等事各月皆同前云。

# 丙子水日

丙子水日，日空受死伤亡伐日，不宜出入求财，行军见阵大凶，主有去无回，遇急可选吉时出正北坎方生门吉。

丙子水日。戊子时，吉金匮，凶五不遇。 己丑时，天德大吉。 庚寅时，白虎凶。 辛卯时，吉玉堂，凶时刑。 壬辰癸巳二时，截路空亡凶。 甲午时，吉司命，凶时破。 乙未时，勾陈凶。 丙申时，吉龙，凶旬中空亡。 丁酉时，吉明堂，凶旬中空亡。 戊戌时，天刑凶。 己亥时，天乙贵人吉。

正月丙子日造，主火灾，杀人口，六畜折，妨甲子辰人，盖凶，船九十日内进财大吉，桥吉，嫁娶忌，葬一年呼一人后绝。二五八十一月，是日百事大凶，纵有吉神，亦当避忌。余月造等事皆同前。

# 丁丑水日

丁丑水日，天上大空亡文曲星生气六合不遇，行军见阵大凶，遇急可选吉时出正北坎方生门吉。

丁丑水日。庚子时，天刑凶。　辛丑时，朱雀凶。　壬寅癸卯二时，截路空亡凶。　甲辰时，白虎凶。　乙巳时，吉玉堂，凶寡宿。　丙午时，天牢凶。　丁未时，玄武凶。　戊申时，司命凶。　己酉时，天乙贵人吉。庚戌时，青龙吉，时刑凶。　辛亥时，吉明堂，凶孤辰。

**正月**丁丑日，造主破血财失火，折盖吉。船损人口，杀人主。桥杀主人。嫁娶五男二女大吉。葬亡人不安，呼人。三六七九十二月是日大凶，虽有吉神，亦不可用。**十月**嫁娶犯四废孤辰归忌天狗。余月造等事皆同前。

# 御定奇门大全秘纂卷四十四

## 宝镜图

## 戊寅土日

戊寅土日，天瑞月合解星，宜出阵，求财见官可选吉时出正北坎方生门吉。

戊寅土日。壬子癸丑二时，截路空亡凶。　甲寅时，天刑凶。　乙卯时，朱雀凶。　丙辰时，吉金匮，凶火星。　丁巳时，吉天德，凶时刑天罡。戊午时，白虎凶。　己未时，玉堂大吉。　庚申时，天牢凶。　辛酉时，玄武凶。　壬戌时，司命大吉。　癸亥时，勾陈凶。

**正四七九十月**戊寅日，百事大凶。虽有吉神，亦不可用。**二月造忌**，宅长损，田蚕血食财，折妨北家，盖吉，船三日凶至，桥杀主人，嫁娶妨公姑夫，葬上下呼三人。余月造等事皆同前。

# 己卯土日

己卯土日，天瑞天恩章星五明星，宜出入求财见官，行军决战大胜，可选吉时出正北兑方休门吉。

己卯土日。甲子时，吉司命，凶时刑。　乙丑时，勾陈凶。　丙寅时，吉青龙，凶五不遇。　丁卯时，吉明堂，凶时建。　戊辰时，天刑凶。　己巳时，朱雀凶。　庚午时，吉金匮，凶河魁。　辛未时，吉天德，凶寡宿。　壬申癸酉二时，截路空亡凶。　甲戌时，天牢凶。　乙亥时，玄武凶。

正月己卯日，造宜子孙，折妨东家，盖吉，船损人口桥杀小口，嫁娶夫妻忌诸家用。葬呼宅长，二十年后灾咎。二五八十月，是日百事忌用。余月造等事皆同前。

# 庚辰金日

　　庚辰金日，黑道休星月败日亡，不宜出入求财行军，大凶，遇急可选吉时出西北乾方生门大吉。

　　庚辰金日。丙子时，天牢凶。　丁丑时，天乙贵人吉。　戊寅时，吉司命，凶孤辰。　己卯时，勾陈凶。　庚辰时，吉青龙，凶时刑。　辛巳时，明堂吉。　壬午癸未二时，截路空亡凶。　甲申时，吉青龙，凶金匮，凶旬中空亡寡宿。　乙酉时，吉天乙，凶旬中空亡。　丙戌时，白虎凶。　丁亥时，玉堂大吉。

　　**正月**庚辰日，造损宅长，折盖吉，船三日内失脱，桥杀小口，嫁娶主分离，葬呼七人。**二三六九十二月**，是日百事大凶，皆忌。余月造等事皆同云。

# 辛巳金日

辛巳金日，大败天牢天耗死亡伐日，不宜出入往来，行军见阵，大凶，遇急可选吉时出正西兑方休门吉。

辛巳金日。戊子时，白虎凶。　己丑时，吉玉堂，凶五鬼。　庚寅时，天乙贵人吉。　辛卯时，玄武凶。　壬辰癸巳二时，截路空亡凶。　甲午时，吉青龙，凶五不遇。　乙未时，明堂大吉。　丙申时，天刑凶。　丁酉时，朱雀凶。　戊戌时，金匮大吉。　己亥时，吉天德，凶时破。

**正四七十月**，辛巳日百事皆忌用。**二月**造破田宅失火，折妨西家，盖吉，船损小口，桥杀师人，嫁娶妨公姑夫，葬呼宅长。余月嫁娶犯不归离窠。造等事各月皆同前。

# 壬午木日

壬午木日，天恩天福支神月合，宜出入求财，行军决战大胜，可选吉时出东北艮方休门吉。

　　壬午木日。庚子时，吉金匮，凶火星。　辛丑时，吉天德，凶五不遇。

　壬寅癸卯二时，截路空亡凶。　甲辰时，天牢凶。　乙巳时，天乙贵人吉。

　丙午时，吉司命，凶时刑。　丁未时，勾陈凶。　戊申时，吉青龙，凶旬中空亡。　己酉时，吉明堂，凶旬中空亡。　庚戌时，天牢凶。　辛亥时，朱雀凶。

　　正月壬子日，造主火灾孤寡，后损三人。折杀宅长，盖吉，船进财，桥主北方人病，嫁娶忌。葬出刺史。二五六八十一月，是日百事大凶，虽有吉神，亦当避忌。七月葬开日不用。十月葬犯重丧。余月造等事皆同前云。

# 癸未木日

癸未木日，天狗灭门八煞大败伐日，不宜出入，行军主营寨被贼人夜害，大凶，遇急可选吉时出正北坎方开门大吉。

癸未木日。壬子癸丑二时，截路空亡凶。　甲寅时，金匮大吉。　乙卯时，天德大吉。　丙辰时，白虎凶。　丁巳时，吉玉堂，凶孤辰。　戊午时，天牢凶。　己未时，玄武凶。　庚申时，吉司命，凶旬中空亡。　辛酉时，勾陈凶。　壬戌时，吉青龙，凶河魁。　癸亥时，吉明堂，凶寡宿。

**正月**癸未日，造损长子与田蚕，折妨北家，盖吉，船女人讼事，桥杀北人血光，嫁娶两家败，葬四年呼四人，主女人破家败。**三六八九十二月**，是日百事忌用。余月造等事皆同前。

# 甲申水日

甲申水日，天恩天福天德将星，宜出入求财见官，行军决战大胜，官兵俱转将军之职，可选吉时出坎方开门大吉。

甲申水日。甲子时吉，青龙凶寡宿。　乙丑时，明堂大吉。　丙寅时，天牢凶。　丁卯时，朱雀凶。　戊辰时，金匮大吉。　己巳时，吉天德，凶河魁。　庚午时，白虎凶。　辛未时，吉玉堂，凶旬中空亡。　壬申癸酉二时，截路空亡凶。　甲戌时，司命大吉。　乙亥时，勾陈凶。

**正四七十月**甲申日，是日百事大凶，纵有吉神，亦当避忌。造宜子孙，折妨东家，盖吉，船主小口落水，桥杀劝首，嫁娶夫妻忌。葬吉，局类诸家取用。**九月**开日葬不用，造等事余月皆同前。

# 御定奇门大全秘纂卷四十五

## 宝镜图

### 乙酉水日

乙酉水日，天恩天福玉堂伐日，宜出入求财，行军见阵大胜，上官凶，可选吉时出正南离方休门吉。

乙酉水日。丙子时，吉司命，凶河魁。　丁丑时，勾陈凶。　戊寅时，吉青龙，凶五鬼。　己卯时，吉玉堂，凶时破。　庚辰时，天牢凶。　辛巳时，朱雀凶。　壬午癸未二时，截路空亡凶。　甲申时，天乙贵人吉。　乙酉时，吉玉堂，凶时刑。　丙戌时，天牢凶。　丁亥时，玄武凶。

**正月**乙酉日，造大富贵，折杀宅长，盖吉，船凶，桥北方吉利，嫁娶不利。葬吉，局内诸家取用。**二五八十一月十二月**，百事忌用。**四九月**，造犯火星。**十月**葬，开日不宜用。余月造等事皆同前。

# 丙戌土日

丙戌土日，大败八煞死门大耗，不宜出入求财上官，行军决战大凶，遇急可选吉时出西南坤方开门吉。

丙戌土日。戊子时，天牢凶。　己丑时，玄武凶。　庚寅时，吉司命，凶寡宿。　辛卯时，勾陈凶。　壬辰癸巳二时，截路空亡凶。　甲午时，天刑凶。　乙未时，朱雀凶。　丙申时，吉金匮，凶孤辰。　丁酉时，天德贵人大吉。　戊戌时，白虎凶。　己亥时，吉玉堂，凶五不遇。

正三六九十二月丙戌日，是日百事大凶。虽有吉神，亦不可用。二月造火灾。折盖吉，妨南家。船进田，桥损东方小口，嫁娶犯不归妨夫。葬呼十三人。造等事余月皆同前。

# 丁亥土日

戊子火日，地岸咸池天牢地狱伐日，不宜出入求财，行军大凶，遇急可选吉时出正北坎方休门吉。

戊子火日。壬子癸丑二时，截路空亡凶。　甲寅时，白虎凶。　乙卯时，吉玉堂，凶天罡时刑。　丙辰时，天牢凶。　丁巳时，玄武凶。　戊午时，吉司命，凶旬中空亡。　己未时，贵人吉。　庚申时，吉青龙，凶五鬼。辛酉时，吉明堂，凶河魁。　壬戌时，天刑凶。　癸亥时，朱雀凶。

正月戊子日，造宜田蚕，折杀宅长，盖吉，船一月内损六畜，桥主人病，嫁娶无子，葬呼人破家。二五八十一月，是日百事大凶，虽有吉神，人嫁娶妨姑夫。葬呼七人，二十年后主家败。造等事余月皆同前。

# 戊子火日

　　丁亥土日，大败四废天贼伐日，不宜出入往来，行军大凶，遇急可选吉时出正南离方休门大吉。

　　丁亥土日。庚子时，白虎凶。　辛丑时，玉堂大吉。　壬寅癸卯二时，截路空亡凶。　甲辰时，司命大吉。　丙午时，吉青龙，凶旬中空亡。　丁未时，朱雀凶。　戊申时，天刑凶。　己酉时，天乙贵人吉。　庚戌时，金匮大吉。　辛亥时，吉天德，凶兼时刑。

　　正三四七。**十月丁亥日，是日百事大凶。虽有吉神，亦不可用。二月造大败，三年退失财物，诸家取用，折妨南家，盖吉，船损六畜，桥妨匠，亦不可用。余月造等事皆同前。**

# 己丑火日

己丑火日，大败文龙，不宜出入求财，行军决战主有死亡，遇急可选吉时出西北乾方开门大吉。

己丑火日。甲子时，天乙贵人吉。　乙丑时，朱雀凶。　丙寅时，吉金匮，凶五不遇。　丁卯时，吉天德，凶五不遇。　戊辰时，白虎凶。　己巳时，吉玉堂，凶旬中空亡。　庚午时，天牢凶。　辛未时，玄武凶。　壬申癸酉二时，截路空亡凶。　甲戌时，吉青龙，凶时刑。　乙亥时，吉明堂，凶孤辰。

**正月**己丑日，造大富贵进人丁，折妨北家，盖吉，船口舌桥妨北方人，嫁娶犯离窠归忌，葬局内诸家取用。**二三五六七八九十二月**，是日百事大凶。虽有吉神，亦不可用。造等事余月皆同前云。

# 庚寅木日

庚寅木日，天福厚星天瑞玉堂三合生气，宜出入求财，行军见阵，决胜千里，选吉时出西北乾方开门吉。

庚寅木日丙子时，吉青龙，凶孤辰。　丁丑时，明堂天乙贵人大吉。戊寅时，天刑凶。　己卯时，朱雀凶。　庚辰时，金匮黄道大吉。　辛巳时，吉天德，凶时刑。　壬午癸未二时，截路空亡凶。　甲申时，天牢凶。　乙酉时，元武凶。　丙戌时，吉司命，凶孤辰。　丁亥时，勾陈凶。

正四七九十月庚寅日，是日百事大凶。虽有吉神，亦不可用。造盖田蚕，折妨东家，盖吉，船吉，桥杀主人，嫁娶吉小。葬吉，局内诸家取用。三月造犯火星，嫁娶妨夫，葬开日不用。六月造犯火星。八月嫁娶妨夫。十一月嫁娶妨夫。十二月造犯火星。其余等事各月皆同前。

# 辛卯木日

辛卯木日，天福厚星六合天乙贵人，宜出入求财，上官到任，行军决战大胜，可选吉时出西兑方生门吉。

辛卯木日。戊子时，吉司命，凶时刑。　己丑时，勾陈凶。　庚寅时，青龙大吉。　辛卯时，黄道大吉。　壬辰癸巳二时，截路空亡凶。　甲午时，吉金匮，凶旬中空亡。　乙未时，吉天德，凶寡宿旬中空亡。　丙申时，白虎凶。　丁酉时，吉玉堂，凶时破。　戊戌时，天牢凶。　己亥时，玄武凶。

正月辛卯日，造损长子，折妨宅长，盖吉，船进财，桥主西方人病，嫁娶不用。葬呼五人。二五八十一月，百事大凶。虽有吉神，亦不可用。七九十月，嫁娶主富贵。余月造等事皆同前。

# 御定奇门大全秘纂卷四十六

## 宝镜图

### 壬辰水日

壬辰水日，天上大空亡血刃受死劫煞九丑，不宜出入往来，行军主损失人马凶，遇急可选吉时出正南离方开门吉。

壬辰水日。庚子时，天牢凶。　辛丑时，玄武凶。　壬寅癸卯二时，截路空亡凶。　甲辰时，吉青龙，凶时建。　乙巳时，明堂天乙贵人大吉。丙午时，天刑凶。　丁未时，朱雀凶。　戊申时，吉金匮，凶寡宿。　己酉时，吉天德，凶火星。　庚戌时，白虎凶。　辛亥时，吉玉堂，凶五鬼。

正月壬辰日，是日造主失火，折吉妨东家，盖吉，船进财，桥不利，嫁娶夫妻忌，葬不用。二三六九十二月，是日百事大凶。虽有吉神，亦不可用。余月造等事皆同前。

# 癸巳水日

癸巳水日，天上大空亡天忧天悲太阴星，不宜出行，行军主连旬阴雨，不祥，遇急可选吉时出正南离方开门吉。

癸巳水日。壬子癸丑二时，截路空亡凶。　甲寅时，天牢凶。　乙卯时，玄武凶。　丙辰时，吉司命，凶火星。　丁巳时，勾陈凶。　戊午时，吉青龙，凶旬中空亡。　庚申时己未时，吉明堂，凶旬中空亡。　庚申时，天刑凶。　辛酉时，朱雀凶。　壬戌时，吉金匮，凶五不遇。　癸亥时，吉天德，凶时破。

**正四七十月**，是日百事大凶。虽有吉神，亦不可用。二月造主公事折，妨西家。船进财，桥杀师人。嫁娶不用。葬呼六人。盖凶。**五六八九十二月**，嫁娶宜子孙吉。余月造等事皆同前。

# 甲午金日

甲午金日，天贵天将解星，出入求财，行军决战大胜，可选吉时出东北艮方生开门吉。

甲午金日。甲子时，吉金匮，凶时破。　乙丑时，天德凶。　丙寅时，白虎凶。　丁卯时，吉玉堂，凶河魁。　戊辰时，天牢凶。　己巳时，玄武凶。　庚午时，吉司命，凶时建。　辛未时，勾陈凶。　壬申癸酉二时，截路空亡凶。　甲戌时，天刑凶。　乙亥时，朱雀凶。

**正月**甲午日，造招瘟疫，诸家取用。折盖吉，船大利，桥吉，嫁娶主分离孤寡，葬呼妇女二人并六畜小葬吉。**二五六八十一月**，是日百事大凶。虽有吉神，亦不可用。造等事余月皆同前。

# 乙未金日

　　乙未金日，天喜福德天德，宜出入求财见官，行军决战劫营大胜，选吉时出正东震方休门吉。

　　乙未金日。丙子时，天刑凶。　丁丑时，朱雀凶。　戊寅时，金匮大吉。己卯时，天德大吉。　庚辰时，白虎凶。　辛巳时，吉玉堂，凶旬中空亡孤辰。　壬午癸未二时，截路空亡凶。　甲申时，吉司命，凶火星。　乙酉时，勾陈凶。　丙戌时，吉青龙，凶河魁。　丁亥时，吉明堂，凶寡宿。

　　**正月**乙未日，造大富贵，折盖吉，船主人自缢，桥大吉，嫁娶主离别，葬呼十人。**三六八九十二月**，是日百事大凶。虽有吉神，亦不可用。**十一月**造犯火星，余月造等事皆同前。

# 丙申火日

丙申火日，天祐星太阴星木星，不宜出入往来，行军遇凶，选吉时出东南巽方生门吉。

丙申火日戊子时，吉青龙，凶寡宿。　己丑时，明堂大吉。　庚寅时，天刑凶。　辛卯时，朱雀凶。　壬辰癸巳二时，截路空亡凶。　甲午时，白虎凶。　乙未时，玉堂大吉。　丙申时，天牢凶。　丁酉时，玄武凶。　戊戌时，司命大吉。　己亥时，勾陈凶。

正四七十月，是日百事大凶，纵有吉神，亦当避忌。二月造损宅长，折盖妨东家杀长，船主病，桥杀劝首，嫁娶妨夫。葬吉，局类诸家取用。余月造等事皆同前。

# 丁酉火日

丁酉火日，天狗地犬月煞日亡，不宜出入求财行军，遇急可选吉时出正南方生门吉。

丁酉火日。壬子癸丑二时，截路空亡凶。　甲寅时，吉司命，凶寡宿。

乙卯时，勾陈凶。　丙辰时，吉青龙，凶旬中空亡。　丁巳时，吉明堂，凶旬中空亡。　戊午时，天刑凶。　己未时，朱雀凶。　庚申时，吉金匮，凶孤辰。　辛酉时，吉天德，凶五鬼。　壬戌时，白虎凶。　癸亥时，玉堂大吉。

正六九十二月，是日犯之灭族亡家，百事忌用。二月造大凶，折妨长子，盖吉，船主小口落水，桥损东方人，嫁娶主孤寡，葬上下呼三人。造等事余月同前。

# 戊戌木日

戊戌木日，大败，又是六神穷日，不宜出入往来，行军百事凶，遇急可选吉时出东南巽方休门大吉。

戊戌木日。壬子癸丑二时，截路空亡凶。　甲寅时，司命吉。　乙卯时，勾陈凶。　丙辰时，青龙吉。　丁巳时，明堂吉。　戊午时，天刑凶。　己未时，朱雀凶。　庚申时，金匮吉。　辛酉时，天德吉。　壬戌时，白虎凶。

癸亥时，玉堂吉。

# 御定奇门大全秘纂卷四十七

## 宝镜图

## 己亥木日

己亥木日，天明福星五明太阳生气，宜出入求财，行军决战大胜，可选吉时出正东震方开门吉。

己亥木日。甲子时，白虎凶。　乙丑时，玉堂大吉。　丙寅时，天牢凶。丁卯时，朱雀凶。　戊辰时，吉司命，凶旬中空亡。　己巳时，勾陈凶。庚午时，青龙大吉。　辛未时，明堂福星大吉。　壬申癸酉二时，截路空亡凶。　甲戌时，金匮黄道大吉。　乙亥时，吉天德，凶时刑。

正三四七十月，是日百事大凶，虽有吉神，亦当避忌。**二月造盖田宅，**折妨东家，盖吉，船官事失财物，桥妨匠人，嫁娶不用，葬三年呼二人。余月造等事皆同前。

# 庚子土日

庚子土日，天德厚天福月合宜出入求财，行军上阵大胜，可选吉时出西北乾方休门吉。

庚子土日。丙子时，金匮大吉。　丁丑时，天德大吉。　戊寅时，白虎凶。　己卯时，吉玉堂凶。　辛巳时，玄武凶。　壬午癸未二时，截路空亡凶。　甲申时，青龙大吉。　乙酉时，吉明堂，凶河魁。　丙戌时，天刑凶。丁亥时，朱雀凶。

**正月**庚子日，造主贫苦出颠狂人，折盖妨宅长，桥吉，船吉，嫁娶吉，葬上下呼三人。**二五八十一月**是日百事忌用。**四六七九十二月**嫁娶妨公姑夫。余月造等事皆同前。

# 辛丑土日

辛丑土日，天福厚星天和生气黄道吉曜，宜出入求财，行军决战大胜，获财选吉时出正西兑方开门吉。

辛丑土日。戊子时，天刑凶。　己丑时，朱雀凶。　庚寅时，天乙贵人吉。　辛卯时，吉天德，凶火星。　壬辰癸巳二时，截路空亡凶。　甲午时，天牢凶。　乙未时，玄武凶。　丙申时，司命大吉。　丁酉时，勾陈凶。戊戌时，吉青龙，凶天罡。　己亥时，吉明堂，凶孤辰。

**正月**辛丑日造大凶，折盖吉，船凶，妨桥南人，嫁娶妨夫，葬亡人不安呼人。**三六七九十二月**，是日百事大凶，虽有吉神，亦当避忌。余月造等事皆同前。

# 壬寅金日

壬寅金日，天地计曜，不宜出入求财，行军见阵，主有隔遇，急可选吉时出西北乾方休门吉。

壬寅金日。庚子时，吉青龙，凶孤辰火星。　辛丑时，吉明堂，凶五不遇。　壬寅癸卯二时，截路空亡凶。　乙巳时，吉天德，凶旬中空亡。　丁未时，吉玉堂，凶五不遇。　丙午时，白虎凶。　戊申时，天牢凶。　己酉时，玄武凶。　庚寅时，吉司命，凶五鬼五不遇。　辛亥时，勾陈凶。

正四七九十月，是日百事大凶，纵有吉神，亦当避忌。二月壬寅日，造退财失火，折盖妨北家，船吉，桥九良星杀人，嫁娶多病。葬吉，局类诸家取用。三月葬呼人，造等事皆同前。

# 癸卯金日

癸卯金日，天台黄道福星天德六合，宜出入求财，行军上阵大胜，选吉时出西南坤方开门吉。

癸卯金日。壬子癸丑二时，截路空亡凶。 甲寅时，青龙黄道大吉。乙卯时，吉明堂，凶时建。 丙辰天刑凶。 丁巳时，朱雀凶。 戊午时，吉金匮，凶河魁。 己未时，吉天德，凶寡宿。 庚申时，白虎凶。 辛酉时，吉玉堂，凶时破。 壬戌时，天牢凶。 癸亥时，玄武凶。

**正月**癸卯日，造主刀兵火盗，船吉，折盖吉，桥主西方人官事，嫁娶犯四废，葬呼五人。**二五八十一月**，百事大凶。虽有吉神，亦不可用。余月造等事皆同前。

# 御定奇门大全秘纂卷四十八

## 宝镜图

### 甲辰火日

甲辰火日，大败圣星鬼神不食之日，不宜出入求财，行军决战大凶，遇急可选吉时出西南坤方开门吉。

甲辰火日。甲子时，天牢凶。　乙丑时，玄武凶。　丙寅时，吉司命，凶孤辰。　丁卯时，勾陈凶。　戊辰时，吉青龙，凶时刑。　己巳时，明堂大吉。　庚午时，天刑凶。　辛未时，朱雀凶。　壬申癸酉二时，截路空亡凶。　甲戌时，白虎凶。　乙亥时，玉堂大吉。

**正月**甲辰日，造损宅长，折妨东家，盖吉，船失火，桥凶，嫁娶不用，葬凶。**十一月葬可用。二三六九十二月**，是日百事大凶，虽有吉神，亦当避忌。余月造等事皆同前。

# 乙巳火日

乙巳火日，天福厚星天贵生气大败，不宜出入求财，行军决战大胜，可选吉时出西南坤方开门吉。

乙巳火日。丙子时，白虎凶。　丁丑时，福星贵人大吉。　戊寅时，天牢凶。　己卯时，玄武凶。　庚辰时，司命大吉。　辛巳时，勾陈凶。　壬午癸未二时，截路空亡凶。　甲申时，天刑凶。　乙酉时，朱雀凶。　丙戌时，金匮大吉。　丁亥时，吉天德，凶时破。

正四十月，是日百事大凶，虽有吉神亦当避忌。二月造五日大利，折妨北家，盖吉，船百日内官事，桥杀师人，嫁娶夫妻忌，葬上下呼宅长，三年内呼四人。余造等事各月同前。

# 丙午水日

丙午水日，地牢太岁博星，不宜出入往来，行军凶，遇急可选吉时出正北坎方开门吉。

丙午水日。戊子时，吉金匮，凶时破。　己丑时，吉天德，凶五鬼。庚寅时，白虎凶。　辛卯时，吉玉堂，凶火星旬中空亡。　壬辰癸巳二时，截路空亡凶。　甲午时，吉司命，凶时建。　乙未时，勾陈凶。　丙申时，吉司命，凶河魁。　丁酉时，吉明堂，凶五不遇。　戊戌时，天刑凶。　己亥时，朱雀凶。

正月丙午日，造主火光，折妨北家，盖吉，船凶，桥妨西方人，嫁娶忌，葬吉局类诸家取用。四七月葬忌用。二五六八十一月，是日百事大凶。虽有吉神，亦不可用。余月造等事皆同前。

# 丁未水日

丁未水日，天上大空亡天福天哭，不宜出入求财，行军主有自退自散之凶，遇吉可选吉时出东北艮方开门吉。

丁未水日。庚子时，天刑凶。　辛丑时，朱雀凶。　壬寅癸卯二时，截路空亡凶。　甲辰时，白虎凶。　乙巳时，玉堂凶孤辰。　丙午时，天牢凶。

丁未时，玄武凶。　戊申时，司命大吉。　己酉时，勾陈凶。　庚戌时，吉青龙，凶河魁。　辛亥时，吉明堂，凶寡宿。

**正月**丁未日，造损宅长，折盖妨长妇，船凶，桥主北方人灾，嫁娶夫妻忌，葬呼六人。**三六八九十二月**，是日百事大凶，虽有吉神亦当避忌。余月造等事皆同前。

# 戊申土日

戊申土日，天上大空亡四废天还地决，不宜行军出行，往来主有蛇虎伤人，遇急可选吉时出正东震方生门吉。

戊申土日。壬子癸丑二时，截路空亡凶。 甲寅时，天刑凶。 乙卯时，朱雀凶。 丙辰时，吉金匮，凶火星。 丁巳时，吉天德河魁。 戊午时，白虎凶。 己未时，天乙贵人大吉。 庚申时，天牢凶。 辛酉时，玄武凶。 壬戌时，司命大吉。 癸亥时，勾陈凶。

正四七十月，是日百事大凶。二月戊申日，造大富贵，折杀宅长，盖吉，船凶，桥杀劝首，嫁娶妨夫，葬埋呼人凶。三六九十二月造犯火星，余月造等事皆同前。

# 己酉土日

己酉土日，天转地杀，不宜出行求财，行军决战主有风雨之难，遇吉可选吉时出东南巽方开门吉。

己酉土日。甲子时，吉司命，凶河魁。　乙丑时，勾陈凶。　丙寅时，吉青龙，凶旬中空亡。　丁卯时，吉明堂，凶旬中空亡。　戊辰时，天刑凶。己巳时，朱雀凶。　庚辰时，吉金匮，凶罡星。　辛未时，吉天德，凶孤辰。　壬申时癸酉时，截路空亡凶。　甲戌时，天牢凶。　乙亥时，玄武凶。

**正月**己酉日，造宜子孙。折盖吉，妨北家。盖船凶，桥利西方，嫁娶主离别。葬吉，局类诸。**三月**造犯火星，葬犯重丧。**九月**造主火灾，**六九月**葬犯重丧，开日不用。余月造等事皆同前。

# 庚戌金日

　　庚戌金日，天福八专九五，不宜出入求财，行军决战大凶，遇急可选吉时出正南离方休门吉。

　　庚戌金日。丙子时，天牢凶。　丁丑时，玄武凶。　戊寅时，吉司命，凶旬中空亡寡宿。　己卯时，勾陈凶。　庚辰时，吉青龙，凶时破。　辛巳时，吉明堂，凶五不遇。　壬午癸未二时，截路空亡凶。　甲申时，吉金匮，凶孤辰。　乙酉时，天德黄道大吉。　丙戌时，白虎凶。　丁亥时，玉堂大吉。

　　正月。三月。六月九月十二月，是日犯之灭族亡家，百事忌用。二月庚戌日，造大凶，折妨南家，盖吉，船凶。桥吉，利西方。嫁娶妨公夫，葬主代代贫穷。五月造损日诸家用。余月造等事皆同前。

# 御定奇门大全秘纂卷四十九

## 宝镜图

### 辛亥金日

辛亥金日，天恩天福章星五福黄道月开生炁显星，宜出入见官，行军上阵大胜，选吉时出正南离方休门吉。

辛亥金日。戊子时，白虎凶。 己酉时，玉堂大吉。 庚寅时，天牢凶。辛卯时，玄武凶。 壬辰癸巳二时，截路空亡凶。 甲午时，青龙大吉。乙未时，明堂大吉。 丙申时，天刑凶。 丁酉时，朱雀凶。 戊戌时，黄道大吉。 己亥时，吉天德，凶时建。

正三四七十月，是日百事大凶。二月辛亥日，造主血光，诸家忌用。折吉，妨东家。盖吉，船桥凶，杀匠人。船凶，嫁娶妨夫。葬呼三人。余月造等事皆同前。

# 壬子木日

　　壬子木日，天瑞天恩天德月合金星文龙玉堂，宜出入求财，行军决战大胜，可选吉时出正北坎方休门吉。

　　壬子木日。庚子时，吉金匮，凶时建。　辛丑时，天德大吉。　壬寅癸卯二时，截路空亡凶。　甲辰时，天牢凶。　乙巳时，玄武凶。　丙午时，吉司命，凶时破。　丁未时，勾陈凶。　戊申时，吉青龙，凶五不遇。　己酉时，吉明堂，凶火星。　庚戌时，天刑凶。　辛亥时，朱雀凶。

　　正月壬子日，造犯天火，折妨女子，盖吉，船生贵子，桥大利，嫁娶犯九丑不归，葬当年呼长二年呼六人。三四六七十十二月造主大富贵。二五八十一月百事凶。余月造等事皆同前。

# 癸丑木日

　　癸丑木日，天恩五福明星显星，宜出入求财见官，行军决战大胜，获粮选吉时出正北坎方休门吉。

　　癸丑木日。壬子癸丑二时，截路空亡凶。　甲寅时，金匮大吉。　乙丑时，吉天德，凶旬中空亡。　丙辰时，白虎凶。　丁巳时，吉玉堂，凶寡宿。

　　戊午时，天牢凶。　己未时，玄武凶。　庚申时，吉司命，凶五鬼。　辛酉时，勾陈凶。　壬戌时，吉青龙，凶天罡。　癸亥时，吉明堂，凶寡宿。

　　**正月**癸丑日，造害子孙，折吉妨西家，盖吉，船失财，桥大利，嫁娶无子，葬呼三人。**三六九十二月**，是日百事大凶，虽有吉神，亦当避忌。余月造等事皆同前。

# 甲寅水日

　　甲寅水日，五福显星六合天禄黄道文龙星，宜出入求财，见阵行军，决战大胜，选吉时出东北艮方生门吉。

　　甲寅水日。甲子时，吉青龙，凶旬中空亡孤辰。　乙丑时，天乙贵人大吉。　丙寅时，天刑凶。　丁卯时，玄武凶。　戊辰时，黄道福德大吉。己巳时，天德吉。　庚午时，白虎凶。　辛未时，玉堂大吉。　壬申癸酉二时，截路空亡凶。　甲戌时，司命大吉。　乙亥时，勾陈凶。

　　**正四七九十月**，是日百事大凶。虽有吉神，亦不可用。**二月甲寅日**，造损宅长，破百家，卯酉申地。折凶，盖吉，船吉，桥九良星杀人，嫁娶妨公姑无子。小葬吉，局类诸家用。造等事余月皆同前。

# 乙卯水日

乙卯水日，天明地曜，不宜出入往来，行军见阵，遇夜主有劫入营寨大凶，遇急选吉时出西南坤方吉。

乙卯水日。丙子时，吉司命，凶时刑。　丁丑时，勾陈凶。　戊寅时，青龙吉，五鬼凶。　己卯时，吉明堂，凶时建。　庚寅时，天刑凶。　辛巳时，朱雀凶。　壬午癸未二时，截路空亡凶。　甲申时，白虎凶。　乙酉时，吉玉堂，凶时破。　丙戌时，天牢凶。　丁亥时，玄武凶。

正月乙卯日，造宜子孙。折盖吉，妨东家。船大利，桥杀西方人，嫁娶大富贵，葬不合吉星，六十日造犯天火。二五八十一月，百事大凶。虽有吉神，亦不可用。余月造等事皆同前。

# 丙辰土日

丙辰土日，天厚地圈白虎四基，不宜出入求财，行军决战凶，遇急可选吉时出西南坤方休门吉。

丙辰土日。戊子时，天牢凶。　己丑时，玄武凶。　庚寅时，吉司命，凶孤辰。　辛卯时，勾陈凶。　壬辰癸巳二时，截路空亡凶。　甲午时，天刑凶。　乙未时，朱雀凶。　丙申时，吉金匮，凶寡宿。　丁酉时，天德大吉。　戊戌时，白虎大凶。　己亥时，吉玉堂，凶五不遇。

**正月**丙辰日，嫁娶主孤寡，葬不用，造主争讼，折盖吉妨北家，船吉，桥杀师人。**七八十十一月**，葬宜子孙，六十年内无灾咎。**二三六九十二月**忌用。余月造等事皆同前。

# 丁巳土日

　　丁巳土日，天福厚星太阴天喜，不宜出入往来。若行军决战大胜，选吉时出正南离方开门吉。

　　丁巳土日。庚子时，白虎凶。　辛丑时，玉堂大吉。　壬寅癸卯二时，截路空亡凶。　甲辰时，黄道大吉。　丁未时，明堂大吉。　乙巳时，勾陈凶。　丙午时，青龙大吉。　丁未时，明堂大吉。　戊申时，朱雀大凶。己酉时，天刑凶。　庚戌时，吉金匮，凶五鬼。　辛亥时，吉天德，凶时破。

　　**正四七十月**，是日百事大凶。**二月**造破家，折盖吉，船凶，桥杀师人，嫁娶公姑夫俱妨，葬十年内呼七人。余月造等事皆同前。

# 御定奇门大全秘纂卷五十

## 宝镜图

## 戊午火日

戊午火日，地牢五鬼刑星，不宜出入求财。行军布阵决战，主损人马，遇急可选吉时出东南离方生门吉。

戊午火日。壬子癸丑二时，截路空亡凶。　甲寅时，白虎凶，孤辰。乙卯时，吉玉堂，凶河魁。　壬辰时，天牢凶。　丁巳时，玄武凶，旬中空亡。　戊午时，吉司命，凶时建。　己未时，勾陈凶。　庚申时，吉青龙，凶五鬼。　辛酉时，吉明堂，凶天罡。　壬戌时，天刑凶。　癸亥时，朱雀凶。

**正月**戊午日，造荣子孙，折盖吉，船凶，桥大吉，嫁娶妨公姑夫，葬呼九人。三月十二月，造犯火灾。二五八十一月，是日百事大凶。余月造等事皆同前。

## 己未火日

己未火日，天阳八风九坎，宜出军交战。六七十月，不宜出行，船主损失。人马遇急，可选吉时出东北艮方吉。

己未火日。甲子时，天刑凶。　乙丑时，朱雀凶。　丙寅时，吉金匮，凶五不遇。　丁卯时，吉天德，凶五不遇。　戊辰时，白虎。　己巳时，吉明堂，凶孤辰。　庚午时，天牢凶。　辛未时，玄武凶。　壬午时癸未时，截路空亡凶。　甲戌时，吉青龙，凶河魁。　乙亥时，吉明堂，凶寡宿。

正月己未日，造犯火星，折盖凶，船吉，桥吉，嫁娶夫妻忌。葬七年内生贵子，五十年位至公卿。**七月**葬无鸡犬。**四五月**葬不用。**二五月**造大富贵，**三六八九十二月**，是日百事忌，用二、十两月葬吉。**五月**己未，系日月合璧，诸事皆吉，或安葬亦可。余月造等事皆同前。

# 庚申木日

　　庚申木日，天德厚星天摧天喜五福星，宜出入求财上官，行军决战大胜，选吉时出东北方开门吉。

　　庚申木日。丙子时，吉青龙，凶旬中空亡寡宿。　丁丑时，吉明堂，凶旬中空亡。　戊寅时，天刑凶。　己卯时，朱雀凶。　庚辰时，金匮大吉。

　　辛巳时，吉天德，凶河魁。　壬午癸未二时，截路空亡凶。　甲申时，天牢凶。　乙酉时，玄武凶。　丙戌时，司命大吉。　丁亥时，勾陈凶。

　　**正月四月七月十月**，是日百事大凶。**二月**庚申日，造大利，船吉，折盖吉，桥九良星杀人。嫁娶妨夫，十年后生贵子。**九月**开日葬不用。余月造等事皆同前。

# 辛酉木日

辛酉木日，天狗地牢五不归，不宜出入求财上官，行军决战凶，遇急选吉时出东南巽方休门吉。

辛酉木日。庚子时，吉司命，凶旬中空亡。　己丑时，勾陈凶。　庚寅时，天乙贵人大吉。　辛卯时，吉明堂，凶火星时破。　壬辰癸巳二时，截路空亡凶。　甲午时，吉金匮，凶五不遇。　乙未时，吉天德，凶孤辰。丙申时，白虎凶。　丁酉时，吉玉堂，凶时建。　戊戌时，天牢凶。　己亥时，玄武凶。

**正月**辛酉日，造损长子失火官事，折盖吉，船凶，桥妨东方人，嫁娶不用。葬吉，官至九卿。**二五八十一十二月**，是日百事大凶，虽有吉神，亦当避忌。余月造等事皆同前。

# 壬戌水日

壬戌水日，天上大空亡天章星，不宜出入求财，行军决战不利，遇急选吉时出正东震方开门吉。

壬戌水日。庚子时，天牢凶。　辛丑时，玄武凶。　壬寅癸卯二时，截路空亡凶。　甲辰时，吉青龙，凶时破。　乙巳时，天乙贵人大吉。　丙午时，天刑凶。　丁未时，朱雀凶。　戊申时，吉金匮，凶孤辰。　己酉时，吉天德，凶火星。　庚戌时，白虎凶。　辛亥时，玉堂黄道大吉。

正三六九十二月，是日百事大凶，虽吉神亦当避忌。二月壬戌日，造大富贵，折凶，盖吉，船口舌，桥妨东方人，嫁娶夫妻忌，葬七年内呼七人。八月犯火灾，不可起造。余月造等事皆同前。

# 癸亥水日

癸亥水日，天上大空亡六甲穷日，不宜行军凶，并不宜出行往来，遇急可选吉时出东南巽方休门吉。

癸亥水日。壬子癸丑二时，截路空亡凶。　甲寅时，天刑凶。　乙卯时，玄武凶。　丙辰时，吉司命，凶火星。　丁巳时，勾陈凶。　戊午时，青龙大吉。　己未时，吉明堂，凶火星。　庚申时，朱雀凶。　壬戌时，吉金匮，凶五不遇。　癸亥时，吉天德，凶时建。

**正三四七十月，是日百事大凶。二月癸亥日，造主孤寡贫穷，折盖凶，船损长男，桥损匠人，嫁娶不用，葬当年呼三人。余月造等事皆同前。**

## 奇门大全宝镜图跋

　　古人云：年吉不如月吉，月吉不如日吉，日吉不如时吉。时之吉凶，相系大矣。第术士之家，好奇尚异，鼓簧其说，炫人耳目，以致混淆不清，珠鱼莫辩。余翻阅数家，俱不相合，有彼吉此凶者，亦当有彼凶此吉者，不一而足。不揣愚昧寡闻，汇归一册，分晰其傍，若彼此皆吉者、彼此皆凶者、彼凶此吉彼吉此凶者，已经较对，毫无舛错，恕无谬焉，方录此册。若夫五不遇时，支干克日，断不可用，则用一直使，一目了然。如鑑之照人，美恶悉具。后之君子，其慎择焉。

**乾隆四十五年庚子重阳**
**偶山氏志于公府北轩**

# 御定奇门大全秘纂卷末

## 奇门总括

阴阳逆顺妙难穷，二至还乡一九宫。若能了达阴阳理，天地都来一掌中。

先须掌上排九宫，纵横十五在其中。次将八卦论八节，一气统三为正宗。

阴阳二遁顺逆一，一气三元人莫测。五日都来换一元，接气超神为准的。

认取九宫为九星，八门又逐九宫行。九宫逢甲为直使，八门直使自分明。

符上之门为直使，十时一位堪凭据。直符常遣加时干，直使顺逆通宫去。

六甲元号六仪名，三奇即是乙丙丁。阳遁顺仪奇逆布，阴遁逆仪奇顺行。

吉门偶尔合三奇，值此虽云百事宜。更合从旁加检点，余宫不可有微疵。

三奇得使诚堪使，六甲遇之非小补。乙马逢犬丙鼠猴，六丁玉女骑龙虎。

又有三奇游六仪，号为玉女守门扉。若作阴私和合事，请君但向此中推。

天三门兮地四户，问君此法如何处。太冲小吉与从魁，此是天门私出路。

地户除危定与开，举事皆从此中去。太常六合太阴神，三辰元是地私门。

更得奇门相照耀，出门百事总欣欣。太冲天马最为贵，卒然有难难逃避。

但当乘取天马行，剑战如山不足畏。三为生气五为死，胜在三兮衰在五。

能识游三避五时，造化真机须记取。就中伏吟为最凶，天蓬加着地天蓬。

天蓬若在开英上，须知即是反吟宫。八门反复皆如此，生在生兮死在死。

假令吉宿得奇门，万事皆凶不堪使。六仪击刑何太凶，甲子直符愁向东。

戊刑在未申刑虎，寅己辰辰午刑午。三奇入墓好思维，甲日那堪见未宫。

丙奇属火火墓戌，此时诸事不须为。更兼天乙来临二，月奇临六亦同论。

又有时干入墓宫，课中时下异相逢。戊戌壬辰兼丙戌，癸未丁丑亦同凶。

五不遇时龙不精，号为日月损光明。时干来克日干上，甲子须知时忌庚。

奇与门兮共太阴，三般难得总加临。若还得二亦为吉，举措行藏必遂心。

更得直符直使利，兵家用事最为贵。常从此地击其冲，百战百胜君须记。

天乙之神所在宫，大将宜居击对冲。　假令真符居离九，天英坐取击天逢。
甲乙丙丁戊阳时，神居天上要君知。　坐击须凭天上奇，阴时地下亦如之。
若见三奇在五阳，偏宜为客自高强。　忽然逢着五阴位，又宜为主好裁详。
直符前三六合位，太阴之神在前二。　后一宫中为九天，后二宫中为九地。
九天之上好扬兵，九地潜藏可立营。　伏兵但向太阴位，若逢兵合利逃刑。
天地人分三遁名，天遁月精华益临。　地遁日精紫云蔽，人遁当知是太阴。
生门六丙合六丁，此为天遁自分明。　开门六乙合六己，地遁如斯而已矣。
休门六丁共太阴，欲求人遁无过此。　要知三遁何所宜，藏形遁迹斯为美。
庚为太白丙荧惑，庚丙相加谁会得。　六庚加丙白入荧，六丙加庚荧入白。
白入荧兮贼即来，荧入白兮贼须灭。　丙为悖兮庚为格，格则不通悖乱逆。
丙加天乙为直符，天乙加丙为飞悖。　庚加日干为伏干，日干加庚飞干格。
加一宫兮战在野，同一宫兮战于国。　庚加真符天乙休，直符加庚天乙飞。
庚加庚兮为大格，加己为刑最不宜。　加壬之时为上格，又嫌岁月日时逢。
更有一般奇格者，六庚谨勿加三奇。　此去若是行兵事，疋马只轮无返期。
六癸加丁蛇夭矫，六丁加癸雀入江。　六乙加辛虎逃走，六辛加乙虎猖狂。
请观四者是凶神，百事逢之莫措手。　丙加甲兮鸟跌穴，甲加丙兮龙返首。
只此二者是吉神，万事如意十八九。　八门若遇开休生，诸事逢之总称情。
伤宜捕猎终须获，杜好邀遮及隐形。　景上投书并破阵，惊能擒讼用声名。
若问死门何所主，只宜吊死与行刑。　蓬任冲辅禽阳星，英芮柱心阴宿名。
辅禽心星为上吉，冲任小吉未全亨。　大凶蓬内不堪使，小凶英柱不精明。
大凶无气变为吉，小凶无气亦同之。　吉宿更能逢旺相，万举万全功必成。
若遇休囚并废没，劝君不必进前程。　要识九星配五行，各随八卦改羲经。
坎蓬星水离英火，中宫坤艮土为营。　乾兑为金震巽木，旺相休囚看重轻。
与我同兮即为相，我生之月诚为旺。　废于父母休于财，囚于鬼兮真不妄。
假令水宿号天蓬，相在初冬与仲冬。　旺于正二休四五，其余仿此自研穷。
急则从神缓从门，三五反覆天道亨。　十干加伏若加错，入库休囚吉事危。
十精为使用为贵，起宫天乙用无贵。　天目为客地耳主，六甲推兮无差理。
劝君莫失此玄机，洞徹九宫扶明主。　宫制其门不为迫，门制其宫是迫雄。
天网四强无路走，一二网低有路踪。　三至四宫行入墓，八九高强任西东。
节气推移时候定，阴阳顺逆要精通。　三元积数成六纪，天地未成有一理。

410

请观歌里精微诀，非是贤人莫轻与。

年吉不如月吉，月吉不如日吉，日吉不如时吉，故选时尤急。选时之法多端，惟遁甲奇门为上，六壬藏没次之。藏没者，一日之中，惟四时可用。若遇甲戊庚日，则六神固藏，四煞固煞矣，他日则煞可藏神不没，所以犹有未当。若遁甲十二时中，仪奇星门，各有宜用，无施不可，止忌五不遇时，避五入墓而已，其余若有奇门则无不为吉。凡九宫布定，则点出其时之旬头在何宫，以其星为直符，门为直使，挨次轮行，然后以加临法用之，寻本时支落处，加以直使；寻本时干落处，加以直符，乃视其课之吉凶。若时课吉又得奇门，方可用事。如时课吉不得奇门，不可用。开休生三门，即北三白也，其选时每日先取四大时用之，纵遇太岁金神等煞，亦无害也。大抵要得三门合三奇为吉，如得门不得奇亦可用，不得门终非吉，奇门俱不得即凶。

# 周易书斋精品书目

| 书　　名 | 作　者 | 定　价 | 版别 |
|---|---|---|---|
| 影印涵芬楼本正统道藏<br>[典藏宣纸版；全512函1120册] | [明]张宇初编 | 480000.00 | 九州 |
| 影印涵芬楼本正统道藏<br>[再造善本；全512函1120册] | [明]张宇初编 | 280000.00 | 九州 |
| 重刊术藏[全6箱，精装100册] | 谢路军郑同主编 | 68000.00 | 九州 |
| 续修术藏[全6箱，精装100册] | 谢路军郑同主编 | 68000.00 | 九州 |
| 易藏[全6箱，精装60册] | 谢路军郑同主编 | 48000.00 | 九州 |
| 道藏[全6箱，精装60册] | 谢路军郑同主编 | 48000.00 | 九州 |
| 焦循文集[全精装18册] | [清]焦循撰 | 9800.00 | 九州 |
| 邵子全书[全精装15册] | [宋]邵雍撰 | 9600.00 | 九州 |
| **子部珍本备要**（以下为分函购买价格） | | 178000.00 | 九州 |
| 001 峋嵝神书 | 宣纸线装1函1册 | 280.00 | 九州 |
| 002 地理唛蔗録 | 宣纸线装1函4册 | 880.00 | 九州 |
| 003 地理玄珠精选 | 宣纸线装1函4册 | 880.00 | 九州 |
| 004 地理琢玉斧峦头歌括 | 宣纸线装1函4册 | 880.00 | 九州 |
| 005 金氏地学粹编 | 宣纸线装3函8册 | 1840.00 | 九州 |
| 006 风水一书 | 宣纸线装1函4册 | 880.00 | 九州 |
| 007 风水二书 | 宣纸线装1函4册 | 880.00 | 九州 |
| 008 增注周易神应六亲百章海底眼 | 宣纸线装1函1册 | 280.00 | 九州 |
| 009 卜易指南 | 宣纸线装1函1册 | 280.00 | 九州 |
| 010 大六壬占验 | 宣纸线装1函1册 | 280.00 | 九州 |
| 011 真本六壬神课金口诀 | 宣纸线装1函3册 | 680.00 | 九州 |
| 012 太乙指津 | 宣纸线装1函2册 | 480.00 | 九州 |
| 013 太乙金钥匙 太乙金钥匙续集 | 宣纸线装1函1册 | 280.00 | 九州 |
| 014 奇门遁甲占验天时 | 宣纸线装1函2册 | 480.00 | 九州 |
| 015 南阳掌珍遁甲 | 宣纸线装1函1册 | 280.00 | 九州 |
| 016 达摩易筋经 易筋经外经图说 八段锦 | 宣纸线装1函1册 | 280.00 | 九州 |
| 017 钦天监彩绘真本推背图 | 宣纸线装1函2册 | 680.00 | 九州 |
| 018 清抄全本玉函通秘 | 宣纸线装1函3册 | 680.00 | 九州 |
| 019 灵棋经 | 宣纸线装1函1册 | 280.00 | 九州 |
| 020 道藏灵符秘法 | 宣纸线装4函9册 | 2100.00 | 九州 |
| 021 地理青囊玉尺度金针集 | 宣纸线装1函6册 | 1280.00 | 九州 |
| 022 奇门秘传九宫纂要 | 宣纸线装1函1册 | 280.00 | 九州 |

| 书　名 | 作　者 | 定　价 | 版别 |
|---|---|---|---|
| 023 影印清抄耕寸集－真本子平真诠 | 宣纸线装1函2册 | 480.00 | 九州 |
| 024 新刊合并官板音义评注渊海子平 | 宣纸线装1函2册 | 480.00 | 九州 |
| 025 影抄宋本五行精纪 | 宣纸线装1函6册 | 1080.00 | 九州 |
| 026 影印明刻阴阳五要奇书1－郭氏阴阳元经 | 宣纸线装1函2册 | 480.00 | 九州 |
| 027 影印明刻阴阳五要奇书2－克择璇玑括要 | 宣纸线装1函1册 | 280.00 | 九州 |
| 028 影印明刻阴阳五要奇书3－阳明按索图 | 宣纸线装1函2册 | 480.00 | 九州 |
| 029 影印明刻阴阳五要奇书4－佐玄直指 | 宣纸线装1函2册 | 480.00 | 九州 |
| 030 影印明刻阴阳五要奇书5－三白宝海钩玄 | 宣纸线装1函1册 | 280.00 | 九州 |
| 031 相命图诀许负相法十六篇合刊 | 宣纸线装1函1册 | 280.00 | 九州 |
| 032 玉掌神相神相铁关刀合刊 | 宣纸线装1函1册 | 280.00 | 九州 |
| 033 古本太乙淘金歌 | 宣纸线装1函1册 | 280.00 | 九州 |
| 034 重刊地理葬埋黑通书 | 宣纸线装1函2册 | 480.00 | 九州 |
| 035 壬归 | 宣纸线装1函2册 | 480.00 | 九州 |
| 036 大六壬苗公鬼撮脚二种合刊 | 宣纸线装1函1册 | 280.00 | 九州 |
| 037 大六壬鬼撮脚射覆 | 宣纸线装1函2册 | 480.00 | 九州 |
| 038 大六壬金柜经 | 宣纸线装1函1册 | 280.00 | 九州 |
| 039 纪氏奇门秘书仕学备余 | 宣纸线装1函1册 | 280.00 | 九州 |
| 040 八门九星阴阳二遁全本奇门断 | 宣纸线装2函18册 | 3680.00 | 九州 |
| 041 李卫公奇门心法 | 宣纸线装1函1册 | 280.00 | 九州 |
| 042 武侯行兵遁甲金函玉镜海底眼 | 宣纸线装1函1册 | 280.00 | 九州 |
| 043 诸葛武侯奇门千金诀 | 宣纸线装1函1册 | 280.00 | 九州 |
| 044 隔夜神算 | 宣纸线装1函1册 | 280.00 | 九州 |
| 045 地理五种秘笈合刊 | 宣纸线装1函1册 | 280.00 | 九州 |
| 046 地理雪心赋句解 | 宣纸线装1函2册 | 480.00 | 九州 |
| 047 九天玄女青囊经 | 宣纸线装1函1册 | 280.00 | 九州 |
| 048 考定撼龙经 | 宣纸线装1函1册 | 280.00 | 九州 |
| 049 刘江东家藏善本葬书 | 宣纸线装1函1册 | 280.00 | 九州 |
| 050 杨公六段玄机赋杨筠松安门楼玉辇经合刊 | 宣纸线装1函1册 | 280.00 | 九州 |
| 051 风水金鉴 | 宣纸线装1函1册 | 280.00 | 九州 |
| 052 新镌碎玉剖秘地理不求人 | 宣纸线装1函2册 | 480.00 | 九州 |
| 053 阳宅八门金光斗临经 | 宣纸线装1函1册 | 280.00 | 九州 |
| 054 新镌徐氏家藏罗经顶门针 | 宣纸线装1函2册 | 480.00 | 九州 |
| 055 影印乾隆丙午刻本地理五诀 | 宣纸线装1函4册 | 880.00 | 九州 |
| 056 地理诀要雪心赋 | 宣纸线装1函2册 | 480.00 | 九州 |
| 057 蒋氏平阶家藏善本插泥剑 | 宣纸线装1函1册 | 280.00 | 九州 |

| 书　　名 | 作　者 | 定　价 | 版别 |
|---|---|---|---|
| 058 蒋大鸿家传地理归厚录 | 宣纸线装1函1册 | 280.00 | 九州 |
| 059 蒋大鸿家传三元地理秘书 | 宣纸线装1函1册 | 280.00 | 九州 |
| 060 蒋大鸿家传天星选择秘旨 | 宣纸线装1函1册 | 280.00 | 九州 |
| 061 撼龙经批注校补 | 宣纸线装1函4册 | 880.00 | 九州 |
| 062 疑龙经批注校补一全 | 宣纸线装1函1册 | 280.00 | 九州 |
| 063 种筠书屋较订山法诸书 | 宣纸线装1函2册 | 480.00 | 九州 |
| 064 堪舆倒杖诀 拨砂经遗篇 合刊 | 宣纸线装1函1册 | 280.00 | 九州 |
| 065 认龙天宝经 | 宣纸线装1函1册 | 280.00 | 九州 |
| 066 天机望龙经刘氏心法 杨公骑龙穴诗合刊 | 宣纸线装1函1册 | 280.00 | 九州 |
| 067 风水一夜仙秘传三种合刊 | 宣纸线装1函1册 | 280.00 | 九州 |
| 068 新镌地理八窍 | 宣纸线装1函2册 | 480.00 | 九州 |
| 069 地理解醒 | 宣纸线装1函1册 | 280.00 | 九州 |
| 070 峦头指迷 | 宣纸线装1函3册 | 680.00 | 九州 |
| 071 茅山上清灵符 | 宣纸线装1函2册 | 480.00 | 九州 |
| 072 茅山上清镇禳摄制秘法 | 宣纸线装1函1册 | 280.00 | 九州 |
| 073 天医祝由科秘抄 | 宣纸线装1函2册 | 480.00 | 九州 |
| 074 千镇百镇桃花镇 | 宣纸线装1函2册 | 480.00 | 九州 |
| 075 轩辕碑记医学祝由十三科治病奇书合刊 | 宣纸线装1函1册 | 280.00 | 九州 |
| 076 清抄真本祝由科秘诀全书 | 宣纸线装1函3册 | 680.00 | 九州 |
| 077 增补秘传万法归宗 | 宣纸线装1函2册 | 480.00 | 九州 |
| 078 祝由科诸符秘卷祝由科诸符秘旨合刊 | 宣纸线装1函1册 | 280.00 | 九州 |
| 079 辰州符咒大全 | 宣纸线装1函4册 | 880.00 | 九州 |
| 080 万历初刻三命通会 | 宣纸线装2函12册 | 2480.00 | 九州 |
| 081 新编三车一览子平渊源注解 | 宣纸线装1函3册 | 680.00 | 九州 |
| 082 命理用神精华 | 宣纸线装1函3册 | 680.00 | 九州 |
| 083 命学探骊集 | 宣纸线装1函1册 | 280.00 | 九州 |
| 084 相诀摘要 | 宣纸线装1函2册 | 480.00 | 九州 |
| 085 相法秘传 | 宣纸线装1函1册 | 280.00 | 九州 |
| 086 新编相法五总龟 | 宣纸线装1函1册 | 280.00 | 九州 |
| 087 相学统宗心易秘传 | 宣纸线装1函2册 | 480.00 | 九州 |
| 088 秘本大清相法 | 宣纸线装1函2册 | 480.00 | 九州 |
| 089 相法易知 | 宣纸线装1函1册 | 280.00 | 九州 |
| 090 星命风水秘传 | 宣纸线装1函1册 | 280.00 | 九州 |
| 091 大六壬隔山照 | 宣纸线装1函2册 | 480.00 | 九州 |
| 092 大六壬考正 | 宣纸线装1函1册 | 280.00 | 九州 |

| 书　　名 | 作　者 | 定　价 | 版别 |
|---|---|---|---|
| 093 大六壬类阐 | 宣纸线装 1 函 2 册 | 480.00 | 九州 |
| 094 六壬心镜集注 | 宣纸线装 1 函 1 册 | 280.00 | 九州 |
| 095 遁甲吾学编 | 宣纸线装 1 函 2 册 | 480.00 | 九州 |
| 096 刘明江家藏善本奇门衍象 | 宣纸线装 1 函 1 册 | 280.00 | 九州 |
| 097 遁甲天书秘文 | 宣纸线装 1 函 2 册 | 480.00 | 九州 |
| 098 金枢符应秘文 | 宣纸线装 1 函 2 册 | 480.00 | 九州 |
| 099 秘传金函奇门隐遁丁甲法书 | 宣纸线装 1 函 2 册 | 480.00 | 九州 |
| 100 六壬行军指南 | 宣纸线装 2 函 10 册 | 2080.00 | 九州 |
| 101 家藏阴阳二宅秘诀线法 | 宣纸线装 1 函 2 册 | 480.00 | 九州 |
| 102 阳宅一书阴宅一书合刊 | 宣纸线装 1 函 1 册 | 280.00 | 九州 |
| 103 地理法门全书 | 宣纸线装 1 函 1 册 | 280.00 | 九州 |
| 104 四真全书玉钥匙 | 宣纸线装 1 函 1 册 | 280.00 | 九州 |
| 105 重刊官板玉髓真经 | 宣纸线装 1 函 4 册 | 880.00 | 九州 |
| 106 明刊阳宅真诀 | 宣纸线装 1 函 2 册 | 480.00 | 九州 |
| 107 阳宅指南 | 宣纸线装 1 函 1 册 | 280.00 | 九州 |
| 108 阳宅秘传三书 | 宣纸线装 1 函 1 册 | 280.00 | 九州 |
| 109 阳宅都天滚盘珠 | 宣纸线装 1 函 1 册 | 280.00 | 九州 |
| 110 纪氏地理水法要诀 | 宣纸线装 1 函 1 册 | 280.00 | 九州 |
| 111 李默斋先生地理辟径集 | 宣纸线装 1 函 2 册 | 480.00 | 九州 |
| 112 李默斋先生辟径集续篇 地理秘缺 | 宣纸线装 1 函 2 册 | 480.00 | 九州 |
| 113 地理辨正自解 | 宣纸线装 1 函 1 册 | 280.00 | 九州 |
| 114 形家五要全编 | 宣纸线装 1 函 4 册 | 880.00 | 九州 |
| 115 地理辨正抉要 | 宣纸线装 1 函 1 册 | 280.00 | 九州 |
| 116 地理辨正揭隐 | 宣纸线装 1 函 1 册 | 280.00 | 九州 |
| 117 地学铁骨秘 | 宣纸线装 1 函 1 册 | 280.00 | 九州 |
| 118 地理辨正发秘初稿 | 宣纸线装 1 函 1 册 | 280.00 | 九州 |
| 119 三元宅墓图 | 宣纸线装 1 函 1 册 | 280.00 | 九州 |
| 120 参赞玄机地理仙婆集 | 宣纸线装 2 函 8 册 | 1680.00 | 九州 |
| 121 幕讲禅师玄空秘旨浅注外七种 | 宣纸线装 1 函 1 册 | 280.00 | 九州 |
| 122 玄空挨星图诀 | 宣纸线装 1 函 1 册 | 280.00 | 九州 |
| 123 影印稿本玄空地理筌蹄 | 宣纸线装 1 函 1 册 | 280.00 | 九州 |
| 124 玄空古义四种通释 | 宣纸线装 1 函 2 册 | 480.00 | 九州 |
| 125 地理疑义答问 | 宣纸线装 1 函 1 册 | 280.00 | 九州 |
| 126 王元极地理辨正冒禁录 | 宣纸线装 1 函 1 册 | 280.00 | 九州 |
| 127 王元极校补天元选择辨正 | 宣纸线装 1 函 3 册 | 680.00 | 九州 |

| 书　　　名 | 作　者 | 定　价 | 版别 |
|---|---|---|---|
| 128 王元极选择辨真全书 | 宣纸线装1函1册 | 280.00 | 九州 |
| 129 王元极增批地理冰海原本地理冰海合刊 | 宣纸线装1函1册 | 280.00 | 九州 |
| 130 王元极三元阳宅萃篇 | 宣纸线装1函2册 | 480.00 | 九州 |
| 131 尹一勺先生地理精语 | 宣纸线装1函1册 | 280.00 | 九州 |
| 132 古本地理元真 | 宣纸线装1函2册 | 480.00 | 九州 |
| 133 杨公秘本搜地灵 | 宣纸线装1函1册 | 280.00 | 九州 |
| 134 秘藏千里眼 | 宣纸线装1函1册 | 280.00 | 九州 |
| 135 道光刊本地理或问 | 宣纸线装1函1册 | 280.00 | 九州 |
| 136 影印稿本地理秘诀 | 宣纸线装1函2册 | 480.00 | 九州 |
| 137 地理秘诀隔山照 地理括要 合刊 | 宣纸线装1函1册 | 280.00 | 九州 |
| 138 地理前后五十段 | 宣纸线装1函2册 | 480.00 | 九州 |
| 139 心耕书屋藏本地经图说 | 宣纸线装1函1册 | 280.00 | 九州 |
| 140 地理古本道法双谭 | 宣纸线装1函1册 | 280.00 | 九州 |
| 141 奇门遁甲元灵经 | 宣纸线装1函1册 | 280.00 | 九州 |
| 142 黄帝遁甲归藏大意 白猿真经 合刊 | 宣纸线装1函1册 | 280.00 | 九州 |
| 143 遁甲符应经 | 宣纸线装1函2册 | 480.00 | 九州 |
| 144 遁甲通明钤 | 宣纸线装1函1册 | 280.00 | 九州 |
| 145 景祐奇门秘纂 | 宣纸线装1函2册 | 480.00 | 九州 |
| 146 奇门先天要论 | 宣纸线装1函2册 | 480.00 | 九州 |
| 147 御定奇门古本 | 宣纸线装1函2册 | 480.00 | 九州 |
| 148 奇门吉凶格解 | 宣纸线装1函1册 | 280.00 | 九州 |
| 149 御定奇门宝鉴 | 宣纸线装1函3册 | 680.00 | 九州 |
| 150 奇门阐易 | 宣纸线装1函2册 | 480.00 | 九州 |
| 151 六壬总论 | 宣纸线装1函1册 | 280.00 | 九州 |
| 152 稿抄本大六壬翠羽歌 | 宣纸线装1函1册 | 280.00 | 九州 |
| 153 都天六壬神课 | 宣纸线装1函1册 | 280.00 | 九州 |
| 154 大六壬易简 | 宣纸线装1函2册 | 480.00 | 九州 |
| 155 太上六壬明鉴符阴经 | 宣纸线装1函1册 | 280.00 | 九州 |
| 156 增补关煞袖里金百中经 | 宣纸线装1函1册 | 280.00 | 九州 |
| 157 演禽三世相法 | 宣纸线装1函2册 | 480.00 | 九州 |
| 158 合婚便览 和合婚姻咒 合刊 | 宣纸线装1函1册 | 280.00 | 九州 |
| 159 神数十种 | 宣纸线装1函1册 | 280.00 | 九州 |
| 160 神机灵数一掌经金钱课合刊 | 宣纸线装1函1册 | 280.00 | 九州 |
| 161 阴阳二宅易知录 | 宣纸线装1函2册 | 480.00 | 九州 |
| 162 阴宅镜 | 宣纸线装1函2册 | 480.00 | 九州 |
| 163 阳宅镜 | 宣纸线装1函1册 | 280.00 | 九州 |

| 书 名 | 作 者 | 定 价 | 版别 |
|---|---|---|---|
| 164 清精抄本六圃地学 | 宣纸线装1函1册 | 280.00 | 九州 |
| 165 形峦神断书 | 宣纸线装1函1册 | 280.00 | 九州 |
| 166 堪舆三昧 | 宣纸线装1函1册 | 280.00 | 九州 |
| 167 遁甲奇门捷要 | 宣纸线装1函1册 | 280.00 | 九州 |
| 168 奇门遁甲备览 | 宣纸线装1函1册 | 280.00 | 九州 |
| 169 原传真本石室藏本圆光真传秘诀合刊 | 宣纸线装1函1册 | 280.00 | 九州 |
| 170 明抄全本壬归 | 宣纸线装1函4册 | 880.00 | 九州 |
| 171 董德彰水法秘诀水法断诀合刊 | 宣纸线装1函1册 | 280.00 | 九州 |
| 172 董德彰先生水法图说 | 宣纸线装1函1册 | 280.00 | 九州 |
| 173 董德彰先生泄天机纂要 | 宣纸线装1函2册 | 480.00 | 九州 |
| 174 李默斋先生地理秘传 | 宣纸线装1函2册 | 480.00 | 九州 |
| 175 新锲希夷陈先生紫微斗数全书 | 宣纸线装1函3册 | 680.00 | 九州 |
| 176 海源阁藏明刊麻衣相法全编 | 宣纸线装1函2册 | 480.00 | 九州 |
| 177 袁忠彻先生相法秘传 | 宣纸线装1函3册 | 680.00 | 九州 |
| 178 火珠林要旨 筮杕 | 宣纸线装1函2册 | 480.00 | 九州 |
| 179 火珠林占法秘传 续筮杕 | 宣纸线装1函1册 | 280.00 | 九州 |
| 180 六壬类聚 | 宣纸线装1函4册 | 880.00 | 九州 |
| 181 新刻麻衣相神异赋 | 宣纸线装1函1册 | 280.00 | 九州 |
| 182 诸葛武侯奇门遁甲全书 | 宣纸线装1函2册 | 480.00 | 九州 |
| 183 张九仪传地理偶摘 | 宣纸线装1函1册 | 280.00 | 九州 |
| 184 张九仪传地理偶注 | 宣纸线装1函1册 | 280.00 | 九州 |
| 185 阳宅玄珠 | 宣纸线装1函1册 | 280.00 | 九州 |
| 186 阴宅总论 | 宣纸线装1函1册 | 280.00 | 九州 |
| 187 新刻杨救贫秘传阴阳二宅便用统宗 | 宣纸线装1函1册 | 280.00 | 九州 |
| 188 增补理气图说 | 宣纸线装1函2册 | 480.00 | 九州 |
| 189 增补罗经图说 | 宣纸线装1函1册 | 280.00 | 九州 |
| 190 重镌官板阳宅大全 | 宣纸线装1函4册 | 880.00 | 九州 |
| 191 景祐太乙福应经 | 宣纸线装1函1册 | 280.00 | 九州 |
| 192 景祐遁甲符应经 | 宣纸线装1函1册 | 280.00 | 九州 |
| 193 景祐六壬神定经 | 宣纸线装1函1册 | 280.00 | 九州 |
| 194 御制禽遁符应经 | 宣纸线装1函2册 | 480.00 | 九州 |
| 195 秘传匠家鲁班经符法 | 宣纸线装1函3册 | 680.00 | 九州 |
| 196 哈佛藏本太史黄际飞注天玉经 | 宣纸线装1函1册 | 280.00 | 九州 |
| 197 李三素先生红囊经解 | 宣纸线装1函1册 | 280.00 | 九州 |
| 198 杨曾青囊天玉通义 | 宣纸线装1函1册 | 280.00 | 九州 |
| 199 重编大清钦天监焦秉贞彩绘历代推背图解 | 宣纸线装1函2册 | 680.00 | 九州 |

| 书 名 | 作 者 | 定 价 | 版别 |
|---|---|---|---|
| 200 道光初刻相理衡真 | 宣纸线装1函4册 | 880.00 | 九州 |
| 201 新刻袁柳庄先生秘传相法 | 宣纸线装1函3册 | 680.00 | 九州 |
| 202 袁忠彻相法古今识鉴 | 宣纸线装1函2册 | 480.00 | 九州 |
| 203 袁天纲五星三命指南 | 宣纸线装1函2册 | 480.00 | 九州 |
| 204 新刻五星玉镜 | 宣纸线装1函3册 | 680.00 | 九州 |
| 205 游艺录:筮遁壬行年斗数相宅 | 宣纸线装1函1册 | 280.00 | 九州 |
| 206 新订王氏罗经透解 | 宣纸线装1函2册 | 480.00 | 九州 |
| 207 堪舆真诠 | 宣纸线装1函3册 | 680.00 | 九州 |
| 208 青囊天机奥旨二种 | 宣纸线装1函1册 | 280.00 | 九州 |
| 209 张九仪传地理偶录 | 宣纸线装1函1册 | 280.00 | 九州 |
| 210 地学形势集 | 宣纸线装1函8册 | 1680.00 | 九州 |
| 重刻故宫藏百二汉镜斋秘书四种(一):火珠林 | 宣纸线装1函1册 | 300.00 | 华龄 |
| 重刻故宫藏百二汉镜斋秘书四种(二):灵棋经 | 宣纸线装1函1册 | 300.00 | 华龄 |
| 重刻故宫藏百二汉镜斋秘书四种(三):滴天髓 | 宣纸线装1函1册 | 3000.00 | 华龄 |
| 重刻故宫藏百二汉镜斋秘书四种(四):测字秘牒 | 宣纸线装1函1册 | 300.00 | 华龄 |
| 中外戏法图说:鹅幻汇编鹅幻余编合刊 | 宣纸线装1函3册 | 780.00 | 华龄 |
| 连山[宣纸线装一函一册] | [清]马国翰辑 | 280.00 | 华龄 |
| 归藏[宣纸线装一函一册] | [清]马国翰辑 | 280.00 | 华龄 |
| 周易虞氏义笺订[宣纸线装一函六册] | [清]李翊灼订 | 1180.00 | 华龄 |
| 周易参同契通真义 | 宣纸线装1函2册 | 480.00 | 华龄 |
| 御制周易[宣纸线装一函三册] | 武英殿影宋本 | 680.00 | 华龄 |
| 宋刻周易本义[宣纸线装一函四册] | [宋]朱熹撰 | 980.00 | 华龄 |
| 易学启蒙[宣纸线装一函二册] | [宋]朱熹撰 | 480.00 | 华龄 |
| 易余[宣纸线装一函二册] | [明]方以智撰 | 480.00 | 九州 |
| 奇门鸣法[宣纸线装一函二册] | [清]龙伏山人撰 | 680.00 | 华龄 |
| 奇门衍象[宣纸线装一函二册] | [清]龙伏山人撰 | 480.00 | 华龄 |
| 奇门枢要[宣纸线装一函二册] | [清]龙伏山人撰 | 480.00 | 华龄 |
| 奇门仙机[宣纸线装一函三册] | 王力军校订 | 298.00 | 华龄 |
| 奇门心法秘纂[宣纸线装一函三册] | 王力军校订 | 298.00 | 华龄 |
| 御定奇门秘诀[宣纸线装一函三册] | [清]湖海居士辑 | 680.00 | 华龄 |
| 宫藏奇门大全[线装五函二十五册] | [清]湖海居士辑 | 6800.00 | 影印 |
| 遁甲奇门秘传要旨大全[线装二函十册] | [清]范阳耐寒子辑 | 6200.00 | 影印 |
| 增广神相全编[线装一函四册] | [明]袁珙订正 | 980.00 | 影印 |
| 龙伏山人存世文稿[宣纸线装五函十册] | [清]矫子阳撰 | 2800.00 | 九州 |
| 奇门遁甲鸣法[宣纸线装一函二册] | [清]矫子阳撰 | 680.00 | 九州 |
| 奇门遁甲衍象[宣纸线装一函二册] | [清]矫子阳撰 | 480.00 | 九州 |

| 书　名 | 作　者 | 定　价 | 版别 |
|---|---|---|---|
| 奇门遁甲枢要[宣纸线装一函二册] | [清]矫子阳撰 | 480.00 | 九州 |
| 遯甲括囊集[宣纸线装一函三册] | [清]矫子阳撰 | 980.00 | 九州 |
| 增注蒋公古镜歌[宣纸线装一函一册] | [清]矫子阳撰 | 180.00 | 九州 |
| 明抄真本梅花易数[宣纸线装一函三册] | [宋]邵雍撰 | 480.00 | 九州 |
| 古本皇极经世书[宣纸线装一函三册] | [宋]邵雍撰 | 980.00 | 九州 |
| 订正六壬金口诀[宣纸线装一函六册] | [清]巫国匡辑 | 1280.00 | 华龄 |
| 六壬神课金口诀[宣纸线装一函三册] | [明]适适子撰 | 298.00 | 华龄 |
| 改良三命通会[宣纸线装一函四册,第二版] | [明]万民英撰 | 980.00 | 华龄 |
| 增补选择通书玉匣记[宣纸线装一函二册] | [晋]许逊撰 | 480.00 | 华龄 |
| 阳宅三要 | 宣纸线装1函3册 | 298.00 | 华龄 |
| 绘图全本鲁班经匠家镜 | 宣纸线装1函4册 | 680.00 | 华龄 |
| 青囊海角经 | 宣纸线装1函4册 | 680.00 | 华龄 |
| 菊逸山房天函:地理点穴撼龙经 | 宣纸线装1函3册 | 680.00 | 华龄 |
| 菊逸山房地函:秘藏疑龙经大全 | 宣纸线装1函1册 | 280.00 | 华龄 |
| 菊逸山房人函:杨公秘本山法备收 | 宣纸线装1函1册 | 280.00 | 华龄 |
| 珍本1:校正全本地学答问 | 宣纸线装1函3册 | 680.00 | 华龄 |
| 珍本2:赖仙原本催官经 | 宣纸线装1函1册 | 280.00 | 华龄 |
| 珍本3:赖仙催官篇注 | 宣纸线装1函1册 | 280.00 | 华龄 |
| 珍本4:尹注赖仙催官篇 | 宣纸线装1函1册 | 280.00 | 华龄 |
| 珍本5:赖仙心印 | 宣纸线装1函1册 | 280.00 | 华龄 |
| 珍本6:新刻赖太素天星催官解 | 宣纸线装1函2册 | 480.00 | 华龄 |
| 珍本7:天机秘传青囊内传 | 宣纸线装1函1册 | 280.00 | 华龄 |
| 珍本8:阳宅斗首连篇秘授 | 宣纸线装1函1册 | 280.00 | 华龄 |
| 珍本9:精刻编集阳宅真传秘诀 | 宣纸线装1函2册 | 480.00 | 华龄 |
| 珍本10:秘传全本六壬玉连环 | 宣纸线装1函2册 | 480.00 | 华龄 |
| 珍本11:秘传仙授奇门 | 宣纸线装1函2册 | 480.00 | 华龄 |
| 珍本12:祝由科诸符秘卷祝由科诸符秘旨合刊 | 宣纸线装1函2册 | 480.00 | 华龄 |
| 珍本13:校正古本入地眼图说 | 宣纸线装1函2册 | 480.00 | 华龄 |
| 珍本14:校正全本钻地眼图说 | 宣纸线装1函2册 | 480.00 | 华龄 |
| 珍本15:赖公七十二葬法 | 宣纸线装1函2册 | 480.00 | 华龄 |
| 珍本16:新刻杨筠松秘传开门放水阴阳捷径 | 宣纸线装1函2册 | 480.00 | 华龄 |
| 珍本17:校正古本地理五诀 | 宣纸线装1函2册 | 480.00 | 华龄 |
| 珍本18:重校古本地理雪心赋 | 宣纸线装1函2册 | 480.00 | 华龄 |
| 珍本19:宋国师吴景鸾先天后天理气心印补注 | 宣纸线装1函1册 | 280.00 | 华龄 |
| 珍本20:新刊宋国师吴景鸾秘传夹竹梅花院纂 | 宣纸线装1函2册 | 480.00 | 华龄 |
| 珍本21:影印原本任铁樵注滴天髓阐微 | 宣纸线装1函4册 | 980.00 | 华龄 |

| 书　　名 | 作　者 | 定　价 | 版别 |
|---|---|---|---|
| **增补四库青乌辑要**[宣纸线装全18函59册] | 郑同校 | 11680.00 | 九州 |
| 第 1 种：宅经[宣纸线装 1 册] | [署]黄帝撰 | 180.00 | 九州 |
| 第 2 种：葬书[宣纸线装 1 册] | [晋]郭璞撰 | 220.00 | 九州 |
| 第 3 种：青囊序青囊奥语天玉经[宣纸线装 1 册] | [唐]杨筠松撰 | 220.00 | 九州 |
| 第 4 种：黄囊经[宣纸线装 1 册] | [唐]杨筠松撰 | 220.00 | 九州 |
| 第 5 种：黑囊经[宣纸线装 2 册] | [唐]杨筠松撰 | 380.00 | 九州 |
| 第 6 种：锦囊经[宣纸线装 1 册] | [晋]郭璞撰 | 200.00 | 九州 |
| 第 7 种：天机贯旨红囊经[宣纸线装 2 册] | [清]李三素撰 | 380.00 | 九州 |
| 第 8 种：玉函天机素书/至宝经[宣纸线装 1 册] | [明]董德彰撰 | 200.00 | 九州 |
| 第 9 种：天机一贯[宣纸线装 2 册] | [清]李三素撰辑 | 380.00 | 九州 |
| 第 10 种：撼龙经[宣纸线装 1 册] | [唐]杨筠松撰 | 200.00 | 九州 |
| 第 11 种：疑龙经葬法倒杖[宣纸线装 1 册] | [唐]杨筠松撰 | 220.00 | 九州 |
| 第 12 种：疑龙经辨正[宣纸线装 1 册] | [唐]杨筠松撰 | 200.00 | 九州 |
| 第 13 种：寻龙记太华经[宣纸线装 1 册] | [唐]曾文辿撰 | 220.00 | 九州 |
| 第 14 种：宅谱要典[宣纸线装 2 册] | [清]铣溪野人校 | 380.00 | 九州 |
| 第 15 种：阳宅必用[宣纸线装 2 册] | 心灯大师校订 | 380.00 | 九州 |
| 第 16 种：阳宅撮要[宣纸线装 2 册] | [清]吴鼒撰 | 380.00 | 九州 |
| 第 17 种：阳宅正宗[宣纸线装 1 册] | [清]姚承舆撰 | 200.00 | 九州 |
| 第 18 种：阳宅指掌[宣纸线装 2 册] | [清]黄海山人撰 | 380.00 | 九州 |
| 第 19 种：相宅新编[宣纸线装 1 册] | [清]焦循校刊 | 240.00 | 九州 |
| 第 20 种：阳宅井明[宣纸线装 2 册] | [清]邓颖出撰 | 380.00 | 九州 |
| 第 21 种：阴宅井明[宣纸线装 1 册] | [清]邓颖出撰 | 220.00 | 九州 |
| 第 22 种：灵城精义[宣纸线装 2 册] | [南唐]何溥撰 | 380.00 | 九州 |
| 第 23 种：龙穴砂水说[宣纸线装 1 册] | 清抄秘本 | 180.00 | 九州 |
| 第 24 种：三元水法秘诀[宣纸线装 2 册] | 清抄秘本 | 380.00 | 九州 |
| 第 25 种：罗经秘传[宣纸线装 2 册] | [清]傅禹辑 | 380.00 | 九州 |
| 第 26 种：穿山透地真传[宣纸线装 2 册] | [清]张九仪撰 | 380.00 | 九州 |
| 第 27 种：催官篇发微论[宣纸线装 2 册] | [宋]赖文俊撰 | 380.00 | 九州 |
| 第 28 种：入地眼神断要诀[宣纸线装 2 册] | 清抄秘本 | 380.00 | 九州 |
| 第 29 种：玄空大卦秘断[宣纸线装 1 册] | 清抄秘本 | 200.00 | 九州 |
| 第 30 种：玄空大五行真传口诀[宣纸线装 1 册] | [明]蒋大鸿等撰 | 220.00 | 九州 |
| 第 31 种：杨曾九宫颠倒打劫图说[宣纸线装 1 册] | [唐]杨筠松撰 | 200.00 | 九州 |
| 第 32 种：乌兔经奇验经[宣纸线装 1 册] | [唐]杨筠松撰 | 180.00 | 九州 |
| 第 33 种：挨星考注[宣纸线装 1 册] | [清]汪董缘订定 | 260.00 | 九州 |
| 第 34 种：地理挨星说汇要[宣纸线装 1 册] | [明]蒋大鸿撰辑 | 220.00 | 九州 |
| 第 35 种：地理捷诀[宣纸线装 1 册] | [清]傅禹辑 | 200.00 | 九州 |

| 书　名 | 作　者 | 定　价 | 版别 |
|---|---|---|---|
| 第 36 种：地理三仙秘旨[宣纸线装1册] | 清抄秘本 | 200.00 | 九州 |
| 第 37 种：地理三字经[宣纸线装 3 册] | [清]程思乐撰 | 580.00 | 九州 |
| 第 38 种：地理雪心赋注解[宣纸线装 2 册] | [唐]卜则巍撰 | 380.00 | 九州 |
| 第 39 种：蒋公天元余义[宣纸线装 1 册] | [明]蒋大鸿等撰 | 220.00 | 九州 |
| 第 40 种：地理真传秘旨[宣纸线装 3 册] | [唐]杨筠松撰 | 580.00 | 九州 |
| **增补四库未收方术汇刊第一辑(全 28 函)** | 线装影印本 | 11800.00 | 九州 |
| 第一辑 01 函：火珠林·卜筮正宗 | [宋]麻衣道者著 | 340.00 | 九州 |
| 第一辑 02 函：全本增删卜易·增删卜易真诠 | [清]野鹤老人撰 | 720.00 | 九州 |
| 第一辑 03 函：渊海子平音义评注·子平真诠·命理易知 | [明]杨淙增校 | 360.00 | 九州 |
| 第一辑 04 函：滴天髓·附滴天秘诀·穷通宝鉴·附月谈赋 | [宋]京图撰 | 360.00 | 九州 |
| 第一辑 05 函：参星秘要诹吉便览·玉函斗首三台通书·精校三元总录 | [清]俞荣宽撰 | 460.00 | 九州 |
| 第一辑 06 函：陈子性藏书 | [清]陈应选撰 | 580.00 | 九州 |
| 第一辑 07 函：崇正辟谬永吉通书·选择求真 | [清]李奉来辑 | 500.00 | 九州 |
| 第一辑 08 函：增补选择通书玉匣记·永宁通书 | [晋]许逊撰 | 400.00 | 九州 |
| 第一辑 09 函：新增阳宅爱众篇 | [清]张觉正撰 | 480.00 | 九州 |
| 第一辑 10 函：地理四弹子·地理铅弹子砂水要诀 | [清]张九仪注 | 320.00 | 九州 |
| 第一辑 11 函：地理五诀 | [清]赵九峰著 | 200.00 | 九州 |
| 第一辑 12 函：地理直指原真 | [清]释如玉撰 | 280.00 | 九州 |
| 第一辑 13 函：宫藏真本入地眼全书 | [宋]释静道著 | 680.00 | 九州 |
| 第一辑 14 函：罗经顶门针·罗经解定·罗经透解 | [明]徐之镆撰 | 360.00 | 九州 |
| 第一辑 15 函：校正详图青囊经·平砂玉尺经·地理辨正疏 | [清]王宗臣著 | 300.00 | 九州 |
| 第一辑 16 函：一贯堪舆 | [明]唐世友辑 | 240.00 | 九州 |
| 第一辑 17 函：阳宅大全·阳宅十书 | [明]一壑居士集 | 600.00 | 九州 |
| 第一辑 18 函：阳宅大成五种 | [清]魏青江撰 | 600.00 | 九州 |
| 第一辑 19 函：奇门五总龟·奇门遁甲统宗大全·奇门遁甲元灵经 | [明]池纪撰 | 500.00 | 九州 |
| 第一辑 20 函：奇门遁甲秘笈全书 | [明]刘伯温辑 | 280.00 | 九州 |
| 第一辑 21 函：奇门庐中阐秘 | [汉]诸葛武侯撰 | 600.00 | 九州 |
| 第一辑 22 函：奇门遁甲元机·太乙秘书·六壬大占 | [宋]岳珂纂辑 | 360.00 | 九州 |
| 第一辑 23 函：性命圭旨 | [明]尹真人撰 | 480.00 | 九州 |
| 第一辑 24 函：紫微斗数全书 | [宋]陈抟撰 | 200.00 | 九州 |
| 第一辑 25 函：千镇百镇桃花镇 | [清]云石道人校 | 220.00 | 九州 |
| 第一辑 26 函：清抄真本祝由科秘诀全书·轩辕碑记医学祝由十三科 | [上古]黄帝传 | 800.00 | 九州 |
| 第一辑 27 函：增补秘传万法归宗 | [唐]李淳风撰 | 160.00 | 九州 |

| 书 名 | 作 者 | 定 价 | 版别 |
|---|---|---|---|
| 第一辑 28 函:神机灵数一掌经金钱课·牙牌神数七种·珍本演禽三世相法 | [清]诚文信校 | 440.00 | 九州 |
| **增补四库未收方术汇刊第二辑**(全36函) | 线装影印本 | 13800.00 | 九州 |
| 第二辑第 1 函:六爻断易一撮金·卜易秘诀海底眼 | [宋]邵雍撰 | 200.00 | 九州 |
| 第二辑第 2 函:秘传子平渊源 | 燕山郑同校辑 | 280.00 | 九州 |
| 第二辑第 3 函:命理探原 | [清]袁树珊撰 | 280.00 | 九州 |
| 第二辑第 4 函:命理正宗 | [明]张楠撰集 | 180.00 | 九州 |
| 第二辑第 5 函:造化玄钥 | 庄圆校补 | 220.00 | 九州 |
| 第二辑第 6 函:命理寻源·子平管见 | [清]徐乐吾撰 | 280.00 | 九州 |
| 第二辑第 7 函:京本风鉴相法 | [明]回阳子校辑 | 380.00 | 九州 |
| 第二辑第 8—9 函:钦定协纪辨方书 8 册 | [清]允禄编 | 780.00 | 九州 |
| 第二辑第 10—11 函:鳌头通书 10 册 | [明]熊宗立撰辑 | 880.00 | 九州 |
| 第二辑第 12—13 函:象吉通书 | [清]魏明远撰辑 | 1080.00 | 九州 |
| 第二辑第 14 函:选择宗镜·选择纪要 | [朝鲜]南秉吉撰 | 360.00 | 九州 |
| 第二辑第 15 函:选择正宗 | [清]顾宗秀撰辑 | 480.00 | 九州 |
| 第二辑第 16 函:仪度六壬选日要诀 | [清]张九仪撰 | 680.00 | 九州 |
| 第二辑第 17 函:葬事择日法 | 郑同校辑 | 280.00 | 九州 |
| 第二辑第 18 函:地理不求人 | [清]吴明初撰辑 | 240.00 | 九州 |
| 第二辑第 19 函:地理大成一:山法全书 | [清]叶九升撰 | 680.00 | 九州 |
| 第二辑第 20 函:地理大成二:平阳全书 | [清]叶九升撰 | 360.00 | 九州 |
| 第二辑第 21 函:地理大成三:地理六经注·地理大成四·罗经指南拔雾集·地理大成五:理气四诀 | [清]叶九升撰 | 300.00 | 九州 |
| 第二辑第 22 函:地理录要 | [明]蒋大鸿撰 | 480.00 | 九州 |
| 第二辑第 23 函:地理人子须知 | [明]徐善继撰 | 480.00 | 九州 |
| 第二辑第 24 函:地理四秘全书 | [清]尹一勺撰 | 380.00 | 九州 |
| 第二辑第 25—26 函:地理天机会元 | [明]顾陵冈辑 | 1080.00 | 九州 |
| 第二辑第 27 函:地理正宗 | [清]蒋宗城校订 | 280.00 | 九州 |
| 第二辑第 28 函:全图鲁班经 | [明]午荣编 | 280.00 | 九州 |
| 第二辑第 29 函:秘传水龙经 | [明]蒋大鸿撰 | 480.00 | 九州 |
| 第二辑第 30 函:阳宅集成 | [清]姚廷銮纂 | 480.00 | 九州 |
| 第二辑第 31 函:阴宅集要 | [清]姚廷銮纂 | 240.00 | 九州 |
| 第二辑第 32 函:辰州符咒大全 | [清]觉玄子辑 | 480.00 | 九州 |
| 第二辑第 33 函:三元镇宅灵符秘箓·太上洞玄祛病灵符全书 | [明]张宇初编 | 240.00 | 九州 |
| 第二辑第 34 函:太上混元祈福解灾三部神符 | [明]张宇初编 | 360.00 | 九州 |
| 第二辑第 35 函:测字秘牒·先天易数·冲天易数/马前课 | [清]程省撰 | 360.00 | 九州 |
| 第二辑第 36 函:秘传紫微 | 古朝鲜抄本 | 240.00 | 九州 |

| 书　　　名 | 作　者 | 定　价 | 版别 |
|---|---|---|---|
| 子平遗书第1辑(甲子至戊辰,全三册) | 精装古本影印 | 980.00 | 华龄 |
| 子平遗书第2辑(庚午至甲戌,全三册) | 精装古本影印 | 980.00 | 华龄 |
| 子平遗书第3辑(乙亥至戊子,全三册) | 精装古本影印 | 980.00 | 华龄 |
| 子平遗书第4辑(庚寅至庚子,全三册) | 精装古本影印 | 980.00 | 华龄 |
| 子平遗书第5辑(辛丑至癸丑,全三册) | 精装古本影印 | 980.00 | 华龄 |
| 子平遗书第6辑(甲寅至辛酉,全三册) | 精装古本影印 | 980.00 | 华龄 |
| 子部善本1:新刊地理玄珠 | 精装古本影印 | 380.00 | 华龄 |
| 子部善本2:参赞玄机地理仙婆集 | 精装古本影印 | 380.00 | 华龄 |
| 子部善本3:章仲山地理九种(上下) | 精装古本影印 | 760.00 | 华龄 |
| 子部善本4:八门九星阴阳二遁全本奇门断 | 精装古本影印 | 760.00 | 华龄 |
| 子部善本5:六壬统宗大全 | 精装古本影印 | 380.00 | 华龄 |
| 子部善本6:太乙统宗宝鉴 | 精装古本影印 | 380.00 | 华龄 |
| 子部善本7:重刊星海词林(全五册) | 精装古本影印 | 1900.00 | 华龄 |
| 子部善本8:万历初刻三命通会(上下) | 精装古本影印 | 760.00 | 华龄 |
| 子部善本9:增广沈氏玄空学(上下) | 精装古本影印 | 760.00 | 华龄 |
| 子部善本10:江公择日秘稿 | 精装古本影印 | 380.00 | 华龄 |
| 子部善本11:刘氏家藏阐微通书(上下) | 精装古本影印 | 760.00 | 华龄 |
| 子部善本12:影印增补高岛易断(上下) | 精装古本影印 | 760.00 | 华龄 |
| 子部善本13:清刻足本铁板神数 | 精装古本影印 | 380.00 | 华龄 |
| 子部善本14:增订天官五星集腋(上下) | 精装古本影印 | 760.00 | 华龄 |
| 子部善本15:太乙奇门六壬兵备统宗(上中下) | 精装古本影印 | 1140.00 | 华龄 |
| 子部善本16:御定景祐奇门大全(上下) | 精装古本影印 | 760.00 | 华龄 |
| 子部善本17:地理四秘全书十二种 | 精装古本影印 | 380.00 | 华龄 |
| 子部善本18:全本地理统一全书 | 精装古本影印 | 380.00 | 华龄 |
| 风水择吉第一书:辨方(精装) | 李明清著 | 168.00 | 华龄 |
| 珞琭子三命消息赋古注通疏(精装上下) | 一明注疏 | 188.00 | 华龄 |
| 增补高岛易断(简体横排精装上下) | (清)王治本编译 | 198.00 | 华龄 |
| 飞盘奇门:鸣法体系校释(精装上下) | 刘金亮撰 | 198.00 | 九州 |
| 白话高岛易断(上下) | 孙正治孙奥麟译 | 128.00 | 九州 |
| 润德堂丛书全编1:述卜筮星相学 | 袁树珊著 | 38.00 | 华龄 |
| 润德堂丛书全编2:命理探原 | 袁树珊著 | 38.00 | 华龄 |
| 润德堂丛书全编3:命谱 | 袁树珊著 | 68.00 | 华龄 |
| 润德堂丛书全编4:大六壬探原 养生三要 | 袁树珊著 | 38.00 | 华龄 |
| 润德堂丛书全编5:中西相人探原 | 袁树珊著 | 38.00 | 华龄 |
| 润德堂丛书全编6:选吉探原 八字万年历 | 袁树珊著 | 38.00 | 华龄 |
| 润德堂丛书全编7:中国历代卜人传(上中下) | 袁树珊著 | 168.00 | 华龄 |

| 书　　名 | 作　者 | 定　价 | 版别 |
|---|---|---|---|
| 三式汇刊1:大六壬口诀纂 | [明]林昌长辑 | 68.00 | 华龄 |
| 三式汇刊2:大六壬集应铃 | [明]黄宾廷撰 | 198.00 | 华龄 |
| 三式汇刊3:奇门大全秘纂 | [清]湖海居士撰 | 68.00 | 华龄 |
| 三式汇刊4:大六壬总归 | [宋]郭子晟撰 | 58.00 | 华龄 |
| 青囊汇刊1:青囊秘要 | [晋]郭璞等撰 | 48.00 | 华龄 |
| 青囊汇刊2:青囊海角经 | [晋]郭璞等撰 | 48.00 | 华龄 |
| 青囊汇刊3:阳宅十书 | [明]王君荣撰 | 48.00 | 华龄 |
| 青囊汇刊4:秘传水龙经 | [明]蒋大鸿撰 | 68.00 | 华龄 |
| 青囊汇刊5:管氏地理指蒙 | [三国]管辂撰 | 48.00 | 华龄 |
| 青囊汇刊6:地理山洋指迷 | [明]周景一撰 | 32.00 | 华龄 |
| 青囊汇刊7:地学答问 | [清]魏清江撰 | 58.00 | 华龄 |
| 青囊汇刊8:地理铅弹子砂水要诀 | [清]张九仪撰 | 68.00 | 华龄 |
| 子平汇刊1:渊海子平大全 | [宋]徐子平撰 | 48.00 | 华龄 |
| 子平汇刊2:秘本子平真诠 | [清]沈孝瞻撰 | 38.00 | 华龄 |
| 子平汇刊3:命理金鉴 | [清]志于道撰 | 38.00 | 华龄 |
| 子平汇刊4:秘授滴天髓阐微 | [清]任铁樵注 | 48.00 | 华龄 |
| 子平汇刊5:穷通宝鉴评注 | [清]徐乐吾注 | 48.00 | 华龄 |
| 子平汇刊6:神峰通考命理正宗 | [明]张楠撰 | 38.00 | 华龄 |
| 子平汇刊7:新校命理探原 | [清]袁树珊撰 | 48.00 | 华龄 |
| 子平汇刊8:重校绘图袁氏命谱 | [清]袁树珊撰 | 68.00 | 华龄 |
| 子平汇刊9:增广汇校三命通会(全三册) | [明]万民英撰 | 168.00 | 华龄 |
| 纳甲汇刊1:校正全本增删卜易 | 郑同点校 | 68.00 | 华龄 |
| 纳甲汇刊2:校正全本卜筮正宗 | 郑同点校 | 48.00 | 华龄 |
| 纳甲汇刊3:校正全本易隐 | 郑同点校 | 48.00 | 华龄 |
| 纳甲汇刊4:校正全本易冒 | 郑同点校 | 48.00 | 华龄 |
| 纳甲汇刊5:校正全本易林补遗 | 郑同点校 | 38.00 | 华龄 |
| 纳甲汇刊6:校正全本卜筮全书 | 郑同点校 | 68.00 | 华龄 |
| 古今图书集成术数丛刊:卜筮(全二册) | [清]陈梦雷辑 | 80.00 | 华龄 |
| 古今图书集成术数丛刊:堪舆(全二册) | [清]陈梦雷辑 | 120.00 | 华龄 |
| 古今图书集成术数丛刊:相术(全一册) | [清]陈梦雷辑 | 60.00 | 华龄 |
| 古今图书集成术数丛刊:选择(全一册) | [清]陈梦雷辑 | 50.00 | 华龄 |
| 古今图书集成术数丛刊:星命(全三册) | [清]陈梦雷辑 | 180.00 | 华龄 |
| 古今图书集成术数丛刊:术数(全三册) | [清]陈梦雷辑 | 200.00 | 华龄 |
| 四库全书术数初集(全四册) | 郑同点校 | 200.00 | 华龄 |
| 四库全书术数二集(全三册) | 郑同点校 | 150.00 | 华龄 |
| 四库全书术数三集:钦定协纪辨方书(全二册) | 郑同点校 | 98.00 | 华龄 |

| 书　　名 | 作　者 | 定　价 | 版别 |
|---|---|---|---|
| 增补鳌头通书大全(全三册) | [明]熊宗立撰辑 | 180.00 | 华龄 |
| 增补象吉备要通书大全(全三册) | [清]魏明远撰辑 | 180.00 | 华龄 |
| 增广沈氏玄空学 | 郑同点校 | 68.00 | 华龄 |
| 地理点穴撼龙经 | 郑同点校 | 32.00 | 华龄 |
| 绘图地理人子须知(上下) | 郑同点校 | 78.00 | 华龄 |
| 玉函通秘 | 郑同点校 | 48.00 | 华龄 |
| 绘图入地眼全书 | 郑同点校 | 28.00 | 华龄 |
| 绘图地理五诀 | 郑同点校 | 48.00 | 华龄 |
| 一本书弄懂风水 | 郑同著 | 48.00 | 华龄 |
| 风水罗盘全解 | 傅洪光著 | 58.00 | 华龄 |
| 堪舆精论 | 胡一鸣著 | 29.80 | 华龄 |
| 堪舆的秘密 | 宝通著 | 36.00 | 华龄 |
| 中国风水学初探 | 曾涌哲 | 58.00 | 华龄 |
| 全息太乙(修订版) | 李德润著 | 68.00 | 华龄 |
| 时空太乙(修订版) | 李德润著 | 68.00 | 华龄 |
| 故宫珍本六壬三书(上下) | 张越点校 | 128.00 | 华龄 |
| 大六壬通解(全三册) | 叶飘然著 | 168.00 | 华龄 |
| 壬占汇选(精抄历代六壬占验汇选) | 肖岱宗点校 | 48.00 | 华龄 |
| 大六壬指南 | 郑同点校 | 28.00 | 华龄 |
| 六壬金口诀指玄 | 郑同点校 | 28.00 | 华龄 |
| 大六壬寻源编[全三册] | [清]周螭辑录 | 180.00 | 华龄 |
| 六壬辨疑　毕法案录 | 郑同点校 | 32.00 | 华龄 |
| 时空太乙(修订版) | 李德润著 | 68.00 | 华龄 |
| 全息太乙(修订版) | 李德润著 | 68.00 | 华龄 |
| 大六壬断案疏证 | 刘科乐著 | 58.00 | 华龄 |
| 六壬时空 | 刘科乐著 | 68.00 | 华龄 |
| 御定奇门宝鉴 | 郑同点校 | 58.00 | 华龄 |
| 御定奇门阳遁九局 | 郑同点校 | 78.00 | 华龄 |
| 御定奇门阴遁九局 | 郑同点校 | 78.00 | 华龄 |
| 奇门秘占合编:奇门庐中阐秘·四季开门 | [汉]诸葛亮撰 | 68.00 | 华龄 |
| 奇门探索录 | 郑同编订 | 38.00 | 华龄 |
| 奇门遁甲秘笈大全 | 郑同点校 | 48.00 | 华龄 |
| 奇门旨归 | 郑同点校 | 48.00 | 华龄 |
| 奇门法窍 | [清]锡孟樨撰 | 48.00 | 华龄 |
| 奇门精粹——奇门遁甲典籍大全 | 郑同点校 | 68.00 | 华龄 |
| 御定子平 | 郑同点校 | 48.00 | 华龄 |

| 书　　　名 | 作　者 | 定　价 | 版别 |
|---|---|---|---|
| 增补星平会海全书 | 郑同点校 | 68.00 | 华龄 |
| 五行精纪：命理通考五行渊微 | 郑同点校 | 38.00 | 华龄 |
| 绘图三元总录 | 郑同编校 | 48.00 | 华龄 |
| 绘图全本玉匣记 | 郑同编校 | 32.00 | 华龄 |
| 周易初步：易学基础知识36讲 | 张绍金著 | 32.00 | 华龄 |
| 周易与中医养生：医易心法 | 成铁智著 | 32.00 | 华龄 |
| 梅花心易阐微 | [清]杨体仁撰 | 48.00 | 华龄 |
| 梅花易数讲义 | 郑同著 | 58.00 | 华龄 |
| 白话梅花易数 | 郑同编著 | 30.00 | 华龄 |
| 梅花周易数全集 | 郑同点校 | 58.00 | 华龄 |
| 一本书读懂易经 | 郑同著 | 38.00 | 华龄 |
| 白话易经 | 郑同编著 | 38.00 | 华龄 |
| 知易术数学：开启术数之门 | 赵知易著 | 48.00 | 华龄 |
| 术数入门——奇门遁甲与京氏易学 | 王居恭著 | 48.00 | 华龄 |
| 周易虞氏义笺订（上下） | [清]李翊灼校订 | 78.00 | 九州 |
| 阴阳五要奇书 | [晋]郭璞撰 | 88.00 | 九州 |
| 壬奇要略（全5册：大六壬集应钤3册，大六壬口诀纂1册，御定奇门秘纂1册） | 肖岱宗郑同点校 | 300.00 | 九州 |
| 周易明义 | 邸勇强著 | 73.00 | 九州 |
| 论语明义 | 邸勇强著 | 37.00 | 九州 |
| 中国风水史 | 傅洪光撰 | 32.00 | 九州 |
| 古本催官篇集注 | 李佳明校注 | 48.00 | 九州 |
| 鲁班经讲义 | 傅洪光著 | 48.00 | 九州 |
| 天星姓名学 | 侯景波著 | 38.00 | 燕山 |
| 解梦书 | 郑同、傅洪光著 | 58.00 | 燕山 |

　　**周易书斋**是国内最大的易学术数类图书邮购服务的专业书店，成立于2001年，现有易学及术数类图书现货6000余种，在海内外易学研究者中有着巨大的影响力。通讯地址：北京市102488信箱58分箱　邮编：102488　王兰梅收。

　　1、学易斋官方旗舰店网址：xyz888.jd.com　微信号：xyz15652026606

　　2、联系人：王兰梅　电话：13716780854,15652026606,(010)89360046

　　3、邮购费用固定，不论册数多少，每次收费7元。

　　4、银行汇款：户名：**王兰梅**。

　　　邮政：601006359200109796　农行：6228480010308994218

　　　工行：0200299001020728724　建行：1100579980130074603

　　　交行：6222600910053875983　支付宝：13716780854

　　5、**QQ**：(周易书斋2)2839202242；**QQ群**：(周易书斋书友会)140125362。

北京周易书斋敬启